上海妇女报刊史
（1898—1949）

History of Women's Journals in Shanghai (1898—1949)

赵蓓红　著

中国社会科学出版社

图书在版编目(CIP)数据

上海妇女报刊史：1898—1949 / 赵蓓红著 . —北京：中国社会科学出版社，2024.8

ISBN 978-7-5227-3216-9

Ⅰ.①上… Ⅱ.①赵… Ⅲ.①女性—报刊—新闻事业史—上海—1898-1949 Ⅳ.①G219.295

中国国家版本馆 CIP 数据核字(2024)第 049198 号

出 版 人	赵剑英
责任编辑	耿晓明
责任校对	冯英爽
责任印制	李寡寡

出	版	中国社会科学出版社
社	址	北京鼓楼西大街甲 158 号
邮	编	100720
网	址	http://www.csspw.cn
发 行 部		010-84083685
门 市 部		010-84029450
经	销	新华书店及其他书店
印	刷	北京君升印刷有限公司
装	订	廊坊市广阳区广增装订厂
版	次	2024 年 8 月第 1 版
印	次	2024 年 8 月第 1 次印刷
开	本	710×1000 1/16
印	张	26
字	数	363 千字
定	价	139.00 元

凡购买中国社会科学出版社图书，如有质量问题请与本社营销中心联系调换
电话：010-84083683
版权所有　侵权必究

出 版 说 明

为进一步加大对哲学社会科学领域青年人才扶持力度，促进优秀青年学者更快更好成长，国家社科基金 2019 年起设立博士论文出版项目，重点资助学术基础扎实、具有创新意识和发展潜力的青年学者。每年评选一次。2021 年经组织申报、专家评审、社会公示，评选出第三批博士论文项目。按照"统一标识、统一封面、统一版式、统一标准"的总体要求，现予出版，以飨读者。

全国哲学社会科学工作办公室

2022 年

序

1898年7月24日,《女学报》在上海创刊,其《本馆告白》中旗帜鲜明地揭示办报宗旨:"开中国女学风气。"以妇女读者为主要受众的这一份报刊的面世,给19世纪末20世纪初的上海新闻业锦上添花,也开启了中国女性报刊发展的历史。

上海是中西文明交流互鉴的繁华都市,也是我国近现代报刊业发展的重镇。中国女性报刊首创于上海,并在上海发扬光大,且引领和影响了全国女性报刊的兴起和发达。

戈公振先生说,报刊史研究要"用历史的眼光,研究关于报纸自身发达之经过,及其对于社会文化之影响"。方汉奇先生说,当下的新闻史研究要"打深井"。蓓红的这本著作深挖上海女性报刊史这口"深井",以大量一手史料为基础,梳理上海女性报刊的历史演进脉络和特点,探讨其与社会环境的关系,是一本拓宽、深化上海地方新闻史和全国新闻史研究的著作。

女性报刊史,尤其上海女性报刊史,是此前学人较少涉猎的学术领域。蓓红的《上海妇女报刊史(1898—1949)》全面描画、探究了清末和民国上海妇女报刊的发展历史。纵向上,分为清末时期(1898—1911)、民国早期(1912—1918)、五四时期(1919—1927)、十年相对稳定时期(1927—1937)、战乱时期(1937—1949)五个历史阶段。横向上,对各个时期妇女报刊的发展背景与条件、整体状况、典型案例等进行研究。并深入探索典型报刊的办刊缘起、读者定位、采编特色、主要报人、经营管理和传播效果。

她的研究发现，上海妇女报刊在与城市的互动中显现出独特的变迁轨迹和历史贡献、近现代上海妇女报刊引领全国妇女报刊的发展。对于历史情形的展现和对于历史特点的发现，都是她勤勤恳恳搜集史料，细致缜密剖析史料的结果，也是她对新闻史学术研究的贡献。

蓓红是我指导的博士生，她的博士论文获评华东师范大学优秀学位论文，还获得国家社科基金优秀博士论文项目资助。期待蓓红继续保持踏实勤奋、积极向上的作风，取得更多更大的成绩。

武志勇

2023 年 2 月 27 日

华东师范大学樱桃河畔

摘　　要

本书全面梳理和研究1898—1949年间上海妇女报刊的发展历史。上海，是近现代妇女报刊滥觞和发展的中心城市。上海妇女报刊是指以妇女为主要对象，以妇女问题、妇女文化、妇女教育、妇女生活等为主要内容，在上海创刊且编辑发行的报刊。1898年是中国首份妇女报刊在上海诞生的年份，1949年是中华人民共和国成立的年份。1898—1949年间的上海妇女报刊共搜集整理到160余份，其中部分因保存不完善存在散佚的情况，可资利用的为80余份。

本书在架构上从纵向与横向两个方向展开研究。纵向上，以上海城市与妇女报刊的互动以及妇女报刊自身发展逻辑为分期依据，分为5个时期：清末时期、民国早期、五四时期、十年相对稳定时期以及战争全面爆发时期。横向上，对五个时期妇女报刊的发展背景与条件、整体状况、典型个案等层面进行研究。对典型个案做论述时，主要研究其办刊缘起、读者定位、宗旨内容、采编特色、主要报人、经营管理以及传播效果等方面。

1898—1911年，上海妇女报刊滥觞。通过对中国首份妇女报刊《女学报》以及《女报》《女子世界》《中国女报》等典型个案的深入研究发现：此时期的妇女报刊是文人志士实现理想介入社会的媒介，而非经营的对象。主要创办人包括陈撷芬、秋瑾、金一等崇尚女权的文人志士。读者定位于僻处深闺或初入女学堂的中上阶层妇女群体。报刊旨在成为辅助女学的教科书以及女界联络机关。报刊呈书册式样，栏目大体由论说、新闻、诗词、小说、传记、译编

（林）、女学文丛等组成，强调知识普及。虽然，妇女报刊仅影响了少数精英妇女，多数妇女不识一字也不接触报刊。但，妇女报刊从无至有，在一定程度上促发了妇女自主意识的初步觉醒，为此后妇女解放思想由上海传送至中国更广袤的土地立下拓荒之功。

1912—1918年，上海妇女报刊分野，出现非商业性以及商业性妇女报刊两种不同的发展路径。前期以《民国女报》《神州女报》等非商业性女刊为典型，基本延续清末时期的外部风格和内容纲目。由知识妇女主动结成团体创办，作为争取参政权的媒介，涉政不重经营，多转瞬即逝。后期以《妇女时报》《女子世界》（1914年）《中华妇女界》《眉语》等商业性女刊为主。读者定位于粗通文理的中上阶层家庭妇女，以包天笑、王蕴章等鸳鸯蝴蝶派文人为主要编辑作者。内容主旨上弱化女权，提倡增进女子学问与持家知识，多设女学、小说、家政等栏目。经营上凭借民营出版资源、女性图文符码，初步实现盈利。在演进过程中，商业性女刊衍生出文艺型和综合型两类，丰富了妇女的阅读文本和发声渠道。虽然，在多数妇女仍被束缚于闺阁的现实下，妇女报刊为读者提供的只是模仿对象和突围空间。但是，这种示范式的传播方式，自觉或不自觉地帮助女性参与和介入公共空间的信息传播，为日后女性在妇女报刊事业上大力发声奠定了基础。

1919—1927年，上海妇女报刊多样化发展。通过对中国首份妇女画报《解放画报》、元老级商业性女刊《妇女杂志》、女校教师创办的非商业性女刊《新妇女》以及中国共产党创办的首份女刊《妇女声》等典型个案的分析发现，妇女解放运动复兴，女刊主旨高度一致，妇女作为"人"的意识广为传播。读者定位从中上阶层识字妇女延伸至平民妇女。创办人身份多样，包括周剑云、章锡琛等报人文人、陆心秋等女校教师以及李达、王会悟等党派人士，编辑作者群多基于同业同好构成。形态上，多数延续民初风格和纲目，新出现的过渡型画报注意视觉启蒙。内容采编上普遍重理论较严肃。读者真实影响上，五四主流的激进传播方式以及偏理论性内容的传播效果有限，而五四之新所对立的旧，以一种曲折、隐秘的方式传递着新的文化和价值观，甚少为传统观念规训下的中下层妇女所抵制。

1928年至1937年8月，上海妇女报刊繁盛发展。这一时期都市化进程加快，新闻出版业迎来"黄金十年"。非商业性女刊《女子月刊》《妇女生活》《女声》（1942年）以及都市摩登商业性画报《妇人画报》《玲珑》等典型个案纷繁而出。通过分析发现，知识女性主编女刊成为一种潮流，可供女性参与的议题远胜以往，女性写作也逐渐成为一种常态。黄心勉、沈兹九、王伊蔚等主编登场。经营发行相对成熟，但因读者定位存在交集，女刊间多相互揶揄争夺读者。非商业性女刊读者定位于中上阶层知识妇女，内容选择上较保守，理论色彩浓厚，重视特辑的宣传作用，关注妇女的前途和命运，旨在激发妇女的爱国情怀和民族责任感。受到知识阶层的赞誉却难以为中下层妇女所接受。商业性女刊读者定位于中上阶层摩登妇女，旨在成为摩登生活的蓝本。采编上重视西式元素和视觉化，强调图文内容的主题性、时效性和性别导向，建构起画报式的时尚消费审美空间。为摩登妇女所追捧，《玲珑》几乎人手一册。此时期，商业性与非商业性女刊分野鲜明甚至对立，但共同传播并建构着妇女群体分层化的身份形象，记录着近乎两极分化的妇女生活实际。

1937年9月至1949年，上海妇女报刊艰难发展。战时社会舆论严厉管控，妇女文化因与政治疏离而获得一丝出版空间。妇女报刊的创办人、主编多由具有办刊经验或党派军部背景的妇女担任，如蒋逸霄、佐藤俊子等。报刊经营因战时物价失控，纸料难求，交通受阻，发行受困变得异常艰难。通过对战时典型个案分析发现，以《上海妇女》为代表的党派女刊旨在做孤岛时期妇女的喉舌，保持与全国信息互通。报刊文章基本由编委包办，多是白皮红心，以此在日伪严密监控下维持生存，鼓动妇女抗日。以《女声》为代表的日伪军方女刊，完全疏离政治，沉溺情感文学。解放战争时期，女刊较少，黄嘉音创办的《家》是唯一存活至中华人民共和国成立的女刊。聚集了一批留美归国博硕士专家型作者，在有限言论空间中探讨促进家庭幸福、健全妇女生活的方式，为知识型家庭妇女所青睐，获得大量来信夸奖。战时典型女刊，呈现着战争各阶段社会现实需求下女刊的旨向与样态，记录并影响着战时城市妇女的生存状态。

历史本身复杂，并非线性的，断裂是一种常态。妇女报刊之于报刊史也是一样，其以散点化的状态在历史的夹缝中发出点点微光。但撷拾起这点点微光，并以其为主体重看近现代上海报刊史时，我们会发现报刊史的另一面。其一，从缺席到在场，妇女报刊不仅作为女性的话语空间，还作为一种概念进入到后来人的头脑之中。其二，历史本身没有主角，妇女报刊将女性作为主体视角，观察其于体系内的演练和资源调配时，其灵活地经营着自身话语空间，而她们的表达的行为使其在公众领域的能见度提高。其三，世界在知识以前，知识常常言说世界。女性与妇女报刊的关系也是一样。作为物质性中介的上海妇女报刊发现并呈现历史的缝隙和复杂性，还原了女性的真实的存在。在此过程中，妇女报刊也回归到了作为媒介的本身，呈现出报刊史的多重面向。

可以说，近现代上海以包容开放的姿态保持与国内外的连接，以独特的区位优势、社会文化环境孕育着妇女报刊，使之呈现出独特的变迁轨迹和发展规律，引领全国妇女报刊的发展。妇女报刊的出版实践也推动了妇女的社会交往，改变着中国妇女安身立命的场所和意义表达。

关键词：近代；上海；妇女报刊；传播史

Abstract

This book comprehensively reviews and studies the development history of women's journals in Shanghai from 1898 to 1949. Shanghai was the central city where modern women's newspapers originated and developed. Women's journals in Shanghai refer to newspapers and magazines that primarily target women and focus on women's issues, women's culture, women's education, and women's lives, and that were established, edited, and distributed in Shanghai. China's first women's newspaper was born in Shanghai in 1898, and New China was established in 1949. From 1898 to 1949, more than 160 women's journals in Shanghai were collected and organized, some of which were scattered due to incomplete preservation, and more than 80 were available for use.

This book conducts research from both vertical and horizontal perspectives in terms of architecture. Vertically, based on the interaction between Shanghai city and women's journals, as well as the development logic of women's journals themselves, it can be divided into five periods: the late Qing Dynasty, the early Republic of China, the May Fourth period, the ten-year period of relative stability, and the period of comprehensive outbreak of war. Horizontally, the book conducts research on the development background and conditions, overall situation, typical cases, and other aspects of women's journals during the five periods. When discussing typical cases, the book focuses on the origin of their publication, reader positioning, purpose and content, editorial characteristics, main reporters, management, and dissemination effects.

From 1898 to 1911, women's journals in Shanghai flourished. Through in-depth research on typical cases such as China's first women's journal *Chinese Girl's Progess*, *Women's Daily*, *Women's World*, and *China Woman's Journal*, it is found that women's journals during this period were the medium for the intellectuals to achieve their ideals and intervene in society, rather than the objects of management. The main founders include the intellectuals who advocated for women's rights, such as Chen Jiefen, Qiu Jin, and Jin Yi. Readers were positioned as middle and upper class women in secluded boudoirs or newly enrolled women's schools. The journals aimed to become a textbook and liaison agency for women's education. The journal presented a book style, with columns generally composed of argumentation, news, poetry, novels, biographies, translations and editors, and female literature collections, emphasizing the popularization of knowledge. Although women's journals only affected a few elite women, most women did not know a word and did not have access to journals. However, the emergence of women's journals from scratch to a certain extent promoted the initial awakening of women's sense of autonomy, and as a result, women's liberation thoughts were transmitted from Shanghai to the broader land of China, making pioneering contributions.

From 1912 to 1918, there were two different development paths for women's journals in Shanghai: non commercial and commercial. In the early stage, non commercial women's journals such as *Republic of China Women's Daily* and *Shenzhou Women's Daily* were typical, basically continuing the external style and content outline in the late Qing Dynasty. Founded by intellectual women actively forming groups, the journals served as a medium for fighting for political participation rights, they were short-lived because they focused on political involvement rather than business. In the later stage, commercial women's journals such as *Women's Times*, *Women's World* (1914), *Chinese Women's World*, and *Meiyu* were mainly used. Readers were positioned as middle and upper class housewives who were proficient in literature and science, with intellectuals from the Mandarin Duck and Butterfly School such as Bao Tianxiao and Wang Yunzhang as the main editors and authors. The main theme of the content aimed to weaken women's rights, promoted the enhancement of women's knowledge and household management knowledge, and established more columns on women's studies, novels, and home economics. In terms of operation, relying on private publishing resources and female graphic symbols, the journals initially achieved profitability. In the process of evolution, commercial women's journals evolved into two categories: literary and comprehensive, enriching women's reading texts and voice channels. Although, most women were still confined to the boudoir in the reality, women's journals only provide readers with imitation objects and breakthrough spaces. However, this exemplary communication method consciously or unconsciously helped women participate in and intervene in the dissemination of information in public spaces, laying the foundation for women's strong voice in women's journalism in the future.

From 1919 to 1927, women's Journals in Shanghai diversified and developed. Through the analysis of typical cases such as the first women's pictorial in China, *Liberation Pictorial*, the senior commercial women's journal *The Women's Journal*, the non-commercial women's journal *The New Woman* founded by women's school teachers, and the first women's journal *The Women's Voice* founded by the CPC, it was found that women's liberation movement has revived, women's journals have highly consistent themes, and women's awareness as "people" had been widely spread. The reader positioning extended from literate women in the upper middle class to ordinary women. The founders had diverse identities, including writers such as Zhou Jianyun and Zhang Xichen, female school teachers such as Lu Xinqiu, as well as party figures such as Li Da and Wang Huiwu. The editorial and author groups were mostly composed of colleagues in the same industry. In terms of form, most of them continued the style and outline of the early Republic of China, and the newly emerging transitional pictorials highlighted visual enlightenment. In terms of content collection and compilation, they generally emphasized theory and a more serious approach. In terms of the true influence on readers, the radical dissemination methods of the May Fourth mainstream and the dissemination effect of theoretical content were limited, while the tradition, which was opposed by the May Fourth, conveyed new culture and values in a tortuous and secretive way, and was rarely resisted by middle and lower class women under traditional ideological guidance.

From 1928 to August 1937, women's Journals in Shanghai flourished and developed. During this period, the urbanization process accelerated, and the news and publishing industry ushered in a "golden decade". Typical cases such as non commercial women's journals *Women's Monthly*, *Women's Life*, *Women's Voice* (1942), and urban modern commercial pictorial journal *The Woman's Pictorial and Linglong* emerged in abundance. Through analysis, it was found that women's journals edited by women intellectuals became a trend, with more topics available for women's participation than ever before, and female writing gradually became common. Editors in chief, including Huang Xinmian, Shen Zijiu, and Wang Yiwei, appeared. The operation and distribution were relatively mature, but due to the intersection of reader positioning, women's journals often ridiculed each other and compete for readers. The readers of non commercial women's journals were positioned towards educated women in the upper middle class, with conservative content selection and strong theoretical color. They attached great importance to the promotional role of special issues, paid attention to the future and destiny of women, and aimed to stimulate women's patriotism and sense of national responsibility. Praised by the intellectual class, it was difficult for middle and lower class women to accept. The readers of commercial women's journals were positioned as modern women in the upper middle class, aiming to become the blueprint for modern life. In terms of editing, emphasis was placed on Western elements and visualization, emphasizing the theme, timeliness, and gender orientation of graphic content, constructing a pictorial style aesthetic space for fashion consumption. Highly sought after by modern women, *Linglong* was almost a book in everyone's hands. At this time, commercial and non-commercial women's journals were distinct or even antagonistic, but they jointly spread and constructed the stratified identity image of women's groups, recording the reality of women's life that was nearly divided into two levels.

From September 1937 to 1949, women's journals in Shanghai struggled to survive. During wartime, public opinion was strictly controlled, and women's culture gained a glimmer of publishing space due to its alienation from politics. The founders and chief editors of women's journals are mostly women with experience in publishing or background in party and military departments, such as Jiang Yixiao and Junko Sato. The management of newspapers and journals has become extremely difficult due to the uncontrollable prices during the war, the scarcity of paper materials, traffic congestion, and distribution difficulties. Through the analysis of typical wartime cases, it was found that party women's journals represented by *Shanghai Women* aimed to speak for women during the isolated island period and maintain information exchange with the whole country. Journal articles are mostly arranged by editorial boards, in order to maintain survival under strict monitoring by the Japanese puppet regime and encourage women to resist Japan. The Japanese puppet military women's journals, represented by *Female Voice*, completely detached from politics and indulged in emotional literature. During the War of Liberation, there were fewer women's journals, and *Home* founded by Huang Jiayin was the only women's magazine that survived until the establishment of New China. A group of expert authors who had returned from the United States with a doctoral and master's degree gathered to explore ways to promote family happiness and improve women's lives in a limited speech space. They were favored by knowledge-based housewives and received numerous letters of praise. Typical women's journal during wartime presented the purpose and style of women's journals under the social reality needs of various stages of war, recording and influencing the survival status of urban women during wartime.

History is complex and not linear, and fracture is a normal state. The same applies to the history of women's Journals, as they shine through the cracks of history in a scattered state. But when we pick up this little glimmer of light and look at the history of modern journals in Shanghai according to its main importance, we will discover another side of the history of journals. Firstly, from absence to presence, women's journals not only served as a discourse space for women, but also entered the minds of later generations as a concept. Secondly, history itself has no protagonists, and women's journals adopt women perspective to observe their exercise and resource allocation within the system. They flexibly manage their own discourse space, and their expressive behavior enhances their visibility in the public domain. Thirdly, the world appears before knowledge, but knowledge often speaks for the world. The relationship between women and women's journals is also the same. As a material intermediary, women's journals in Shanghai have discovered and presented historical gaps and complexities, restoring the true existence of women. In this process, women's journals have also returned to their role as media, presenting multiple aspects of newspaper and journal history.

It could be said that modern Shanghai maintains its connection with both domestic and international markets with an inclusive and open attitude. With its unique geographical advantages and social and cultural environment, it nurtures women's Journals, presenting a unique trajectory of change and development patterns, leading the development of women's Journals nationwide. The publishing practice of women's journals has also promoted women's social interaction, changing the place and meaning expression for Chinese women to settle down.

Key Word: Modern China; Shanghai; Women's Journals; Communication

目 录

绪 论 …………………………………………………………（1）
    一 研究缘起 ……………………………………………（1）
    二 研究现状 ……………………………………………（2）
    三 概念界定 ……………………………………………（10）
    四 分期依据 ……………………………………………（11）
    五 研究方法 ……………………………………………（13）

第一章 清末时期的上海妇女报刊（1898—1911）………（15）
    第一节 上海妇女报刊诞生的背景………………………（15）
    第二节 中国首份妇女报刊——《女学报》……………（25）
    第三节 从辅助女学的教科书转向女权的话语
           阵地…………………………………………………（41）
    小结 ………………………………………………………（59）

第二章 民国初年的上海妇女报刊（1912—1918）………（64）
    第一节 民国初年上海妇女报刊发展的背景……………（64）
    第二节 中国首份商业性妇女报刊——《妇女时报》……（71）
    第三节 文艺型和综合型商业性妇女报刊双轨并行………（89）
    小结 ………………………………………………………（112）

第三章　五四时期的上海妇女报刊（1919—1927）……（117）
  第一节　上海妇女报刊多元化发展的背景与概况………（117）
  第二节　中国首份妇女画报——《解放画报》…………（123）
  第三节　中国共产党创办的首份妇女
      报刊——《妇女声》………………………………（156）
  第四节　上海妇女报刊多样化发展………………………（173）
  小结………………………………………………………………（185）

第四章　十年相对稳定时期的上海妇女报刊
     （1928—1937）………………………………………（188）
  第一节　上海妇女报刊繁盛发展的背景与概况…………（189）
  第二节　都市摩登商业性画报纷呈迭起…………………（193）
  第三节　女性主编的非商业性妇女报刊…………………（225）
  小结………………………………………………………………（256）

第五章　战乱时期的上海妇女报刊（1937—1949）…………（261）
  第一节　全面抗战时期上海妇女报刊的生存概况………（262）
  第二节　伪装以存在：全面抗战时期两份
      特殊的女刊………………………………………（273）
  第三节　解放战争时期的上海妇女报刊…………………（304）
  小结………………………………………………………………（323）

结　论………………………………………………………………（328）
  一　近现代上海妇女报刊的发展轨迹……………………（328）
  二　近现代上海妇女报刊的发展特点……………………（339）
  三　近现代上海妇女报刊的发展规律……………………（347）
  四　近现代上海妇女报刊的历史贡献……………………（359）

附录　近现代上海妇女报刊一览表（1898—1949） ············（370）

参考文献 ··（375）

索　引 ··（381）

后　记 ··（388）

Contents

Prolegomenon ·· (1)

**Chapter 1 Women's Journals in Shanghai during
             the Late Qing Dynasty (1898–1911)** ············ (15)
  Section 1 Background of the Birth of Periodical ············ (15)
  Section 2 China's First Women's Periodical: *Chinese
                      Girl's Progress* ································· (25)
  Section 3 From Textbooks Assisting Women's Education
                      to the Discourse of Feminism ················ (41)
  Summary ··· (59)

**Chapter 2 Women's Journals in Shanghai during the
             Early Years of the Republic of China
             (1912–1918)** ································ (64)
  Section 1 Background of the Development of Shanghai
                      Women's Journals in Shanghai in the Early
                      Years of the Republic of China ················ (64)
  Section 2 China's First Commercial Women's Periodical:
                      Women's Daily ································ (71)
  Section 3 Dual Track Parallel Operation of Artistic and
                      Comprehensive Commercial Women's Journals ······ (89)

Summary ·· (112)

Chapter 3　Women's Journals in Shanghai during the
**　　　　　May Fourth Movement (1919 – 1927)** ············ (117)
　Section 1　Background and Overview of the Diversified
　　　　　　Development of Women's Journalsin Shanghai ······ (117)
　Section 2　China's First Women's Pictorial: *Liberation*
　　　　　　Pictorial ·· (123)
　Section 3　The first Women's Journal Founded by the CPC:
　　　　　　The Women's Voice ·· (156)
　Section 4　Diversified Development of Women's Journals
　　　　　　in Shanghai ··· (173)
　Summary ·· (185)

Chapter 4　Women's Journals in Shanghai during the Ten
**　　　　　Year Relatively Stable Period (1928 – 1937)** ······ (188)
　Section 1　Background and Overview of the Prosperous
　　　　　　Development of Women's Journalsin Shanghai ······ (189)
　Section 2　Continuously Appearance of Urban Modern
　　　　　　Commercial Illustrated Newspapers ···················· (193)
　Section 3　Non Commercial Women's Journals by
　　　　　　Female Editors ··· (225)
　Summary ·· (256)

Chapter 5　Women's Journals in Shanghai during the
**　　　　　Wartime (1937 – 1949) in Shanghai** ············ (261)
　Section 1　Survival of Women's Journals in Shanghai during
　　　　　　the War of Resistance against Japanese
　　　　　　Aggression ·· (262)

Section 2　Disguising for Existence: Two Special Women's Journals during the War of Resistance against Japanese Aggression ………………………………… (273)

Section 3　Women's Journals in Shanghai during the Liberation War ……………………………… (304)

Summary ………………………………………………………… (323)

Conclusion ……………………………………………………… (328)

Appendix　List of Modern and Contemporary Women's Journals in Shanghai (1898 – 1949) …………… (370)

Reference ……………………………………………………… (375)

Index …………………………………………………………… (381)

Postcript ……………………………………………………… (388)

绪 论

一 研究缘起

20世纪八九十年代以来，前辈学者笔耕不辍，重绘了百余年近现代报刊衍变的瑰丽图景，但对于妇女报刊史的研究，至今才如晨曦初现。

妇女报刊作为以妇女问题、妇女生活等为主要内容，性别指向性很强的媒介，与妇女观念的更新、妇女生活的变迁以及妇女话语权等密切联系。妇女报刊不仅是报刊史、出版史等研究不可忽视的领域，同时也是妇女史研究不可绕开的领域。也正因为如此，目前对妇女报刊的研究，集中在以妇女报刊内容作为史料的妇女史研究中，以妇女报刊为研究对象的，又集中在《妇女杂志》《女学报》等少数几份妇女报刊的个案研究中，故而多见"历史上的妇女报刊"少见"妇女报刊的历史"。从研究路径来看，似奉朱熹所言"小作课程，大施工力"、方汉奇先生所说"多打深井，多做个案研究"，究其目的多在于透过妇女报刊研究社会文化与性别状况。当然，受美国报刊史研究影响，学者从社会史或性别史视角探究妇女报刊无可厚非，"管中窥豹，见其一斑"也是史学研究常见的手法。但因妇女报刊系统研究仍缺乏，大量妇女报刊史料仍然掩埋于历史长河中等待挖掘，因而过多同质性个案研究难免落入"见木不见林"的窠臼。基于此，本书确立了系统研究妇女报刊史的方向。

上海是近现代妇女报刊滥觞和发展的中心城市，1898年中国历史上第一份妇女报刊《女学报》在上海创刊；1911年中国首份商业性妇女报刊《妇女时报》在上海创刊；1912年广学会创办的第一份基督教妇女报刊《女铎》于上海诞生；1920年中国首份妇女画报《解放画报》在上海创刊；1921年中国共产党的第一份妇女报刊《妇女声》在上海创刊等等。可以说，近现代上海妇女报刊引领着全国妇女报刊的发展，同时近现代上海以其独特的区位优势、社会文化环境，尤其是20世纪二三十年代时尚现代的女性生活场景促使妇女报刊众声喧哗。但对于近现代上海妇女报刊史的全面系统研究仍是学术空白。

因此，本书以上海为中心，仔细钩沉近现代上海妇女报刊史料，局部细究，深入探讨，以期系统梳理近现代上海妇女报刊的发展历程。探究不同阶段的时空环境、女性群体、其他报刊等对上海妇女报刊的发展有何影响？上海妇女报刊的发展又在当时和后世产生了什么影响？至于现实意义，本书不敢随意附会，倘若能为当下妇女报刊的发展提供借鉴，"以史为镜"也就是研究的动力和意义了。

二 研究现状

近现代上海妇女报刊史隶属于中国报刊史研究。1927年上海商务印书馆出版的戈公振先生的《中国报学史》为中国报刊史的开山之作，也是首次论及《女学报》（又称《女报》）、《女子世界》、《中国女报》、《神州女报》等清末上海妇女报刊。以此而计，中国报刊史中关于上海妇女报刊的记述至今已近百年，但近现代上海妇女报刊史至今仍是"学术空白"。当然，缺乏直接以近现代上海妇女报刊史为研究对象的专著或论文，并不意味着近现代上海妇女报刊史的研究无法回顾。作为中国近现代报刊史、上海报刊史和中国妇女报刊史的组成部分，近现代上海妇女报刊史的相关研究分布在中国近现代报刊史涉及上海妇女报刊的研究、上海报刊史涉及近现代妇女报刊的研究以及中国妇女报刊史涉及近现代上海妇女报刊的研究之中。

纵观现有研究，大致可分为以下六类：第一类是中国近现代报刊史中涉及上海妇女报刊的相关研究；第二类是上海报刊史中涉及近现代妇女报刊的相关研究；第三类是中国妇女报刊整体发展史中涉及近现代上海妇女报刊的相关研究；第四类是近现代中国妇女报刊史研究中涉及上海妇女报刊的相关研究；第五类是近现代中国妇女报刊与女性报人研究中涉及上海妇女报刊的相关研究；第六类是近现代上海妇女报刊的个案研究。

（一）中国近现代报刊史中涉及的上海妇女报刊

近现代时期，上海是中国新闻出版的中心城市。报刊史研究者对于中国近现代报刊史的研究很大程度上都会依托上海的报刊史料。作为上海报刊的组成部分，上海妇女报刊也会存在于中国近现代报刊史的论述之中，但所占篇幅有限，以简介为主。

1927年上海商务印书馆出版的戈公振的《中国报学史》是报刊史的开山之作。全书约28万字，依照报刊自身特点进行分期，采用第一手资料对汉唐至民初作了全面系统的记述，其中涉及了清末《女报》《女子世界》《中国女报》《神州女报》的相关简介。① 20世纪90年代方汉奇主编的《中国新闻事业通史》三卷本是迄今为止规模最大、涉及面最广的中国新闻通史扛鼎之作。在近现代部分中涉及了上海妇女报刊的相关论述，如清末"维新时期的白话报刊"中的《女学报》、辛亥时期"上海地区革命报刊的宣传活动"中《女子世界》《中国女报》，民初"新闻事业的短暂繁荣"中《女权月报》《民国女报》等等，为本书提供了研究线索。② 宋应离《中国期

---

① 戈公振：《中国报学史》，岳麓书社2011年版。
② 方汉奇：《中国新闻事业通史》，中国人民大学出版社1999年版。

刊发展史》以点线结合的编写方法，将纷纭繁杂的历史线索梳理得一目了然。在此基础上，他以重笔描绘期刊史中具有开拓作用的名刊或刊群的同时，对各时期的妇女报刊做了简单的介绍，其中涉及了少部分上海妇女报刊。① 可见，上述史志主要对近现代上海妇女报刊做了简单的介绍，上海妇女报刊的组成以及发展路径都很模糊，有待于进一步系统梳理和描摹。

（二）上海报刊史中涉及的近现代妇女报刊

马光仁主编的《上海新闻史》可谓是上海新闻史的百科全书。尤其值得称道的是，通常被一笔带过的妇女报刊，在马光仁先生的著作中得到具体细致的描述和定性，如《女子世界》与《女学报》的异同在于前者为女性办报，后者是女性办报。再如《辛亥报刊的风云变幻》一章中详述了"从社会走进家庭的妇女报刊"，并指出："上海《时报》馆增办的《妇女时报》，开创了商业性妇女刊物的先河。"②《上海新闻史》以其全方位的视角、全面翔实的记述和丰厚的史料，为本书提供了上海报刊史的全景图式。但对于近现代上海妇女报刊的论述和定性仅限于几份刊物，近现代上海妇女报刊的整体状况不明，有待于进一步挖掘近现代其他上海妇女报刊史料，梳理近现代上海妇女报刊的历史沿革。

（三）中国妇女报刊整体发展史中涉及的近现代上海妇女报刊

长期以来，对于中国妇女报刊整体发展史的著述离不开近现代上海妇女报刊的相关研究。目前，从报刊史研究角度出发，系统研究妇女报刊发展史的专著或论文较少。在专著方面，《中国近现代妇女报刊通览（1898—1989）》③ 收录了1898—1989年间146种妇女报

---

① 宋应离：《中国期刊发展史》，河南大学出版社2016年版。
② 马光仁：《上海新闻史》，复旦大学出版社2014年版，第382页。
③ 田景昆、郑晓燕编：《中国近现代妇女报刊通览（1898—1989）》，海洋出版社1990年版。

刊，以中国共产党领导和影响下的妇女报刊为主，兼具民主党派和无党派人士组织创办的妇女报刊。涉及近现代上海妇女报刊的主要集中在辛亥革命时期。《中国妇女报刊史研究》首次尝试以中国妇女报刊的百年发展历史作为整体的研究对象，在近现代部分的研究中，作者选取了上海具有代表性的妇女报刊作为个案，诸如《女学报》《妇女时报》《解放画报》等等，力图采取系统研究与个案研究相结合的方式，清晰地梳理出辛亥革命至20世纪90年代以来妇女报刊产生、发展的基本线索。① 但因该著作时间跨度大，妇女报刊各刊的创办背景不同，在20世纪20年代之后的论述中，主要基于中国共产党创办的妇女报刊进行论述，从某种程度上，忽略了20世纪二三十年代其他妇女报刊的发展形态，尤其当时上海特殊环境下其他组织创办的画报、基督教报刊等等，难免会有遗珠之憾。

在论文方面，对于中国妇女报刊整体发展史的论述，主要以述评为主，内容相近。如高江波《中国妇女期刊述评》（上、下），简要介绍和评价了妇女期刊在清末初创时期的出版概况、新中国成立后的现状以及新时期发展概况，总结并提出了建议。② 李应红《中国华文女性期刊百年发展回顾》一文将中国妇女报刊的百年历史划分为三个时期，依次为辛亥革命前（　—1911）、辛亥革命至新中国成立前（1912—1949）、新中国成立后的女性期刊（1949.10—　）以期对中国的女性期刊作一全景式鸟瞰。作者依托几份较为知名的妇女报刊（以上海妇女报刊为主）简要地点出了各个时期主要的妇女期刊及其特色。③ 值得指出的是，作者将民国成立之后出现的鸳鸯蝴蝶派妇女报刊群如《眉语》等划归到辛亥革命前，实属谬误。高伟云《中国女性期刊的发展和演变》一文将百年女性期刊史划分为：近代中国女性期刊的起源和传播、改革开放后中国女性期刊的蓬勃

---

① 刘人锋：《中国妇女报刊史研究》，中国社会科学出版社2012年版。
② 高江波：《中国妇女期刊述评》（上），《出版发行研究》1996年第1期。高江波：《中国妇女期刊述评》（下），《出版发行研究》1996年第3期。
③ 李应红：《中国华文女性期刊百年发展回顾》，《编辑之友》2009年第3期。

发展、新时期女性期刊的演变三个时期。① 但20世纪二三十年代以及抗日战争时期的妇女报刊并未得到关注。同时选取标准方面侧重党办妇女报刊，未见妇女报刊的丰富面相。吴敏鹃的《中国女性期刊的发展脉络剖析》一文，略述了女性期刊的发展历程，将中国女性期刊的发展以20世纪80年代为中间阶段，划分成三个阶段。② 时间跨度大，涉及的妇女报刊多为早期革命女刊以及中国共产党创办的妇女报刊。其中，对于早期妇女报刊《女学报》论述的准确性有待于进一步甄别。总体而言，上述论文对于百年中国妇女报刊的分期较为粗略和模糊，在论述近现代时期时，对于上海妇女报刊的选择始终围绕《女学报》《妇女杂志》等少数妇女报刊，未见较大突破。

（四）近现代中国妇女报刊史中涉及的上海妇女报刊

对中国妇女报刊史作近现代的考察主要集中在论文方面。宋素红《简论中国妇女报刊的产生与发展（1898—1949）》可谓其中翘楚，该文以时间为线索，分为五个阶段探讨了新中国成立前中国妇女报刊发展的历史，特别对产生于上海戊戌维新时期的妇女报刊的地位、价值进行了强调，指出：该阶段的妇女报刊是中国新闻事业的重要组成部分，在反映妇女生活、传播妇女解放观点、动员妇女参加自身解放和国家解放的运动等方面发挥了重要作用。③ 李谢莉《中国近现代妇女报刊研究（1898—1949）》把中国近现代妇女报刊活动与女性觉醒以及民族解放紧密结合起来，以上海为中心之一，考察不同时代与社会背景对妇女报刊活动的作用及影响。④ 以上两文，从新闻学研究者的角度出发对妇女报刊做了梳理，分别从整体

---

① 高伟云：《中国女性期刊的发展和演变》，《宁波大学学报》（人文科学版）2012年第5期。

② 吴敏鹃：《中国女性期刊的发展脉络剖析》，《社会科学战线》2005年第5期。

③ 宋素红：《简论中国妇女报刊的产生与发展（1898—1949）》，《郑州大学学报》（哲学社会科学版）2003年第5期。

④ 李谢莉：《中国近现代妇女报刊研究（1898—1949）》，硕士学位论文，四川大学，2003年。

发展轨迹、报刊与民族解放方面对妇女报刊做了考察与分析，但仍然脱离不了精英政治史的研究框架，忽视了当时上海较多不同宗旨妇女报刊的历史价值。

对近现代某一时段中国妇女报刊所做的研究同样以论文的形式出现，涉及近现代上海妇女报刊的主要集中在辛亥时期、五四时期两个时期。其中，辛亥时期作为妇女报刊诞生后的第一次高潮，理所当然地成了研究者关注的重点。陈晓华《中国近代报刊史上的一座里程碑——论辛亥革命时期的妇女报刊》一文总结了辛亥革命时期妇女报刊、报人的特点，指出了妇女报刊舆论宣传的工具属性、女性报人社会活动家的身份以及刊物内容丰富浅显直白等特点。① 韩国学者尹美英《略论近代中国的妇女报刊》一文重述上述辛亥前后的妇女报刊的特点之余，指出了报刊与时代互动的特征。② 张晓丽《简评五四时期的妇女刊物》认为《新妇女》《妇女评论》等六种妇女刊物研讨妇女解放问题，提倡民主，反对封建压迫，反映了当时妇女运动的代表思想观点，产生了一定的社会影响，并有一定的社会现实意义。③ 总的来说，近现代的上海是妇女报刊发展的中心城市，上海妇女报刊是中国妇女报刊论述难以绕开的。但当前对妇女报刊作分时段研究的论文，以创刊于上海的革命性或政治性妇女报刊为中心探讨，或将妇女报刊作为解放或革命的舆论宣传工具，或停留在概况描述阶段总结特色，对妇女报刊发展背后深层原因有待进一步挖掘，以提升史料价值以及思想价值。

（五）近现代中国妇女报刊与女性报人研究涉及的上海妇女报刊

近现代上海并不是最早出现女性报人的地方，却是培养了最多

---

① 陈晓华：《中国近代报刊史上的一座里程碑——论辛亥革命时期的妇女报刊》，《社会科学研究》2003 年第 6 期。
② ［韩］尹美英：《略论近代中国的妇女报刊》，《青岛大学师范学院学报》1998 年第 4 期。
③ 张晓丽：《简评五四时期的妇女刊物》，《安徽农业大学学报》1993 年第3 期。

女性报人的地方。宋素红《女性媒介：历史与传统》以女新闻工作者为主线，梳理和描摹了50余年中国近现代女新闻工作者与妇女报刊的发展历程，力图突破以往研究政治宣传性强、新闻业务性弱的特点，全面认识中国新闻史上女新闻工作者与妇女报刊。① 作者以其深厚的学术功底，第一手资料的爬梳，为后人研究近现代女新闻工作者与妇女报刊提供了丰富的史料和参考价值。但因以女新闻工作者为主线，在一定程度上忽略了男性主办的妇女报刊，事实上近现代妇女报刊的创办人还是以男性为主。论文方面有分量的不多，引用率较高的是姜卫玲《报界新女性 执笔论时势——我国近代知识女性报刊活动的兴起》，该文从知识女性办报的视角出发，认为早期资产阶级知识女性投身报刊活动促发了戊戌变法、辛亥革命、民国初年女子参政运动三个时期的办刊高潮，并为五四以后知识女性从事报刊实践积累了丰富经验。② 上述研究对女性报人（新闻工作者）的研究都力图有所突破，或强调女性报人的新闻业务能力或突出女性的报刊实践经验，也正因此，妇女报刊对于女性报人的作用和影响，以及男性报人与妇女报刊的互动影响被忽视。

（六）近现代上海妇女报刊的个案研究

近现代上海妇女报刊的个案研究，集中在《妇女杂志》《女学报》《女子世界》《玲珑》等几个个案，数量上以《妇女杂志》为最。刘慧英所发表的有关《妇女杂志》的系列论文具有历史性的突破，作者分阶段研究了《妇女杂志》的历史，论述了《妇女杂志》的独立品格，凸显了《妇女杂志》在中国近现代妇女解放运动当中的历史地位。③ 周叙琪《一九一零——九二零年代都会新妇女生活

---

① 宋素红：《女性媒介：历史与传统》，中国传媒大学出版社2006年版。
② 姜卫玲：《报界新女性 执笔论时势——我国近代知识女性报刊活动的兴起》，《新闻知识》2012年第10期。
③ 刘慧英：《从〈新青年〉到〈妇女杂志〉——五四时期男性知识分子所关注的妇女问题》，《中国文化研究》2008年第1期。刘慧英：《"妇女主义"：五四时代的产物——五四时期章锡琛主持的〈妇女杂志〉》，《南开学报》（哲学社会科学版）2007年第6期。

风貌——以〈妇女杂志〉为分析实例》从民初的妇女生活实态的角度，阐述男性知识分子如何以《妇女杂志》为媒介建构理想的女性生活并反映都市女性的生活风貌。① 在《女学报》研究方面，夏晓虹《晚清两份〈女学报〉的前世今生》和刘人锋《晚清女性关于女学的探讨——以第一份妇女报纸〈女学报〉为例》是其中的两篇代表作。她们分别从《女学报》的考证以及其女学内容两个角度进行论述，展现了首份妇女报刊注重主笔身份、栏目设置、白话文及其与同名妇女报刊的承继关系等，为《女学报》研究提供了新视角。② 对于《女子世界》的研究，以夏晓虹《晚清女报的性别观照——〈女子世界〉研究》最见功力。作者以其独特的视角和严谨扎实的学术品格，对1904年丁初我创办的《女子世界》进行全面细致的考证与论述，对该刊作者群探讨的妇女问题做出精彩、深入的论述。③ 在《玲珑》研究方面，国内学者对于《玲珑》的研究，集中在女性形象或男性形象塑造研究，国外学者爱德华兹·路易丝（Edwards Louise）的《上海摩登女性的美国梦》则通过20世纪30年代上海妇女报刊《玲珑》上的美国形象，分析美国幻想是如何反应在《玲珑》这本妇女刊物并与中国现代性同步演进的。④《女声》（1942—1945）是近现代上海妇女报刊史上较为特殊的妇女报刊，以日本大使馆和日本海军报道部为后盾，由日本女作家佐藤俊子和中国地下党员关露共同主编，是上海沦陷时期日伪统辖下出版的唯一一份妇

---

① 周叙琪：《一九一零——一九二零年代都会新妇女生活风貌——以〈妇女杂志〉为分析实例》，台湾大学出版中心1996年版。

② 夏晓虹：《晚清两份〈女学报〉的前世今生》，《现代中文学刊》2012年第1期。刘人锋：《晚清女性关于女学的探讨——以第一份妇女报纸〈女学报〉为例》，《中华女子学院学报》2008年第3期。

③ 夏晓虹：《晚清女报的性别观照——〈女子世界〉研究》，载氏著《晚清文人妇女观》，作家出版社1995年版。

④ Edwards Louise, "The Shanghai Modern Woman's American Dreams: Imagining America's Depravity to Produce China's 'Moderate Modernity'", *Pacific Historical Review* Vol. 81, No. 4, 2012, pp. 567–601.

女报刊。涂晓华《上海沦陷时期〈女声〉杂志的历史考察》一文以文本分析的方式研究《女声》的运作方式与宗旨，探讨沦陷区言语空间的复杂性与殖民地文化传播的特点。① 上述对于近现代上海妇女报刊的个案研究，以文本分析为主要方法，从不同角度予以探讨、归纳分析某一观点。但个案研究整体重复性较高，始终集中在几份妇女报刊上，大量近现代上海妇女报刊未见探讨。

综上所述，当前近现代上海妇女报刊史的研究未受到应有重视，相关的研究较为零散未成系统，尚未见到缜密厚重的研究成果问世。因而，本书力图理清近现代上海妇女报刊的发展路径和变迁轨迹，探讨近现代上海妇女报刊的历史沿革。

三　概念界定

对于什么是上海妇女报刊的问题，不同的人会从不同的侧面做出不同的诠释。事物在其不同的侧面和不同的时期呈现出不同的特点，从而导致作为从事物的特点中抽象出来的概念的聚讼纷纭，莫衷一是。为保证研究对象的确定性，有必要首先对上海妇女报刊这一核心概念作出界定。

妇女报刊，虽是习惯使用的概念，但却罕有明确界定。首先，若以报刊名中含有"妇女""女"等字样的报刊作为妇女报刊，那么《眉语》《香艳杂品》《紫罗兰》等以女性为读者的报刊皆会被排除在外。其次，倘若仅指妇女创办编辑的报刊，自然又会将男性编者排除在外，而当时确实存在大量男性编者主导的妇女报刊如《女子世界》《妇女时报》《解放画报》等等。同时，妇女所编的报刊也存在综合性的或其他专门性报刊。显然，将妇女所办报刊定义为妇

---

① 涂晓华：《上海沦陷时期〈女声〉杂志的历史考察》，《中国现代文学研究丛刊》2005 年第 3 期。

女报刊不符合实际。因此，本书所谓妇女报刊，是指面向妇女，以妇女为主要读者对象，即从内容上而言，研究、讨论妇女问题，反映、指导妇女生活的，包括女学生的学校生活，主妇的家庭生活等。其他学术性以及科学性的报刊，诸如《妇科学》《产学》等不在本书的研究范围之内。

上海，首先是作为限定地点，不考虑沪、申等别称，统一纳入"上海"。其次，本书在搜集上海的妇女报刊史料时，常会见到报刊的编辑、出版与发行，存在不统一的情况，报社更有迁移的变化，比如1906年创办的《复报》在国内编辑，东京印刷。因此，本书在收录报刊史料时，为力求研究上的统一，将在上海创刊且编辑发行的作为上海妇女报刊。

综上，本书核心概念"上海妇女报刊"是指：以妇女为主要读者，以妇女问题、妇女文化、妇女教育、妇女生活等为主要内容，在上海创刊且编辑发行的报刊。上海妇女报刊史即指上海妇女报刊的历史。本书对上海妇女报刊史的研究起讫标定为1898—1949年。1898年是上海首份妇女报刊即中国首份妇女报刊《女学报》问世的时间；1949年则是新中国成立的年份。因1898—1949年刚好嵌于近现代，故而称"近现代上海妇女报刊史"。

四 分期依据

"治史所以明变。"① 研究近现代上海妇女报刊史，核心在于梳理和阐释近现代上海妇女报刊的历史沿革和发展变化。科学的历史分期则有助于揭示不同历史时期的鲜明特征和发展规律。

迄今为止，关于近现代妇女报刊史的历史分期，大多依照革命史或中共党史的历史分期标准作为分期依据。如《中国近现代妇

---

① 钱穆：《中国历史研究法》，生活·读书·新知三联书店2001年版，第3页。

报刊通览（1898—1989）》将妇女报刊的历史划分为：辛亥革命时期、五四运动时期、建党和大革命时期、土地革命时期、抗日战争时期、解放战争时期。① 再如《中国妇女报刊史研究》将妇女报刊的历史划分为辛亥革命时期、民国初期、五四运动时期、中国共产党成立后至抗日救亡之前、抗日救亡时期等。② 近现代妇女报刊史作为中国近现代历史的组成部分，自然可依照革命史或中共党史的分期节点作为分期依据。但是，妇女报刊作为专门为女性编辑出版的报刊，其历史发展脉络除了关涉中国近现代史的整体发展与女性群体的发展外，与报刊自身发展逻辑以及报刊编辑出版的区域性社会环境（城市）密切相关。诚如迈克尔·舒德森（Michael Schudson）所论："报纸的历史和城市的发展史历来存在着千丝万缕的联系。"③ 城市之于妇女报刊，不应当仅仅是其存在的背景——为报刊创办发展提供条件——人口密集、交通便利、商业发达、女性识字率提高等等。城市缘何会孕育出适应妇女报刊发展的土壤？不同城市的妇女报刊有何差异，是否与该城市的特点相关？城市对于妇女报刊究竟产生了何种影响？等等。若需要回答上述问题，研究者就必须要打破原有的分期方式，以细致而动态的视角深入分析城市与上海妇女报刊的交往互动，以此系统全面梳理近现代上海妇女报刊的历史沿革，阐释上海妇女报刊的历史发展特点和规律。

因此，本书基于上海城市与妇女报刊的交往互动，以上海妇女报刊自身发展逻辑作为分期依据，分为五个时期：清末时期的上海妇女报刊（1898—1911）、民国初年的上海妇女报刊（1912—1918）、五四时期的上海妇女报刊（1919—1927）、十年相对稳定时

---

① 田景昆、郑晓燕编：《中国近现代妇女报刊通览（1898—1989）》，海洋出版社1990年版，第1—7页。

② 刘人锋：《中国妇女报刊史研究》，中国社会科学出版社2012年版，第1—3页。

③ [美]迈克尔·舒德森：《发掘新闻：美国报业的社会史》，陈昌凤、常江译，北京大学出版社2009年版，第89页。

期的上海妇女报刊（1928—1937）以及战乱时期的上海妇女报刊（1937—1949）。

五 研究方法

方汉奇先生等前辈指出，报刊史既是新闻学的分支，同时也是历史学的分支。对报刊史的研究理应遵从历史科学研究的方法，以实证为主还原历史的本来面貌。关于理论方面，实证研究要求研究者对历史真实予以关注，理论则是研究者用以观照史料的工具，理论观念是根植（或隐藏）于史实中的。换句话说，在史论的关系中，"史"是基本的和核心的，而"论"则是依附于或服务于"史"的。因而，本书以史料为中心，拟采用的相关社会学、传播学理论，主要目的在于寻找最佳的切入点，进行更深入的分析，从而揭示历史的意义。

在具体的研究过程中，本书拟采用文献资料、案例分析以及比较研究等史学研究方法。

（1）文献资料法是以现存相关文献资料为基础，对其进行信息选取、整理、分析以达到调查目的的方法。本书通过汇编史料、图书馆期刊目录、图书馆收藏报刊史料，搜集了近160份近现代上海妇女报刊第一手资料予以研究。

（2）案例分析法是指结合文献资料，对单一对象进行分析，以此寻求普遍规律的方法。通过对近现代上海妇女报刊史料的爬梳发现，诸多妇女报刊具备典型意义和特殊性，对其进行案例分析，有助于本书对妇女报刊的特点及形成过程作出概括。

（3）比较研究法即以一定的标准，对两个及以上的关联事物进行异同甄别，以此探求普遍和特殊规律的方法。通过比较方法，本书可划分近现代上海妇女报刊的几次转型，对不同转型期内妇女报刊的异同进行比较。总而言之，上述史学方法的配合使用，有助于本书厘清近现代妇女报刊的演变脉络、探求其发展规律。

在史料方面本书以近现代上海妇女报刊的第一手资料为主。需要特别指出的是，本书将对上海妇女报刊中文字、图像予以同等观照。早在19世纪中叶，德国历史学家德罗伊森就曾指出："只有当历史学家真正开始认识到视觉艺术也属于历史材料，并能有系统地运用它们，他才能更加深入地调查研究以往发生的事件，才能把他的研究建立在一个更加稳固的基础上。"① 迄今，图画尤其是绘画作品仍属于非传统史料。但马歇尔·麦克卢汉提醒我们，媒介即信息。② 妇女画报作为妇女报刊发展的一种存在形式，承载着大量的绘画作品和照片，其所传递的信息，不仅是照片或绘画作品本身的信息，同时也无意识地将当时社会物质精神文化状态压缩在了作品中。正如米歇尔·福柯所说："我们所看到的绝不寓于我们所说的。"这些图像能够带回给我们以前知道但并未认真看待的东西，简言之，这些报刊图像能够让我们更加生动地"想象"过去。当然，将图像作为史料时，需要进行史料学的研究和考证，尤其应当结合时代历史背景考察。彼得·帕克在《图像证史》中提醒我们注意，系列图像所提供的历史信息比单个图像更可靠，图像中的细节可能承载着重大的历史线索，其中包括制作者所持有的当时社会的集体观念以及选择这些作品的人看待社会的角度。③

---

① [德]约翰·古斯塔夫·德罗伊森：《历史的基本原理》，转引自曹意强《艺术与历史》，中央美术学院出版社2001年版，第72页。

② [加拿大]马歇尔·麦克卢汉：《理解媒介：论人的延伸》，何道宽译，商务印书馆2000年版。

③ [英]彼得·帕克：《图像证史》，杨毅译，北京大学出版社2018年版，第43页。

第一章

清末时期的上海妇女报刊
（1898—1911）

近现代上海，长期作为沟通中国与外部世界的桥梁，以包容开放的姿态保持与外部世界的共时性。这种特性造就了上海独特的城市空间以及信息舆论的中心地位。报刊作为当时最富时效性的传播方式，在上海迅速发展，奠定上海作为中国报刊出版的重镇和中心。缘起于西方的妇女解放思想经由报刊的广泛传播，动摇了中国传统的妇女观，并在多方因素的合力下催生了上海妇女报刊的出现和发展。本章主要论述上海妇女报刊的滥觞，即1898—1911年间上海妇女报刊的诞生背景、中国第一份妇女报刊《女学报》的出现和样貌，以及此后《女子世界》《中国女报》等妇女报刊的发展历程。

第一节 上海妇女报刊诞生的背景

一 上海独特的城市空间与出版环境

近代上海，租界的存在，一市三治的统治结构，与正统中国有异。但租界"这种特殊的存在及其相对安全、自由的局面，（又）

使得上海在很大程度上避开了近代中国的纷乱"①。加之上海所处的优越的地理位置，"内地交通运输便利，世界上没有地方比得上它"②。上海建立起以商贸为轴心的商业化社会机制。诚如《申报》所载："上海之地商贾聚集，为中华之第一大码头，船舶往来货物充积，生意之盛，年胜一年，为今之计，凡有所举动必先有益于贸易之事，至于兴土木之工，以供人之游目骋怀，皆其后也。"③ "夫租界一商场也，治理之权皆在商人……租界之中每定一法，行一令必须得多数商人之许可，而后乃可施行焉。"④ 从某种程度上说，建基于商业的社会结构，打破了传统士农工商的阶层划分，所建立起的"以商人为轴心的文化心态圈和以他们为标准人的观念体系"⑤ 完全颠覆了古老中国根深蒂固的乡村传统和官僚统治模式，加速了社会阶层的流动和分化。"市场上不存在特殊种类，不存在特权阶级。土地可以自由买卖，连劳动力都按供需关系定价，而非由传统习俗决定。市场上人人平等。"⑥ 这种观念体系不仅深刻改变着身处其间者的价值观念和生活方式，同时吸引着各色人等纷至沓来。"妇女贪上海租界佣价之昂，趋之若鹜，甚有弃家者，此又昔之所未见者也。"⑦ "沪上虽为全吴尽境，而当南北要冲，四方冠盖往来无虚日，名流硕彦接迹来游。"⑧ "沪以乐土著于域中久矣。市政修明，有客至如归之乐。光绪庚子以前若是也。自是以往，则避地者众，遂患

---

① 唐振常：《近代上海探索录》，上海书店出版社 1994 年版，第 137 页。
② ［美］罗兹·墨菲：《上海——现代中国的钥匙》，上海社会科学院历史研究所编译，上海人民出版社 1986 年版，第 81 页。
③ 佚名：《黄浦填高辩》，《申报》1872 年 7 月 22 日。
④ 《讥弹：自治》，《月月小说》1906 年第 4 期。
⑤ 乐正：《近代上海人社会心态》，上海人民出版社 1991 年版，第 49 页。
⑥ ［美］迈克尔·舒德森：《发掘新闻：美国报业的社会史》，陈昌凤、常江译，北京大学出版社 2009 年版，第 49 页。
⑦ 黄苇、夏林根编：《近代上海地区方志经济史料选辑》，上海人民出版社 1984 年版，第 336 页。
⑧ 王韬：《弢园文录外编》，上海书店出版社 2002 年版，第 269—270 页。

人满。"①

近代上海早期报刊出版正是在这种环境下迅速发展。在明清时期，上海只出现过邻近地区传来的《邸报》等类的传抄本。近代新闻纸至开埠之后方才出现。其中，以刊载船期和商情的商业性报纸《上海新报》（1861年创办）为最早。至19世纪60年代，上海成为全国洋人的办报中心。据统计，在1861—1895年间，上海新出版的英文报刊31种，法文、日文、德文、葡文报等不同语种的报刊也先后出版，远高于同处沿海地区。1862年的上海租界人口已高达50万之多（移民达70%）（北美长老会派往中国的传教士）。② 至19世纪末，上海成为中文报刊创办最早且最多的地区。据范约翰《中文报刊年表》（1890）的统计，当时上海的中文报在全表的75种中，占了23种，约占30.67%。其中，《申报》《新闻报》《字林沪报》鼎足而立，把商业报刊的发展推向高潮，这是全国其他地区无法相比的。③

虽然上海报刊出版规模大，但中国广大儒家文化熏染出的文人学士对于报刊的认识尚不及西方普遍。据姚公鹤（近代早期新闻人）回忆，1890年前后"不知报纸为何物，父老且有以不阅报者为子弟勖者"④。上海的报刊"沪上新闻纸"多被视为"记载猥琐、语多无稽、不学无术、无关宏旨"⑤。与此相对的是，在1877年广学会李提摩太给英国驻上海领事的信中已清楚说明书刊之于社会的深刻影响："别的办法可以使成千的人改变头脑，而文字宣传则可以使成百万的

---

① 黄苇、夏林根编：《近代上海地区方志经济史料选辑》，上海人民出版社1984年版，第337页。
② 中国人民银行上海分行编：《上海钱庄史料》，上海人民出版社1960年版，第15页。
③ 转引自宁树藩主编《中国地区比较新闻史》，复旦大学出版社2018年版，第564页。
④ 姚公鹤：《上海闲话》，上海古籍出版社1989年版，第129页。
⑤ 陈宝箴：《湘抚陈购时务报发给全省各书院札》，《时务报》1897年5月12日。

人改变头脑"①。可以说,直至清末,面对甲午战败亡国灭种的危机,中国绅宦才主张向西方学习并主持出版报刊,确立了以《时务报》为榜样的报刊在中国的地位:"有裨时政、有裨学术,为经世者不可少之编。"② 文人学士对于报刊的认识才日趋改观,"士民之嗜阅报章,如蚁附膻。阅报愈多者,其人愈智;报馆愈多者,其国愈强"③。此后乃有若《知新报》《集成报》《求是报》《经世报》《萃报》《苏报》《湘报》等"踵事而起"④的现象。

1898年,《明定国是》诏谕颁布,变法维新开始,新闻出版界一片新气象,报馆准许自由开设,报纸书籍一律免税。上海的各界人士,包括商界、知识界以及学校等积极创办民营出版机构。据《上海出版志》数据,清末至民初上海的出版机构超过300家。⑤虽然这些民办出版机构规模悬殊,成立动机和缘由也各异,其中有出于爱国、振兴国家的,有出于教育目的的,终是以经商谋生为目的的最多。⑥但出版机构的大量存在,必然需要与其规模相匹配的知识分子。而这一时期的知识分子与传统知识分子已有区别,他们是近代商业社会的雇佣者,对于改造社会极富热情和欲望。"各立学会,互相研究,借以交换知识,开通社会……或谋地方之幸福,或望教育之普及,各有深意存其间也。"⑦ 他们借助文字,通过报刊、书籍、教学、舞台等文化传媒来从事文化的生产或新式文化的传播,以此来影响社会和舆论。据《上海通史》统计:清末戊戌维新时期,

---

① 江文汉:《广学会是怎样的一个机构》(上),《出版史料》1988年第2期。
② 张之洞:《鄂督张饬行全省官销时务报札》,《时务报》1896年9月27日。
③ 梁启超:《论报馆有益于国事》,《时务报》(创刊号)1896年8月9日。
④ 严复:《国闻报缘起》,载张之华编《中国新闻事业史文选》,中国人民大学出版社1997年版,第98页。
⑤ 上海出版志编纂委员会:《上海出版志》,上海社会科学院出版社2000年版,第249—264页。
⑥ 陆费逵:《六十年来中国之出版业与印刷业》,张静庐辑注:《中国近现代出版史料补编》,上海书店出版社2003年版,第273页。
⑦ 李维清:《上海乡土志》,上海劝学所刊1907年版,第44页。

上海知识分子人数就达到了 1200 人，其中从事报刊业的约 500 人，新式教育的 200 人，出版业的 100 人。至 1903 年前后，上海知识分子人数不下 3000 人。① 在 1905 年科举废除后，越来越多的传统知识分子转型并投身报业，试图借助报刊这一公共传播空间，重建社会中心来对国家和社会发展产生影响。由此，造成了上海在成为中国最"洋化"的城市的同时，也是民族意识觉醒和革命动员最早的城市。②

二 西方性别标准被借鉴和转化

19 世纪中后期，受西方乃至近邻日本的冲击，中国知识界改变着对自身与周边世界关系的认识。其中，最具冲击的认识：一是将中国作为"天下"的意识收缩到了地理范畴内的固定疆域，即从"中心—边陲"关系转为均等互动的关系。③ 二是西方文明等级观成为"世界的通论"④。中国居半文明地位的排位定级强烈地刺激了国人，"今所称识时务之俊杰，孰不曰泰西者文明之国也，欲进吾国，使与泰西各国相等，必先求进吾国之文明，使与泰西文明相等。此言诚矣"⑤。在这种比较中，中国妇女被发现。

在西方文明论中，妇女地位是衡量社会文明程度的标尺。这一观念经由传教进入中国，并在中国语境下发生转化。妇女地位从文明发展的结果转变为促进文明的手段。⑥ 这种转化，最早可见于传教

---

① 熊月之主编：《上海通史·第六卷·晚清文化》，上海人民出版社 1999 年版，第 476 页。
② ［法］白吉尔：《上海史：走向现代之路》，王菊、赵念国译，上海社会科学院出版社 2014 年版，第 7 页。
③ 杨念群：《五四的另一面："社会"观念的形成与新型组织的诞生》，上海人民出版社 2019 年版，第 36 页。
④ ［日］福泽谕吉：《文明论概略》，北京编译社译，商务印书馆 2014 年版，第 9 页。
⑤ 梁启超：《国民十大元气论（1899）》，《饮冰室合集》文集之三，中华书局 1989 年版，第 61 页。
⑥ 宋少鹏：《"西洋镜"里的中国女性》，刘禾主编：《世界秩序与文明等级——全球史研究的新路径》，生活·读书·新知三联书店 2016 年版，第 296—297、306 页。

士林乐知的《全地五大洲女俗通考》。该文，一方面赋予女性在文明进化过程中的主体身份，建立女性与文明互为表里的关系。如"各国女人之地位，与其看待女人之法"可以作为一种"比较教化优劣之定格"，"凡国不先将女人释放、提拔，而教养之以成其材者，绝不能有振兴之盼望"①。另一方面则加深了传统中国"女祸论"的刻板印象建构，视女性为"分利之人"——中国二亿妇女，"尽成无用之人，即成为分利之人，国家之积贫成弱，风俗之积陋而成愚，皆因之矣"②！

妇女地位是促进文明手段的观点，经由报刊传播，对当时的国人产生了不同程度的影响，进而促发了不同程度的反应。一则，受西方"启蒙"的先进文人自觉受西方藐视，而大声疾呼唤醒麻木国人，以废除缠足（《女俗通考》）。"通人伟儒，或知其非，则以为闺内琐屑之事，非男子所宜问也……西人之藐我中国也，事事加以讪笑，而缠足一事，往往著之论述，诧为奇谈。彼盖见五洲万国，绝无此楚毒之刑，加诸无辜之族。我中国每不为怪，又乌得而不藐我也？"③

二则，当时的文人将妇女视为阻碍文明发展的"问题"试图对妇女的身心进行重塑。1896年，梁启超在《时务报》上连载的《变法通议》中所提出的"生利说"："妇学实天下存亡强弱之大原"被陈东原称为"当时最强有力的见解"④。梁启超，早年曾在传教士李提摩太身边做"中文书记"，他的"生利说"和女学观受《全地五大洲女俗通考》影响颇大。他认同李提摩太对中国二万万女子是

---

① 林乐知：《〈全地五大洲女俗通考〉序》，上海商务印书馆代光学会1903年版。这一观点也不是林乐知的创见，而是19世纪以来流行于英语世界的一句名言。
② 林乐知：《全地五大洲女俗通考》第10集下卷，上海商务印书馆代光学会1903年版，第3页阴面。
③ 《倡办顺德戒缠足会叙（1897）》，中华全国妇女联合会妇女运动历史研究室编：《中国妇女运动历史资料（1840—1918）》，中国妇女出版社1991年版，第39页。
④ 陈东原：《中国妇女生活史》，商务印书馆1937年版，第322页。

"分利者"的定位，并对此作出了中国人自身的阐释："圆其手而纤其足，不官、不士、不工、不商、不兵""嗷然待哺于男子""不识一字、不读一书""一无所闻，竭其终身之精神，以争强弱讲交涉于筐篋之间，故其丑习，不学而皆能，不约而尽同。求其家庭内外相处熙睦，形迹言语，终身无间然者，万不得一"。蒙养、胎教皆"蛮野"，酿成了今日"营私趋利，苟且无耻""天下积弱"的现状。在他看来，妇女是阻碍文明发展的"问题"，而对妇女的教化是促进文明的途径。中国二万万女子倘若能废去缠足，求学而能"生利自养"：内拓心胸、外助生计、助益母教胎教、保种报国。① 那么，就可实现民富而国强。于此，"缠足"早已超越自觉被西方藐视的问题，而是牵涉了国族层面的"外助生计"与"保种报国"。妇女不再仅为家庭生利（传统妇女纺绩课子补贴家用的私人化生利方式），而是为国家"生利"——为国家诞育佳儿并能从事社会化生产。废缠足与兴女学则是让妇女得以实现生利的基本路径，成为教化妇女促进文明的一体两面。

可见，妇女（女权）问题，在中国首先是作为国族变革的议题而非性别议题。中国妇女是在以西方现代性为参照系重建社会中心的启蒙与救亡过程中被发现的，是应国家政治经济文明发展的需要而被重置为"生利"对象。这一生利方式，需要利用女性的生育力和社会生产力。在此前提下，女性因"缠足"和"无学"束缚的身心不仅被视为影响子嗣强健的根源，同时也因为减少了社会生产力的因素亟待废除。至20世纪初，教化妇女促进文明的观念在男女两性中成为共识。如中国首部女权著作《女界钟》作者金天翮认为："女子者，国民之母也。欲新中国，必先新女子；欲强中国，必先强女子；欲文明中国，必先文明女子；欲普救中国，必先普救我女子。"② 再如女权运动家秋瑾也认为："使我女子生机活泼，精神奋

---

① 梁启超：《论女学》，《变法通议》，华夏出版社2002年版，第87—94页。
② 金天翮：《〈女子世界〉发刊词》，《女子世界》1904年第1期。

飞，绝尘而奔，以速进于大光明世界，为醒狮之前躯，为文明之先导，为迷津筏，为暗室灯，使我中国女界放一光明灿烂之异彩；使全球人种惊心夺目，拍手而欢呼。"① 妇女与国族（文明）互为表里的观念成为近代中国妇女问题的核心内涵。

三 妇女报刊在世界范围内陆续创办

19世纪西方资产阶级革命女权运动全面兴起，妇女报刊作为女权运动的实践在世界范围内兴起，她们将斗争的起点置于创办属于女性的报刊，将报刊作为维持女性间交往和理解的平台、反压迫争权利的实践。

法国是妇女报刊出现较早的国家。18世纪晚期，在天赋人权观念和卢梭自由平等思想的指引下，法国知识阶层妇女开始觉醒，并于1791年发表《女权宣言》（Dedaration des droits de la femmeet de la Citoyenne），该宣言促使妇女们开始思考女性的真正地位和权力，并影响了整个欧洲。1832年法国第一份为妇女代言的报刊《妇女论坛》出版，该刊以圣西门的临终遗言"男人和女人，这就是社会的个体"为女权思想基础，指出妇女自由的根本出路——经济独立、教育平等，同工同酬，但因言论激进被当局取缔。② 进入19世纪40年代后，伴随女权运动兴起，法国妇女开始借助妇女报刊争取各种政治权利，其中以参政权最为主要。此时的妇女报刊往往与妇女组织一并出现，如"妇女之声协会"与《妇女之声》（Voix des Femmes）、"妇女权利委员会"与《妇女权利报》、"妇女权利同盟"与《妇女权利》（Droit des Femmes）等。至19世纪末，女性开始独立办报刊，其中较为知名的是女权主义者贝尔蒂娜·奥克莱（Bertina Auclair）的《女公民报》（LA Citoyenne）（法国首份妇女参政报）、玛格丽特·迪朗（Margaret Dilan）参办并独立编辑经营的

---

① 《发刊词》，《中国女报》1907年第1期。
② 孙晓梅：《国际妇女运动概况》，北方妇女儿童出版社1990年版，第12页。

《投石党报》(La Fronde) 等。

在英国，受工业革命的影响，妇女逐步走出家门开始获得教育权并参与社会生产。从18世纪晚期开始，英国女性开始萌发权力意识。首先出现的是女权图书，如"世界妇女运动鼻祖"玛丽·沃斯通克拉夫特（Mary Wollstone）的《女权辩护：关于政治和道德问题的批评》①（A Vindication of the Rights of Woman: with Strictures on Political and Moral Subjects, 1792）等，强调男女教育平等政治平权，号召女性完善自身。至19世纪中期，英国妇女开始在"选举修正法"等政治活动中，为自身权利上书、请愿、并创办妇女报刊。1858年《英国妇女杂志》（English Woman's Journal）发刊，主张女子有能力承担男子同等的社会义务，号召改变妇女地位。19世纪60年代，在哲学家约翰·穆勒（John Stuart Mill，又译约翰·缪尔）的西方女权运动的经典著作《妇女的屈从地位》（The Subjection of Women, 1869）②出版后，妇女参政运动全面兴起。1870年，妇女参政运动团体组织化并且逐渐巩固，成立了全国妇女参政权联合会，创办《妇女参政杂志》为机关刊物。20世纪初，英国成为世界上最大的贸易输出国，国内资产阶级妇女更广泛地接受教育，但她们得不到与男性同等的权力，因而迫切要求男女平等平权。1903年，艾米林·潘克赫斯特（Emmeline Pankhurst）和她的两个女儿发起"妇女社会与政治同盟"并发行机关杂志《妇女选举权》（Votes for woman）周刊主张实战，号召妇女不遵从男人制定的法律，不向男人政府缴纳租税，鼓动妇女上街示威。在妇女报刊的倡导声中女权运动开始进入高涨阶段。

美国早期作为英国殖民地，继承了欧洲的文化和价值观。美国独立战争的爆发也未能改变传统维多利亚式顺从贞淑的女性形象占据社

---

① [英] 玛丽·沃斯通克拉夫特：《女权辩护：关于政治和道德问题的批评》，王蓁译，商务印书馆1995年版。

② [英] 约翰·穆勒：《妇女的屈从地位》，王蓁译，商务印书馆1995年版。

会主流地位。但美国资产阶级颁布的《独立宣言》"人人生而平等"的思想激发了一部分女性开始重新思考自身的地位，并为争取女性解放和参政权利而参与战争。不过，1787 年美国《宪法》没有赋予妇女选举权。1848 年美国第一届妇女权利大会通过了"女性独立宣言"（Declaration of Sentiments），将妇女选举权作为女权运动的主要方向之一。同年阿米莉亚·布鲁默（Amelia Bloomer）与女权运动领袖伊丽莎白·卡迪·斯坦顿（Elizabeth Cady Staton）携手创办月刊《百合花》（Lily）销量一度达 6000 份。1868 年 1 月，斯坦顿夫人（Elizabeth Cady Stanton）和苏珊·布朗奈尔·安东尼（Susan Brownnell Anthony）创办《革命》（Rovoltuion）周刊，态度激进，倡导女性经济独立，反对美国婚姻制度，联合女工谋求选举权（订数 3000 份）。1869 年，美国女性争取选举权协会成立，露西·斯通（Lucy Stone）等女权主义者创办机关刊物《妇女杂志》（Woman's Journal），通过联邦法律修宪的要求和途径，使得妇女获得选举权。至 19 世纪末，争取妇女选举权成为美国女权运动以及美国妇女报刊的主要宗旨。

在中国，1887 年广学会曾规划于上海创办面向妇女的妇女报刊，但顾虑到广学会内部人员配置问题以及当时中国妇女教育程度和阅读能力普遍较低等因素，妇女报刊的计划被搁置了。代之而起的是以《万国公报》为传播载体，大篇幅介绍西方妇女的生活和地位状况，以此批判中国社会的陋习以及对妇女的压迫，宣传男女平等，提倡女子入学堂。毋庸讳言，传教士对中国妇女的关注，仅是传教属性使然。传教行为本身也是对西方文明等级论的支持。诚如传教士伍德布里奇认为，只有基督教才能教化世界上其他国家的人们，提升文明程度解救妇女。[①] 但传教士以书刊为媒介传播的观念在一定程度上影响了清末的知识阶层和统治阶层。

---

① William Channing Woodbridge, *Modern School Geography: On the Plan of Comparison and Classification*, Hartford, Belenap and Hamersley, 1884, pp. 156 – 157.

第二节　中国首份妇女报刊——《女学报》

1898年7月24日我国历史上最早的妇女报刊《女学报》（Chinese Girl's Progress，亦称《官话女学报》）创刊于上海。该刊以女性为读者，由上海桂墅里女学会主办，不缠足会代为行销，初设报馆于西门外文元坊，后移至桂墅里中国女学堂内。该刊初为旬刊，第10期后改为五日刊。潘璇、裘毓芳、康同薇等20位女性担任主笔。创刊号为红印，随后皆为黑白印。虽为中国首份妇女报刊，但《女学报》的办报宗旨、主要内容、编排风格、经营管理等相对明晰。据目前可见资料，《女学报》至少刊行了12期于1899年停刊。作为在维新高潮中诞生的首份妇女报刊，《女学报》在新闻出版史上具有不可忽视的地位。

一　《女学报》创刊缘起：以女报启女智

在西方文明等级论的刺激，以及妇女与国族（文明）互为表里的意识观念下，妇女启蒙共识达成。但通过何种方式启蒙，成为摆在维新派知识分子面前的问题。他们认为，学堂、学会、报纸是启蒙大众的"三要素"①。其中以报纸为最佳，它能从数量和空间上将更多的人和更多地方的人纳入启蒙的范畴，以弥补前两者的不足，使妇女解放思想在中国传播。

（一）在"开民智"风潮中倡办女报

作为致力于解决中国妇女问题的先锋人物，梁启超于《时务报》创刊号上登载《论报馆有益于国事》首次提出了创办"妇女报"的倡议：

---

① 胡太春：《中国近代新闻思想史》，山西教育出版社1987年版，第74页。

>　　朝登一纸，夕布万邦。是故任事者无阂隔蒙昧之忧，言学者得观善濯磨之益。犹恐文义太赜，不能尽人而解，故有妇女报，有孩孺报。其出报也，或季报，或月报，或半月报，或旬报，或七日报，或五日报，或三日报，或两日报，或每日报，或半日报。国家之保护报馆，如鸟鬻子；士民之嗜阅报章，如蚁附膻。阅报愈多者，其人愈智；报馆愈多者，其国愈强。曰：惟通之故。①

在梁启超看来，报刊是联通世界的桥梁，祛魅启智的工具，女性作为智识欠缺的国民，理应由文辞浅显的妇女报刊来启智。"天下积弱之本，必自妇人不学始。""故言自强于今日，以开民智为第一义。"②

事实上，在梁启超宣扬"女报启女智"的理论前后，"开民智"这个经由救亡逼出来的启蒙运动，已不限于知识阶层。"一般'有识之士'或所谓的'志士'，深感于'无知愚民'几乎招致亡国的惨剧，纷纷筹谋对策，并且剑及履及，开办白话报；创立阅报社、宣讲所、演说会；发起戏曲改良运动；推广识字运动和普及教育，开展了一场史无前例的大规模民众启蒙运动"③。1903 年，《大公报》载"公慎书局"办京话报馆，以期开妇孺智慧。从其章程中亦可见当时风气："咱们中国的风气是渐渐地开了，推其缘故，全是报馆的力量。这么看起来，这报馆在社会上是最有益处的了。可惜各报馆所出的报，全是深文奥义，惟通文的人可以看。若是文理粗通的以及妇人小孩儿，就不能懂得了。本报打算开一所白话报馆，凡一切论说新闻，全部演成白话，一则便于妇人小孩，二则外省人一看此

---

① 梁启超：《论报馆有益于国事》，《时务报》（创刊号）1896 年 8 月 9 日。
② 梁启超：《学校总论》，《变法通义》，华夏出版社 2002 年版，第 32 页。
③ 李孝悌：《清末的下层社会启蒙运动：1901—1911》，河北教育出版社 2001 年版，第 13—14 页。

报,也就懂得北京官话了。"① 除了面向国人的《大公报》,各省俗话报也陆续面世,其所求更贴近周遭生活。如1904年,陈独秀在《开办〈安徽俗话报〉的缘故》中直言:

> 因为想学点学问,通些时事,个个人都要上学攻书,这岂不是一桩难事吗?但是有一样巧妙的法子,就是买几种报来看看,也可以学点学问,通些时事。这就算"事半"而"功倍"了。但是现在各种日报、旬报虽然出得不少,却都是深文奥意,满纸"知""乎""也""者""矣""焉""哉"字眼,没有多读书的人那(哪)里能够看得懂呢?
>
> 这样说起来,只有用最浅近、最好懂的俗语写在纸上,做成一种"俗话报",才算是顶好的法子。所以各省……就做出"俗话报",给他们的同乡、亲戚、朋友看看。现在已经出了好几种……我就想起我们安徽省……还没有这种"俗话报"。皖南皖北老山里头,离上海又远,各种报都看不着。别说是做生意的,做手艺的,就是顶呱呱读书的秀才,也是一年三百六十天,坐在家里,没有报看,好像睡在鼓里一般,他乡外府出了倒下天的事体,也是不能够知道的……②

不难发现,以报刊开民智已经成为清末知识分子启蒙民众的重要途径,并且已经成为一种普遍且无甚异议的共识。在此境况下,作为民众的妇女,并且是从儒家秩序中被解放出来的作为国民母亲的妇女,成为民族国家建立之际的重要启智对象。

(二) 女学堂、女学会、女学报三位一体模式成型

1897年5月2日《试办不缠足会简明章程》中梁启超借缠足的探讨,再次重申了前次倡议,并将女学堂一并纳入考虑。

---

① 《章程》,《大公报》1903年2月26日。
② 汪原放:《回忆亚东图书馆》,学林出版社1983年版,第14页。

> 本会总会设在上海，暂借《时务报》馆开办……本会所收入会捐及助资，除按年实销开列清单外，如有余资，或设女学校，或设妇孺报馆，或设妇婴医院，或设恤嫠局，皆由临时酌议。①

受梁启超的影响，1897年经元善萌发了办女校之心。经元善在《女学集说附》中记述道：

> 新会梁卓如孝廉（梁启超），《时务报》第二十三册、二十五册刊登女学论，有未经人道之处，读者咸服其精详，沪上女学之设，导源实肇于此。②

同年经元善联合梁启超、郑观应、严信厚、施则敬、陈季同、康广仁、袁枚等禀北南洋大臣，着手创设中国女学堂，并由梁启超执笔订立《上海新设女学堂章程》，开篇即言："学堂之设，悉遵吾儒圣教，堂中亦供奉至圣先师神位。"以此与基督教所办西式女学堂相区别。同时规定学堂内妇女主权、"皆用妇女"，以求"名实相副"③。

由此，与女学堂相关的一切事宜皆由妇女出面，顺势也就成立了"上海桂墅里女学会"（或称中国女学会）。据光绪二十四年四月二十八日示的《宪示照登》④记载，中国女学堂设立于上海城东桂墅里，女学会书塾、提调、教习、董事分别是：盛宗氏、麦韩式、

---

① 梁启超：《试办不缠足会简明章程》，《时务报》1897年5月2日。
② 经元善：《女学集说附》，朱浒编：《中国近代思想家文库经元善卷》，中国人民大学出版社2014年版，第102页。
③ 《上海新设女学堂章程》，《时务报》1897年12月4日。
④ 中华全国妇女联合会妇女运动历史研究室编：《中国妇女运动历史资料1840—1918》，中国妇女出版社1991年版，第119—120页。

陈赖氏、严王氏、郑叶氏、施毕氏、何葛氏、李经氏、经魏氏、沈章氏、程刘氏、张吴氏、赵孙氏、江汪氏、龙廖氏、孙彭氏、康赵氏、魏沈氏、梁李氏、刘蒋氏等。对照《中国女学会致侯官薛女史邵徽》(《知新报》第59册，1898年7月)以及《创设女学堂启附章程》中所录姓名，她们分别是宗恒宜、赖妈懿(陈季同的夫人)、经玉娟、魏媄(经元善的夫人)、章畹芳、刘靓、吴弱男(吴宝初的女儿)、廖元华、沈瑛、李端蕙(梁启超的夫人)、蒋畹芳、李闰(谭嗣同的夫人)、卢素秋(麦孟华的夫人)、康同薇(康有为的女儿)、黄谨娱(康广仁的夫人)等等。

1898年5月17日，署名为"上海桂墅里女学会提调、女董事等公启"的《中国女学拟增设报馆告白》连续在《时务报》(1898年5月25日)、澳门《知新报》(第55册，1898年6月9日)、《湘报》(第87号1898年6月15日)上刊发：

> 中国女学不讲已二千年矣，同人以生才之根本在斯，于是倡立女学堂，现定四月十二日开塾，已登报告白外，欲再兴女学会，更拟开设官话女学报，以通坤道消息，以广博爱之心。①

1898年7月24日，《女学报》创刊，首次实现了以女性为主要对象，以学校为实践平台，以学会为组织平台，以报刊为舆论平台，女学会、女学堂、女学报三位一体的传播模式，② 将其影响力扩散到社会各个角落。

---

① 《中国女学拟增设报馆告白》，《时务报》1989年5月25日。
② 潘璇：《上海〈女学报〉缘起》，《女学报》1898年第2期，"万事倡始，阻力必多。现在可欣喜的，是各位提倡的人，个人苦心孤诣，竭力尽诚在那里办事，巴不得一天就见了成效。所以虚心下怀，集思广益的，定了女学堂、女学会、《女学报》三件事情，一并举行，真是天下女子的福气"。"这女学会、女学堂、《女学报》三桩事情，好比一株果树。女学会是个根本，女学堂是个果子，《女学报》是个叶也是花。"

二 首开女子办报主持笔政风气

在1898年的中国，在报刊上公开发表署名为女性的文章已属不易，而《女学报》则是实现了女子办报并主持笔政，这在中国报刊史上是开先河的。毕竟"中国妇德，向守内言不出之戒，又不欲以才炫世。能诗者不知凡几，而有专集者盖鲜，专集而刊以行者尤鲜"①。时人称"主笔人等皆以女性为之……实开古今风气之先焉"②。作为主编之一的潘璇在《女学报》也激动地叙述道：办报者或为本国绅商或为外国教士，本地女子立报、女主笔皆是"中国古来所未有"③，全然是打破了《礼记》"戒外言"的性别制度。因此，《女学报》每期报头都将诸位女性主笔的名字列于左侧（见图1-1）。比之那些仍在为是否废除缠足而争论不休的媒体，《女学报》无疑是走在男女平等问题上的最前沿，以女性主持笔政并直接发表女性署名作品，做了男女平等最好的注解。

《女学报》的女主笔大致可以分为三类，其一，知名的女性，如薛绍徽、裘毓芳（梅侣）、康同薇（文闲）、李惠仙（端惠）等。她们多为清末维新派知名志士的亲眷，由她们主笔，一方面因她们自身所具备的才识在妇女群体中较为突出，另一方面因亲缘关系，她们作为女主笔可为《女学报》打响名号；其二，担负编辑之责的女性。如主编潘璇，文章不多，却奠定了《女学报》整体的编辑思想和品格；其三，籍贯以江浙和沿海地区为主，如首期出现的17位分别来自：江苏（金匮裘梅侣、武进刘可青）、浙江（诸暨丁素清）、宁波（明州沈和卿）、绍兴（上虞蒋畹芳）、无锡（梁溪沈静英、梁

---

① 李舜华：《"女性"与"小说"与"近代化"：对明以来迄晚清民初性别书写的重新思考》，《明清小说研究》2001年第3期。
② 《女学开报》，《新闻报》1989年7月30日。
③ 潘璇：《论女学报的难处和中外女子相助的理法》，《女学报》1898年第3期。

溪沈翠英)、江西(江右文静芳)苏州(古吴朱蒻兰)、上海(上海潘仰兰)、福建(晋安薛绍徽)广州(番禺潘道芳)、佛山(南海康文闲)、贵阳(贵筑李端惠)、桂林(临桂廖元华)、陕西(京兆龚慧苹)、安徽(皖江章畹香)等地。清末时期,江浙、沿海地区较之内地经济发达、交通便利,受中西文化的双重影响,民智开通,人才辈出。

另外,从目前可见的资料来看,女性主笔"常驻者"并不多,虽维持在20人左右,但更替较频繁。一方面,女性主笔难求。正如《女学报》常言著述的难,"不知两万万女子中间,能当主笔的,有一两半人么?那绅宦家闺秀,不少通才,惟既属绅宦,则门深如海,本报不易得其著作;那商贾家闺秀,云泥之隔,虽没有很远,然而要他讲新学,论格物,则非其所学……至西书院出身,能则能矣,恐怕风气初开,看的人不对脾胃"。现在《女学报》办在上海,虽为人才荟萃之地,"亦不能取之不尽,用之不竭"[①]。另一方面,时局变动,女主笔政治身份影响报刊。如第8期之后的主笔更替,很大程度上就是时局所造成的。1898年9月21日慈禧发动政变打击维新派,《女学报》为躲避灾难,在第8期报刊主笔中删除了康同薇(文闲)、李惠仙(端惠)等名字,取消了泥城桥不缠足会代销处等与维新派密切关联的名字。第10期增加的美国林梅蕊(美国传教士林乐知之女),以期通过洋人出面,来改变报纸的命运。但最终未能逃脱被停刊的命运。

三 仿《湘报》版式 以白话"开女学风气"

《女学报》创刊号《本馆告白》开宗明义地阐述了创刊动机:"同人创设女学于上海,以冀造就闺阁人才,因学堂一时未能通行各

[①] 潘璇:《论女学报的难处和中外女子相助的理法》,原载《女学报》1898年第3期。中华全国妇女联合会妇女运动历史研究室编:《中国近代妇女运动历史资料(1840—1918)》,中国妇女出版社1991年版,第138—140页。

地,又续创《女学报》,每月三期。""本报为开中国女学风气起见,并非牟利。"① 可见,《女学报》的创设是以开通女学风气,启蒙女性智识为目的,通过白话演说,有意承担教科书的功用,但并不牟利。需要注意的是,《女学报》的曾用名《官话女学报》,有意突出"官话"即白话,这与当时白话文运动有直接联系。

晚清,白话与文言不通,阻碍了大多数人的阅读,这一语言问题被上升到民智问题并关联到国家前途的高度。1896年梁启超也在《沈氏音书序》中提出:"民智,斯国强矣……文与言合,而读书、识字之智民,可以日多。"② 官府和民间为了将讯息更有效地传达给一般人,开始大量刊发白话告示和传单。③ 另外,为了开启一般无知"愚夫愚妇"的智慧,报章文体口语化和创办白话报等渐次推开。裘廷梁与裘毓芳创办的《无锡白话报》(1898年5月11日创刊)即属此列。

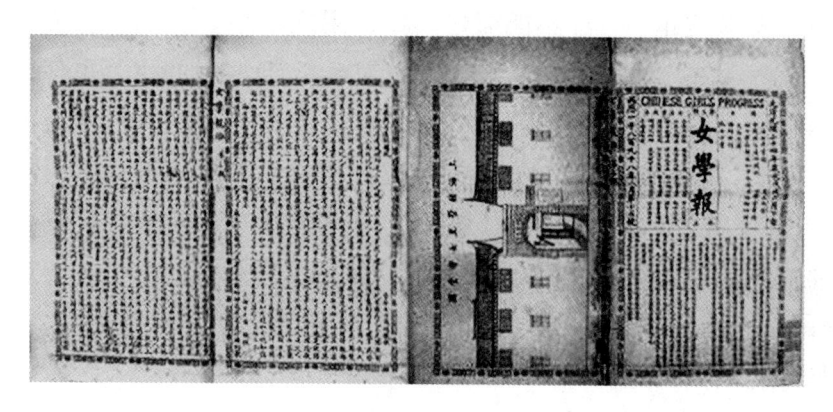

图1-1 《女学报》创刊号封面、内页

---

① 《女学报告白》,原载《女学报》1898年第2期,中华全国妇女联合会妇女运动历史研究室编:《中国近代妇女运动历史资料(1840—1918)》,中国妇女出版社1991年版,第133页。

② 梁启超:《沈氏音书序》,《时务报》1896年第4册。

③ 李孝悌:《清末的下层社会启蒙运动:1901—1911》,河北教育出版社2001年版,第15页。

《女学报》绝大部分已散佚，从其仅存首期《本馆告白》可知，其编排风格类似《湘报》，分有论说、新闻、征文、告白四个栏目，版式设计也与《湘报》别无二致，"其式单张，如《湘报》，以便裁定……用端楷缮写，洁白纸料石印"①，即用对开白色连史纸单面石印一大张，裁叠成四页，书册式装订，并用端正楷体缮写正文，竖排。不同之处在于"每期附图"并使用"官话"即白话。该刊所附卷首插图均由主笔之一刘可青所绘。

《女学报》以兴女学为纲，主要内容大致可分为以下五个方面。

第一，关系女学纲目。《女学报》创刊号《本馆告白》开门见山指出，《女学报》是因女学堂尚未普及而办，《女学报》的内容自然围绕女学堂所列。除了"每期附录女学堂事数则"②，内容多系女学纲目十六课，以此辅助女学堂的教学。同时，定期向女学会内外传达学会的相关事宜。

第二，广兴女学。兴女学是晚清维新的重点之一，《女学报》作为维新报刊，所持观点别无二致，认为"一隅之地，育才有限，倘廿二行省，闻风兴起，遍开女塾"③，如此才能使二万万女子得以增加才识，自谋生计。蒋畹珍继而将兴女学与兴邦强国相提并论，"为今之计，女学不可不兴，尤不可不尽心极力，以图其成。苟其有成，则国家转贫为富，转弱为强之机，虽未必尽由于此，而要亦救弊扶衰之一大关键也"④。刘纫兰更是鲜明地提出"天下兴亡，女子亦有责焉"⑤的口号，宣传妇女在民族危亡中的历史责任。

---

① 《本馆告白》，《女学报》1898年第1期。
② 《本馆告白》，《女学报》1898年第1期。
③ 裘毓芳：《论女学堂当与男学堂并重》，载《女学报》1898年第7期。
④ 蒋畹珍：《论中国倡设女学实有裨于大局》，原载《女学报》1898年第9期。中华全国妇女联合会妇女运动历史研究室编：《中国近代妇女运动历史资料（1840—1918）》，中国妇女出版社1991年版，第99—101页。
⑤ 刘纫兰：《劝兴女学启》，原载《女学报》1898年第4期。中华全国妇女联合会妇女运动历史研究室编：《中国近代妇女运动历史资料（1840—1918）》，中国妇女出版社1991年版，第96—98页。

图 1-2 《女学报》插图

第三，提倡"相夫教子、宜家善种"。这是中国历史上首次将宜家善种与相夫教子作为贤妻良母的标准并列提出。梁启超于《女学报》第 1 期《倡设女学堂启》开篇即强调此观点，此后《女学报》对此思想一以贯之，主编潘璇在第 2 期中就明确表示希望阅读《女学报》的女子们"将来相夫教子的道理，个个得知。欲治其国者，先齐其家，家道有成，治国平天下？"① 女性虽被定位在家中，但也要为社会承担一定的义务，即善种强国来做贡献。同时，《女学报》还以图文并茂的形式（如图 1-2 所示），向家庭妇女介绍蚕桑、纺织、显微镜等有关知识，以开阔她们的眼界，反对封建迷信和陈规陋习。

第四，宣传男女平等，婚姻自主。男女平等涉及多方面，在宣传教育平等之余，男女两性的婚姻自主开始成为《女学报》关注的另一大重要内容。主笔们认为："孤阴不生，独阳不长，阴盛则阳衰，阳亢则阴竭。"反对"以自有之身，待人主婚，为人略卖，好恶不遂其志，生死悉听之人"②。要求借鉴西方国家的民主制度，提倡男女平等，婚姻自主。

第五，公开要求女性的政治权利。在天赋人权的意识下，部分

---

① 潘璇：《上海〈女学报〉缘起》，原载《女学报》1898 年第 2 期。中华全国妇女联合会妇女运动历史研究室编：《中国近代妇女运动历史资料（1840—1918）》，中国妇女出版社 1991 年版，第 134—137 页。

② 王春林：《男女平等论》，原载《女学报》1898 年第 5 期。中华全国妇女联合会妇女运动历史研究室编：《中国近代妇女运动历史资料（1840—1918）》，中国妇女出版社 1991 年版，第 141—142 页。

女性认识到"夫民也者,男谓之民,女亦谓之民也"。她们在《女学报》上提倡"凡我同辈亦可以联名上书,直陈所见"。"求海内闺秀,如我同志,著成条折,登《女学报》,并乞督察院代奏。"并提出参政要求,如"女学生或闺媛入贵妇院授职理事""设女学部大臣 12 人分任各省""定女特科"等。① 这些远远超过了维新派男性对妇女解放提出的要求,虽然此类内容屈指可数,但初步觉醒的女性开始关注自身政治权利。

四 依靠捐助办报经营

《女学报》的办报经费主要依靠捐助。《女学报》创刊初,定了"月出三期,送报一月后,每张只取纸料钱三文"的规矩。但创刊首月的经营状况并不好,据《女学报》第 2 期披露,《女学报》创刊之初所筹得的款数不多,"现在这报,开创的资款,也不是很大,出报的张数,亦不是很多"②。主编潘璇希望大家"乐助捐款,因为集款既多,这报一切都容易讲究得尽美尽善了"③。但正式发行零售后似乎销行不错,在第 8 期的《本报告白》透露,"每印数千张,一瞬而完"④,自 10 月中旬发行的第 10 期起,价格从第 4 期正式零售的"三文"提价至"十文",刊期也由"每月三期"改为"五日一期"。这一剧烈变动或许与报纸行销畅好有关,更大程度上应当是新主编林梅蕊上任所做的调整。不过,这一变动并未给报刊带来良好

---

① 卢翠:《女子爱国说》,原载《女学报》1898 年第 5 期。中华全国妇女联合会妇女运动历史研究室编:《中国近代妇女运动历史资料(1840—1918)》,中国妇女出版社 1991 年版,第 142—144 页。

② 潘璇:《上海〈女学报〉缘起》,原载《女学报》1898 年第 2 期。中华全国妇女联合会妇女运动历史研究室编:《中国近代妇女运动历史资料(1840—1918)》,中国妇女出版社 1991 年版,第 134—137 页。

③ 潘璇:《论〈女学报〉的难处和中外女子相助的理法》,原载《女学报》1898 年第 3 期。中华全国妇女联合会妇女运动历史研究室编:《中国近代妇女运动历史资料(1840—1918)》,中国妇女出版社 1991 年版,第 138—140 页。

④ 《女学报告白》,《中外日报》1898 年 10 月 6 日。

的生机，反而成了停刊的前奏。

需要指出的是，目前另有一份未标期数的《女学报》1899年3月6日出版。这份《女学报》的英文名标"*CHINESE GIRL'S PAPER*"并附"上海商务印书馆承印"字样，与原刊的英文报名、印刷所不同。但从当期告白中的所显示的报馆位置"桂墅里女公学书塾"以及改版说明"于己亥年正月改章……托苏报馆附送"等字样可见，这份《女学报》是"改章"续出。① 另外，1899年8月，经元善在《中外日报》上刊发《女公学书塾告白》宣布中国女学堂因"时势维艰，筹募万分为难，借垫为数已巨"② 而不得不停办的消息。基于此，可推断原本依托中国女学堂而办的《女学报》于1899年停刊。

五 另一份《女学报》与陈撷芬

（一）两份《女学报》与《女报》的关系

1898年版《女学报》刊行时间短，因而常与陈撷芬所办《女学报》混淆。同时，仍有学者将陈撷芬所办《女学报》的前身即《女报》认定为中国首份女报，因而有必要厘清《女报》与两份《女学报》之间的关系。

陈撷芬所办《女学报》（1903）常与1898年版《女学报》混淆，首先是报名相同，其次则是同时代人所做记录的缘故。1907年12月《神州女报》第1卷第1期所刊发的《神州女报发刊辞》中称："壬癸之交，中国女界，晦盲否塞，时则有放一线光明，为朝阳之鸣凤者，曰陈女士之女学报。"③ 并未提及1898年版《女学报》。

---

① 徐楚影、焦立芝：《中国近代妇女期刊简介》，丁守和主编：《辛亥革命时期期刊介绍》，人民出版社1982年版，第683页。
② 《女公学书塾告白》，《中外日报》1899年8月25日。
③ 《神州女报发刊辞》，原载《神州女报》1907年第1期。中华全国妇女联合会妇女运动历史研究室编：《中国近代妇女运动历史资料（1840—1918）》，中国妇女出版社1991年版，第292—294页。

同时，1907年陈志群在接办《女子世界》时，所作《女报界新调查》时提及了《女学报》，但对其语焉不详。① 因此，陈撷芬所办《女报》常被误认为中国首份女报。在上海图书馆所编的《中国近代期刊篇目汇录》中对《女报·女学报》目录也佐证这一论断："《女报》（1899年创刊）是我国最早的妇女刊物。"但事实上，《女学报》存在两份。其一为本书于本章第二节所述1898年版《女学报》，其二为1903年《女报》改版续出的《女学报》。"1903年（光绪二十九年）（《女报》1899年创刊）改名《女学报》。"②

至于陈撷芬所办《女学报》（1903）的前身《女报》（1899）存在与否，目前也有争论。一则，以上海图书馆编《中国近代期刊篇目汇录》为代表认为，存在1902年创刊的《女报》即1899年创刊的《女报》的接续版，皆由陈撷芬创办。另则以海外学者钱南秀为代表，认为1902年续出的《女报》是接续1898年创刊的《女学报》。③ 但夏晓虹给出了有力的证据。在《苏报》一则《（续办）〈女报〉事例》的广告中证实，《女报》于己亥年（1899）冬间创办，同时月出二册。④ 与1899年《女学报》在《本馆告白》中的"己亥年正月""每月出报一次"存在显著区别。

综上，1899年版《女报》确实存在，且是1902年版《女报》的前身，但两者都并非为我国首份女刊。同时，1903年版《女学报》是由《女报》更名而来，与1898年版《女学报》仅是名称相同。至此，两份《女学报》与《女报》的关系可以清楚了。

（二）陈撷芬，以一人之力主持报刊

陈撷芬（1883—1923），笔名楚南女子，湖南衡山人，出生于江

---

① 陈志群：《女报界新调查》，《女子世界（续办）》1907年第6期。
② 《女报·女学报》目录，上海图书馆编：《中国近代期刊篇目汇录》，上海人民出版社1979年版。
③ 转引自夏晓虹《晚清两份〈女学报〉的前世今生》，《现代中文学刊》2012年第1期。
④ 录自《苏报》的《（续办）〈女报〉事例》，《时事采新汇选》1902年4月21日。

苏阳湖（今常州），是著名的《苏报》主办人陈范的长女。陈撷芬自幼受父亲的熏陶，思想观念较一般女子开明趋新。1899年冬，年仅16岁的陈撷芬创办《女报》时还是上海爱国女学校（中国教育会旗下女学堂）的第一批学生，但该刊因种种原因停刊了。《女报》停刊后，陈范购买了《苏报》，同为中国教育会的成员的蔡元培、吴稚辉、章炳麟、章士钊等为其主笔、主编。《苏报》打响名号的同时，成为中国教育会等革命党人的舆论阵地。1902年5月8日，在父亲的协助下，陈撷芬续出《女报》月刊，自任主笔，但如今《女报》已散佚，仅能从《苏报》的一则《女报告白》广告中，对其了解一二。

一、本报首登论说、传序，不限篇数；次登见闻，或新或故，亦不限段数；次列古事一则，附以图画地方，以冀感动触发；次登各处寄来诗词各著。

一、各省各国妇女，无论现在、已故，如有奇才绩学，苦志异形者，凡其亲族知友，均可代为阐扬，或作为传赞，或付之歌咏，或仅叙事实，由本报润色，均无不可。但使足资观感，本报自当酌登。倘志在众擎，玉成义举，而随寄刊资，有无多寡，悉听所便。

一、各省各国闺秀，如以论说、诗词见赠，本报按期照登；倘以纸短见遗，亦望见谅。原稿概不寄还，寄费自理。或有寄以规则章程，俾本报收集思之益者，自当择善从之。

一、本报系为感发天下女子向学之心，不过比于嚆矢，深冀闻风兴起者，或创女学，或联女课，渐开中国二千年未有之盛，俾本报不虚此举，方副愿望。

一、本报目下并不另设报馆，暂附苏报馆内，随《苏报》附送，不取分文。纸墨印费，均由同人资助。

一、本报现因绌于经费，每月只出两期，篇幅亦未能充畅。随后当以次扩充至……按：近日续出者，每月只出一期。

一、本报专为劝导女学，故语有偏注处，非谓德不足重也。

一、本报于《苏报》现登告白中，择其为居家切用、闺阁必须之物，酌登一二则，并不另取刊资。倘有指登本报者另议。

一、各埠寄本报函件，望寄上海苏报馆转交。①

如上可见，《女报》月出一期，以"感发天下女子向学之心"为宗旨，设有论说、传序、见闻、古事、诗词、图画等栏目，《女报》的编辑及发行全赖《苏报》馆，随《苏报》附送，不零售。②《女报》在当时被称为"女《苏报》""小《苏报》"大约也源于此。1903 年，《女报》更名《女学报》，由文明书局代印刷，《苏报》馆代为发行。陈撷芬以主编、主笔兼记者等多重身份负责论说、演说、新闻报道等多个栏目的稿件，其文逻辑严密，立论大胆，颇有号召力。在她最著名的《独立篇》《尽力》等文中写道："中国为什么不强？因为没有人才。为什么没有人才？因为女学不兴。""盖权的由来，在于开智。民智不开，民权不伸，君胡以强国；女智不开，女权不兴，男何以兴家。"③ 随着年龄的增长，陈撷芬逐渐将"女学"与"女权"挂钩起来，并独辟蹊径让"新闻"作主角，一改政论主导的报界风气。她撰写的新闻大量涉及女学、男女平等、女权等，如《妇人政党》《女子从军》《女子经商》等，在内容编排上十分注重读者来信和附加编者按语，以此与妇女读者互动，鼓励她们求学问、尽义务、享权利。除此之外，该报的"女界近史"等专栏常刊载上海等地兴办女学及女子出国留学的情况，翻译的著作也颇多涉及西方女子教育与实践。1903 年《苏报》因文字狱停办，身为"女《苏报》"的《女学报》难逃休刊的命运。同年，陈撷芬随父陈范逃

---

① 转引自夏晓虹《晚清两份〈女学报〉的前世今生》，《现代中文学刊》2012 年第 1 期。

② 转引自夏晓虹《晚清两份〈女学报〉的前世今生》，《现代中文学刊》2012 年第 1 期。

③ 陈撷芬：《尽力》，《女学报》1903 年第 2 期；陈撷芬：《独立篇（录〈女学报〉）》，《鹭江报》1903 年第 33 期。

亡到日本。

1904 年，陈撷芬在东京复刊《女学报》，请杜清池、蒋遂生、王荷卿、陈超、福田英子等担任主要作者。此时的陈撷芬已经朦胧地认识到妇女解放与民族解放是紧密统一的，因而开始向清政府宣战，喊出了"还女性以人权"的时代强音。同时，她并不认为是男性剥夺了女性的权利，女性的解放未必就是要在包括法律、政治在内所有的领域与男性分庭抗礼，在她看来，妇女的解放是要依据女性自身的生理特点，在女性所擅长的领域自由发展。

从 16 岁初登上新闻舞台至离开不过五六年，但陈撷芬以《女报》《女学报》为媒介所倡导的观念，以及她本人对于人格尊严和人格独立的不懈追求，注定了她将被历史所铭记。

戊戌变法将国人要求变法的想法推到了极致，虽然作为一次社会改良运动失败了，但作为思想运动，却给中国妇女带来解放和启蒙的契机。我们知道，中国传统女性深受王权、神权、族权、夫权等封建宗法思想以及礼法教化和制度权利的压迫，产生了强大的塑控力，一般女性个体根本无法抗拒，有些甚至内化为自我意识，自觉按照父权制度下"男尊女卑""女子无才便是德"来塑造自我和姊妹同胞。在维新派掀起的办报高潮中，晚清妇女解放思想萌生，以妇女报刊的形式展开妇女解放的实践。

更为重要的是，《女学报》《女报》等以救亡图存的中国妇女报刊先声的姿态，与各类报刊在政治势力碰撞交锋的舞台上会面，发出属于女性独特的声音，破除报界男性话语垄断的局面。同时，作为女性投身报刊的初次尝试，这些上海妇女报刊体现了女性主体意识的初步觉醒，促使妇女启蒙与解放的思想由上海传送至中国更广袤的土地上，让更多被遮盖、被束缚、被掩埋的女性解除枷锁，得以"浮出历史地表"。这也终将回馈于上海妇女报刊事业，促使更多人投身妇女报刊事业，促进上海妇女报刊的发展。

第三节　从辅助女学的教科书转向女权的话语阵地

教育普及，资产阶级革命派主导的中国新闻史上的第二次国人自办报刊高潮来临。据统计，1911 年前后，上海出版的四百多种中文报刊占全国的 1/4 之多。① 与此同时，官方推动女学兴办，女子教育振兴，妇女"作为文化意义上的和生物意义上的民族再生产者和民族价值的传递者"② 的观念被深化。在男性知识群体的支持下，许多宣传女权与革命的妇女报刊应时而生。

一　首份男性主持的女刊——《女子世界》

辛亥革命前，历时最久，期数最多，内容最丰富的要数《女子世界》。《女子世界》月刊 1904 年冬在上海创刊，由丁初我、金一任主编，共发行 17 期。1907 年秋瑾协同陈志群又续办了一期，为区别称《（新）女子世界》。《女子世界》与《女报》《女学报》等最大的不同在于由男性主持。

《女子世界》的主编分别由"近代女权启蒙之父"金一和中国教育会常熟支部、竟化女学校创办者丁初我担任。两人在《女子世界》创刊号上，先后发表《发刊词》和《颂词》，以"改铸女魂"为己任，唱出"易白骨河边之梦为桃花马背之歌，易陌头杨柳之情为易水寒风之咏，易咏絮观梅之什为爱国独立之吟"③ 的慷慨悲歌，力图为女性构建崭新世界。该刊除"社说"专栏用文言体外，其他

---

① 史和等编：《中国近代报刊名录》，福建人民出版社 1991 年版，第 372—388 页。
② John Hutchinson, Anthony D. Smith, *Nationalism*, Oxford: Oxford University Press, 1994: 287.
③ 丁初我：《〈女子世界〉之颂词》，《女子世界》1904 年第 1 期。

多用白话体。编辑和主要作者多由中国教育会成员组成，如柳亚子、徐觉我、沈同午、蒋维乔、丁慕卢等。

（一）编排风格突出书刊结构

《女子世界》创刊之时，正逢报刊分野、刊物结构基调现代化的时机。《女子世界》顺应这一时期对刊物结构的调整，分目录（含版权页）、卷首插图、广告页以及社说、演坛、传记、译林、谈薮、小说、文苑、记事（国内外新闻）、女学文丛等几个栏目。相较之前的妇女报刊，《女子世界》的目录页和版权页的书写更为明晰，封面和内页的装饰也突出了书刊的结构，采用书册式竖排格式，页眉标"女子世界"或刊期，文言白话相间，一页十列左右，每栏新编页码，页码随栏目名标于左右两侧。卷首插画则建立了另一个言说的空间。刊物中的广告页，刊登了一定量的书刊出版介绍，从某种程度上说，文化丛集、书刊互养的现象出现了。

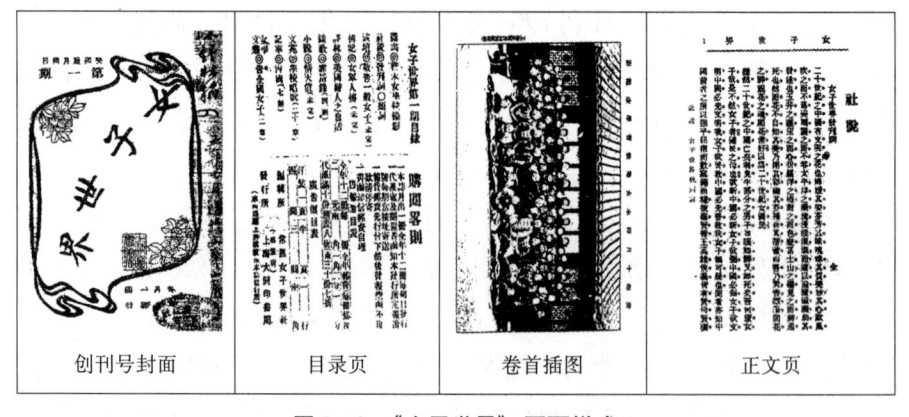

| 创刊号封面 | 目录页 | 卷首插图 | 正文页 |

图1-3 《女子世界》页面样式

（二）以女性实际为基础变革内容

《女子世界》的内容可分为前后两个阶段。前一个阶段（1—4期）重视刊物的文学性，基本按照丁初我在首期《〈女子世界〉之颂词》中作出的界定"女子世界之范围何以乎吾勿表欧风，吾且扬国粹，披吾国三千年之历史"①。后一个阶段（5—16 期）以女性的生存能力为基础，增加了科学、教育、卫生、实业等实践栏目。

《女子世界》的前四期的内容着意于倡导男女平权，鼓励妇女投身革命，爱国救亡。丁初我选择以"军人之体格""游侠之意气"以及启蒙的"文学美育"来重塑女性，采取文艺的手段展现女军人、女革命者、女游侠、女文学家。《女子世界》不仅以传记与卷首图画联动，表现"花木兰""聂隐娘"等女游侠的风范，同时首开大篇幅连载小说的先例。作为清末时期一种特定的救国形式，小说担负着教育读者、铸造新民的重任。而对于侠女的歌颂，则符合时代对女性体格健壮的期待。这与时代的风气密切相关。主编金一在其女权论著《女界钟》中指出要将女性教成："思想发达，具有男性之人"，"体质强壮，诞育健儿之人"，"改造风气，女性先觉之人"，以及"德性纯粹，模范国民之人"。这种以男性为基准甚至超越男性的理想化改造标准和模式，很大程度上就是清末文人在救亡图存语境下基于妇女与国族文明互为表里观念的反映，也可算是当时现实中中国男性发奋图强实现社会价值的一面反光镜。

第 5 期后的《女子世界》从"女权革命"走向了"家庭实践"。主编为此登报说明：

> 前四期趋重文学尚少实业，自第五期始加入科学（自然科学之有裨女子知识学业者）、教育（演解女子及家庭之教育以改良陋习养成学识为主）、卫生（注重家庭及育儿保产之方法）、实业（述刺绣裁缝手工诸项之裨益生计者）四科立说务求浅易俾阅者人人晓解，人人能实行，为女子独立自营之绍介焉。②

除此之外，特设"专件"一栏，介绍女学校、学会的章程、奏

---

① 丁初我：《〈女子世界〉之颂词》，《女子世界》1904 年第 1 期。
② 《革新宣言》，《女子世界》1904 年第 5 期。

折等。第 5 期后内容的改良，一方面是基于中国教育会诸君对于女性现实的考察。在第 5 期的社说中，蒋维乔（字竹庄）发表《女权说》直言："今世之慷慨侠烈号称维新之上孰不张目戟手而言曰伸张女权也，伸张女权也。吾夙闻其言而韪之及数年来考察吾国之状态参以阅历之所得而知其言之可以实行，盖将俟诸十年后也……妄谈自由之弊于近年已屡见而其利未见之……夫惟有自治之学识之道德之女子而后可以言女权。"① 第 6 期的社说中，丁初我也发表了相似的观点，以《哀女种》直截了当地感叹："人有恒言，同种与异种角，弱者必先败，然同种之尤弱者尤先败。吾不暇哀我男种，吾先哀我女种。"② 完全无此前在《〈女子世界〉颂词》中"夫女界之萌芽不茁则已，一旦光辉而发越之其天性良于男子者万倍，其脑力胜于男子者万倍，其服从之性质污贱之恶风浅薄于男子者且亿万倍"的信心。在第 9 期、第 10 期的社说栏目中，先后登载《哀女种》（柳亚子）、发表《女界之怪现象》等，足见其对于当时女界实际状况与自己预期结果相反的失落之情。因而，丁初我联合蒋维乔（竹庄）、金一等重塑"女学"优先的观点，直至终刊。另一方面主编本人的兴趣也发生了转向。第 5 期后，丁初我在《女子世界》上发表的文章不再限于社论，反而多见于科学、教育、实业、谈薮等栏目。在《女子世界》停刊后，丁初我投奔了《理化杂志》，并于 1904 年与曾朴、朱积熙一起创办了《小说林》社。

（三）"中国教育会"成员构成的编作群

中国教育会，创办于 1902 年 5 月 4 日，会址位于上海泥城桥外福源里 21 号。该会本意旨在"教育中国男女青年，开发智识以增进其国家观念，以为他日恢复国权之基础"，下设教育（爱国学社、爱国女校）、出版、实业三部，后因多从事政治活动，而成为国内最早

---

① 竹庄：《女权说》，《女子世界》1904 年第 5 期。
② 丁初我：《哀女种》，《女子世界》1904 年第 6 期。

的革命团体之一。① 其成员"或为学校教师，或为编译员，或为新闻记者，或为学生"②，"都是海上及内地顶有名望的人，总共也聚了一百多人"③。《女子世界》的创办人丁初我和金一以及为该刊写稿者蒋维乔（竹庄）、徐念慈（觉我）、柳亚子（安如、亚卢）、沈同午、丁慕卢、高燮（吹万）、高旭（天梅、剑公）、高增（大雄、觉佛）等多为其成员。

主编丁初我，本名丁祖荫（1871—1930），原名祖德，字芝孙，一作之孙，号初我，又号初园居士、一行。江苏省常熟县城区人，少年时就读于江阴南菁书院，与金一是校友，又同为中国教育会会员。金一，名天翮，字松岑，号望鹤，别署"爱自由者"，江苏吴江县同里镇人。1903 年，在上海出版的《女界钟》被视为中国第一部女权专著，在当时名声大噪。由他协助主持《女子世界》，自然是一呼百应，招揽了中国教育会的一众友人。如蒋维乔、徐念慈负责社论、传记等（计 7 篇之多），柳亚子跨多个栏目先后发表戏曲、诗作、论说、传记等（计 10 篇左右），高增除了提供戏曲、弹词稿外，与高燮、高旭一起供稿诗词栏目。因数量较多，丁初我特意在第 7 期作答谢文《吹万屡以女界诗歌相赠，赋此志答》。陈志群第 14 期后加入《女子世界》，最终取代丁初我以主编身份发表《恭贺新年》，并与秋瑾一道续办《（新）女子世界》。他在该刊发表的文章涉及论说、小说、科学、实业等多个栏目，也是文章最多的作者之一。

另外，值得注意的是，继《女学报》首开女作者大名刊登报首后，妇女报刊对女性作者的重视就成为一种传统。《女子世界》也不例外。《女子世界》自发刊便设置了偏向女性作者的"女学文丛"栏目，包括"女学悬赏文"（社会征文）"女中华"以及"急救甲辰

---

① 蔡元培：《蔡元培自述》，河南人民出版社 2004 年版，第 42 页。
② 《告中国教育会》，《俄事警闻》1903 年 12 月 22 日。
③ 《文明介绍》，《中国白话报》1904 年第 7 期。

年女子之方法"等等。据本书统计，在"女学文丛"栏目中仅出现四位男性作者，笔名分别是尚声（第 6 期）、杨千里（第 8 期）、虞民（第 9 期）以及庄公（第 11 期），其余皆以女性名字出现，如下表 1-1：

表 1-1 《女子世界》女学文丛栏目作者一览表

期数	姓名（部分含年龄、籍贯）	期数	姓名（部分含年龄、籍贯）
第 2 期	十六龄女子张肩任	第 9 期	香山女士刘瑞莪
	十四龄女子彭维省		广东十四龄女士彭维省
	十三龄女子彭维点		虞民
	四十岁女士阮而容	第 10 期	蔡爱花
	十三龄女子彭维点		嘉定普通女学校学生廖斌权
第 3 期	常熟十三龄女子曾竞雄	第 11 期	山阴女士俞树萱
	翠微女士		金陵女士陈竹湖
	慕雄女士黄芬慧		庄公
第 4 期	金陵女子吴弱男	第 12 期	长沙贞林女史程琼
	十七龄女子张肩任		长沙郑家佩女士
第 5 期	会稽十八龄女子吴萍云	第 13 期	东亚女子醉茶
	松江女士莫虎飞		明华女学校学生张驾美
第 6 期	广东女学堂学生张肩任	第 14 期	岭南有志未逮女子
	尚声		施兰英女士等布告
第 7 期	香山女士刘瑞华		咏宜氏
	香山十四龄女士刘瑞莪	第 15 期	务本女学生张昭汉
	香山十二年龄女子刘瑞陶		常熟女子宋大华
	香山十五年龄女子刘瑞容		明华女学生张振亚
第 8 期	杨千里		俞寿萱女士
	何女士		同里明华女学生张宏楚
第 9 期	碧城女士		湖北世英女士

资料来源：《女子世界》第 1—17 期"女学文丛"栏目。

从表 1-1 可见，多数女性的姓名前都被冠以学校或者年龄，以此来凸显这些女性的真实存在。毕竟在当时女性能读书作文的少，女性的文章实际也是刊物吸引读者的一种方式。而对于这些作者，实际稿酬并不高，仅是赠送全年杂志。她们被吸引，一方面是兴趣使然，另一方面可能也与文化赋权、身份认同的意识有关系。毕竟这部分女性是在社会对女权的呼唤下觉醒的。因而，她们自觉或不自觉地会形成社会责任意识，促使她们为女性书写，完成时代赋予她们的文化使命。

（四）资金链断 经营困难

《女子世界》农历每月二十五日发行。该刊由当时女界颇有号召力的金一兼主编，却在行销第二年就脱期了，总发行十七期，最后一期为十六十七合刊。这与其经营困境有关，最为明显的标志即是不断变更的总发行所，以及持续刊登催代派处缴纳欠款的"警告代派处"广告。

《女子世界》编辑所以及总发行所先后经历了三次变更。创刊之初，《女子世界》的编辑所为"常熟女子世界"，会让人以为是常熟编辑发行的妇女报刊，而实际通讯处与发行处合一，均为"上海棋盘街大同印书局"（即海虞图书馆新书的总发行所，第8期后大同印书局迁至四马路惠福里）。第9期后，该刊编辑所前加注常熟海虞图书馆，发行所改为"上海小说林"（即丁初我、朱积熙、曾朴等创办）其地址先后改为四马路望平街（第9期）、四马路东华路（第10期）、望平街中市（第11期）。由此可知，《女子世界》第9期后实际编辑工作是在上海完成的，发行事务亦归为自办，但尚未成熟。主编丁初我因身兼多职，开始出现顾此失彼的状况，造成刊物进入脱刊的局面，"本社同人羁留学务以致本志出版延期曷胜歉仄兹特赶出合本，并将附赠之白玫瑰从速付印以鉴阅者之望"①。第二年第3期（即总第15期）后，编辑所的地址不再列出，直至续办的第18期出现，编辑所改为"新女子世界社"，发行所改为中国女报馆，实际也就脱离了原本的《女子世界》。

---

① 广告页《女子世界》1907年第4、5期合期。

《女子世界》的资金链不顺畅也是反映其经营不佳的表现。该刊自发刊便在版权页边刊登"购阅略则",定则"报费邮资先行付下然后发报,空函不复,款清停寄"并附报价、广告价目如下。

表 1-2　　　　　　　　　　《女子世界》售报价目表

期数	数量	全年十二册	每册	全年邮费	每册邮费
第 1 期至 第 14 期	价格	二元	两角	一角二分	一分
	折扣	代派满十份照表八折,满三十份七折			
第 15 期至 第 17 期	价格	二元五角	大洋二角五分	每册三分	
	折扣	代派十份以上照表八折		照加	
广告价目表					
第 1 期至 第 14 期		洋装一页	半页	一行	
价格		四圆	二元	两角	
第 15 期		洋装一页	半页	四分之一页	
价格		三元	二元	一元	

资料来源:《女子世界》第 1—17 期版权页。

但实际的运营过程中,上述广告价目并未发生作用。广告方面,刊登的皆为海虞图书馆和小说林等新书,未能实现广告盈利。在零售发行方面,《女子世界》设计了多种折扣让利方式,以期扩大销量,但实际运作过程中却为代派处所累。《女子世界》初创时代派处为 31 家,至第 3 期时增至 43 家,分布在上海、常熟、苏州、无锡、常州、松江、南京、扬州、山东、杭州、嘉兴、宁波、绍兴、江西、湖北、湖南、安徽、四川、广东、北京等地。第 8 期后逐渐减少,第 9 期改由上海小说林发行后,代派处相应更替,总数维持在 36 家。但各代派处的报款却屡屡拖欠。自第 5 期开始,该刊每期必登"警告代派诸君"如下:

本志自发行以来,谬蒙海内同志阅者甚盛,本社曷胜惭幸,

第一章　清末时期的上海妇女报刊（1898—1911）

惟本社定章先收报后寄报，兹第五期发行而各代派处尚多未付报资及付而未足者用特登款奉闻，务祈速寄报资以便源源续寄，否则一概停止仍追前款，其有付资未足者亦请从速续寄，否则停发，幸祈谅之。①

第7期忍无可忍，将代派处欠费报资整页登载（如图1-4）。第8期，更是直言不讳，请读者向代派处追讨，"倘阅报诸君欲阅此报者请向各代派处追取货再寄费本社，由本社径寄可也"②。但实际的效果并不理想，致该刊的"追债"行动，一直延续到了第二年：

　　本报已出第二年，深蒙诸君力为推广不胜铭感，上年容有数处报价未清，以致本馆不堪赔累，难于周转，特定新章数则……③

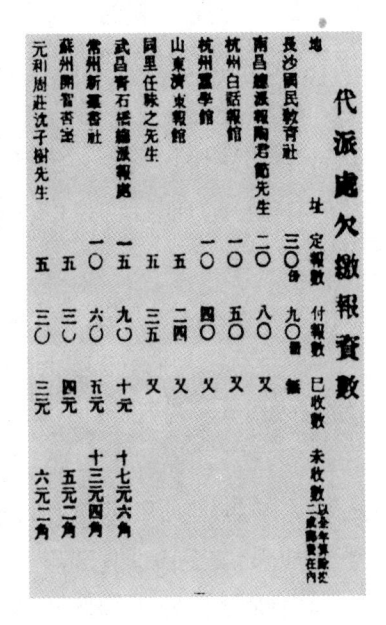

图1-4　《女子世界》第七期

即使是最后的一期，依然发出警告：

　　本社原定新章于第三期发行时当收报价三分之二，今已发行第五期各地报资多未缴足，务请代派诸君从速汇寄以敷周转不胜感盼。④

《女子世界》最后是否追回报款，现在无从知晓，但是该刊资金

---

① 《警告代派诸君》，《女子世界》1904年第5期。
② 《警告代派诸君》，《女子世界》1904年第8期。
③ 《警告代派诸君》，《女子世界》1905年第3期。
④ 《警告代派诸君》，《女子世界》1907年第16期。

链断裂，难以为继却已经成为事实。并且，《女子世界》的发行所"上海小说林""所出的书，倒也不少，销路也不差，还是亏本"①。在双重资金压力下，《女子世界》也就注定走向了最后停刊的局面。

二 三期未满的《中国女报》

《中国女报》，月刊，创刊于 1907 年 1 月 14 日，每期 64 页左右。秋瑾任主编兼发行，主要作者有黄公、纯夫、燕斌、陈志群、徐寄尘、吕碧城等。②该刊旨在"开通风气，提倡女学，联感情，结团体，并为他日创设中国妇人协会之基础为宗旨"③。这也是秋瑾的一贯主张。

（一）《中国女报》创办缘起：妇女报刊稀缺

关于《中国女报》的创办缘由，秋瑾本人先后在《中国女报》的《发刊辞》《敬告姊妹们》以及与陈志群的来往书信中都有论述。在秋瑾看来，世界上最危险的就是"黑暗""无是非，无闻见，无一切人间世应有之思想、行为，等等"④。而中国以及中国女界正处于这种黑暗之中却不自知。

之所以会处于如此境地，在她看来，是妇女报刊稀缺的缘故。一则，妇女"僻处深闺，不能知道外事，又没有书报，足以开化智识思想的。就是有个《女学报》，只出了三四期，就因事停止了"⑤。二则是"近日女界之报，已寥寥如晨星"，她对比了当时出版的《中国新女界杂志》以及《女子世界》，她认为，《中国新女界杂志》简直是"无意识之出版……奴隶卑劣之报，不足以进

---

① 包天笑：《钏影楼回忆录》，中国大百科全书出版社 2009 年版，第 327 页。
② 因秋瑾其人其事已有大量的文章著述，本书在此不做赘述。
③ 秋瑾：《秋瑾集》，上海古籍出版社 1999 年版，第 370 页。原刊于《中外日报》1906 年 8 月 6 日。后来在《中国女报》第二期出版时补登一次，并新增最后两条。
④ 《发刊辞》，《中国女报》第 1 期，1907 年 1 月 14 日。
⑤ 秋瑾：《敬告姊妹们》，《秋瑾全集笺注》，吉林文史出版社 2003 年版，第 377 页。

化中国女界,实足闭塞中国女界耳"①。而《女子世界》虽称其为"巨擘",但非白话,文法又深,妇女难以明白。有鉴于此,她想办个白话妇女报,"奔走呼号于我同胞诸姊妹,于是而有《中国女报》之设"②。

创刊后,她曾在《发刊辞》中再次强调"结女性团体"的志向。这一志向与秋瑾所在同盟会的主张也是一致的。1905年,同盟会作为中国第一个近代意义上的政党成立。成立之初,就把男女平权作为一项基本原则。1906年,孙中山主持制定了《中国同盟会革命方略》,明确提出:"我汉人同为轩辕之子孙,国人相视,皆伯叔兄弟诸姑姊妹,一切平等,无有贵贱之差、贫富之别。"③ 在组织发展中,不论性别,皆可参与选举任职。秋瑾被推选为评议部评议员及浙江支部主盟人。④ 据不完全统计,参加中国同盟会的知识女性约有200人,其中有姓名可考的便达100余名。

可惜,该刊仅出二期,第3期未及出版,秋瑾已被难,遂第2期(1907年3月4日)停刊。女界机关报的想法也即告破。但留日女学生群体依然活跃于"集团体—办报刊—救女性—救国"。据统计,清末赴日女留学生虽占留日学生群体的约1%,但却成了女性办刊的中坚力量,陆续发起6个组织,出版7份报刊。秋瑾的这份《中国女报》也是这一群体为女权奋进的意识和观念的体现。

(二)洋装精印 倡女学结团体

《中国女报》刊行后,整体延续了《女子世界》的编排风格,以洋装精印,册页式竖排文字,一页十列,页眉标"中国女报"或刊期,每栏新编页码,页码随栏目名标于左右两侧,"以文、俗之笔

---

① 秋瑾:《致陈志群书(其三)》,《秋瑾全集笺注》,吉林文史出版社2003年版,第446页。
② 《发刊辞》,《中国女报》1907年第1期。
③ 《中国同盟会革命方略》,《孙中山全集》第1卷,第297—298页。
④ 郑永福、吕美颐:《中国妇女通史·民国卷》,杭州出版社2010年版,第21—22页。

墨并行，以便于不甚通文理者，亦得浏览"①。

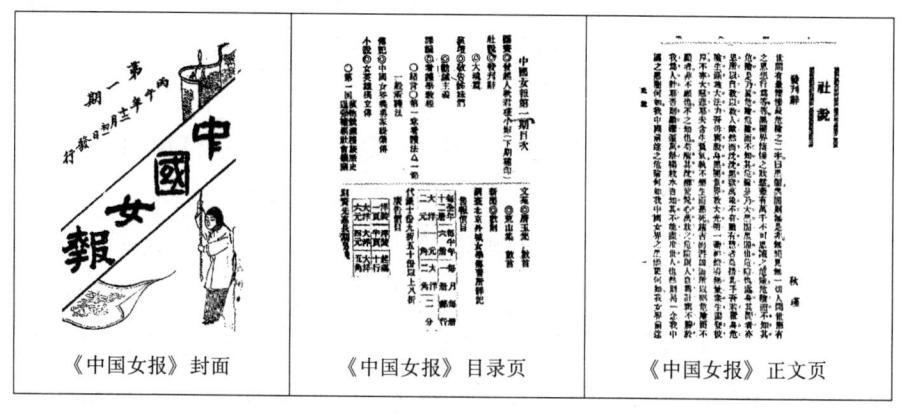

《中国女报》封面　　《中国女报》目录页　　《中国女报》正文页

图1-5　《中国女报》版面

从目前仅存的《中国女报》看，内容上基本遵照《创办〈中国女报〉之草章及意旨》一文的设计："（一）以论说、演坛、新闻、译编、调查、尺素、诗词、传记、小说为大纲；（二）中外各国古今女杰之肖像及名景胜迹，有关于女学者，按期印入首页，以供赏鉴；（三）中外各学校之章程、情形、服饰等类调查，详细登录，以备采择。"② 卷首图画栏目欲登发起人秋瑾女士，但首期图片空缺，第二期补登。调查栏目登《北京外城女学传习所详记》等各地兴办女学、反对缠足的情况报道。传记和小说栏目则同《女子世界》一样突出女英雄。新闻栏目，所登载内容的日期并不新，主要记述的是国内外的大事以及与女性有关的情况，如《督署兴学》《天足开会》等。演坛栏目，即中国报刊政论文体的演化，是早期国人在自办报刊上较为突出的业务改进，也是维新以后最常见的表达立场、评论时事、阐述学理的报刊文体之一，最为秋瑾看重。她诸多富有影响力的文

---

① 秋瑾：《创办〈中国女报〉之草章及意旨》，《秋瑾全集笺注》，吉林文史出版社2003年版，第370—371页。
② 秋瑾：《创办〈中国女报〉之草章及意旨》，《秋瑾全集笺注》，吉林文史出版社2003年版，第370—371页。

章皆出自该栏目，如著名的《敬告姊妹们》鼓励全体女性读书阅报，开化智识。

（三）财力未充　遽行开办

1906年夏，秋瑾到上海筹备《中国女报》。8月在《中外日报》上刊登《创办〈中国女报〉之草章及意旨》一文，以期广而告之招股筹款。后在《中国女报》第2期上再登，并增加最后两条，如下：

一、本报以从前有办报者，财力未充，遽行开办，往往有中止之弊。鄙人有鉴于此，欲募集股金万元为资本，先固基础，免有中止之虑。然如集有三四千金，即先行试办。

一、本报以所募万金为五百股，以廿元为一股，祈同胞协助。

一、本报开设沪上。执事除经理、撰述、调查、校对等员之外，又另设招待员一员……

一、本报除入股之外，如有热心志士，以资捐助，当推为名誉赞成员，与入股诸志士大名，同登诸报收；并按助资之多寡、敬赠书报。

……

一、收股处：虹口北四川路厚德里九十一号蠡城学社。

一、本报收股处现因未租房屋，暂假定中国公学会计部代收，掣付收条。

一、本报第一期纸料太低，殊不雅观。因于第二期，不惜重资，特求精美纸料印刷，以图爽洽人意，售价仍旧。俟经费完足之后，必须更求改良，特此声明。①

可惜，该文发布后，结果并不如秋瑾所期望的那样能够集万股金、备齐房屋和机器，聘请编辑作者等，像模像样，长长久久地印

---

① 秋瑾：《创办〈中国女报〉之草章及意旨》，《中国女报》1907年第2期。

报编书。① 尤其，她还将章程另印分送至各女学堂，但"入股的除四五人外，连问都没有人问起"。因而，她不得不在《中国女报》上坦言，"今日虽然出了首册，下期再勉力地做去，但是经费很为难呢！"复登之所以增加最后两条，并将收股处改址到"中国公学会计部"，也是希望借助马君武等中国公学革命同志的力量。为了继续办刊，她还写信给徐小淑（自华）借款，希望能助一臂之力"同心缺少，臂助无人。叹同胞之黑暗，痛祖国之无人，不图得阁下热心青眼，赐我砭言，感何胜言！近日因经费无着，报馆暂行中止，惟三期之报，仍拟续出"②。可见，清末办刊之难，即使盛名如秋瑾这般，仍难摆脱"办报者，财力未充，遽行开办"的老路，仰赖资助才能勉力续出。1907年7月秋瑾被捕，《中国女报》第3期未能付印发行，便终刊了。

三 陈志群为女刊"续命"

陈志群（1880—1962），字以益，江苏无锡人。早年到上海求学，担任《女子世界》记者，志群之名常见于《女子世界》第2卷。后秋瑾办《中国女报》，经人介绍，与其相识，开始书信往来，并协助秋瑾续办《（新）女子世界》，即《女子世界》第2卷第6期，仅出一期。秋瑾不幸罹难后，陈志群撷拾《中国女报》旧稿与《女子世界》合并，创刊《神州女报》以纪念秋瑾，三期后停刊。1909年2月，陈志群会同金能之、叶似香等人决计在上海创办《女报》，但实际在日本印行，"现今中国风气未开，女报一时必损失，不可能永远维持，且报非自印，则难准期出版，上海印刷，既迟且粗，遂决计附设印刷局以维持女报，往东京调查印刷以便仿办，庶一举两得，既可以办女报，又可改良印刷"。该

---

① 秋瑾：《敬告姊妹们》，《秋瑾全集笺注》，吉林文史出版社2003年版，第377页。

② 秋瑾：《创办〈中国女报〉之草章及意旨》，《秋瑾全集笺注》，吉林文史出版社2003年版，第370、371、443页。

刊共出五期，停刊于1910年9月。① 民国期间，他在日本任某地领事，其后游历美洲、非洲，开始著书，如《日下谈日》《美洲访美》等等。

（一）陈志群与秋瑾合作办刊

陈志群与秋瑾是在上海办妇女报刊过程中，经人介绍相识，在书信往来商讨《女子世界》《中国女报》之事后发现志同道合，遂推心置腹，合办妇女报刊。将《中国女报》与《女子世界》合并的想法起于陈志群。秋瑾因诸事缠身，无法胜任最初并未同意，在《中国女报》第2期出版前回信给陈志群，"绵力不胜重任，有负女报之责任；不如分办"，但陈志群依然坚持初衷，反复陈述合办的理由。于是秋瑾在为《中国女报》第3期拟稿咨询陈志群时，答应陈志群"勉力而为之"，同时告诉他自己准备武装起义，携手办刊需要做好牺牲的准备，"予也不求他人之和，惟行吾志；惟臂助少人，见徒论空言以欺世及自私自利、宗旨不坚者，又不屑与语……如以为然，请来绍一叙，面陈一切；如不以为然，各行其是，分道而驰可也。去就请酌行；来则当牺牲一切也"。陈志群愿牺牲一切，欣然前往，遂成同志，一起续办了《（新）女子世界》。次月，秋瑾被捕，《女子世界》一期即终。"《女报》编辑已就，前因无暇，约于此月付印"②，陈志群为完成秋瑾遗志，遂撷拾《中国女报》旧稿与《女子世界》合并，易名为《神州女报》，于1907年12月出版。秋瑾生前好友吴芝瑛为该刊题诗："轩亭断头死，神州女报始；神州女报始，头断心不死。我今题此偈，一泪凝一字；一泪凝一字，吁嗟我姑姊。"表达了发起人的志愿。该刊为纪念秋瑾而生，因而重点报道"秋案"及秋瑾事迹，发表诗文颇多，主要作者有柳亚子、陈伯平、吴芝瑛、徐寄尘等。据现有资料可知，该刊最高发行量达5000份，

---

① 因该刊在日本印行，不符合本书上海妇女报刊的定义，于此也就不详述了。
② 秋瑾：《致陈志群（其三）》，《秋瑾全集笺注》，吉林文史出版社2003年版，第446、449、450、452页。

但因革命色彩浓烈，受到清政府压制，在经费不足的情况下，仅出三期即停刊。①

（二）《（新）女子世界》另立门户

《（新）女子世界》为《女子世界》之续出，仅一期。1907年6月（丁未年六月）由《中国女报》馆代办发行，共149页。由陈如瑾女士（名勤）编辑，即秋瑾和陈志群的合称。该刊之所以续办，是承秋瑾与陈志群之志，旨在："作女界之警钟，为文明之介绍"②。该刊整体延续《女子世界》的编排风格，主体内容顺延《女子世界》，同样开展征文活动"本志续办伊始，同人见闻有限，海内外文人学士如有崇论宏议诗歌小说不拘体裁，均请惠赠，各女学校之学生，如有作文等件，亦乞惠下，当选后即以登入本志寄赠"。并承认《女子世界》的调查员，"凡前充本志调查员诸君及下期起愿尽义务之诸君，如蒙按月惠稿，当按期赠本志一份。女学调查部专约今仍旧贯。各处惠稿惠函书均乞寄发行所转交"③。栏目方面基本类同，增加了特别图画、时评、社会、特别调查，改"传记"为"史传"、改"女学文丛"为"文丛"。其中在特别调查栏目中，刊登了《女报界新调查》，统计了清末的妇女刊物的情况（如下表1-3）。

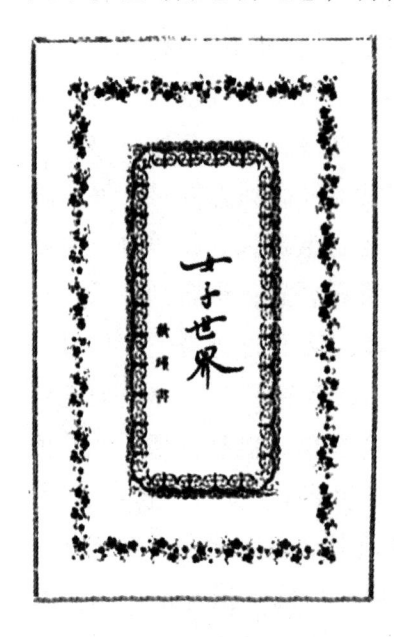

图1-6 《（新）女子世界》创刊号封面

---

① 参见《秋瑾全集笺注》，吉林文史出版社2003年版。上海妇女志编纂委员会编：《上海妇女志》，上海社会科学院出版社2000年版。
② 《本社招股广告》，《女子世界》1907年第6期。
③ 《本志紧要告白》，《女子世界》1907年第6期。

表1-3　　　　　　　　　女报界新调查

女报名	发起人	发行所	编辑人	编辑所	刊期	定价	现况
女学报	未详	上海女学报馆	未详	上海女学报馆	月刊	每册二角	已停
天义报	六人	东京天义报社		东京女子复权会	每月二刊	每册一角	收齐已出
女子世界	丁初我	上海小说林	常熟丁初我	常熟女子世界社	月刊	每册二角五分	已停
北京女报	张展云	北京女报馆	北京张展云	北京女报馆	月刊	每张一分	发达
女子世界	续办	上海中国女报馆	南浔陈勤	上海新女子世界社	月刊	每册二角	已出
中国女报	秋瑾	上海中国女报馆	山阴秋瑾	上海中国女报馆	月刊	每册二角	二期已出
中国新女界杂志		东京新女界杂志社	长沙燕斌	东京同仁医院	月刊	每册二角	二期已出
中国妇人小杂志		天津大公报馆	未详	北京中国妇人会	每月二刊	每册三十文	二期已出

资料来源：《女子世界》第2卷第6期记事栏目之《特别调查》。

这一统计，让陈志群等有志于妇女报刊事业的文人对妇女报刊市场现状有了初步的了解，为其经营决策打下了基础。在出版经营方面他们拟出以下三大应对之策。

第一，该刊在卷首即表明立场，与《女子世界》划清界限，不负担《女子世界》的财务问题，刊登"紧要告白"：本志系新女子世界社续出，一切与前此女子世界社无涉。本志续办系记者诸君发起，故仍原名。① 编辑所由原来的"常熟女子世界社"改为"新女子世界社"，发行所由原来的"上海小说林"改为"中国女报馆"，并增加印刷所"新作社印刷局"。

---

① 《本志紧要告白》，《女子世界》1907年第6期。

第二，该刊资金以招股方式重新募集，刊登招股简章（见图1－7）和广告：

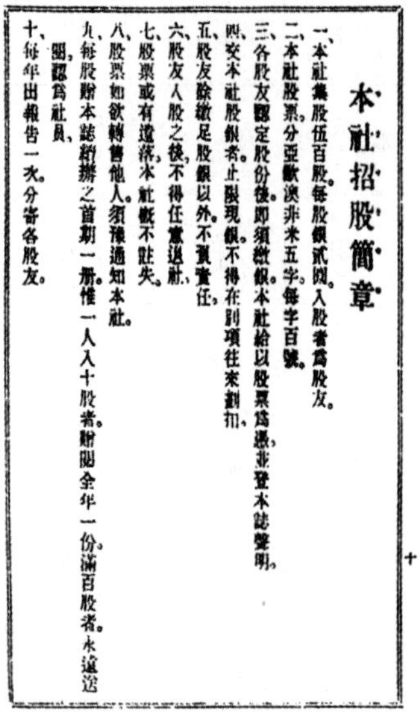
本社招股簡章

一、本社集股伍百股。每股銀貳圓。入股者爲股友。

二、本社股票。分亞歐澳非米五字。每字百號。

三、各股友認定股份後。即須繳銀。本社給以股票爲憑。並登本誌聲明。

四、交本社股銀者。止限現銀。不得在別項往來劃扣。

五、股友除繳足股銀以外。不負責任。

六、股友入股之後。不得任意退社。

七、股票或有遺落。本社概不賠失。

八、股票如欲轉售他人。須預通知本社。

九、每股贈本誌續辦之首期一册。惟一人入十股者。贈閱全年一份。滿百股者。永遠送閱。認爲社員。

十、每年出報告一次。分寄各股友。

图1－7　《（新）女子世界》招股简章

常熟丁初我以甲辰创女子世界杂志，去年停办。同人惜焉，爰发续办之议而苦学界之能力不足以担任巨大之经济，爰思借助他山共图进步。惟我同志有以助之。本社幸甚，女界幸甚，祖国幸甚。①

同时强调“前女子世界社股友及阅者等与新社无涉”②，并将新的股友名单列出：

柳安如君（二十五股）、陈志群君（二十五股）、钱伯渊君（二股）、朱仲讷君（一股）、夏培森君（一股）、张拙存君（一股）、何仁山君（一股）、林紫简君（一股）、醉吟居士（五股）、夏沼清君（一股）、广益社（一股）③

但该策略并未实现效益，上述所列64股，每股2元，共计集资128元，与编者最初设定的500股1000元可谓相去甚远。而且，占股最多的柳安如、陈志群等是《（新）女子世界》的作者，并未实现社会集资。雪上加霜的是，认股者中还有未缴纳股金的，编者特地注明：“本社创办伊始经费万分支绌，凡赞成本志，诸君尚祈从速

① 《本社招股广告》，《女子世界》1907年第6期。

② 《本志紧要告白》，《女子世界》1907年第6期。

③ 《本社股友提名》，《女子世界》1907年第6期。

认股,已认股者希速缴股金,不胜企祷。"① 刊物持续发行的资金实在难以保证。

第三,该刊调整了售报价目和广告价目。《女子世界》在后期一度使用全年折价券以促进刊物发行,而《(新)女子世界》却保持原价,同时在售价表上表明:"不定全年,不招代派,远处函购",显然是吸取了之前《女子世界》因代派处过多,致资金无法周转的弊端。并且,首期的价格较之后的更贵五分,为此编者特地登"大减价"广告:"本志自下期起减价每册二角,十册八折,五十册七折,一百册六折,本期页数太多,成本过巨,暂售二角五分。"② 只是,没有"下期"了。在广告价目方面,《(新)女子世界》的价格比《女子世界》抬高2倍之多,并对广告商提出要求:语涉野蛮,概不登录,刊资先惠,"卷首加倍,不折不扣"。但特定广告折扣力度较大,如新书九折、社员介绍的广告七折、女学广告五折等。可惜《(新)女子世界》仅出了一期,所登的广告仅两页,其一为仅发《女学代数学教科书》《中国新女界杂志》《中国女报》合版广告,其二为《新作社印刷局》广告,基本也都属于该刊所属报馆、印刷局广告,广告盈利是不可能了。秋瑾死后,《(新)女子世界》也就这样停刊了,编者关于报刊经营的所有想法皆无法付诸实现。

小　结

救亡图存语境下,社会变法需要思想改良以重新确立新的政治秩序与社会结构。经中国语境下转化的西方文明性别标准作为社会改良活动的突破口被广泛接受。上海作为报刊出版中心、女权话语

---

① 《本社招股广告》,《女子世界》1907年第6期。
② 《本社广告》,《女子世界》1907年第6期。

发源地，以妇女报刊的出版实践改变中国女性安身立命的场所和意义表达。据本书不完全统计，从1898年首份妇女报刊创刊至1912年民国成立前，上海编辑出版的妇女报刊约13份，刊行时间普遍较短，1期即停刊的占30.76%，刊行时间未及半年的占23.07%，刊行时间超过2年的占23.07%。从年出版量上看，清末上海妇女报刊的出版高峰位于1907年，即清政府允许女学兴办之年。

从办刊宗旨看，妇女报刊经由辅助女学的教科书转向了女权的话语阵地，与戊戌时期兴女学，辛亥时期倡女权的时代舆论一一呼应。例如戊戌时期中国首份妇女报刊《女学报》（1898）于创刊号《本馆告白》开宗明义地阐述了创刊动机：《女学报》之创设即是以开通女学风气，有意承担教科书的功用。此后陈撷芬所办《女报》（1899）、《女学报》（1903）仍系女学："为感发天下女子向学之心。"[1] 戊戌维新失败后，资产阶级革命派取代维新派而主政，革命意识渐起，社会改良意识也并未因此消失。在改良与革命两种意识共存的时期，妇女报刊逐渐呈现出两种办刊方向，其一，顺应小说与群治关系的逻辑——以新小说的文体形式和传播方式作为引导民众思想、重构社会的规范，颠覆传统价值体系的工具。视妇女报刊为"改铸女魂"的良方，"文学美术之发育实开通暗昧病不二之治法"[2]。其二，视妇女报刊为女权组织互通消息的机关报。如秋瑾之于《中国女报》"通全国女界声息于朝夕，为女界之总机关"[3]。由此奠定了民国初肇时期妇女报刊的基本发展方向。

从形态结构看，妇女报刊略显粗制。清末上海因西方商人和传教士对于文字宣传的重视，印刷技术和设备皆较为先进。1888年上海《申报》已登载彩色石印广告。至1905年上海文明书局、商

---

[1] 《女报告白》，转引自夏晓虹《晚清两份〈女学报〉的前世今生》，《现代中文学刊》2012年第1期。

[2] 丁初我：《〈女子世界〉之颂词》，《女子世界》1904年第1期。

[3] 《发刊辞》，《中国女报》1907年第1期。

务印书馆等皆已用彩色石印术"色彩能分明暗，深淡各如其度"，"仿印山水花卉人物等古画，其设色能与原底无异"①。但妇女报刊的封面依然只标刊名并以简单线条构图。内文黑白印，以传统书册式篇章分节，内页竖排格式，页眉标刊名，页码或以栏目为单位（或以期为单位），白话为主、文言为辅。栏目和内容导向则从政论新闻型向知识普及型转变。《女学报》最早以论说、新闻、征文、告白等栏目形式出现，以"白话""开中国女学风气"②。而后《女报》延续此种做法，仅增加"诗词名著"和"古事"栏目，"以冀感动触发"③。这与戊戌时期报刊重视内容的变法宣传，以报刊来"开风气"的目的有关系。随着官方推动女学兴办，女性意识逐步觉醒，社会对于女性的要求经由意识宣传转向服务实践。不论是支持改良的《女子世界》还是宣传革命的《中国女报》在栏目设置上大体由论说、新闻、诗词、小说、传记、译编（林）、女学文丛（包括校章）等组成，不同之处在于《女子世界》更重视"女子独立自营"的能力，增加了科学、卫生、实业等与家庭实务以及社会生计相关的内容，妇女报刊的内容结构日趋丰富。

从编辑群体性别和身份看，妇女报刊的主创从维新派女眷向男性文人和女权社会活动家转变。例如，早期妇女报刊《女学报》的主笔薛绍徽（外交官陈寿彭之妻）、裘毓芳（《无锡白话报》创办人裘廷梁侄女）、康同薇（康有为之女）、李惠仙（梁启超之妻）、林梅蕊（林乐知之女），《女报》创办人陈撷芬（《苏报》陈范长女）

---

① 韩丛耀主编：《中华图像文化史·插图卷》（上），中国摄影出版社2006年版，第362页。

② 《女学报告白》，原载《女学报》1898年第2期，转引中华全国妇女联合会妇女运动历史研究室编《中国近代妇女运动历史资料（1840—1918）》，中国妇女出版社1991年版，第133页。

③ 《女报告白》，转引自夏晓虹《晚清两份〈女学报〉的前世今生》，《现代中文学刊》2012年第1期。

等都是维新志士的妻女亲眷。至20世纪初，官方推动女学兴办，女学生数量激增后，妇女报刊的创办人逐步由男性文人以及女权社会活动家担任，如《女子世界》的创办人丁初我（上海小说林创办人）、金天翮（中国第一部女权专著《女界钟》作者，女权启蒙之父），再如《女子世界》的续办者、《神州女报》创办人陈志群，以及《中国女报》创办人女权运动家秋瑾。创办人、主笔身份性别的变化，在某种程度上代表着妇女问题关注度的提高以及妇女报刊作为一种新的权力阵地正在形成。

从经营观念看，妇女报刊是作为文人理想抱负的实践，而非经营的对象。因而不善经营，短暂刊行成为文人办刊的普遍问题。戊戌时期的《女学报》《女报》多以"不牟利"赠阅的形式流通。至辛亥革命时期，男性知识分子的热心创办、编辑与撰稿，使得辛亥革命时期的妇女报刊生机勃勃。但辛亥革命时期妇女报刊看似繁荣，此伏彼起，络绎不绝，终只是一种表象，几乎所有的妇女报刊都遭遇了资金难撑不得不停刊或者政治原因被迫停刊的窘境。这与清末上海妇女报刊的办刊人多为文人有关。他们本身具有传统士大夫"君子耻于利""君子固穷"的节操。诚如移居上海十年的王韬依然适应不了上海的商业风气在其日记里记述："今天下竞尚势利，金气熏灼，诡诈百出，几不可问，安得有豪杰起一振顿之？"① 从某种程度上看，对于传统文化身份的认同是和对西式商业文化的防卫联系在一起的。在此立场下，经营这个概念在文人办刊的过程中常被淡化或忽略。

从社会影响看，妇女报刊从无到有，在一定程度上促发了女性自主意识的初步觉醒，为此后妇女启蒙与解放的思想由上海传送至中国更广袤的土地上立下拓荒之功。但在将妇女置于舆论的中心，并允许妇女参与社会过程中，不自觉地将妇女报刊作为国家救亡的工具。如金一论《女子世界》缘起："欲新中国，必先新女子；欲

---

① 王韬：《王韬日记》，中华书局1987年版，第19、63页。

强中国,必先强女子;欲文明中国,必先文明女子;欲普救中国,必先普救我女子。"① 从某种程度上说,无论是何种性别的创办者,皆以妇女报刊的实践强化救妇女以救国族的信号,呼吁女性为国家政治经济文明的需要做贡献。

---

① 金天翮:《〈女子世界〉发刊词》,《女子世界》1904年第1期。

第二章

民国初年的上海妇女报刊
（1912—1918）

民国初肇，社会时局的动荡、资本主义经济的发展、报刊业环境的转变、读者市场的初步形成，以及报刊本身所具备的两重性，让上海妇女报刊逐渐脱离此前的精英意识而向市民意识靠拢，逐步寻找自身新的定位——上海商业性妇女报刊出现。本章主要论述1912—1918年间上海商业性妇女报刊出现的背景，中国首份商业性妇女报刊《妇女时报》的办刊历程，以及商业性妇女报刊的两种发展路径——文艺型妇女报刊和综合型妇女报刊。

第一节　民国初年上海妇女报刊发展的背景

一　民初妇女政策摇摆，倡女权女刊被停刊

继戊戌维新以后，以男女平权为诉求的妇女运动高涨，党章和政府公报相继修订。民国成立之初，同盟会重订总章，九大总纲中第三条第五款为"主张男女平权"①。1912年3月2日，孙中山主

---

① 《中国同盟会总章》，载《孙中山全集》第2卷，中华书局1982年版，第160页。

持下的南京临时政府发布第 27 号《政府公报》——《内务部禁止买卖人口文》,明令"嗣后不得再有买卖人口事情",禁止"妻女鬻为妾媵子姓沦为皂隶"并声明"民国之始,凡属国人咸属平等。背此大义,与众共弃"①。1912 年 9 月至 1913 年 8 月,颁布《普通教育暂行办法》,规定中等职业学校和中学可以创办女校,并首次规定初等小学可以男女同校,等等。兴起于戊戌维新的"男女同校"制度在一定程度上暗示着男女平权似乎成为党和政府的共识。

但"男女平权"并未作为原则写入具宪法性质的《临时约法》,女性未获得选举权。1912 年 3 月 11 日公布的《中华民国临时约法》第二章第五条之规定:"中华民国人民一律平等,无种族、阶级、宗教之区别。"② 同年 8 月 10 日《参议院议员选举法》及《众议院议员选举法》正式公布,均未提及女子选举权问题。8 月 25 日,中国国民党成立大会公布的党纲中也删去了男女平权。国民党由同盟会联合统一共和党、国民共进会、国民公会、共和实进会共同成立。这一共同体在原则上存在分歧,为了达成一致,妇女权益被让渡了。唐群英、沈佩贞等涌入参议院抗议,扭打宋教仁,甚至声明:即袁大总统不赞成女子参政权,亦必不承认袁氏为大总统。③ 孙中山对上述种种很无奈,他曾复函妇女界表示:"至党纲删去男女平权之条,乃多数男人公意,非少数人可能挽回,君等专以一二理事人为难无益也。文之意,今日女界宜专由女子发起女子之团体,提倡教育,使女界智识普及,力量乃宏,然后始可与男子争权,则必能得胜也。"④ 孙中山在辞去大总统的演说中,再次强调:"教育既兴,然

---

① 《孙中山全集》第 2 卷,中华书局 1982 年版,第 156 页。
② 《孙中山全集》第 2 卷,中华书局 1982 年版,第 220 页。
③ 《女子参政者辱骂参议员》,《盛京时报》1912 年 12 月 12 日。
④ 《复南京参政同盟会女同志函》,《孙中山全集》第 2 卷,中华书局 1982 年版,第 409 页。

后男女可望平权。男女平权，然后养成真正共和国。"①

1913年后，涉及女性权益的政令突变，女权运动的社会空间日益逼仄。1913年6月，袁世凯政府下《尊孔祀孔令》。与此同时，颁布针对女性的《褒扬条例》（1914年3月12日）重新褒奖节妇烈女，对"妇女节烈贞操可以风世者"，由政府给以匾额题字褒奖；② 1914年11月3日，参政院提出以"忠孝节义"为立国精神提案并呈大总统。大总统批令内务部和教育部在全国推行，以此箴规世道人心。③ 对于女性团体结社也予以封禁，《治安警察条例》（1914年3月3日）规定，女子"不得加入政治结社""不得加入政谈集会"④。

妇女政策的剧烈摇摆，致使妇女团体（机关）被迫解散。由此造成的直接影响是，作为团体发声平台的妇女报刊齐齐停刊。包括《民国女报》（1912年，女子参政同志会）、《女子共和日报》（1912，上海神州女界共和协济社）、《神州女报》（1912，上海神州女界协济社）、《中华女报》（1912，汤云秋）、《女权日报》（1912，文典等）、《女权报》（1912年，张亚昭）、《万国女子参政会月刊》（1913.3—1913.6，上海万国女子参政会）、《万国女子参政会旬刊》（1913.4—1913.6，张汉英、陈德晖）等。此后围绕妇女解放的刊物，只能从"废缠足""兴女学"的角度切入，"以培国本"⑤。

二 新闻出版规制政策反复，女刊转向与资本"联姻"

1912年，中华民国成立，不但废除了前清《大清印刷物专律》

---

① 《女子教育的重要》，见胡汉民编《总理全集》第2卷，上海民智书局发行1943年版，第147页。
② 冯国璋：《褒扬条例》，《政府公报》1914年3月12日。
③ 《教育部拟订提倡忠孝节义施行办法呈并大总统批令》，载《中华民国史档案资料汇编·文化》，中国第二历史档案馆编，凤凰出版社1994年版，第38—40页。
④ 《治安警察条例》，《政府公报》1914年3月3日。
⑤ 《孙中山全集》（第二卷），中华书局1982年版，第232页。

《报章应守规则》《大清报律》等限制报刊业发展的规定，还在《中华民国临时约法》中明确规定："人民有言论、著作、刊行、集会、结社之自由。"① 据统计，从1911年辛亥革命爆发至1912年年底，上海新出版了报刊60余种。② 其中，妇女报刊近1/6。

1913年癸丑报灾发生。袁世凯当局对全国多家反对派报纸查禁和清理警告传讯、打砸搜查封门停业时有发生。1914年后新闻事业被全面整顿、新闻规制政策频发，先后出台了《报纸条例》《出版法》《修正报纸条例》《新闻电报章程》《电信条例》《著作权法》《检阅报纸现行办法》等等。其中，《报纸条例》除了悉数照抄《大清报律》还增加了多项新的禁限措施，如"禁止军人、官吏、学生和25岁以下者办报……每天的报纸在发行前须呈送报样给警察机关备案"等，几乎完全扼杀了新闻出版界的言论自由，全国新闻出版事业整体进入了低潮期。

言论的压制政策造成新闻出版业以另一种对抗方式出现——上海商业性报刊的勃兴。即言之，袁世凯政府对新闻出版业的压制，难以抑制市民对于信息的需求。据学者研究，民初上海商业性报刊，在经济上占据了上海报业传媒市场的半壁江山。③ 同时，这些民营出版商——代表着中国资产阶级——在传统社会"士农工商"结构中被视为等而下之的阶层，他们也渴求更高的社会地位。报刊作为公共平台，所享有的社会权力和话语权，是他们所长期渴望的。资产阶级与报刊"联姻"也就是顺理成章的事情了。由此，面对民国初年的新闻规制政策，表现在报刊业市场上就形成了以营利为目的的商业性报刊占主体的形势。

言论压制政策表现在报刊内容上的变化是，疏离政治。辛亥革

---

① 罗检秋编：《近代中国社会文化变迁录（第三卷）》，浙江人民出版社1998年版，第31页。
② 马光仁主编：《上海新闻史》，复旦大学出版社2014年版，第397页。
③ 陈昌凤：《中国新闻传播史：传媒社会学视角》，清华大学出版社2009年版，第173页。

命后政局动荡、社会转型，除旧而未能布新，精英意识与市民意识脱节，传统伦理与西式文明相冲突，市民阶层并没有相匹配的心态来面对这种嬗变和转型，迷茫、逃避成为转折时期的主流心理状态。上海的一部分新式传播媒介开始背离精英式的启蒙精神，主张为市民消费和读者要求服务。由此构建出的报刊商业文化机制，造就了一批职业化的编辑作者群，让他们致力于为读者要求服务，始终迎合读者眼光来审视和调整创作。其中，最具代表和影响力的是鸳鸯蝴蝶派文人。鸳鸯蝴蝶派为代表的文人，徘徊于新与旧之间，站在精英知识分子言说的边缘，更关注实际生存现实以及与此相关的情感问题，正好契合了民初读者的心理诉求和现实需要。据学者研究，在民国最初的十年里，依托于报刊业薪金、稿费、版税生存的知识分子阶层，尤其是鸳鸯蝴蝶派创作的小说，在上海的男女读者人数"达到四十万至一百万之间"①。民初上海的三大报刊——《新闻报》《时报》《申报》的文学副刊基本控制在鸳鸯蝴蝶派手中。相较于近代中国的其他城市，上海的报刊出版业最为发达，不仅提供了文人依靠稿酬为生的可能，同时也为这些文人提供了体现自身价值、实现文化理想的机会和空间。

在这种状况下，1914—1918 年，全国新办妇女报刊仅 14 种，其中，上海出版的 9 种，分别为：《眉语》（1914 年，高剑华）、《香艳杂志》（1914 年，中华图书馆）、《女子世界》（1914 年，陈蝶仙）、《妇女杂志》（1915 年，商务印书馆）、《中华妇女界》（1915 年，中华书局）、《家庭杂志》（1915 年，唐如真）、《女子杂志》（1915 年，广益书局）、《青年女报》（1916 年，上海基督教妇女青年总会所）、《现代女学生》（1916 年，大东书局）等。从经营模式和报刊性质看，这些妇女报刊不再是依托个人或团体集资的同人或机关报刊，

---

① Perry Link, "Tradition Style Popular Urban Fiction in the Teens and Twenties", Merle Goldman, *Modern Chinese Literature in the May Forth Era*, Harvard University Press, 1977, p. 328.

而是依赖广告和发行收入生存的商业性报刊。同时，这些妇女报刊上很难再见"记事"（新闻）栏目，立论也趋于中立、平和，以避免政治干预，维持刊物的经营与发行的平稳。

三 上海女性阅报群体出现

民初，阅报的风气已经形成。早在清末已有评论者认为，要增进国民程度，必须先启发其知识，而启发知识的方法有两种，一是宣讲所，一是阅报社。在清末宪政的推行过程中，阅报社、宣讲所（或讲报处）等设施明确纳入正式规制之中。例如《京师地方自治章程》第一章第三节自治范围项下第五条，列明京师地方自治事宜应该包括的项目有：中小学堂、养老院、教育会、劝学会、图书馆、宣讲所和阅报社。①《申报》刊载的《论阅报者今昔程度之比较》提及，与过去相比，工商业阅报的人数增加，农民对报纸也渐渐熟悉，甚至"闻讲报社之讲演，则鼓掌欢呼，惟恐其词之毕，而恨己之不能读者"②。《申报》另载1911年，上海大东门火神庙的东南城地方自治会的会员王志公组织了一个宣讲处，讲解地方自治有关的事宜，"听者众多，大抵中下社会及妇女小儿为多"③。虽有夸张的成分，但不难看出阅报社和讲报处的普遍。当时或因缺乏经费（室内阅报社的维持需要经费），或为吸引更多阅读者，不少供公众阅报的设施还以阅报栏的形式出现。也有因木栏被人偷走，就干脆把报纸贴在墙上。④

识字率的提高，也促进了阅报行为的发生。根据Rawski的估计，在18、19世纪时，中国人粗通文字者，男性有30%—45%，女性有2%—10%。Rawski认为当时的高识字率与刻本书籍，包括通

---

① 《京师地方自治章程》，《大公报》1910年2月16日。
② 《论阅报者今昔程度之比较》，《申报》1906年2月5日。
③ 《组织宣讲处之手续》，《申报》1911年2月14日。
④ 《中外近事》，《大公报》1905年7月6日。

俗文学与童蒙书籍的传播与阅读关系密切。① 伴随20世纪初期女学广泛兴办，女性受教育者日众。据统计，从1907年清政府允许女学后，全国登记在册的女校达420所，计14658名注册女生，相较于1901—1905年注册的105名女学生，② 已然是翻了百倍之多。民国建立后，中华民国临时政府颁布《壬子癸丑学制》从制度上再次确立女子教育的官方地位。据不完全统计，1912年女学生的总数已达141130人，至1916年女学生总数已增加了3万人，相当于民国五年上海公共租界的女性总人口数。③ 需要特别指出的是，女子入学是有经济门槛的，"一女生之入学也，其寄宿者学膳费年达百金以外，复加以种种无谓之糜费，富者或犹可勉为支持，使家为中人之产未有不告谒蹶者"④。这就意味着，能入女校求学的女性，大多出自中上阶层家庭。而这些家庭大多将"购买报刊"作为常用支出项。如《妇女时报》刊登的《吾家之财政》中"家庭收支表"内"报资"一项被列出。《余家十年来之状况》也写实地记述道，家中女儿们"入新式女学堂受教""购置日报一

图2-1 《妇女时报》的封面

---

① Evelyn S. Rawski, *Education and Popular Literacy in Ch'ing China*, University of Michigan Press, 1979, pp. 149-154.

② [美]季家珍：《历史宝筏——过去、西方与中国妇女问题》，杨可译，江苏人民出版社2011年版，第84页。

③ 1915年上海公共租界女性人口数为165632人。《上海妇女志》编纂委员会编：《上海妇女志》，上海社会科学院出版社2000年版，第69页。陈景磐：《中国近代教育史》，人民教育出版社1979年版，第305页。

④ 张朱翰芬：《论上海女学生之新装束》，《妇女时报》1913年第11期。

份，杂志二份""十年未尝间断"①。

当然，并非所有知识女性皆会变成上海妇女报刊的读者，但是知识女性的存在本身就会促进上海妇女报刊的出现，甚至以知识女性为卖点。再如，中华图书馆于1914年接连创办两份商业性妇女报刊《香艳杂志》《女子世界》，三年间为两刊在《申报》上先后登了近70次广告，呼吁女性为两刊撰写文稿。《中华妇女界》也为女学生特辟"成绩"专栏，只登各女校女学生的作品。可见，知识女性群体是民初妇女报刊的主要读者对象。

第二节　中国首份商业性妇女报刊
——《妇女时报》

民初的上海，新旧杂陈，观念多元，位居望平街的《时报》馆一度成为影响上海舆论的中心地。《时报》馆旗下的《妇女时报》作为民初首份商业性女性刊物，在当时可谓是一枝独秀。《妇女时报》创刊于1911年，停刊于1917年5月，共出21期。初拟为月刊，实际不定期出版。由民初鸳鸯蝴蝶派领军人物包天笑任主编，以"提倡女子学问，增进女界智识"为宗旨，有正书局负责发行。在实际发行的过程中，先后历经了辛亥革命、民国成立、复古风潮等，其内容亦趋时而变。该刊先后聚集了大量名噪一时的男女作者，如徐卓呆、张毅汉、汪蕉心、周瘦鹃，以及汪杰梁、王灿、施淑仪、冰心、吕碧城、汤修慧、林宗素、张竹君、林徽因等，后期还吸引了一大批女学生投稿。

一　《妇女时报》的商业性实践

清末民初的上海，"学生日多，书局日多，报馆日多"，女性阅

---

① 素霞：《余家十年来之状况》，《妇女时报》1917年第21期。

读风气渐起。辛亥革命前夜，宣言革命的非商业性妇女报刊陆续创办。《妇女时报》却以首份商业性妇女报刊的姿态出现，实属"异类"。

据《妇女时报》主编包天笑言，该刊的出版因《时报》馆主狄葆贤起意"想出一种《妇女时报》来了"①。狄葆贤（1873—1941），字楚青、楚卿，号平子、平等阁主人，江苏溧阳人。梁启超的至交，康有为江南唯一的弟子，名列公车上书。1904年在康梁的授意下，由日本返沪办《时报》。他总结十年教训，一改维新初期报刊成为党派工具的做法，转而倡导为社会舆论提供公共通道、媒介平台的观念，宣称："吾之办此报，非为革新舆论，乃欲革新代表舆论之报界耳。"② 狄葆贤以其时需机敏的触觉，革新报界的做派，创近代特约通讯员先例，设"时评"专栏，开报尾"余兴"，办《小说时报》，辟报馆俱乐部"息楼"，办民影照相馆等等，举措之多，一时无两。

《妇女时报》的商业性运营实验，符合狄葆贤的一贯做派，但在当时是有风险的。毕竟，清末民初的上海办商业刊物并非一件容易盈利的事情，"以前上海办杂志，以能销三千份为一个本位，倘然第一版能销三千份，就可以不蚀本了"。狄葆贤依凭《时报》和《小说时报》的影响力，遵循《时报》馆"合于时情、随时而动"的办刊惯例，定刊名为《妇女时报》，创办了当时市场上第一份也是唯一一份商业性妇女刊物。并且，《妇女时报》的内容自始便被设计成"较为综合，不能专谈文艺，而且里面的作品，最好出自妇女本身"③。这或许是受了前期《女子世界》（1904）的影响。但当时的女性受教育程度尚浅，知识水平普遍不高，能够握笔撰文的少之又少。于是，"牵涉妇女界的""关于儿童、家庭的"都作为了《妇女

---

① 包天笑：《钏影楼回忆录》，中国大百科全书出版社2009年版，第320页。

② 罗志田：《20世纪的中国：学术与社会·史学卷》（下册），山东人民出版社2001年版，第714页。

③ 包天笑：《钏影楼回忆录》，中国大百科全书出版社2009年版，第320、375页。

时报》的内容。从某种程度上说，这一内容设计与当时西方的妇女报刊有一致之处，也符合梁启超对于时代妇女"宜家善种"的定位，不过与同期参政类妇女报刊是迥然不同的。

《妇女时报》凭借《时报》馆的影响力、人力资源，面世不久便创造了当时的销量奇迹"一度达六七千之多"①。从定价看，《妇女时报》的定价为4角，实际是颇高的。包天笑曾在《我与杂志界》一文中记述道："以前的杂志，从未有每册售至一元的，一般不过二三角，若售至四角的，购者已嫌太贵。"② 对于长期订阅的读者，《妇女时报》前期以五册1元8角（每册3角6分）以及十册3元5角（每册3角5分）的定价销售，皆属较贵。但依然能吸引大量的读者，这已超越了读者"猎奇"的范畴，与其内容和作者群有一定关系（详见后文）。从广告看，刊首和刊末的黄金位置为商业广告牢牢占据，且多以整页形式连续刊登，而有正书局（《妇女时报》发行所）的书刊广告多出现在刊末和刊中等次要位置（如下图2-2）。

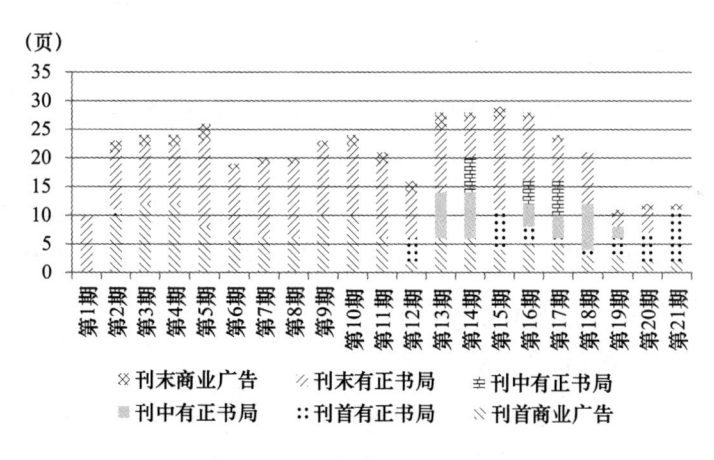

图2-2 《妇女时报》刊首、中、末广告分布及数量图

---

① 《妇女时报》第6期称"本报出版以来荷蒙海内淑媛名闺奖借不遗余力，故每期发行数能至六七千之多"。第9期披露："本志蒙海内外闺彦提倡，销数达六千以外。"

② 转引自魏绍昌《鸳鸯蝴蝶派研究资料》，上海文艺出版社1984年版，第401页。

另据本书对线装书局出版的《中国近代女性期刊汇编：妇女时报》的页面统计，全部 21 期共计 2712 页，其中正文 1887 页，占到总数的 70%，广告 455 页，占总数的 17%，封面、插画及其他 370 页，占 13%。《妇女时报》455 页的广告，包含商业广告 156.5 页，占广告总量的 34%；有正书局自身广告 298.5 页，占到广告总量的 66%。自第 13 期（1914 年 4 月 1 日）起，该刊在中缝位置及热门小说附近也增加了有正书局的广告。广告的大量存在，正说明了《妇女时报》的热销。从发行看，《妇女时报》依托《时报》馆遍及海内外成熟的发行渠道，30 余处分销所，"每期发行数能至六七千之多"①。

民国三年前，《妇女时报》独领风骚一枝独秀。癸丑报灾后，《妇女时报》也是除了基督教妇女报刊外，唯一一份未停刊的妇女报刊。1914 年后，上海妇女报刊界为规避政治风险同时盈利，效仿者纷纷。

二 "合于时情"的内容倾向与独立品格

《妇女时报》创刊时定宗旨为"提倡女子学问，增进女界智识"②。一方面，民初上海女学风气已兴起，但女学始终"仅于此沉霾黑暗中开一线"③。另一方面，提倡女学、增进女智属时代议题，可涉及的题材广泛。《妇女时报》的内容可分为：趋时性内容（非小说）以及鸳鸯蝴蝶派小说两类。

（一）趋时性演变的内容

本书以内容主题为依据，将非小说类内容划分为 12 类，如图 2-3。依图可见，七年间的内容变化大致可分为三个阶段。

第一阶段：《妇女时报》的初创期，即 1911 年。这一阶段，基

---

① 《编辑室》，《妇女时报》1912 年第 6 期。
② 《发刊词》，《妇女时报》1911 年第 1 期。
③ 《发刊词》，《妇女时报》1911 年第 1 期。

第二章 民国初年的上海妇女报刊（1912—1918） 75

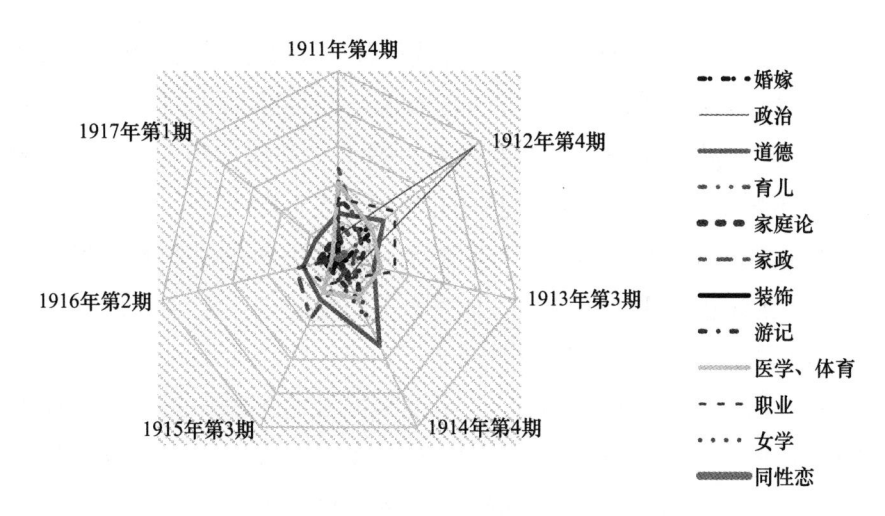

图 2-3 《妇女时报》七年间的内容主题比例图

本上遵循办刊宗旨"提倡女子学问，增进女界智识"，与《女子世界》（1904）后期相仿。即顺应兴女学、废缠足风气，关注年轻女性的身心和职业发展，向家庭主妇传播西方科学知识。如《论女界积弊》《妇女心理学》《说女子之体育》《家庭教育论》《贫妇育儿苦心谈》《美国妇女杂谈》《妇女卫生之一斑》《美国女教育家丽痕女士逸话》等等。值得一提的是，因新闻栏目属于限制行列，从这一阶段开始《妇女时报》转而采用"女性生活调查"来表现女性的实际境遇和状况，如《嘉定女子职业论》《调查黑龙江幼女学校记》等等，并在此后的七年中一以贯之地执行着。

第二阶段：即 1912 年，妇女参政运动如火如荼，《妇女时报》以谨慎的言辞谈及女子参政，初涉民族国家的宏大叙事。如《论女子应有参政权》《妇女与革命》《女子参政同志会宣言书》《女界代表张华英等上参议院书》《要求女子参政之预备》等。另一方面介绍大量西方女性名人和事迹，希冀中国妇女效仿。如《美国妇女之选举权》《英雄态度之华盛顿之母》《白宫之花》《英国罗士哈琴生妇人小传》《俾斯麦克夫人勃德堪玛小传》《康德黎妇人书简》等等。值得注意的是，这一时期出现了对于女性群体间的特殊现象的论述和探讨，一如同性恋问题，善哉所作《妇女同性之爱情》从历史、生理、国内外状况等各角度切入谈论同性恋的成因，向社会解释。二如上海妓女问题，《妇女时报》提供了观点交锋的平台，沈淑贞所作《沪上拟设妓女学校论》引用孔子"有教无类"的观点，认为妓女也应当受教育。而韶懿所作的《论娼妓之有百害无一利》则认为娼妓应该坚决废除。1912年可谓《妇女时报》七年之间思想最百花齐放的一年，只是好景不长。

第三阶段：即1913年以后，新闻规制政策不断，政府当局应对妇女参政问题，先后颁布维护纲常名教的《褒扬条例》以及《教育宗旨令》明确规定："女子则勉为贤妻良母，以竞争于家政。至女子，更舍家政而谈国政，徒事纷扰，无补治安。"[①] 作为商业性妇女报刊，《妇女时报》顺应时局，多刊发有关妇女道德的文章，劝诫女性收敛，注重自身素养，重新关注家政和家庭，大幅缩减前一阶段的政论性文章，转而由译著和诗词等替代。文章的对象也逐渐分化已婚和未婚两类，对于已婚者多讲贤妻良母主义，为母之道，当重妇德。对于未婚者，多谈国外女性职业经历的困顿，如《日本之工业与妇人力》《日本悲惨女工之境遇》等，以此规劝其回归家庭成为贤妻良母。

（二）鸳鸯蝴蝶派小说

1912—1917年，是鸳鸯蝴蝶派的繁盛时期。《妇女时报》因以包天笑为主编，聚集了周瘦鹃以及南社众人而被称为鸳鸯蝴蝶派的早期阵地。[②]

鸳鸯蝴蝶，顾名思义，是言情的。《妇女时报》上讲述的烈女为父报仇的《孝女复仇记》、易装入仇家为丫鬟为亲人报仇的《玉蟾

---

① 《袁世凯颁布教育宗旨令》，《中华民国史档案资料汇编》，中国第二历史档案馆编，江苏古籍出版社1991年版。
② 《妇女时报》读者群情况，详见赵蓓红《民初上海女性生活状态研究》，硕士学位论文，上海师范大学，2014年。

蛛》等皆是言情，只是这种情并不仅仅是儿女私情，而是源于民间惩恶扬善的价值追求。在旧的制度崩塌，新的制度尚未建成的缝隙中，散落于民间的礼教规范以及道德伦理在新的都市环境下被重新组合包装，以满足社会转型过程中市民的文化心理需求。值得注意的是，这些言情小说的主角皆为女性，而且是具备中国传统道德的女英雄。不仅如此，周瘦鹃在《闺秀丛刊》栏目中塑造的西方女性群像：玛丽亚仗剑从戎为父报仇推翻政府，但露塞为革命隐居不嫁，也被赋予同样的道德准则。在新与旧冲突，中与西冲突的上海，女性被赋予了前所未有的责任，承载道德制度和新文明价值之间的主要张力。

从某个角度讲，《妇女时报》与鸳鸯蝴蝶派小说确实有着天然的相似，两者都将西式的观念置于传统的道德框架之内，试图在传统中找寻现代意义，重新在上海市场的众多商品中找寻到自己的位置和角色。换言之，两者都是以女性为读者对象，都是商业化的产物，对于政治的立场是中立的，也是模糊的。尤其，两者都松动了传统认定的权力二元对立关系，在面对侵略的事实时，无一例外地将女性推举到国族之列，肯定女性在救亡图存中的价值。在一定程度上，这一立场和表述方式，成为其傲立于民初的独立品格。

三　以图像表达立场　积极对话读者

《妇女时报》之前的妇女报刊，大多为资金和印刷技术所限，无论封面和内页皆以文字为主，偶有线条简单的图画，刊物的拟想读者多限于"粗通文理的女性"，追求通俗化。《妇女时报》创刊之时，官方推动女学兴办已数年，文白相间的文辞也表明其拟想读者已经变成具备一定文化水平的中上阶层知识女性。而这部分女性也是引领社会风潮的中坚力量。《妇女时报》背靠《时报》馆资金、技术、人力，顺应形势，开启以图像表达刊物立场，积极对话读者的传播方式。

（一）以图像表达立场

清末民初，刊物封面或采用简单线条，或采用风景和名人书画，大多不足以引人兴趣。于是狄葆贤想出了以"刊载时装美人画"为封面，率先用在了《小说时报》上，引领了风潮。① 至《妇女时报》创刊时，延续这一做法，以徐咏青的彩色时装仕女图为封面，并将民影照相馆的女性照片置于卷首插画栏。

徐咏青（1880—1953），上海人，因幼年丧母而为徐家汇天主教堂收养，9岁即入该院附设图画间向外国绘画师学画。在西方画稀缺但广受追捧的民初，他的作品价高而难求，由他绘制海派彩色时装仕女封面极富市场吸引力。但他并不擅长人物。因而《妇女时报》的女性并不以身体为表现主体，而是借助神情以及富有现代意味的服装、道具、背景空间等呈现出传统与现代结合、中国与西方结合的基本形态，建构出理想地糅合了中西文明的中上层审美趣味和现代生活方式。如阅读妇女报刊的妇人，夹着书远眺江海的女学生，举着望远镜看飞机的妇人等。值得注意的是，这一群像是基于想象和重构的，是虚拟而超前的，但为读者提供了模仿的对象和空间，有力地打破了女性私人—公共空间的限制，让女性参与社会变迁及信息传播，推动了女性现代化的进行，也由此开创了现代女性的视觉文化先河。

第4期封面	 第8期封面	 第9期封面

---

① 包天笑：《钏影楼回忆录》，中国大百科全书出版社2009年版，第339页。

第20期封面	第1期插画肃亲王福晋礼冠朝服之影	第1期插画英国运动妇人参政之领袖
第7期插画曹美子女士小影	第15期插画吴伟成与沈凤梧女士婚姻摄影	第16期插画邵氏棠君与曹淑贞女士结婚摄影

图2-4 《妇女时报》封面及插画选摘

另外，《妇女时报》凭借有正书局先进的印刷技术以及民影照相馆的照片素材，登载大量女性照片插画，直观地介绍杂志的取向和主张。其中包括：(1) 清朝贵族照片，如前三期的亲王贵族的福晋、格格、汉族官吏妇人，第4期后的军咨大臣的格格和福晋，以及第15期清朝贵族妇人装束等，以此揭开贵族女性的神秘面纱。(2) 具有启迪作用的国外较有成就的女性照片展示，如"英国参政运动妇人领袖照""欧女凌空照""印度孟哲皇后"以及欧洲女律师、女科学家等，为女性读者提供了学习的典范。(3) 当时较有影响的女性或名门闺阁女校学生的小影，这类所占比例最大，亦是《妇女时报》照片中最重要的部分。依照人物类型大致可分为教育界女性（含女校毕业生合影等）；新女性形象，包括女军人、女国民、女医生、女飞行员、女催眠术家等；投稿女性，如杨雪琼女士、汪杰梁女士、音乐家湖南滕卓女士等；以及名门闺阁的淑女们，多位于西式场景或自然界中拍摄，并配以时下流行的各种装束，如绿窗女史小影为清代装束、杨芬若女士着民国女性装束、李秋琴着西式披发裙装、曹女士持小花束坐西式椅子上、汤修慧海滨独立之手看花等。其中还包括日本女性的仪态与活动照片。(4) 新式婚礼的照片，这类照片以当时的新知识阶层为代表，诸如"赵月潭君与张爱墨女士""吴伟成与沈凤梧女士"等，几乎每期都会有几张。包天笑曾于《妇女时报》创作过一个女学人物"袁碧珠"，作为新派女学生，她在结婚后特意将报纸上载有的自己的结婚照"慎重剪下以为毕生之快意之举第"。以此而见，当时于报刊上登载结婚照也是一种潮流。上述女性的装饰与姿态，不仅反映着当时社会新旧交杂的意识，在某种程度上也体现着编者的引领女性出走的意图。虽然，其中不乏以男性审美为基准的照片，但在多数女性仍被束缚于闺阁中的现实中，《妇女时报》的封面和女性照片插画，已然是一场姿态与空间上的突围。

（二）积极对话读者

《妇女时报》之前，妇女报刊主要作为教化和宣传工具，以教育和规训等单向传播为主。《妇女时报》作为商业性刊物，以读者为本位，"编辑室""读者俱乐部""妇女谈话会"栏目，作为与读者保持沟通和互动的双向沟通渠道，可谓《妇女时报》编辑上另一大突破。

"编辑室"主要是表达刊物的立场和动向，同时对于读者的意见和感想进行互动反馈。例如，鉴于女性生产过程中多有丧命，于是《妇女时报》刊登生育类科普文章《产妇之心得与实验谈》，其中有对女性性特征的描写。但《妇女时报》的读者多闺秀，即使在上海这个风气开放的城市，仍未摆脱传统伦理的桎梏，对此多有质疑。为此，编辑于"编辑室"栏目向读者表明刊文的意图"独于此切实之科学关乎人之生死而又为女子之本分者"①。以此谋求读者的认同。不过，"编辑室"栏目并非每期皆有，主要出现在前九期。

"读者俱乐部"的设计较早，但实际出现较晚，以此名出现的仅两期，分别为第3期、第7期。至第18期以后，以"妇女谈话会"之名复现直至终刊。读者俱乐部不同于编辑室之处在于：该栏目主要刊登读者的来信"与爱读者切磋……交换知识、推广见闻"②。在《妇女杂志》《中华妇女界》等先后创刊的当口，《妇女时报》刊登下文："叠读《妇女时报》知关于女界消息颇多，记载今者敝邑……上海报纸亦不揭载。树琼既有所闻见不敢不告之大记者……其关系女界前途不亦重哉！"③ 以此表达《妇女时报》在上海妇女报界尤其是上海的女性读者中的影响力。只是，此时大多数妇女报刊都辟出了类似栏目。《妇女时报》此举虽有些广告的嫌疑，但并无碍于该刊表达对读者的关注。

四　由包天笑提携的男女作者群

（一）包天笑与《妇女时报》结缘前后

包天笑（1876—1973），江苏吴县（苏州）人，原名清柱，23岁改名公毅，小名德宝。字号朗孙、朗生、阆笙，别号包山、包山子，笔名有小生、天笑、天笑生、笑等20余个，这些笔名均见于各种报刊，于《妇女时报》上常用天笑、笑等笔名。别署老生，室名且楼、钏影楼、秋星阁等。包天笑可谓是中国近代史上著名的编辑、

---

① 《编辑室》，《妇女时报》1911年第2期。
② 《编辑室》，《妇女时报》1911年第1期。
③ 谢树琼：《妇女谈话会：陈聚英之绝命书》，《妇女时报》1917年第21期。

小说家，亦是最具代表性的新旧杂糅的文人之一。

包天笑出生于儒商世家，太平天国运动以后，所有家业几乎都已经荡然无存。在他 17 岁那年，父亲的去世，致使家庭陷入困顿，全靠母亲支撑，母亲也成为包天笑生命中最重要的牵挂。直到暮年，包天笑依旧视母亲为"圣人"，"我未见世上女人道德之高，过于吾母者。她不认字，不读书，未受何等教育，然而事姑、相夫、子乎，可以说是旧时代里女界的完人。这不独是她儿子如此说，所有亲戚朋友中，没有一人不称赞她贤德的"[①]。包天笑这种深厚"尚母"情怀，从某种程度上已经转化为内心对于女性悉心照顾家庭的期许，以及对于女性的关注和扶持。之后，为了维持家计贴补家用，包天笑在家开门授课，开课之始便收了一名女学生，大约这也为他日后积极在上海城东女学、民立女中、女子蚕业、务本女学、爱国女学等女学校教书埋下了种子，包天笑自己也说，"我到上海以后，并没有在男学校教过书，觉得教女学生，很有兴味"[②]。从某种程度上说，日后包天笑成为《妇女时报》的灵魂人物，一定程度上源于上述对于女性的关注、期许与扶持的情怀。

1902 年，梁启超倡导"新小说"，赋予"新小说"以政治和社会意义，新小说成为改造新民的重要媒介。包天笑开始以此为副业，补助生活，在他看来"比了在人家做一教书先生，自由而写意得多了"[③]。且一笔书稿费竟"可以供几个月的家用"[④]。科举废除后，包天笑随大批传统文人一起涌入上海报界，开始以编报和卖文为生。在机缘巧合之下，1906 年包天笑与狄葆贤见了面，并参与到了《时报》馆中，与狄葆贤一起操觚染翰，登载诗话和笔记。《时报》成了当时报界最具文化色彩而受到学人文士的青睐的报刊，也使得包天笑成为报刊小说界的知名人物之一。此后，狄葆贤对于包天笑多

[①] 包天笑：《钏影楼回忆录》，中国大百科全书出版社 2009 年版，第 1 页。
[②] 包天笑：《钏影楼回忆录》，中国大百科全书出版社 2009 年版，第 335 页。
[③] 包天笑：《钏影楼回忆录》，中国大百科全书出版社 2009 年版，第 175 页。
[④] 包天笑：《钏影楼回忆录》，中国大百科全书出版社 2009 年版，第 407 页。

倚重，1909年增办《小说时报》由该馆"老人"已负盛名的陈景韩与初来乍到的"新人"包天笑轮流主编。1911年再办《妇女时报》交由包天笑独任主编。

（二）以包天笑为中心的男性作者群

清末民初时期，上海的报馆暂不具备现代报业完善的编制体系。《时报》馆也不例外，馆内人事任免、作者群的聚合多以个人为中心。《妇女时报》作者群的聚合，多因包天笑的关系。

一则，包天笑因《时报》结识了大量同好名士。科举废除后，江浙地区大量传统文人涌入上海投身报业，成为受雇于商业社会的文化生产者，包天笑即是其中之一。1906年，高薪受聘于《时报》馆。除了结识陈景韩、雷继兴、叶石等报馆同人外，还因常在《时报》馆聚首，结识了大量同好名士，如上海龙门师范学堂校长沈信卿，前清举人袁观澜（女儿为包天笑的学生）以及其弟袁希濂、袁希洛，前清举人上海职业教育社黄炎培（女儿、夫人皆为包天笑的学生），上海金融巨擘、江苏财政厅厅长、《申报》本埠新闻编辑龚子英，南洋公学附属小学校长、《申报》新闻编辑林康侯，《申报》馆主、女子蚕业学校校长史量才，务本女塾校长吴怀久，南社主干、健行公学办学人朱少屏，城东女学校长杨白民，日本早稻田大学法政毕业生杨翼之，上海西门子洋行买办管趾卿，民营企业电灯厂厂长、日本留学生叶养吾，北京交通银行行长杨荫孙，中华书局编辑、美国留学生杨景森以及后接办《时报》的黄伯慧等等。① 他们多为江浙人，拥有着相近的文化背景和兴趣爱好。在《妇女时报》诞生后，不少都有赐文。

二则，包天笑到《时报》馆后，主要负责小说文艺，首创报纸副刊"余兴"——登载除新闻及论说以外的小说等杂录。《时报》由此开了上海大报登载小说的先例，先后登载近223篇，高于同时

---

① 包天笑：《钏影楼回忆录》，中国大百科全书出版社2009年版，第329—330页。

期《申报》及《新闻报》的203篇和35篇。① 文学界、教育界，尤其上海以及外埠的各校的青年学子投稿踊跃。因此结识了大量的青年文艺爱好者，如范烟桥、周瘦鹃等。在编辑之余，包天笑受朋友举荐，相继参加了励青社、江苏教育总会、南社等等，集会越多人脉越广。《妇女时报》中的男性作者如律师戴天球、词人陈无用、近代教育家马君武、小说家兼报人吴逸尘、文学家马骏声、词人宣剑花等皆是南社成员。②

三则，包天笑乐于提携后进之秀。据包天笑在《钏影楼回忆录》里记述，与毕倚虹（几庵）结识，是因《妇女时报》"捉刀人"的关系。他代夫人"杨女士"（民初著名诗人杨云史的女公子）投稿诗词后，与包天笑相识，相见恨晚，后为包天笑引荐加入《时报》馆。除此之外，江红蕉、范烟桥、周瘦鹃等皆受惠于包天笑的提携。其中，以周瘦鹃最知名。周瘦鹃与包天笑是苏州同乡，命运又多有相似。两人皆幼年丧父，靠母亲一手养大。包天笑对他的提携可谓不遗余力。包天笑不仅在主编的报刊上大量发表周瘦鹃的作品，还邀他担任报刊编辑，同时引荐他加入南社结识陈蝶仙、王钝根、王西神、徐枕亚等同人。在周瘦鹃主编《申报·自由谈》后，包天笑也大力支持，不断送稿。此后，周瘦鹃办妇女报刊大约也是受了包天笑《妇女时报》的影响。包天笑以其自身在报刊界、集会中的影响力以及对于后辈晚生的尽力扶持，构建起了以己为中心的报人文人圈。

（三）知名女性及女学生构成的女性作者群

在民初的男权社会中，包天笑等握有权力的知识男性们，意识到女性文字的市场价值，尤其是知识女性劝说女性群体时的力量，他们通过男性话语系统将她们推到了舞台的中央。在《妇女时报》

---

① 李永文：《晚清报刊小说研究》，博士学位论文，上海师范大学，2004年。
② 赵蓓红：《民初上海女性生活状态研究——以〈妇女时报〉为中心》，硕士学位论文，上海师范大学，2014年。

创刊之前,《时报》曾刊登广告《发刊〈妇女时报〉征文》向女界征稿:"本报除聘请通人名媛分司编辑、撰述之任外,更募集四方闺媛之心得。"① 随后,创刊号于《发刊词》再次重申。但事与愿违的是,"《妇女时报》里,真正由妇女写作的,恐怕不到十分之二三"②。本书以女性作者出现的频次为计,统计了1911—1917年的发文情况,见表2-1所示。

表2-1 　　　《妇女时报》中可考女作家撰文数量及类型

作者	1911	1912	1913	1914	1915	1916	1917	总计	所著文体
江纫兰	5	9	3	1				18	论说、诗词瑶曲
陆守真	2	3						5	科普文、译著
马文蕴	3							3	诗词
瞿钧	2			1				3	科普文
钱蕙兰	2	1						3	诗词、论说
谭志学	1	2						3	诗词
汪杰梁	5	3						8	论说、科普文
妩灵	5							5	论说
范姚		8						8	诗词
许婵		3		1				4	科普文、译著
邱韵香		1		2				3	诗词
倣君		6						6	诗词、论说
张郁乡		2	1					3	政论
付梦兰			2	1				3	诗词、论说
今之伤心人		3					3	小说
柏柔				4				4	译著、论说
瞿鸿祥				3				5	论说
陈彬子				2	3			5	诗词

---

① 《发刊〈妇女时报〉征文》,原载于王燕辑《晚清小说期刊辑存》(第46册),国家图书馆出版社2015年版,第183页。

② 包天笑:《钏影楼回忆录》,中国大百科全书出版社2009年版,第360页。

续表

作者	1911	1912	1913	1914	1915	1916	1917	总计	所著文体
初生阿候者			3				3	3	小说
浣青				3				3	诗词
破浪				3				3	诗词
申陆是瑛				6				6	诗词
吴淑安				3				3	政论
杜咏絮					4			4	诗词
朱汝玉					2	2	1	5	译著
兰					2	2		4	诗词
晚秀					2	1		3	政论
湘叶						1	2	4	词话

资料来源：据《妇女时报》第 1—21 期整理所得，作家性别以其惯用的笔名为据进行考证，发表达 3 篇及以上计入上表。

女性作者大致可分为三类。第一类"渊源于家学，故投稿诗词较多"①。如陈彬子、杜咏絮、朱汝玉（南社）、纕兰、晚秀、湘叶等皆刊登了一定量的诗词。第二类知名女性，即发刊词中所称"明敏通达之闺彦、忧时爱国之女士"，如南社社友、女界精英王灿，尚志女校校长施淑仪，知名作者冰心，女教育家词人吕碧城，报人汤修慧，社会活动家林宗素，社会活动家、医生张竹君，建筑学家、作家林徽因，社会活动家、报人沈兹九，以及中国女子体操学校第一位校长汤剑我（徐卓呆之妻）等等。她们投稿以政论为主。第三类随《妇女时报》共同成长的女学生，投稿或为习作或是趋时性强的文论。如投稿记者汪杰梁，曾与沈淑贞一起创办新民女学。1911年呼应女界革命意识，先后发表《美国女子之职业》《女子从军宣言书》《论初等教育》等。1912 年下半年，袁世凯上台，政治与文化革新的力量不复存在，汪杰梁的观点迅速转移到新贤妻良母的培

---

① 郑逸梅：《郑逸梅选集 第四卷》，黑龙江人民出版社 2001 年版，第 218 页。

育和道德规训，刊发文章《今日急宜创设妇女辅助学塾》《小儿疾病看护法》《理想的家庭模范》等等。不难发现，民国成立前后，以汪杰梁为代表的女学生，对于女性问题有着极高的热忱，刊发的文章几乎都是当时社会妇女问题方面的热门话题。但面对实际基本价值，如妇女道德问题，仍忠诚于传统伦理。诚如高彦颐在《闺阁师》一书中所论述，精英妇女热情地担负道德教育的重任。[①] 值得注意的是，这一时期出现了以笔名柏柔为代表的女性翻译，她主要翻译的是日语作品，如《千倍扩大之人类》《日本之工业与妇人力》《日本悲惨女工之境遇》等。民初的上海，经过清末时期"兴女学"的推动，报刊的鼓吹，女性应当接受教育已经成为一种共识，女性留学生也日渐增多，她们或被公派，或随父兄前往。日本是当时接受中国留学生最多的一个国家。当这部分女性归国，她们中自然会有人参与到被梁启超抬高为"强国第一要义"的翻译活动中，虽然尚未有真正的女性翻译家脱颖而出，但在民国的第一个10年，成了中国文学史上一个"破天荒的文学现象"[②]。除此以外，包天笑教过的城东女学生赵尚达、舍监沈维争等也以自身笔力投稿。她们的文章虽寥寥可数，但体裁已不局限于诗词。《妇女时报》虽未实现全部由女作者撰写的愿望，但也聚合了一部分女性，用自己的文字表达女性自身的想法。

五 时乖运蹇 戛然终刊

《妇女时报》出版人狄葆贤，出身名门，世家公子，且胸怀大志。戊戌政变前，当世名流交游甚广，与梁启超最为莫逆，名列公车上书。政变后遁走日本归国后，一则，开《时报》馆，改革报界做法，先后创专电、开特约通讯、辟报纸副刊，迫使《申报》《新

[①] ［美］白馥兰：《技术与性别：晚期帝制中国的权利经纬》，江湄、邓京力译，江苏人民出版社2006年版，第46页。

[②] 郭延礼：《20世纪初叶中国女性文学的转型及其文学史意义》，《上海师范大学学报》（哲学社会科学版）2009年第6期。

闻报》相继改版，并与其鼎足而立，"当时的知识阶级非看时报不可"①。二则，以《时报》影响力为基，增办《小说时报》《妇女时报》《佛学丛刊》等，满足各种群体的阅读需求。三则，办有正书局，引进日本最先进的珂罗版印刷技术；开民影照相馆，引领民初风气；辟"息楼"俱乐部，成为上海舆论中心。狄葆贤，可谓上海文化界的翘楚，响应风从的人物。

但1914年后，狄葆贤家庭突生变故，他挚爱的小儿子遇火灾，三岁即殁。据包天笑回忆：狄葆贤"便如痴如醉有好几个月；又病了一场，报馆里也难得来，来了也茫茫然莫不知措。"而后，小儿子生母也逝世了，狄葆贤"意态更为消沉"，渐渐对《时报》也有厌倦之意，无心经营了。②《妇女时报》的经营态势也因之发生了转折。

1915年后，商业性妇女报刊集中涌现并成为上海妇女报刊的主流，皆由鸳鸯蝴蝶派执掌主编。《妇女时报》于1915年改版，但并不利于经营。从定价看，《妇女时报》的单册定价（4角）维持不变，但远高于同期《妇女杂志》（1915年年初商务印书馆出版发行，单册定价2.5角）和《中华妇女界》（1915年年初中华书局出版发行，单册3角）。从广告看，《妇女时报》定价调至与《妇女杂志》一般无二，但广告价目表旁清楚标注"费需先惠"，表明该刊在广告的营收上实际出现了拖欠的问题。从发行看，分销处急降至10家，未及此前的1/3。而《妇女杂志》的分销所达46处，《中华妇女界》也达24处，皆高于《妇女时报》。并且《妇女时报》屡屡脱刊，名为月刊，实际年平均出刊仅2—3期，其经营败局已现。另据包天笑称，《时报》"日处窘乡"，只能以"有正书局的盈余，济时报一时之困……楚青（狄葆贤）再也不能背这个烂包袱了"③，1917年，

---

① 包天笑：《钏影楼回忆录》，中国大百科全书出版社2009年版，第424页。
② 包天笑：《钏影楼回忆录》，中国大百科全书出版社2009年版，第422—428页。
③ 包天笑：《钏影楼回忆录》，中国大百科全书出版社2009年版，第428页。

《妇女时报》刊发第 21 期后戛然终刊。

《妇女时报》意在"提倡女子学问,增进女界智识"扶持弱势女性,做妇女交流沟通的公共平台。同时,不遗余力地向妇女传播现代家政和科学知识,并指导妇女学习和生活。从某种程度上说,《妇女时报》具有承前启后之功,完成了妇女报刊商业性转向,展示了从未被正统历史书写和报道的女性的生存状态,打破了公与私的界限,可视为民初商业性妇女报刊的最好借鉴。

第三节　文艺型和综合型商业性妇女报刊双轨并行

上海商业性妇女报刊主要有两种类型:文艺型妇女报刊,主要登载小说、诗词等体裁;综合型妇女报刊,基本延续《妇女时报》风格,致力于增进女性智识,传播现代科学知识和家政新知。两者看似迥然不同,但在主编、读者群以及经营策略上类同。两者皆以鸳鸯蝴蝶派为主编,以中上阶层知识女性(女学生)为拟想读者,以女作者为商业符码,通过低价策略开展竞争谋求销量。从某种程度上说,商业性妇女报刊诞生之初理念、宗旨、模式同质化程度较高。因而,在军阀混战时期原料(纸张等)价格抬高后,集体出现"费绌"而脱刊、停刊。

一　文艺型妇女报刊:同年创刊　各展所长

(一) 中国首份女性小说期刊——《眉语》

癸丑报灾后,新闻出版规制政策不断,迎合上海都市生活与市民文化的消闲刊物开始走俏,小说期刊出版成风。在这样的氛围下,中国首份女性小说期刊《眉语》于 1914 年 11 月在上海创刊,1916 年 5 月停刊,共 18 期。该刊创刊号约 187 页,第 4 期达到巅峰的 278 页,之后每期保持在 237 页左右,设有图画、长篇小说、短篇小说、诗词、杂纂五个栏目。由许啸天夫人高剑华任编辑主任，许啸天任襄理，集聚了马嗣梅、梁桂琴、顾纫苣、柳佩瑜、许毓华、孙清末、谢幼韫、姚淑孟等"才媛"编撰，画家郑曼陀、胡伯翔等为封面作画，右文印刷所负责印刷，上海棋盘街新学会社任总发行，各埠新学会社任分发行，各埠大书房寄售分销（计95处）。

1. 创刊宗旨与《眉语》之名

民国初年，女学风气已渐开，识字女性的人数也有所提升，小说最是受女性读者喜欢。然而上海的小说期刊几乎都是男性作者，所写的小说也是从男性作者的视角出发。《眉语》一创刊即在《申报》上以"闺秀之说部月刊"为名刊登广告，意在将"女性作者"作为招牌广而告之。继而在创刊号上发表具有发刊词性质的《眉语宣言》。

> 花前扑蝶宜于春；槛畔招凉宜于夏；倚帷望月宜于秋；围炉品茗宜于冬。璇闺姐妹以职业之暇，聚钗光鬓影能及时行乐者，亦解人也。然而踏青纳凉赏月话雪，寂寂相对，是亦不可以无伴。本社乃集多数才媛，辑此杂志，而以许啸天君夫人高剑华女士主笔政。锦心绣口，句香意雅，虽曰游戏文章、荒唐演述，然谲谏微讽，潜移默化于消闲之余，亦未始无感化之功也。每当月子弯时，是本杂志诞生之期，爰名之曰《眉语》，亦雅人韵士花前月下之良伴也。质之囚鸾鲛凤之可怜虫，以谓何如？质诸莺嗔燕咤之女志士，又以谓何如？尚祈明眼人有以教之，幸甚幸甚！此布。①

一则有意突出"高剑华女士主笔政""多数才媛，辑此杂志"建构出女性主笔政的形象。当然即便是男性，也以"女性"身份自拟。同时以"锦心绣口，句香意雅"等字眼表明该小说期刊从女性视角出发专登缠绵悱恻文章的特殊性，以呼应《申报》广告中的

---

① 《眉语宣言》，《眉语》1914年第1期。

"闺秀说部"。毕竟在清末民初能握笔写稿的本就少，其中又多以诗词见诸妇女报刊，写小说的女性根本就是凤毛麟角，而该刊恰恰是集聚了这一批小说才媛，这在当时确实能激发读者的猎奇之心。二则表达该刊宗旨，作"雅人韵士花前月下之良伴"，通过"游戏文章""荒唐演述"等行"谲谏微讽""感化之功"，"潜移默化于消闲"①。三则说明刊名得来的缘故，因于每月"月子弯时"发行，故而定名。但对照创刊号封面的裸体美人画（如图2-5所示）以及《宣言》中

图2-5 《眉语》创刊号封面

"璇闺姐妹以职业之暇，聚钗光鬓影能及时行乐者，亦解人也""踏青纳凉赏月话雪，寂寂相对，是亦不可以无伴"，该刊以"眉语"为名，或许要表达更为深层的文化内涵。尤其，"眉语"二字是由该刊隐藏的男性主编"许啸天君"所提，如此不得不让人联想到"眉语两自笑，忽然随风飘"（李白《上元夫人》），女子眉目虽无声，但最是传情达意。需要特别指出的是，像《眉语》创刊号这般刊登具有极强的视觉冲击力的女性裸体画作为封面是史无前例的。虽然晚清以来提倡女性的身体和意识解放，但即便在观念较为开放、西化的上海，妇女报刊仍以叙事性强、形象性弱的仕女图为封面，表现闺秀们的秀外慧中。《眉语》以女性为主要作者，本身就足以在小说市场上激起千层浪，配以《眉语》之名和如上封面画，想必编者是有意将传统文化中隐蔽的女性身体商品化，以此刺激市场的窥视欲，促进销量也正是这一点，预示了《眉语》日后的发展与倾向。

---

① 《眉语宣言》，《眉语》1914年第1期。

2. 以"闺秀"之名编辑与创作

报刊既是媒介也是商品，在编排风格几乎同质的小说期刊市场上，报刊主持者对于作者群的选择，往往决定了刊物的内容质量和市场销量。但主持者拥有相对独立选择作者群权力的同时，又受制于市场的供应。因而，与其陷入清末民初"某某女士"雌雄难辨的作者考证，不如反其道而行，从报刊所登的编辑图画和征稿方针中，探寻该刊的拟想作者与实际落实状况。

《眉语》以"闺秀说部"脱颖于市场，创刊后连续三期的图画栏目，先后刊登了"编辑主任"高剑华和编撰部马嗣梅、梁桂琴、顾纫苣、柳佩瑜、许毓华、孙清未、谢幼韫、姚淑孟九位女性编辑的照片，她们或倚椅凝视，或抚花奏琴，或阅报对镜，或着西服挂手杖，或戴金丝眼镜，具体的生活细节揭开了"闺秀"面纱，表现着女性编辑群的真实存在，以此拉近与读者的距离，建立信赖关系。尤其创刊号开篇即登毓华的《一声去也》，第2期广告"添聘女士多人主持笔政"① 等，直接呼应"闺秀说部"的立意。但三期之后，上述十人编辑团队便消失了。代之而起的是更多雌雄莫辨的女性署名，诸如浪布、集艳、若侬、蝶痕、韫玉、渚英、梅倩等等，这种现象在清末民初的妇女报刊上虽也是常有之事，但《眉语》的特别之处在于，"她们"自证为女性。如韫玉在《雪红惨劫》之前，作"自识"小引；再如《郎心妾心》后"梅倩女史"以三页的篇幅作点评。只是，目前已知"梅倩女史"即是顾道明，是一位男性作者。尤其，第7期后，开篇小说又大多为许啸天所作，或许《眉语》实际女性作者的人数并不如广告中所宣传的那样。

再看，《眉语》曾在第2期发出征稿启事《眉语宣言·本社征求女界墨宝宣言》，但到了第3期却未见"女界墨宝"，而是编者于《眉语宣言》中的解释："至本志前次所征女界墨宝，原拟在本号披露。然珠玉满前，无从割爱，且收集甚伙，非此小册子所能容纳，

---

① 《第二号〈眉语〉出版》，《申报》1914年12月15日。

拟另刊成帙,作新岁之赠品。"自此也便再无下文了。可见,《眉语》的"闺阁社员"并未得到扩充,所谓"闺秀说部"也就走上了名不副实的道路了,男性代笔也成必然趋势。事实上,《眉语》自一开始便是男性主导封面的《眉语》题字始终由许啸天署名。而鸳鸯蝴蝶派多是男性作者,所撰写的言情小说既宣扬恋爱至上、扬个性自由,又维护着传统闺秀的意识思想以及迎合传统的男性审美需求,这种新旧间杂的言情小说也正符合《眉语》小说的倾向。

不过,《眉语》的 168 篇小说中,有近 10% 是以女性第一人称表述的,这在小说期刊以及妇女期刊所列的小说中尚属首次。在所有作者中,也确实存在十多位可考证的女性作者,兼具接受传统教育的旧式文人以及受西方思想影响的女性知识分子,这是值得称道的。

3. 以女性图文为商业符码的畅销与禁刊

《眉语》凭借"女性"图文符码和商业逻辑,一经问世,便大受欢迎,未及一月,创刊号就已脱销,创刊号与第 2 期再版重印不断,达五版之多,重印近万册。[①]《眉语》除了在上海本埠各大书坊寄售,分发行所遍及直隶(10 处)、奉天(8 处)、吉林(4 处)、龙江(3 处)、山东(4 处)、山西(2 处)、河南(4 处)、陕西(4 处)、甘肃(1 处)、四川(5 处)、湖北(2 处)、湖南(3 处)、江苏(9 处)、安徽(4 处)、江西(3 处)、浙江(15 处)、福建(6 处)、广东(2 处)、广西(1 处)、云南(2 处)、贵州(1 处)、南洋(2 处),共计 95 处。足见其行销之广,销量之大。

因《眉语》的巨大销量,广告方面开始发生显著变化。首先,自第 5 期开始,聘请了王厚馀为广告经理人,专理广告实务,并专门刊登启事便于广告商联系。其次,广告特辟封二、封底这样的"特等"位置来登商业广告。最后,自第 5 期后,原本新学会社的广告由商业广告所取代,数量急速增加,从 2 面一下提升到了第 5 期

---

① 《第二号〈眉语〉出版》,《申报》1914 年 12 月 15 日。

的 7 面，广告价目也作了提价的调整。

表 2-2　　　　　　　　《眉语》广告定价表

刊期	数量	全页	半页	封面（特等）	封底（特等）	
第1期至第4期	一期	12元	6元	12元	10元	
	五期	10元	5.5元			
	十期	8元	4元			

刊期	数量	特等	上等		普通		
		全面	全面	半页	全面	半页	每行
第5期至第18期	一期	60元	40元	24元	24元	14元	1元
	二期	160元	110元	66元	66元	36元	1.8元
	六期	300元	200元	120元	120元	70元	4.8元
	十二期	500元	220元	200元	200元	120元	8元

资料来源：《眉语》版权页《本杂志告白例》《广告价目表》。

如上表，《眉语》的广告价格最初定为每页 12 元，与同期文艺型妇女报刊持平。自第 5 期后特等位达 60 元每面，上等位为 40 元，价格翻了数倍。这一广告价格完全高于同期发行的畅销小说期刊，较影响力较大、实力雄厚的综合型妇女报刊《妇女时报》《妇女杂志》《中华妇女界》等也是高出了许多，特等位价差达 20—30 元，上等位的价差也在 10 元左右。当时唯有商务印书馆《小说月报》的广告价格能与之比肩。《眉语》在第 6 期商业广告量一度达 14 面，第 7、8 期基本保持这个数量，并在第 7 期的广告中称"本杂志自第一号起，已一律重印万册"①。可惜，这一广告中的"万册"势头并未持续下去，第 9 期广告陡然下降到了 6 面，此后商业广告数量基本维持在这个水平。

有趣的是，《眉语》的第 3 期是以仕女图为封面，重印率很低。

---

① 《第二号〈眉语〉出版》，《申报》1914 年 12 月 15 日。

第 4—6 期重新用回裸体女性画,广告量急剧攀升。第 7—13 期再次以仕女图作封面后,广告量又开始回落,并且广告商基本固定在儿科药物和眼镜公司等少数的几家。至第 14 期方才用回裸体女性画,而后通俗教育会介入至终刊未再见裸体女性画。不难发现,《眉语》的销量和广告量的提升与封面女性裸体画正相关。毕竟封面位居读者注意力吸引要素的前列。《眉语》的主持者也深谙此理,但无奈于该刊已被通俗教育研究会所注意,只得改变策略。在第 8 期出版时,《眉语》于《申报》上改用图画做广告,并将《眉语》化身为女性,如此做了四期,收效甚微。至 12 期,《眉语》开始实行促销,从买刊附赠 3 张香艳明信片到赠送"长二尺"的裸体美人画直到终刊。① 但这种方式并没有挽回刊物销量下滑的颓势,反而引来了通俗教育会的一纸禁令,"经本会查得有《眉语》一种……抉破道德藩篱、损害社会风纪……在各种杂志中实为流弊最大。查是项杂志现正继续出版,亟应设法查禁……严禁发售,并令停止出版,似于风俗人心,不无裨益"②。《眉语》自此停刊。

《眉语》从最初标榜的"闺秀说部",到男女莫辨的作者群,最终为了商业利益让渡到"消费女性"。这个结果在将刊物导向"女体"隐喻的同时,也就注定了为当局和道德所不容被迫停刊的结局。同时,该刊自始至终所保持的男性主体的文化权利和消费位置,凸显了性别"差异"与文化中对女性的某种定型。但《眉语》本身在报刊史上做了一次有益的尝试,男性文人为女性小说创作提供了发表阵地,并予以推介和结集成册,公共空间中逐渐形成女性也可以创作的观念,并作为一种常识构建起来,奠基了五四后女性创作小说的时代,也奠定了《眉语》首份女性小说期刊的身份和地位。

---

① 《版权页说明》,《眉语》第 1 卷第 12 期、第 13 期。
② 《通俗教育研究会第二次报告书》(1916 年),《文牍二》,第 37 页。

（二）一馆二刊：《香艳杂志》与《女子世界》

《香艳杂志》与《女子世界》为中华图书馆印行的妇女报刊，与同馆《游戏杂志》和《礼拜六》鼎力共存，典丽古雅、文韵十足，在新旧文化间合力构筑起一方天地。两刊皆创刊于1914年，避开政治偏向文艺，并在一定程度上附和《褒扬条例》："数千年来阴教之留遗，坤德之昭著，贤母令妻不绝于史册，贞姑孝女时见于咏歌，闻风兴起紧岂无人，众浊独清，自成馨逸。诗书之族，巾帼之英，兰蕙秉性不淆于萧艾，圭璧守真不蚀于泥埃。"① 重谈传统才女文化，缠绵古道。

1. 《香艳杂志》：主香艳文学，编作群重地缘、亲缘与友缘

图2-6 《香艳杂志》创刊号封面

《香艳杂志》，创刊于1914年5月，1916年8月停刊，共12期。该刊为大开本，属意为月刊，实际不定期出版且未标出版日期，每期210—220页，售4角一期，全年4元。由王文濡（字均卿，别号新旧废物）主编。据王均卿自述，该刊之所以定名为《香艳杂志》，是因他"主任国学扶翰社时，曾编香艳丛书二十集，脍炙人口风行殆遍，兹拟另编香艳杂志一种"。他在《申报》上为《香艳杂志》做广告《香艳杂志准期发行露布》，称《香艳丛书》与《香艳杂志》两者"宗旨与办法"完全不同，后者"别有趣味"②。《香艳杂志》以"表扬懿行、保存国学、网罗异闻、搜辑轶事、提倡工艺、平章风月"为大纲。包括图画、新彤史、谈薮、

---

① 《新彤史弁言》，《香艳杂志》1914年第1期。
② 王文濡：《香艳杂志准期发行露布》，《申报》1914年3月13日。

译林、诗文词选、说部、工艺栏,以及游戏栏等栏目,内容涉及诗话笔记、谐文逸事、小说译文、工艺游戏、女伶月旦、花丛纪事、酒令灯谜等等。尤其钟情古近体艳文。该刊不止一次附征文启:"近时闺秀工诗词者尚不乏人,独于古近体艳文绝鲜作者而骈俪尤如广陵散矣。本社同人深以绝响,为优爱辟散花集一栏,征求闺秀文稿,无论今昔名媛庄谐杂作有为搜集录寄本社。"① 如此这般,配《香艳杂志》之名也是名副其实的。该刊封面为丁悚所作美人水彩画,女性多位于闺房等私人空间之内,以躺卧等姿态呈现,唤起读者的想象。

《香艳杂志》自发刊起,便着意突出编辑群体。第1—5期的图画栏目先后刊登了该刊主编及十一位编辑的肖像,这在民初的妇女报刊中是开先例的。据《香艳杂志》图画栏目登出的照片,该刊主编为王均卿,编辑为张蕚荪、高太痴、邹翰飞、平等阁主(俞佳钿)、鬘华室主(徐畹兰)、徐梦鸥、沈伯经、周铭三、凌桂清、张韫苏(凌桂清德配)、王建民十一人。他们大多是浙江吴兴人,也是南社中人。这十二人团队的组建,基本未脱离地缘、亲缘和友缘关系,如下图2-7所示。

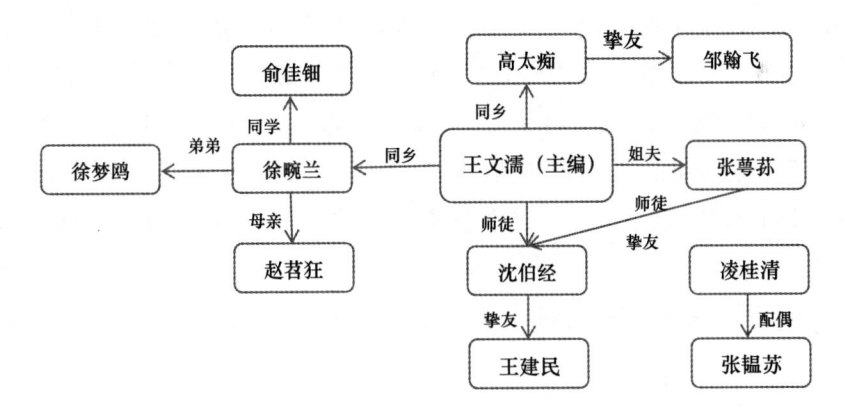

图 2-7 《香艳杂志》作者关系图

---

① 《征文启》,《香艳杂志》1914 年第 1 期。

王均卿（1867—1935），名文濡，号新旧废物，别署学界闲民，浙江吴兴人。擅辞章、喜射谜。《香艳杂志》上以"新旧废物"为名。对此他曾作出释义"不新不旧、不隐不仕、不党不会、不求不忮、不老不少，无以名之，废物而已"①。这一番说辞，多少反映着他的个人态度以及生活履历。王均卿幼年丧父，家境贫寒，苦读至16岁时举第秀才，17岁已补博士弟子员。戊戌变法时，因维护新政被查办，只得隐逸山林。35岁起辑政编刊，先后在上海多家出版社任职，如商务、中华、大东、文明等等，较为知名的作品有《说库》《笔记小说大观》《香艳丛刊》等。辛亥革命前，加入南社，撰文抨击时政、鼓吹革命。他常自谓"半新半旧，不合时尚"。晚年回南浔执教，购地吴中北寺塔东石塘湾，鸠工建屋，名之曰"辛白簃"，无子嗣，后因瘫痪不治而亡。遗著未刊。②

徐畹兰，字梦漪，号鬘华室主，德清才女，王均卿同乡。社会活动家，上海天足会以及实业会的发起人。该刊"鬘华室诗话"即收录了她的诗作、对古今诗词、诗人诗作的评论以及短篇和翻译小说，如艳情小说《以嫖治嫖》、侠义小说《周莲芬》以及翻译小说《情天逸史》等等。她的独子赵苕狂，名泽霖、字雨苍，主《四名报》《红玫瑰》游戏杂志等，负责《香艳杂志》"女伶月旦"栏目。她的同学俞佳钿，即平等阁主，浙江吴兴人，该刊"平等阁笔记"以及"滑稽丛话"收录的内容即是她的作品，多为戏谑、嘲讽故事。她的弟弟徐梦鸥，也在《香艳杂志》诗文栏目中发表诗作，如《惆怅吟》。

张萼荪为王均卿的妹夫，同是浙江吴兴南浔人，曾与王均卿

---

① 《卷首图画》，《香艳杂志》1914年第1期。
② 参见郑逸梅编《南社丛谈》，上海人民出版社1981年版，第100—101页。卫宏伟：《二十世纪宋词选本研究》，博士学位论文，安徽师范大学，2014年，第28—29页。

"编新式教科书,颇受欢迎"①。在《香艳杂志》中连载长篇小说、新彤史以及诗文词选栏目,尤其新彤史栏目所写《王母彭孺人传》即是王均卿的母亲。

沈伯经为王均卿、张苇荪的徒弟,也是同乡,向两人学习诗词古文。沈伯经先后担任过大东书局和中华书局的编辑。在《香艳杂志》上翻译了多篇国外小说,如《雪婚记》(译自哀林孙版的普希金《暴风雪》)、《菊缘》等,另有多篇谐文作品。沈伯经与王建民既是挚友又是同乡。王建民,先后在浦东、南浔等地任教,后任编辑之职于中华书局以及南洋官书局。沈伯经过世,王建民摘录沈的诗作,编成《天贶生遗诗》。凌桂清是沈伯经的挚友兼同乡。凌桂清在《香艳杂志》上连载了近七期的长篇小说《上海孽史》,凌桂清的夫人张韫苏也发表了哀情小说《学海精卫》等。高太痴,1889年入沪,先后在《字林沪报》《消闲报》担任记者、编辑等职,他在《香艳杂志》上作品主要集中在诗文词选栏目,如《悼落花文》《湘竹斋诗词序》《任淑芳夫人词诗集序》《十年梦词》《薄悻》《尾犯》等。

2.《女子世界》:以一门之风雅作"优美高尚之女报"

《女子世界》创刊于 1914 年 12 月,1915 年 7 月停刊,共出 6 期。该刊属意为月刊,实际也是不定期出版,每期 200 页左右,售 4 角一期,全年 4 元。由陈蝶仙(天虚我生)主编。据中华图书馆钝银回忆,《女子世界》之所以创办,是因《游戏杂志》《礼拜六》"销行极一时之盛",而后"更作月刊,定名女子月刊"。该刊旨在传统文化与新文明间作"优美高尚之女报",专刊闺秀著作以及关于女子文字。主要栏目与《香艳杂志》部分一致,增加了现代化的音乐、工艺、美术等内容。内容"不独供才子佳人绣口锦心之谈助"多涉及妇女的实用知识,且经陈蝶仙夫妻的实践,力图跳出消闲圈

---

① 卫宏伟:《二十世纪宋词选本研究》,博士学位论文,安徽师范大学,2014年,第 28 页。

子，成为读者的"良友"。当然，文辞艳丽优美，情节哀怨泣诉的鸳鸯蝴蝶派作品始终占主体。封面为丁悚所作传统仕女图，以女性的琐碎家务样态或生活化场景来呈现和表达，充满了抒情意味，符合大众审美。

图2-8 《女子世界》创刊号封面

《女子世界》主编陈蝶仙（陈栩），以"天虚我生"之号署名，浙江钱塘人。少负才名，缔交者众。他不仅在文学创作、报刊编辑界红极一时，同时也是近代知名的实业家，创家庭工业社，人称"牙粉大王"。1911年冬，陈蝶仙来沪，与王钝银（《礼拜六》主编）相见甚欢。王钝银便商于馆主，邀陈蝶仙主编《女子世界》。陈蝶仙本人包揽了《女子世界》近1/3的内容创作。他的妻子、儿子、弟子都是《女子世界》的作者。

陈蝶仙的妻子，朱恕（㜫云），是当时杭州著名的女诗人。《女子世界》第2期第1页上登有"朱㜫云女士及其十三龄之女翠娜"的照片。朱恕以㜫云之名在《女子世界》上著述有《辨九成金法》《闺阁消遣法之失败》《新新妇谱》以及与陈蝶仙合作的《裁缝之敌》等与女性家庭生活息息相关

图2-9 《女子世界》插图：朱㜫云女士及其十三龄之女翠娜

的文章，言辞幽默风趣。除此以外，以朱恕之名撰写了多篇闺阁诗话和诗词散曲，如《唐多令》《薄幸·题潇湘影弹词》《南仙吕入双调》等。

陈蝶仙的长子，陈蘧，字小蝶，号醉灵轩主人，与其父并称中国的大小仲马。天赋异禀，生而奇慧，十岁即能倚声唱昆曲，每小时能译作二千言，先后在其父编辑的《自由谈》《游戏杂志》《礼拜六》等刊物上发表文章，更与商务印书馆《小说月报》的主编恽铁樵为忘年交。于《女子世界》上先后发表近20篇，涉及小说、诗词、笔记、译文等，如历史小说《琼英别传》、写情小说《怪指环》、滑稽小说《胡礼氏之笑史》《魔毯》、笔记《西班牙公主纽兰梨（Eulalia）欧洲各国宫闱记略》《美女士海娜之飞行记》以及诗词《南歌子》《谁家》等等。另登美术作品若干，王钝银称其"所作山水已为旧画界所称许，将来造诣未可限量"①。

此外，陈蝶仙授课的女弟子相互唱和"出版后声华藉甚，闺阁贻书称女弟子者数百人"②。《女子世界》在图画栏目第1期和第3期公开了些许女性投稿者小影，如谭奇珍、蒋伴石、汪彤、江素琼、温倩华、金仲英、俞玉霞、李曙支、朱迟英、吕韵清、刘玉如、王蕴文等等。陈蝶仙的一众好友，如潘兰史、刘醉蝶、周瘦鹃、孙瘦鹤、陈蓉仙、何问山等也时有佳作。

3. 同馆畅销刊物难以带动同类妇女新刊

《香艳杂志》与《女子世界》皆以骈体文作发刊词，全刊文辞典雅，以文言为主。这便对读者有一定的要求。能够购买这些刊物的大多也是缠绵古道具有一定知识涵养的读书人。因而，刊物虽以女性读书人为主要目标群体，但为营生，读者群也是有所扩大的。如《香艳杂志》即在申报上对读者群做了一个广泛的定位，涉及少年、老年、文人、武人、夫人、女郎等各类群体。③ 基本延续了《游戏杂志》和《礼拜六》的定位。从某种程度上，《香艳杂志》与《女子世界》是前述两刊的锦上添花之作。因而两刊的营销也都基于

---

① 钝银：《本旬刊作者诸大家小史（续）》，《社会之花》1924年第1期。
② 钝银：《本旬刊作者诸大家小史（续）》，《社会之花》1924年第3期。
③ 中华图书馆：《〈香艳杂志〉出版》，《申报》1914年5月29日第15版。

《游戏杂志》与《礼拜六》。

《香艳杂志》与《女子世界》在出版之前,《游戏杂志》《礼拜六》皆已在文艺市场取得了巨大的影响力,发行量广,分销处遍及国内的21省以及国外的新加坡和加拿大等地,"每期必在一万六千册以上"。《香艳杂志》与《女子世界》纷纷于第1期借《游戏杂志》与《礼拜六》的销行势头吸引广告商,称"较诸寻常日报销数尤伙,故登广告者获益良多。现出《女子世界》一种,现承各省预订者业已纷至沓来,销行之广尤可操券","今香艳杂志甫经披露定购者已纷纷,况此书深合社会心理又得词章大家主任编辑,风行之广,可收效之速,获操左券……"① 另在《申报》上广告"《香艳杂志》杂志第一期出版之,风行各省,销数已达八千以上"②。第3期后"销数溢万,东瀛三岛已达三千"③,至第6期则言每期销数已过二万。④

但实际《香艳杂志》与《女子世界》都没有招揽来大批客户。除了中华图书馆的书籍广告以外,《香艳杂志》的商业广告商仅儿安氏西药公司、上海科学药局以及湖州丝绵衣被公司。《女子世界》至第3期也仅儿安氏西药公司一家,此后不过是几则重复广告。可见,上述行销广、销量大的广告词仅是发行者的手段罢了。刊物实际行销的不景气直接影响了报刊的持续准时发行,在不断脱刊的情况下,两刊皆停刊了。郑逸梅曾在《申报》发文悼念王均卿,称"……辑《香艳杂志》,若干期后,以费绌而止"⑤。无独有偶,《女子世界》也因"销路不畅而停刊"⑥ 在两刊停刊后,中华图书馆为了去库存回笼资金,在《申报》广告将大量没有卖出的《香艳杂志》《女子

---

① 《版权说明》,《女子世界》1914年第1期。
② 中华图书馆:《〈香艳杂志〉第二期内容披露》,《申报》1914年8月3日。
③ 中华图书馆:《〈香艳杂志〉第二期内容披露》,《申报》1914年10月13日。
④ 中华图书馆:《〈香艳杂志〉第二期内容披露》,《申报》1915年4月6日。
⑤ 郑逸梅:《悼王均卿先生》,《申报》1935年8月5日。
⑥ 陈小翠、范烟桥、周瘦鹃:《天虚我生与无敌牌牙粉》,《文史资料选辑》第80辑,中国文史出版社1982年版,第212页。

世界》进行大甩卖。

二 综合型妇女报刊：出版社恶性竞争 妇女报刊同质化

《妇女杂志》与《中华妇女界》的出现，有民营出版市场兴盛的缘故，但更重要的是出版社之间的竞争。因此，1915年1月5日，商务印书馆《妇女杂志》创刊，同年1月20日中华书局《中华妇女界》也创刊了。

（一）中华书局与商务印书馆的竞争

商务印书馆与中华书局作为近代最重要的两家出版企业，无论是创办发展史、市场份额和影响，都是同期出版机构无法企及的。而这样两家声名赫赫的出版机构之间，却在创办宗旨、产业链、组织结构、经营格局、生产规模等诸多方面惊人地相似，也就注定了竞争不断。尤其，中华书局的创办人陆费逵原本是商务印书馆《教育杂志》的主编，1912年另起炉灶后依靠教科书出版一举成功，被商务印书馆视为"叛将"，这种恩怨在某种程度上加深了竞争程度。

1912年中华书局创办不久，商务印书馆与中华书局的出版物之战就打响了。4月11日商务印书馆在《申报》为《共和国教科书》刊登广告，自誉"注意于实际上之革新"，称中华书局"徒变更面目以求合于政体而已"，以此影射《中华教科书》成书仓促，制作粗糙。次日，中华书局以"今岁民国小学可不袭用清朝教科书者""中华人得用中华人经营之教科书"作为回应，以此影射商务印书馆守旧维护清朝，并与日本金港堂合资，含有日本人股份。此后，中华书局与商务印书馆的广告战一打数年。1913年8月竟持续了二十余日。中华书局每每都用"完全华商自办""中国人须用中国人的×××"等广告词凸显"中华"之意，这在当时是非常契合国人强烈的民族心理的。而商务印书馆只能从价格和印刷质量上予以回击，1914年迫于压力的商务印书馆收回了日股。

作为书刊并重的出版企业，晚起的中华书局为了与商务印书馆全面竞争，针对性地办了大量的刊物，其中最出名的即是"中华八大杂志":《大中华》《中华小说界》《中华童子界》《中华学生界》《中华妇女界》《中华儿童画报》《中华实业界》,而商务印书馆也因中华书局办期刊而增加期刊种类(见表2-3)。

表2-3　　　　商务印书馆与中华书局期刊种类对比表

商务印书馆	中华书局
东方杂志(1904)	大中华(1915)
教育杂志(1909)	中华教育界(1912)
小说月报(1910)	中华小说界(1914)
少年杂志(1911)	中华童子界(1914)
政法杂志(1911)	
学生杂志(1914)	中华学生界(1915)
妇女杂志(1915)	中华妇女界(1915)
英文杂志(1915) 英语周刊(1915)	中华英文周报(1919)
儿童画报(1922)	中华儿童画报(1914)
	中华实业界(1914)
儿童世界(1922)	小朋友(1922)

资料来源:肖东发主编《中国编辑出版史》,辽宁教育出版社1996年版。

在当时,办期刊真不是一件容易盈利的事情。但只要商务印书馆每开创于前,中华书局必跟进于后,甚至费心费力地寻求政界、学界的支持。例如为了应对商务印书馆声名在外的《东方杂志》,中华书局聘请梁启超作为《大中华》的主编。商务印书馆于1915年1月5日创刊《妇女杂志》,为打响名号,特邀梁启超的女儿梁令娴与女子教养院院长刘壖作发刊词,中华书局为与之对垒,于20日后创刊《中华妇女界》的名声,同邀梁令娴与刘壖作文,宗旨皆标"贤母良妻淑女之主义",皆模仿《妇女时报》的商业性运作方式。直至中华书局因资金危急发展减缓甚至停滞,两家出版企业的竞争才画上了一个暂停符。

（二）《妇女杂志》初期与《中华妇女界》

1.《妇女杂志》初期

《妇女杂志》（Woman's Magazine）是中国妇女报刊史上历时最久、发行范围最广的大型刊物。该刊于1915年1月（民国四年一月）创刊于上海，由妇女杂志社编辑，商务印书馆发行。本节仅讨论《妇女杂志》"初期"即1915年1月至1920年12月的状况。这一时期《妇女杂志》由王蕴章、朱胡彬夏担任主编，以中等以上文化程度的女学生和家庭妇女为主要阅读对象，在宗旨内容上，延续《妇女时报》规避政治风险作中立平台的策略，标举贤母良妻淑女之主义，"本杂志以提倡女学，辅助家政为宗旨，而教养儿童之法尤为注意，既足为一般贤母良妻之模范童蒙养正，又为研究教育者所必当参考之书"①。基本形态与《妇女时报》类似，32开，以铜版印刷，以徐咏青时装仕女图为封面，设有18个栏目，可分为图画、论说、家政、文艺、美术、女学调查、新闻七类，其中以手工、烹饪、卫生等文章最受欢迎②。1920年王蕴章被迫辞职，《妇女杂志》开始进入改版革新时期，至1931年12月（民国二十年十二月）停刊，共出十七卷，每卷十二期。

《妇女杂志》创刊号封面　　　《中华妇女界》创刊号封面

图2-10　《妇女杂志》与《中华妇女界》创刊号

---

① 《发刊词》，《妇女杂志》1915年第1期。
② 《编辑余沈》，《妇女杂志》1915年第1期。

2. 《中华妇女界》

《中华妇女界》月刊（*The Chung Hwa Woman's Magazine*），名列中华八大杂志之一。创刊于1915年1月，次年6月停刊，月出一期，共2卷18期。主编未标，中华妇女界社负编辑责任，上海中华书局出版发行。该刊作为中华书局与商务印书馆竞争对垒的产物，读者对象同样以中等以上文化程度的女学生和家庭妇女为主。宗旨内容方面在《妇女杂志》的基础上，增加了面向女学生的内容，诚如《中华妇女界》在卷首本刊广告中声称，"仿东西洋家庭杂志、妇女杂志办法，为女学生、家庭妇女增加知识"①，体例形式与前者差异小。该刊的封面全部采用传统国画，栏目简单，仅图画、论说、文艺、成绩、特别记事等。值得一提的是，中华书局以教科书起家，《中华妇女界》作为旗下杂志势必较《妇女杂志》更关注女学也偏重于女学生，因而在成绩一栏中全部刊载女学生的习作，在特别记事栏目也多为女校事迹。

（三）主编引领与女性蜕变

《妇女杂志》与《中华妇女界》都是应时竞争出现的产物，在办刊方针、刊物旨趣、编排形式都相似的情况下，编辑团队和作者成为彼此区分的一个较为重要的方面。但因两刊都非两家出版机构的主打刊物，人力资源主要以调配共享的方式呈现。在主编方面，《妇女杂志》初期并没有独立主编，而是由同馆《小说月报》主编王蕴章兼任，后聘胡彬夏任职一年。《中华妇女界》自始至终未标主编名，也未见某一位署名作者的所论所撰具有主编意味。但在作者方面，《中华妇女界》聚集了大量的女学生。中华书局本就以教科书起家，与女校关系紧密，自然获得了更多的作者资源。

1. 以主编为号召的《妇女杂志》

（1）在新旧间摇摆的王蕴章

《妇女杂志》主编，王蕴章（1884—1942），字莼农，号西神残

---

① 《注意》，《中华妇女界》1915年第1期。

客，简称西神，在《妇女杂志》上常见西神、莼农等笔名。江苏无锡人，父亲王道平为翰林。幼承家学，熟读古诗文辞，通英语。光绪二十八年（1902）副贡，官直隶州州判。宣统二年（1910）任上海商务印书馆编辑、创办《小说月报》任主编。同年参加南社，系该社早期成员之一，亦鸳鸯蝴蝶派主要作家之一。在鸳鸯蝴蝶派做商业性妇女报刊主编的民初潮流下，1915年王蕴章兼任《妇女杂志》主编，几乎以一人之力承担起了整个编辑部的重担。① 这就意味着，《妇女杂志》基本代表王蕴章个人的想法和立场。

《妇女杂志》创刊初期，王蕴章始终秉持着"提倡女学、辅助家政"的办刊方针。一则，自梁启超起，妇女就被赋予"宜家善种""保国保种"的职责纳入民族国家的建设中。这一观念已经成为当时的主流观点。王蕴章邀梁启超女儿梁令娴赐稿，以《敬述吾家旧德为妇女杂志祝》为发刊词，既以梁启超的名号扩大影响力，同时也呼应了政策导向规避政治风险。另则，王蕴章本人也确实认同，贤妻良母是"国民之后盾"②，在担任《妇女杂志》主编期间以西神、莼农的笔名所发表一百多篇稿子中，"家政"和"学艺"占有极大的篇幅，以此扶持培养"贤妻良母"。

1917年，因胡彬夏离任，王蕴章只得再次兼任《妇女杂志》主编。该年，他曾在《妇女杂志》的通信问答中以给读者回信的方式描述了他经若干年摸索总结的办刊方针：

> 吾国女学，近年虽日渐发达，究尚在过渡时代。
> 女报之作，惟有随潮流之趋向，而为相当之指导而已。弟学殖荒落，承乏此事，遂已三年，三年中日奉教于名闺淑媛大雅宏达之左右，亦屡易其主张，初不无偏重文字之见，继幡然

---

① 茅盾：《商务印刷馆编译所和革新〈小说月报〉的前后》，《商务印书馆九十年》，商务印书馆1987年版，第164页。
② 《发刊词》，《妇女杂志》1915年第1期。

于空文之无用也，乃转而求之实学，今则亦抱有尊示所谓科学非妇孺所能了解之觉悟，而日谋所以改良之道。文不求其工，惟其言之是；科学不必其甚深微精妙，惟求其适合于家庭之实用，以通俗教育为经，以补助家政为纬，务使读者对于普通常识，不必他求而已足。而此中更有一踌躇满志，几费商榷而终不能自信者，则引起读者之兴味是也。女报非小说杂志比，今之女学生，课余展卷，其实能视为学校之补习、家政之研究，训育儿童之教科书，而不仅视为一种消遣品者，当为少数中之少数，故鄙意当使女报普及于一般之家庭妇女，而多载浅明有味之材料，俾读者视之，等于一种之小说杂志，而即引起其改良家政、增进学问之观念，由旧家庭而嬗脱为新家庭，为学校生徒家庭妇女双方所共喜阅之一种杂志。区区宏愿，盖在于此，虽然，欲臻此诣，夫岂易言。在记者悬此的以求之，固不敢一息或懈，稍放弃其天职。①

这番言辞道出了从清末至民初妇女报刊的办刊现实，1904年的《女子世界》、1911年的《妇女时报》无一不是从最初的重论说转向了家政、实学，以小说吸引读者。这不仅是主编的观念以及报刊的取向问题，很大程度上也是妇女的知识水平和生存环境使然。五四后，《妇女杂志》作为商务印书馆十大刊物之一，被推上舆论风口浪尖被迫改革。据曾为《妇女杂志》作者的茅盾自述：王蕴章"请我为他兼主编的《妇女杂志》写文章，也谈谈妇女解放等问题……这意味着有五年之久的提倡贤妻良母主义的《妇女杂志》，在时代洪流的冲击下，也不得不改弦易辙了"②。"不得不"多少道出了王蕴章的被动的适应，而非主动意识的觉醒。王蕴章同之前的众多鸳鸯蝴

---

① 西神：《通信问答》，《妇女杂志》第3卷第7期。
② 茅盾：《商务印刷馆编译所和革新〈小说月报〉的前后》，《商务印书馆九十年》，商务印书馆1987年版，第184页。

蝶派妇女报刊主编一样，皆属于新旧交替时代的过渡性人物，他的内心同混乱的时局一样充满了矛盾纠结，无论是办刊方针抑或是妇女观上，他始终在强烈的民族国家理想诉求与维稳守旧的现实需要间摇摆。王蕴章最终还是被迫辞职了。

（2）胡彬夏与内容引领

1916 年，为应对上海妇女报刊市场上的同质化竞争环境，商务印书馆延请当时女界名人胡彬夏任《妇女杂志》主编，可惜任期仅一年，之后复归王蕴章主编。胡彬夏，江苏无锡人，是当时留日女学生爱国运动的中心人物，组建"共爱会"任职《江苏》，与秋瑾齐名。1908—1914 年，胡彬夏作为江苏官费留学生赴美留学，回国后热心社会教育及慈善事业，曾任中国女青年会总干事等职，并在多所学校任教。1915 年 12 月，《妇女杂志》上登出胡彬夏担任主编的广告，并刻意强调"留学日本"，"入多所美国女校，如惠尔斯来、康奈尔""学士学位"①等学历、学识以及在女学方面的深厚积淀，在欣赏之余，多少有些期待于胡彬夏的"名声能带来的宣传效果，进而扩大销路"②。胡彬夏担任主编期间，基本延续王蕴章的刊物宗旨，"提倡女学，辅以家政"，但性别的差异以及西方游学的经历，让胡彬夏对于家庭改良的方向以及提倡女学的方式，与王蕴章有所不同。具体可表现为以下两个方面。

第一，社说引领家庭西化改良。胡彬夏与秋瑾等女性报人一样，重视社说的影响力。她任主编期间，几乎每期都有论说长文，主要介绍美国的教育和家庭以及对我国妇女的期望。如《美国家庭》（第 2 卷第 2 期）、《美国少年》（第 2 卷第 9 期）、《蒙特梭利教育法》（第 2 卷第 3 期）、《何者为吾妇女今后五十年内之职》（第 2 卷第 6 期）等。她以 19 世纪末 20 世纪初美国的妇女教育理

---

① 《美国惠尔斯来大学校学士无锡朱胡彬夏女士编辑妇女杂志大改良广告》，《妇女杂志》1915 年第 12 期。
② 陈姃湲：《妇女杂志（1915—191）十七年简史——〈妇女杂志〉何以名为妇女》，《近代中国妇女史研究》2004 年第 12 期。

论为基础，结合自身美国、日本的亲身经历，将异域新知、生活方式介绍给国内读者，以引导启迪妇女以科学的方式改良家庭，完成时代赋予女性的机会和使命，以此勾连起女性自身与国家命运的关系。"吾妇女欲见重于人，必先为家国社会有所兴作焉"，而"女子可做之事，改良家庭""家庭为社会能分劳并为其代表"。从中可以发现，虽然胡彬夏早年受女权意识启蒙，与秋瑾等同组共爱会，但她始终倾向于女子应主动把智慧和才能用于家庭改良上。她的这种始终从普通女性的立场出发，为她们代言，在无形中提升了《妇女杂志》的文化品格，奠基了长期被漠视的女性文化进入公共领域。

第二，设立专栏推动女学。胡彬夏在《妇女杂志》上先后设立了"女学商榷"栏目以及"国文范作"栏目。前者以刊登国内女学问题的讨论文章为主，如刊登上海私立竞存小学校长盛竞存的《单级教师自育谈》（第 2 卷第 1 期），河南学务教育司长史宝安的《河南女子师范学校毕业训词》（第 2 卷第 1 期），吴江同里丽则女师严琳的《我之女子教育观》（第 2 卷第 10 期）等；后者则致力于发表女学生的习作，如江苏同里丽则女子师范学校、河南省立女师范学校、广州立本女学校等等以此来双向推动女学的发展，培养和挖掘女性作者。在这一过程中，因江苏同里丽则女子师范学校的习作较一般学校多，且胡彬夏又曾任教于该校，一度还引发了其他女学生的不满，胡彬夏为此特意登了一封编者答读者信，以作解释："来教以敝志开卷，只有吴江私立丽则等字常映于眼帘为责，且谓丽则之文不足以代表吾中华女界文艺，责之诚是也。抑文章公器，不惟其多，惟其是……既非专载丽则之文，则非以丽则之文伟中华女界文艺之代表也明矣。来教谆谆，自因爱惜敝志而然，盛意敢不拜嘉。"[①] 从中，也可见胡彬夏所设栏目在女性中的影响力。

---

① 《本社通信》，《妇女杂志》1916 年第 6 期，杂俎篇章页阴面。

胡彬夏作为一个女性主编,始终以女性为本位,尤其是以处于弱势的普通女性和学生作者为本位,为她们发声,助推长期被历史湮没的群体进入公共领域,为历史做了一次拓荒,也在无形中提升了《妇女杂志》的文化品格和影响力。

2. 以女学生为号召的《中华妇女界》

民国初年,女学初兴,女学生作为一个新生群体为妇女报刊市场所青睐,不仅是作为读者,也是作为作者。女学生的作品日渐见诸报端,虽始于《女子世界》,但将妇女报刊的某一栏目专供给女学生的,还以《中华妇女界》为首。(《妇女杂志》的"国文范作"也是《中华妇女界》的仿制品)本书将《中华妇女界》成绩专栏以学校为单位做了统计,如下表2-4。

表2-4　《中华妇女界》成绩栏女校出现频次统计表

学校	频次	学校	频次
广州公益女学	34	上海民生女学校学生	3
江苏省立第一女子师范	33	奉贤尚志女校	2
江苏同里丽则女师范校	20	海门尚平女学	2
澳门子褒学塾	16	河南南阳初等女校	2
广州立本女子师范学校	9	曲阜培口小学校	2
桐乡县立初等女小学校	7	山西第一女师范	2
直隶女学校	7	无锡怀土市立泾皋女子职业学校	2
秦县女子国文专修科	6	浙江私立女子职业学校	2
广东顺德凤群女校	5	江西女子蚕业讲习所	2
武进县立第一女学	5	湖南第二联合县立女师范	2
上海光华女校	5	当阳县两等女学	2
嘉善女高小学	5	奉天凰城女子师范学校	2
新加坡口正学校	5	巴彦高等女学校	2
浙江诸暨三都镇环滴初等小学	4	新加坡蚕业学校女生	2
义乌仁普小学	4	福建女子中学校	1
双城县立女子师范	4	江都韩氏女学校	1

续表

学校	频次	学校	频次
崇明县立尚志女校	4	长沙尊阳四德女子职业学校	1
嘉善县立高等女子小学	4	南京省立第一女子师范	1
吴江丽泽女学	4	上海私立女子中学	1
大名女师范	3	上海女学校	1
江西吉安高等女子小学	3	上海复旦女校	1

资料来源：《中华妇女界》"成绩专栏"。

上述女学生写作群体，以成绩栏目的形式出现，公开学校与姓名，作为一种真实的存在，全然打破了清末以来妇女报刊的女性作者多为男性知识分子女眷或"捉刀人"的身份。《中华妇女界》以教科书起家，深信女学生是值得投入精力的有智力的群体，以此推动女性的教育，编辑并出版女性的文字，让女性得以参与社会文化交流，位居公共视野之内。无论有意或者无意，这一时期的商业性妇女报刊自觉或不自觉地帮助女性转身成为女作者，为日后女性在妇女解放事业上发出更响亮的声音奠定了基础。

小　结

民国初肇，政权政策更迭，社会时局动荡，文化新旧交替，社会秩序亟待重建。上海妇女报刊随之而变。据笔者不完全统计，从1912年民国成立至1919年，上海编辑出版的妇女报刊约16种，刊行时间普遍较短，1期即停刊的占31.25%，刊行时间未及半年的占18.75%，刊行时间超过2年的占18.75%。商业性妇女报刊普遍较非商业性妇女报刊刊行时间长。从年出版量上看，出版高峰位于1912年以及1915年，即民国成立之年以及袁世凯称帝之年。

从宗旨内容看，天赋女权转回儒家价值规范——贤妻良母。妇女报刊弱化女权（参政权）话语转而提倡增进女子学问与持家知识做贤妻良母，一则为规避政治风险之举，另则迎合市场需求。民国成立之初，曾以《中华民国临时约法》保障"人民有言论、著作、刊行、结社之自由"①。一年之内，上海新创办的妇女报刊达数十种，创办者以女性参政团体为主，如女子参政同志会《民国女报》、上海神州女界协济社《神州女报》等，积极倡言女权并发出了妇女参政的呼声，"增进女子常识，阐明天赋人权，为将来妇女参政之预备"②。1913年癸丑报灾中断了女性参政团体的办刊高潮，非商业性妇女报刊于1913年7月前尽数停刊。唯独以"提倡女子学问，增进女界智识"的商业性妇女报刊《妇女时报》幸免于难。1914年后，袁世凯政府加大新闻规制强度，除了禁止结社、集会、压制言论自由，对于关涉政治的女性社会参与问题，相继出台《褒扬条例》等进行规制，以此阻断妇女与政治的关联。与此同时，资本主义经济迅速发展，资本入市与报刊"联姻"，上海商业性报刊勃兴。1914年后新创办的妇女报刊无一不具商业性，可分作两派：第一，文艺型（文艺）妇女报刊，与小说结盟，标举才女文化，如《眉语》《香艳杂志》等；第二，综合型妇女报刊，承《妇女时报》余续，致力于传播妇女知识与常识，眷注"贤妻良母"，如《妇女杂志》《中华妇女界》等致力于建构并呈现女性家庭生活。

从编辑群体性别和身份看，非商业性妇女报刊依然由女性社会活动家构成，商业性妇女报刊则以鸳鸯蝴蝶派男性文人为主，间或有女文人、女学生身影。非商业性妇女报刊的女性社会活动家多是当时忧时爱国的知识女性，她们组团体、办报刊，宣传妇女参政，包括：张昭汉、吴芝瑛、刘舜英、杨季威、汤国梨等。商业性妇女报刊以鸳鸯蝴蝶派男性文人为主，他们多由传统文人转型而成。科

---

① 罗检秋编：《近代中国社会文化变迁录》第3卷，浙江人民出版社1998年版，第31页。

② 《本报广告》，《万国女子参政会旬刊》1913年第1期。

举的废除、版税稿酬制度的建立，促使报刊成为传统文人实现自身价值、文化理想的机会和平台。民国最初的十年可谓是鸳鸯蝴蝶派的鼎盛时期，他们创作的小说在上海的男女读者人数"达到四十万至一百万之间"[1]。民初上海的三大报刊——《新闻报》《时报》《申报》的文学副刊基本控制在鸳鸯蝴蝶派手中。商业性妇女报刊《妇女时报》主编包天笑、《妇女杂志》主编王蕴章、《香艳杂志》主编王均卿等皆属鸳鸯蝴蝶派。值得注意的是，商业性妇女报刊中的女性文人以"明敏通达的闺彦""忧时爱国的女士"[2]为主体。这与当时女性的教育程度直接相关。诚如身兼《妇女时报》主编以及女校教师的包天笑所言："当时的女性受教育程度尚浅，知识水平普遍不高，能够握笔撰文的少之又少。"不过尚有"几位卓越的人物，可以握管写稿"如尚志女校校长施淑仪，词人、教育家吕碧城，作家冰心，报人汤修慧，报人沈兹九，美国留学生江纫兰，记者汪杰梁，社会活动家、报人林宗素，社会活动家、医生张竹君，建筑学家、作家林徽因，中国女子体操学校校长汤剑我，等等。[3]其他的"大都渊源于家学，故投稿诗词较多"[4]。女学生的作品至1914年后才陆续出现。

从形态结构看，非商业性妇女报刊基本延续清末时期的外部风格和内容纲目，商业性妇女报刊开始重视现代知识普及以及视觉刺激。一方面，上海与西方世界交往频繁，商业性妇女报刊大多会模仿西方妇女报刊或引用其中的文章，如《中华妇女界》在卷首本刊广告中所称："仿东西洋家庭杂志、妇女杂志办法，为女学生、家庭妇女增加知识。"[5]另一方面，上海的印刷技术日臻成熟，如《妇女

---

[1] 林培瑞：《论一二十年代传统样式都市通俗小说》，梅勒·戈德曼编：《五四时期的中国现代文学》，哈佛大学出版社1977年版，第328页。
[2] 《发刊词》，《妇女时报》1911年第1期。
[3] 包天笑：《钏影楼回忆录》，中国大百科全书出版社2009年版，第360页。
[4] 郑逸梅：《郑逸梅选集 第四卷》，黑龙江人民出版社2001年版，第218页。
[5] 《注意》，《中华妇女界》1915年第1期。

时报》馆主狄葆贤所创办的有正书局就从日本引进了珂罗版技术，该刊借此以彩色时装仕女图为封面，卷首附大量铜版照片，表现出了清末民初上海中上阶层女性糅合中西文明的理想观念和现代生活方式。虽然，《妇女时报》等所勾画出的现代女性群像是基于想象和重构的，是虚拟而超前的，但其为读者提供了模仿的对象和想象的空间，挑战了传统"大门不出二门不迈"的教化和约束。

从经营观念看，非商业性妇女报刊多作为组织或机关报刊，忽略经营；商业性妇女报刊则凭借出版社资源、"女性"图文符码和商业逻辑，建立起广告、发行双轨盈利模式，初步实现盈利。从创办时机看，商业性妇女报刊大多在同馆报刊畅销的势头下增办而现。如《香艳杂志》的出现是因"香艳丛书二十集，脍炙人口风行殆遍，兹拟另编香艳杂志一种"①。《女子世界》之创办，是因《游戏杂志》《礼拜六》"销行极一时之盛"，而后"更作月刊，定名女子月刊"。从定价看，妇女报刊较市场平均略高。1911—1914 年创办的商业性妇女报刊如《妇女时报》《女子世界》等大多以单价 4 角销售，1915 年创办的《妇女杂志》《中华妇女界》则以单价 2.5—3 角销售。半年、全年订阅者大多可享折扣，约 2—3 角 1 册。据包天笑在《我与杂志界》一文中记述道："以前的杂志，从未有每册售至一元的，一般不过二三角，若售至四角的，购者已嫌太贵。"② 但商业性妇女报刊在发行初期盈利皆较为可观。如《妇女时报》第九期披露，"销量一度达到六七千之多"。《眉语》一经问世，未及一月，创刊号就已脱销，创刊号与第二期再版重印不断，达五版之多，重印近万册。③ 从发行看，商业性妇女报刊的分销所遍及国内甚至远及国外，分销处最多为 95 处（《眉语》），最少也达 24 处（《中华妇女界》）。这是清末时期妇女报刊所无法比拟的。可见，早期商业性

---

① 王文濡：《香艳杂志准期发行露布》，《申报》1914 年 3 月 13 日。
② 转引自魏绍昌《鸳鸯蝴蝶派研究资料》，上海文艺出版社 1984 年版，第 401 页。
③ 《第二号〈眉语〉出版》，《申报》1914 年 12 月 15 日。

妇女报刊的定价相对较高却仍能拥有较大发行量，说明当时的商业性妇女报刊作为新生事物确实受读者的青睐。而这也促成了商业性妇女报刊广告篇幅的扩大、广告价格的提高。据本书研究发现，《妇女时报》的广告价格在当时的妇女报刊中处于中上水平，其广告收益大约是成本的三倍。《眉语》在当时最高，较《妇女时报》高出1/3，几乎比肩商务印书馆的畅销刊物《小说月报》。不过，商业性妇女报刊中晚期都遭遇了销量下滑并最终停刊的境遇。其中原因，除了1916年纸张等原料价格暴涨以及市场竞争激烈等客观原因外，便是刊物自身因各种因素无法按期出版，造成了读者的流失。

从社会影响看，上海妇女报刊沿不同方向发展而出的"机关（非商业性）报刊""商业报刊"丰富了妇女报刊的种类以及不同女性群体发声的渠道。由此而出现的天赋"女权"话语以及妇女"天职"表述，都代表了民国初肇时期女性寻求解放过程中的路径选择。虽然，受五四建基观念的影响，鼓励女性尽"天职"成为"贤妻良母"类的妇女报刊被批判为："专说些叫女子当男子奴隶的话……这类的杂志若不根本改良，真无存在的余地。"[①] 但在当时，这些商业性妇女报刊之所以选择以此为宗旨和内容，反映的是国内外社会的主流观念，并不能简单地将其归于"旧"。从某种程度上说，商业性妇女报刊依凭读者数量对读者产生的真实影响在许多方面远胜于单纯的理论性叙述的妇女报刊，从而更具文化传递的实效。另外，商业性妇女报刊对贤妻良母的倡导，让那些看似琐碎实际表征女性生活实际的家庭常识类内容呈现至公共视野，展示了从未被正统历史书写的女性的生存状态，松动了传统性别权力关系的认知，构建起了新的话语结构。而其可供女性参与的议题远胜于其他，女性在公共话语空间中创作也逐渐成为一种常态。

---

① 罗家伦：《今日中国之杂志界》，《新潮》1919年第4期。

第 三 章

五四时期的上海妇女报刊
（1919—1927）

五四运动的爆发，将封建专制制度和文化彻底置于对立面，对于社会、思想、文化革新的渴望迅速地成为一种意识形态上的规范力量。"新"即是好的观念，为文化领域、报刊舆论等广泛采用。"新女性""新妇女"等也在此时成长为带有时代政治文化印记的女性身份角色，沉寂了数年的妇女参政运动全面复兴。但五四本身是清末民初以来一系列政治变革活动的延续，其思想文化遗产也启迪了后来的"社会革命"风潮，是传统与现代思想对垒的培养基。因此，在意欲革新又纠葛往复的基调下诞生和发展的妇女报刊，也以复调的形式演绎出自身的华彩。本章主要论述1919—1927年间，上海妇女报刊多样化发展的背景与概况，中国首份妇女画报《解放画报》、元老级商业性妇女报刊《妇女杂志》、女校教师创办的非商业性妇女报刊《新妇女》以及中国共产党创办的首份妇女报刊《妇女声》等典型个案的基本情况与发展历程。

第一节　上海妇女报刊多元化发展的
　　　　背景与概况

报刊作为窗口可以看到五四的境况，但五四报刊绝不仅仅是精英人物发表言论、刺激舆论的秀场。五四是政治运动，也是文化运动。"救亡"局势的剧烈急促，各种未经中国历史检验的西式思想不断登场，五四知识分子为何选择了与民初相悖的政治理念和政治行动？为何甘愿放弃个人主义而选择群体意识的社会主义？在他们的精神世界从内部发生转变时对妇女问题的认识又发生了哪些转向，进而以妇女报刊为表征进行了呈现？

一 以1919年作为起点聚焦"新女性"

在普遍的认知里，1915年作为五四新文化运动的起点，并以《新青年》创刊为标志。① 但《新青年》创刊之初，并未在报刊界引发广泛的舆论关注，所涉妇女问题亦是如此。陈独秀曾在《新青年》发表《一九一六年》，提出"新"的妇女观念，"尊重个人独立自主之人格，勿为他人之附属品"②，主张女青年"独立自主"。但同期的商务印书馆与中华书局同时发力出版的妇女报刊《妇女杂志》与《中华妇女界》，无一不标"贤母良妻主义"。1916—1918年，北洋军阀混战，上海妇女报刊出现"零"出版现象。可以说，1915—1918年的上海报刊界，对于妇女问题关注的视域尚未超越戊戌变法时期梁启超等社会改良者所提出的"贤母良妻主义"，依旧局限于妇女启蒙的最初思维模式，并且关注的仍旧是20世纪初渲染的少数西方女杰，并未真正体现新文化运动对于女性的影响。

1919年5月4日，北京学生3000余人会集天安门示威，要求外争国权、内惩国贼，五四运动爆发。同年5月18日，北京学生以"北京学生联合会全体"的名义将《罢课宣言》发给"各省议员、

---

① 陈东原在《中国妇女生活史》中这样评价《新青年》："世界上谈及中国近年新文化的，必归功于'五四'；谈到'五四'的，又必归功于《新青年》杂志，这是显然的事实，也不必——尤其是不能否认的。"参见陈东原《中国妇女生活史》，台湾商务印书馆1990年版，第365页。

② 陈独秀：《一九一六年》，《青年杂志》1916年第5期。

教育会、商会、农会、工会、各学校、各团体、各报馆"①，抗议军阀政府对日本的屈辱投降政策、卖国行径。在此期间，包括女校学生在内的学生群体的行动普遍受到压制和阻挠。全国各地反动当局对女校学生尤严加防范，除派军警监督、封锁新闻外，还抡起封建伦理道德的大棒，以"男女授受不亲""男主外，女主内""女子的标准是做贤妻良母"等旧思想钳制女学生。从5月4日至6月3日响应北京学生运动的地区达19个省，89个市镇。天津、上海的妇女界尤为活跃。②

6月3日以后，上海成为五四运动的另一个中心。除了各种背景的妇女团体外，最引人注目的是，无产阶级劳动妇女开始参加政治斗争，这是中国妇女运动史上的第一次。戊戌维新以来，妇女解放运动基本集中在资产阶级女性群体之内。诚如李大钊指出的：资产阶级女权运动和无产阶级妇女运动"纯是两事"，中产阶级的妇人们，是想在"绅士圈"的社会内部有和男子同等的权利；而无产阶级的妇人们"天高海阔，只有一身"她们除了要求改善生活外，别无希求。③ 在上海的"罢工罢学罢市"斗争中，部分女工与男工并肩战斗。如《民国日报》载："杨树浦H商上海第二纱厂组纱间日夜班全体女工数百人，因前日该厂日人不准女工携带小孩至厂哺乳，酿成全体罢工。"④ 在"三罢"高潮中，处于社会底层的娼妓界也以停止营业、"全体谢征"、发传单等方式声援。⑤

在这场运动中，不论从女性的参与人数、规模，还是参与的深度和广度，都是空前的。妇女，不再作为一个个体和小团体，而是作为一个整体，摆脱了戊戌、辛亥时期的配角地位，成为运动的主

---

① ［美］周策纵：《五四运动史》，陈永明等译，岳麓书社1999年版，第205页。
② 郑永福、吕美颐：《中国妇女通史》，杭州出版社2010年版，第61页。
③ 李大钊：《战后之妇人问题》，《新青年》1919年第6卷第2号。
④ 《日商纱厂女工罢工》，《民国日报》1920年3月14日第10版。
⑤ 《罢市轶闻》，《五四爱国运动》下，中国社会科学院近代史研究所《近代史资料》编译室主编，知识产权出版社1985年版，第165、183、212页。

力之一。由此，引发了一系列的社会和思想的变动。这些都显示出了一种新的态势。

二 五四论域中女性出路的讨论

五四运动虽然由新潮知识分子发起，但绝不是几个精英人物发表刺激舆论的表演秀。按史家的通常划分，五四是政治运动也是文化运动。政治运动的爆发，直接导火线是巴黎和会，运动的结果导致了中国共产党的诞生与发展。文化运动，其发生的直接动因是《新青年》所倡导的伦理与文学革命。这一简单的化约遮蔽了五四的丰富性和复杂性。从某种程度上说，五四运动弥散渗透到了社会的各个角落，形成了各个阶层共同参与的广泛社会动员。对于五四论域中女性出路的讨论，需将其放在知识群体思想变革模式的整体脉络中加以审视和定位。

在五四一代的头脑中，传统政治与文化的联结发生了根本性的变化——政治的运作不再是文化形态的表现形式。以往的运动，洋务运动（经济取向）、维新运动（制度取向），都是在"民族（文化实体）—国家（政治实体）"（nation-state）框定的原则下围绕政治轴心进行的修补与调整。五四思想的复杂性则在于：它既是清末民初政治转型的产物，同时也是政治改革失败的叛逆。[①] 民初党争、军阀混战破灭了民主改革的希望，也破灭了国家制度创生能力的迷信。进而导致了对国家崇拜转变为政治疏离。五四新文化旗手陈独秀在《偶像破坏论》中将国家列为"骗人的偶像"[②]；梁启超在《吾今后所以报国者》中检讨自己的政治生涯，并以从政后皆"败绩失据"作为结论。这种对国家政体设计失败的群体性悲观成为五四思想转向的主流心理。随之，作为"民族—国家"语境下承担"保国"重

---

① 杨念群：《五四的另一面："社会"观念的形成与新型组织的诞生》，上海人民出版社2018年版，第50—53页。

② 陈独秀：《偶像破坏论》，《新青年》1918年第5卷第2号。

责的女性，所担负的"保种"（废缠足）、"保教"（兴女学）也在这种政治疏离中渐渐发生转向。

基于对民初政治经验的检讨，各种组织与人物分别以激进、保守和调和的面目交织活动于其中，社会主义、无政府主义、自由主义、人文主义、社会进化论、虚无主义、国家主义、乌托邦主义等思想陆续提出，或彼此交叠，或尖锐对立。其中，无政府主义和社会主义的主要思想强烈影响着此后中国革命话语的形成和构造方式。无政府主义主张以"教育"替代党争，以平民实际参与的"社会革命"替代少数政党精英空谈的"政治革命"。他们认为，脑力劳动与体力劳动的分离是社会不平等和个人贫困的根源，必须创造不同于以往的社会构造，才有可能在个人的日常生活中引起激变。① 虽然，无政府主义者的构想很难在现实中落地，但通过平民教育的手段实现脑力劳动与体力劳动结合的思想成为日后革命者的社会实践方式。

社会主义则是在经济分配困境和俄国革命成功的激励中，逐渐从复杂而多元的文化思想空间脱颖而出。从某种程度上说，"在中国，社会主义易与传统思想相结合，或者甚至可以说，中国天下为公的传统因包含着天下整体性，本来就是社会主义的"②。1921年8月，沈雁冰在《妇女评论》上发表乡村和都市女性的生活观察报告《妇女经济独立讨论》，就已经开始用劳动分配平等的视角看待妇女权益了，她指出："乡村生活的家庭，妇女都和男子一样，也是生利的，而且男子能做的事，妇女差不多也可以做……在大城市中，做妇女经济独立的障碍的，却是社会的经济组织。社会经济组织不许妇女有劳动的权利。"③ 这是对清末民初女性不生利观念的颠覆，同时也指出了女性的不生利并非事实，而是社会制度设计的问题。这

---

① 杨念群：《五四的另一面："社会"观念的形成与新型组织的诞生》，上海人民出版社2018年版，第50—51页。
② ［日］沟口雄三：《中国的公与私·公私》，郑静译，生活·读书·新知三联书店2011年版，第42页。
③ 沈雁冰：《妇女经济独立讨论》，《妇女评论》1921年第3期。

种超越了历史意识与个人主义的思想，在很大程度上表明，经过五四自由主义洗礼的大批知识精英，心甘情愿地选择与马克思主义具有广泛世界意义的意识形态原则和组织戒律建立联系，在更高的准则上确认自己的奋斗目标。

三 涉及妇女问题的出版物激增

五四新文化运动打开了舆论钳制的缺口，出版物激增。陈东原在谈及这一时期出版物盛况时，十分感慨："'五四'时候的出版物，几乎'无地无之'，哪一省哪一县有一个学生会，哪一个学生会是都想出一个刊物的——铅印也好，石印也好，油印也好。""各地刊物，打开来一看，除却运动消息之外，满是些'思想革命''妇女解放''恋爱自由''教育平等'一般言论……"[①] 五四精英们试图以女性为突破口构建安德森所说的想象的共同体，具体表现之一便是妇女问题为报刊界广泛关注，构成了一个多声部的组合。

在上海日报界出现了一些量的妇女副刊，如《时报》副刊《妇女周刊》（1919.3—1921.6，张默君主持编辑）、《民国日报》副刊《妇女评论》（1921.8—1923.5，陈望道、沈雁冰、邵力子等主持编辑）、《中华新报》副刊《妇女与家庭》（1922.8—1926.1，谈社英主持编辑）、《时事新报》副刊《现代妇女》（1922.9—1923.9，妇女问题研究会主持编辑）以及接替《民国日报》《妇女评论》而新辟的《妇女周报》（1923.8—1926.1，邵力子、向警予主持编辑）等等。在上海文艺期刊界，出现了妇女专号，如《红玫瑰》的"妇女心理号"等。作为妇女问题的主要推动者和记录者，上海妇女报刊以每年2—3份的数量接连创办。据笔者统计，1919—1927年上海创办的妇女刊物共24份，以非商业性妇女报刊为主，如《新妇女》《妇女声》《女国民》《节制》等，末期出现了商业性刊物为主如《女伴》《闺友》《婚姻》等。总体来看，这一时期上海妇女报刊刊行的时

---

① 陈东原：《中国妇女生活史》，台湾商务印书馆1990年版，第385页。

间普遍较短，其中42%的报刊旋创旋停，30%的报刊刊行仅1年左右即停刊，刊行时间较长的除了基督教妇女报刊《女青年》《节制》等外，便是章锡琛主持的上海妇女问题研究会主办的《新女性》，以及不断更替主旨的《妇女杂志》（创办于1915年）。这不仅与妇女报刊本身的办刊方式与宗旨立场有关，与社会环境关联更大。

可以说，沉寂了多年的妇女解放运动全面复兴，妇女报刊复又成为妇女解放运动舆论宣传的媒介。不同在于，妇女报刊的对象开始以阶级划分，以中产阶级女性为主体的第三阶级及以平民妇女为主体的第四阶级，其所对应的妇女问题也逐渐变成阶级问题。在五四初期所讨论的"男女平等、社交公开、恋爱婚姻自由、男女同校、职业开女禁、妇女经济独立等"等问题被视为第三阶级小部分妇女的问题，一些妇女报刊如《新妇女》《妇女声》等开始倾向于第四阶级平民妇女的解放。如《解放画报》"引着多数平民，向光明路上走，以实现人的生活"[1]；《妇女声》"'妇女解放'即是'劳动者'的解放"[2]。在创办者方面，从个人过渡到团体，出现了如《新妇女》的女校教师团体、《妇女声》中华女界联合会团体等，这大约与"'五四'运动的利器是'团体'与'宣传'"[3] 有关。在出版经营方面，从此前的商业私营资本为主体过渡到机关、党派、宗教等多方面资金资助。上海妇女报刊由此进入办刊主体多元、意识形态趋于统一的新阶段。

第二节　中国首份妇女画报
——《解放画报》

上海是近代画报的发源地、画报出版最繁盛的地区。"画报的潮

---

[1]　《本报宣言》，《解放画报》1921年第1期。
[2]　《〈妇女声〉宣言》，《妇女声》1921年第1期。
[3]　陈东原：《中国妇女生活史》，台湾商务印书馆1990年版，第385页。

流发轫于海上……上海画报销数达万余"①。据统计，至1919年全国共出版画报约140种，以上海为最多。② 1920年5月4日，中国首份妇女画报——《解放画报》于上海诞生，开启了妇女画报的历史长河。《解放画报》由郑正秋创办、周剑云主编，新民图书馆出版发行。初为月刊，后不定期出版，共18期，次年停刊。该刊聚集了郑正秋、杨成因、郑介诚、管际安、顾肯夫、任矜苹、严慎予、钱杏邨、吴绮缘、谷剑尘、丁悚、钱病鹤、但杜宇等知名戏剧评论家、电影人、作家和画家。《解放画报》发行不久便创下了销量佳绩，"六期解放画报出版还不到一个月，看解放画报者也有五千人"③。据《解放画报》校对严谔声后来口述该刊确实销量好。④ 值得注意的是，中国最早的妇女报刊始于清末上海的《女学报》（1898），影响最大的画报之一《点石斋画报》（1884）也在此时。但中国首份妇女画报《解放画报》——妇女报刊与画报的结合——却至五四时期才诞生。归其原因，一方面与《解放画报》创办人郑正秋的革新意识密不可分；另一方面则在于五四时期妇女问题在舆论中的中心地位。

一 从郑正秋的经历和家庭伦理观看五四初期性别观念

（一）开风气之先者：郑正秋

郑正秋（1888—1935），名芳泽、伯常，号药风，生于上海，原籍广东潮州。一生短暂，但涉猎文化领域之多，所开风气之先，可谓一时无两。

"早岁代民鸣，每弦繁管急，议论风生，胸中常有兴亡感。"⑤

---

① 朱涤秋：《北京画报发刊后》，《北京画报》1926年第2期。
② 韩丛耀：《中国近代图像新闻史（第2卷）》，南京大学出版社2012年版，第820页。
③ 周剑云：《〈评华奶奶之职业〉的余波——答汪优游》，《解放画报》1921年第7期。
④ 严谔声：《我与商界联合会》，《档案春秋》2002年第2期。
⑤ 田汉：《挽郑正秋联》，《中国抗日战争对联》，赵克诚编著，山西人民出版社2015年版，第169页。

郑正秋于清末受知于右任，任《民立报》记者及《民立画报》主编；于民初著文章声援学生运动多次被公堂审判而不变初衷。在戏剧昌盛的上海，他因雅善评剧，于民国元年开始在沪上报纸刊发剧评，先后在《民立报》《民权报》《中华民报》等开"丽丽所剧评"专栏，创办《图画剧报》，因"开风气之先而笔诛伶蠹持正不阿尤为舆论称颂"①。于民国二年将理论付诸实践，独资创办国内最早的商业性剧团新民社，组织新民新剧研究所基于都市市民生活编排文明戏《恶家庭》并大获成功，开创自有文明戏以来最高票房纪录，一时纷纷效尤，被誉为"奠基新剧中兴之基"②。于民国十年集合几位好友创办了中国最早且最重要的电影公司之一——明星影片公司，后投办明星学校，挖掘胡蝶、阮玲玉、蔡楚生等知名演员，他本人亦被称为"中国电影之父"。郑正秋以新剧或电影的手段"补家庭教育暨学校教育之不及""改正观众心理，使它成为一种强有力的舆论"③的同时，认识到报刊、图书作为都市社会传播最强有力的形式，在"涤荡社会旧染之污"④，孕育新思想、汇聚集体意识、催生新的社会主体意识和行动上，具有无可争议的号召力。

五四运动时期，郑正秋集资创办股份制出版机构——新民图书馆（1919.5.6—1923.4）并于次年 5 月 4 日（即五四运动一周年之日）创办中国第一份妇女画报《解放画报》。新民图书馆及《解放画报》甫一创办，郑正秋即以自身在文化界的号召力聚集了文化界众多知名人物。在《申报》新民图书馆的广告及《解放画报》的编辑队伍中频繁出现的人物包括：五四运动《全国学生联合会会报》主编、《时事新报》《民国日报》特约撰稿人潘公展，国民党元老、政治活动家、报人、作家叶楚伧，"名重当世，文字之交遍于南北"

---

① 周剑云：《郑正秋小传》，《明星特刊》1925 年第 3 期。
② 李晓主编：《上海话剧志》，百家出版社 2002 年版，第 92 页。
③ 郑正秋：《如何走上前进之路》，载丁亚平主编《百年中国电影理论文选》，文化艺术出版社 2003 年版，第 153 页。
④ 《新民图书馆宣言》，《申报》广告，1919 年 5 月 4 日。

报人、编剧周剑云（《解放画报》主编），"新声通讯社"创办人严谔声（《解放画报》校对），《民权报》《中华民报》编辑、昆曲活动家管际安，东方卓别林滑稽戏大师徐卓呆，《影戏杂志》主编、导演顾肯夫，民生女学教务长任衿苹，《民国日报》编辑、上海县县长严慎予，明星影戏学校继任校长、戏剧家谷剑尘，京剧评论家、作家杨尘因，戏剧家、小说家刘豁公，近现代漫画先驱、电影人但杜宇，中国漫画界开拓者、上海画图美术学院教务长丁悚，近代漫画奠基人钱病鹤，小说家吴绮缘，文学家、戏剧家钱杏邨等等。①

这一群体因同好文艺、文学而相遇相知并以自身的笔力影响于文化界，他们对于文化再造的要求最为迫切，对社会革新的话题最为敏感，在当时重要的妇女问题上投以高度的热情，表现为积极为女性代言，以男性的身份参与《解放画报》，为女性指明方向。相较于中国传统社会的血缘、地缘等群体认同方式，基于同业或同好的人际关系，在利益一致的前提下，显现出更强烈的自发性、一致性和持久性。

（二）旧家庭与新社会：传统性别伦理与时代价值标准的矛盾

五四时期，生物性"人"的观念建立，在解放声浪下女性从儒家伦理秩序中被解救而出，知识阶层试图建立起以男—女两性为主轴的社会秩序。但现代与前现代经验，尤其是传统性别伦理经验与五四时代价值标准之间是彼此矛盾的。这种性别表述的复杂性也是当时整个文化构成复杂性的体现。

这在郑正秋本人的家庭经历与言论观点中可以得到清晰验证。据郑正秋的好友徐半梅在《话剧创始期回忆录》言，郑正秋是上海郑恰记土行（鸦片生意）老板郑让卿的"螟蛉子"（养子）。"母亲生了儿子，便对他另眼看待。正秋因为母亲感情变了，便认为'娘

---

① 参见《申报》新民图书馆广告，1919—1923年；《解放画报》第2—18期书目出版广告，1920—1921年。

有两条心'，这是后母的心肠。他平日里得不到母亲的爱，常常抱恨。"之后他便取"后母虐待前子的题材"①。他的成名戏剧作品《恶家庭》以及连载于《解放画报》的小说作品《嫁两嫁的可怜女》都是致力于"写旧社会中旧家庭底（的）恶晚娘的罪恶"②。五四是弑父的时代，是男女两性秩序重建的时期。母亲是女性，但被定位为父亲的帮凶，而非新女性的一员。这种女性群体的分类，或说将传统母亲从新女性主体中剥离的做法，是与传统的一刀两断。但从生活实际看，母亲是新女性成长的必经身分之一，是难以割裂的。这种内在的矛盾，使得五四时期的家庭观表述既要彰显时代性别主轴秩序重建的价值，又要关照母子（女）的生命延续的实际伦理情感。因而，无论《恶家庭》还是《嫁两嫁的可怜女》郑正秋都赋予了完满的结局。毕竟，他对于"母亲"也只是"出出平时之气，拿来发发牢骚"③，并不致力于要推翻以母亲为代表的传统家庭伦理观念。在现实生活中郑正秋依然是个唯母命是从的孝子。郑小秋（郑正秋的儿子）成婚需另择房屋时，也全凭郑正秋的母亲做主。④ 他本人在分析比较中西情感剧题材时也说，中国的戏剧要符合中国的"国土人情"，应多关注"亲子之爱"，"中国的爱是在一条直线上的、是从上而下的、有尊长在前、是不应当单讲夫妇之亲爱而丢掉长辈的恩爱的"⑤。

再看郑正秋对于女性的另一重要身份——妻子——的态度，实际也表征着对于传统性别伦理价值的一种认同。郑正秋与妻子俞丽君承父母之命成婚于民国五年。俞丽君是上海俞记茶栈（与沈大诚

---

① 徐半梅：《话剧创始期回忆录》，中国戏剧出版社1957年版，第66页。
② 《嫁两嫁的可怜女》剑云附识，《解放画报》1920年第4期。
③ 徐半梅：《话剧创始期回忆录》，中国戏剧出版社1957年版，第66页。
④ 谭春发：《开一代先河，中国电影之父郑正秋》，国际文化出版公司1992年版，第395页。
⑤ 郑正秋：《如何走上前进之路》，载丁亚平主编《百年中国电影理论文选》，文化艺术出版社2003年版，第153页。

等百年老店齐名）老板的次女，但在上海这一女学昌盛之地，她却并未受过多少教育。郑正秋作为革新人物，并未因而冷落她，反而因她以夫为天，夫唱妇随的传统女性特质而感情和睦。郑正秋本人对此种婚姻方式是满意的，从他将这种婚姻方式延续到自己的儿子身上可见一斑。据郑二星（郑正秋孙子）回忆："据我的祖母和母亲说过的情况看，当时祖父要替我父亲找个'贤妻良母'型的小姐做妻子，口气放出去后，影视界前来提亲的人不少，祖父都没有同意……祖父的思想比较开放，虽是'父母之命，媒妁之言'，但没有包办代替。婚前父亲和母亲见过几次面，也算是初级'自由恋爱'吧。"[1] 郑小秋成婚时自由恋爱已提倡多年，但郑正秋依然恃"父母之命，媒妁之言"为儿子择妻。可见五四时期报章鼓吹的废除传统婚姻制度、提倡恋爱自由的时代标准与实际仍有距离。正如郑正秋在众多作品中站在地位卑微的传统平民女性一方着力审视和表现女性与旧文化制度环境的矛盾，试图以现代的道德规范和行为准则，以人的精神解放为标准去观照和表现社会人生，唤醒合理的人性。但现实却如他本人在《最后的良心》中表达的"让人家知道一个女人要真正解放，真正地实行自由结婚，是千难万难的"[2]。

郑正秋于事业上多方开拓革新，于传统家庭伦理却审慎遵循，这种对内对外的矛盾是知识分子在同时承继传统文化并吸纳西方文化后反映出的特质，是个体于新旧间徘徊的真实写照。在某种程度上，郑正秋对于家庭伦理观的职守，也是当时政治伦理的一个侧写，即在推翻父—子主轴，重建男—女性别主轴社会秩序的过程中，社会主流观念尚未脱离以男性为中心或模板的思维方式。明了郑正秋的思想倾向与行为特征，再看《解放画报》就可理解外部结构革新

---

[1] 谭春发：《开一代先河，中国电影之父郑正秋》，国际文化出版公司1992年版，第394页。

[2] 郑正秋：《最后的良心》，《中国无声电影》，中国电影出版社1996年版，第293页。原载《明星公司特刊·小朋友》1925年第2期。

之大胆与内在文本对女性解放表述之保守缘何得以共存,以及身处时代转型中女性生活的细节与实况。

二 《解放画报》与其视觉化形态革新

五四新文化运动后,上海出版业迅猛发展,仅半年新办白话文报刊数量就达四百种之多。① 其中,以"'解放''改造'两种呼声渐唱渐高"②,妇女问题"比别的问题重要,要讲解放,自然先从妇女做起"③。五四运动一周年之际,郑正秋(创办人)联合周剑云(主编)等应时而办《解放画报》呼应文化革新潮流。

(一) 适逢其时的刊名、形式与宗旨

《解放画报》的刊名、形式及其宗旨可谓适逢其时。据主编周剑云所言,五四时期报刊舆论关注平民,但书报中"谈高深学理的实居多数……平民却索解不得"④。于是,郑正秋同周剑云属意于"不谈法律政治问题,也不谈高深的学理……只拣极平凡极切要的人生问题,讨论,批评"的刊物,又"常见凡有插画的书报,无论什么人都拿到手里,总是先看图画"⑤。便属意画报,毕竟"文言不如白话浅显易解,文字不如图画通俗有味"⑥,定刊名为《解放画报》。

《解放画报》于发刊词中的订立宗旨为:"做解放的功夫,做改造的功夫,引着多数平民,向光明路上走,以实现人的生活,尽人的责任,来革新旧社会,振兴我们的国家。"⑦ 这宗旨似以平民为对象,但该刊实际以妇女为主要对象,致力于妇女的解放。譬如该刊

---

① 周策纵:《五四运动:现代中国的思想革命》,江苏人民出版社1996年版,第247页。
② 《解放画报征文》,《申报》1920年2月29日第16版。
③ 《本报启事》,《解放画报》1920年第5期。
④ 《本报宣言》,《解放画报》1920年第1期。
⑤ 《发刊词》,《解放画报》1920年第1期。
⑥ 《解放画报征文》,《申报》1920年2月29日。
⑦ 《本报宣言》,《解放画报》1920年第1期。

在《本报启事》《本报宣言》等内容中反复说明和强调:"我们办这本解放画报,虽不限定妇女问题,第一步却先要解决妇女问题。"①"旧社会应该解放的人,并不限于妇女一部分;应该研究的问题,也不限于妇女问题;不过妇女在社会上占大部分,妇女问题比别的问题重要,要讲解放,自然先从妇女做起。""同人在这半年内,拿一点诚恳的意思,绵薄的力量,供献给社会,使妇女界觉悟自身的痛苦,用自动、自决的精神,不断地解放、不断的改造。"② 1922年,《解放画报》改版时再次于《本报启示》中明确提出:"本报提倡女权,希望男女平等。"③ 至终刊时(第18期)该刊依然强调"本报仍注重妇女问题,故征求女赞助员,联络国内各女校,以期收事半功倍之效"④。《解放画报》的封面描绘的主题都是解放妇女。足见该《解放画报》是以妇女为主要对象的画报,意在解放、改造妇女,"以实现人的生活,尽人的责任"⑤。

(二)应时而变的栏目

《解放画报》刊行的18期中,栏目先后发生了两次变革,第一次是主动革新,发生在第一卷末(第6期),表现在栏目的增加,内容的扩展;第二次是被迫革新,发生在印刷所失火,刊物被毁不断延期的第二卷末(第18期),表现在定价、内容、印刷、推广等整体变革,但因停刊终未成型。因而,供给本书讨论的仅限于第一次的主动革新。

革新之前,《解放画报》的栏目设计基本与当时妇女报刊界保持一致,分为评论、思潮、新闻、智识、诗、小说、读者论坛等。其中,值得一提的是"诗"栏目。在五四之前,妇女报刊的诗词栏目作为闺秀的阵地,主要以旧体诗和词为主,这与清末民初妇女的阅

---

① 《通信:女子解放与服装的讨论》,《解放画报》1920年第6期。
② 《本报启示》,《解放画报》1920年第5期。
③ 《本报启示》,《解放画报》1920年第7期。
④ 《本报革新预告》,《解放画报》1921年第18期。
⑤ 《本报宣言》,《解放画报》1920年第1期。

读文本和所受教育直接相关。《解放画报》作为五四之后诞生的倡导与传统妇女决裂，争取妇女解放和权利的妇女刊物，在诗的栏目中，废弃了旧体诗词，而采用了"新诗"。既是一种趋时的"时尚"："新是作时髦解！"① 又表明《解放画报》是与"守旧派"决裂的话语场。简言之，"新"是富有象征意蕴的，表明五四时期革新话语扩张的胜利。

革新之后，栏目中增加了社会状况（第6期）、剧谈、剧评以及通信栏目。从某种程度上说，这一变革是趋时之变也是主编个人旨趣的体现。20世纪20年代，戏剧电影在上海蓬勃发展，但北方不然。据包天笑回忆："那个时候，南方对于新剧，正大为流行，而北方戏剧界则大为反对。北方以京剧为正宗，即昆剧也已退潮，你这个没有音乐，没有歌舞，没有化装，没有艺术，随便什么人跳上台去，胡说白道，这算是什么东西……自从有了学校演剧，素人演剧（这是日本名词，在中国则称为是客串，是玩票），上海人一窝风，我有许多朋友，也都喜欢上台一试身手。"② 主编周剑云本身就是上海戏剧评论的编辑者之一，也是最早涉足电影事业的一批电影人，对于戏剧界的这一现象自然是有观察的，因而在他主编的《解放画报》上辟出戏剧栏目，并作出如下的解释："旧剧有没有存在的价值？这一个问题，对于旧剧还无研究的人是解决不了的。有了研究，脑筋顽固，横梗成见的人，也是解决不了的。我们对于这一层必须从长讨论。新剧在中国立足十多年了，社会上醉心新剧的人也不算少，究竟现在所有的新剧，可否认为纯粹的新剧？抑须另外创造一种新剧？专译外国剧本，是否为中国人所爱看？抑须自编合于中国人生活的剧本，能助长戏剧的效力？我们对于这一层，也要拟出一个具体的办法。"从中可见，他将《解放画报》视为戏剧研究的平

---

① 朱自清：《新诗》，《朱自清全集》4卷，江苏教育出版社1996年版，第212—214页。

② 包天笑：《钏影楼回忆录》，中国大百科全书出版社2009年版，第403页。

台,以助推戏剧的本土化发展。另一重要栏目是"通信",这一栏目自创立至终皆由周剑云主持和回复,在他看来,"个人的知识有限,偶尔思想钝滞,就有穷于应付的时候。凡人遇到这种境界,只有请教别人,或者还有解决的方法。所以凡有疑难问题发生,最好有通信讨论,对社会公开,使得抱同一疑难问题的人,看了也可免去一番思索的工夫"。通信栏目涵盖的内容非常广,既有《乡村问题改革》《文化与人化》《怎样能使劳动者受教育》《解放与自由》等社会问题,又有《实用图案画法》《婚事问题》《什么是强大的起重机》等知识普及问题,还有针对特定人群的问答,如《怎样使旧人物领受新思潮?》《两封答复和尚的信》等等。在某种程度上,也成全了《解放画报》对于"希望男女平等,对国家,社会,共同负责"的意愿。①

(三) 视觉化妇女问题与形象

《解放画报》的视觉化形态结构革新旨在突破纯文字的叙事方式,采用图文并置的双向独立叙事风格,即图文相互独立又相互关联。独立之处在于,形式上图并非文的插图(小说栏目例外),两者不一一对应。图的内容表达具有自身叙事逻辑,不需依附文字理解。关联之处在于,图与文主题一致,内容上互补,构成丰富的意义结构,更易为知识文化较浅的平民妇女所接受。即如创办者言"文言固不如白话浅显易解,文字又不如图画通俗有味"②。虽然,《解放画报》与早期画报形式不同,尚不能以现代画报"以刊载摄影图片、绘画为主要内容的期刊"③ 来界定。但从妇女报刊刊登图画的历史看,《解放画报》完成了妇女报刊刊登插图到妇女画报的转型,建立起的妇女画报的基本结构与形态,被20世纪20年代中后期出现的《玲珑》《妇人画报》等效仿,可视为上海妇女画

---

① 《本报革新启示》,《解放画报》1920年第7期。
② 周剑云:《本报宣言》,《解放画报》1920年第1期。
③ 《中国大百科全书·新闻出版》,中国大百科全书出版社1990年版,第149页。

报的肇基者。

具体而言，《解放画报》的图文比例为1∶2，全刊封面、卷首美术画，以及各栏目插画以不同形式的绘画或照片表达对妇女问题的思考以期重构女性形象，可分为以下三个层面。

1. 借由封面女性身体大胆表达解放观念

《解放画报》封面，与民初时期妇女报刊相比，存在两大不同。其一，技法和风格转变。前期妇女报刊受大众图式影响，多采用改良仕女画。或如徐咏青为《妇女时报》所作封面，以水彩风景点缀仕女画，女性多以侧面或背面示人，避免脸部刻画，重点在于女性的生活细节。总体风格比较写意、生活化，但女性的身体比例多失调。或如丁悚为《香艳杂志》《女子世界》等所绘封面，采用钢笔与水彩设色，起油画效果，类似月份牌。《解放画报》封面为漫画家但杜宇所绘，多采用漫画技法，可称之为漫画仕女图。其二，性质和功能转变。《解放画报》的封面不同于早期妇女报刊将女性表情与身体隐没于现代氛围中的表达方式，而是突出女性个体的中心地位，着力于勾画此前被忽视的女性身体以表达解放主旨。在前六期的封面以女性遭受苦难和煎熬为主题，面部表情痛苦绝望，或被捆绑于柱子不得动弹，或被挂缚于蜘蛛网中难以挣脱，或裸身被困于孤舟跌下瀑布等等，整体使用冷色调，表现妇女被束缚和压迫，呼应亟待被解放的主旨。第7期改版后，封面女性身体姿态自由放松，着时装、弹钢琴、拉小提琴、绘画、唱歌等等，背景多采用大色块明亮暖色，预示妇女享受新的生活方式，冲破了牢笼得到解放。另外，值得注意的是，前期妇女报刊的封面，受传统审美趣味和道德的束缚，多以理想中的女子为原型，即便如《眉语》这般以香艳女性形象为封面的，多少还以薄纱遮体。但《解放画报》的封面，大胆采用女性全裸漫画，这类封面占该刊1/3（如下图3-1）。在反封建、反传统格外强劲的五四时期，裸体艺术在西方艺术的庇佑下被作为对抗旧道德的象征符号而存在。她们不是作为单独的形象出现，

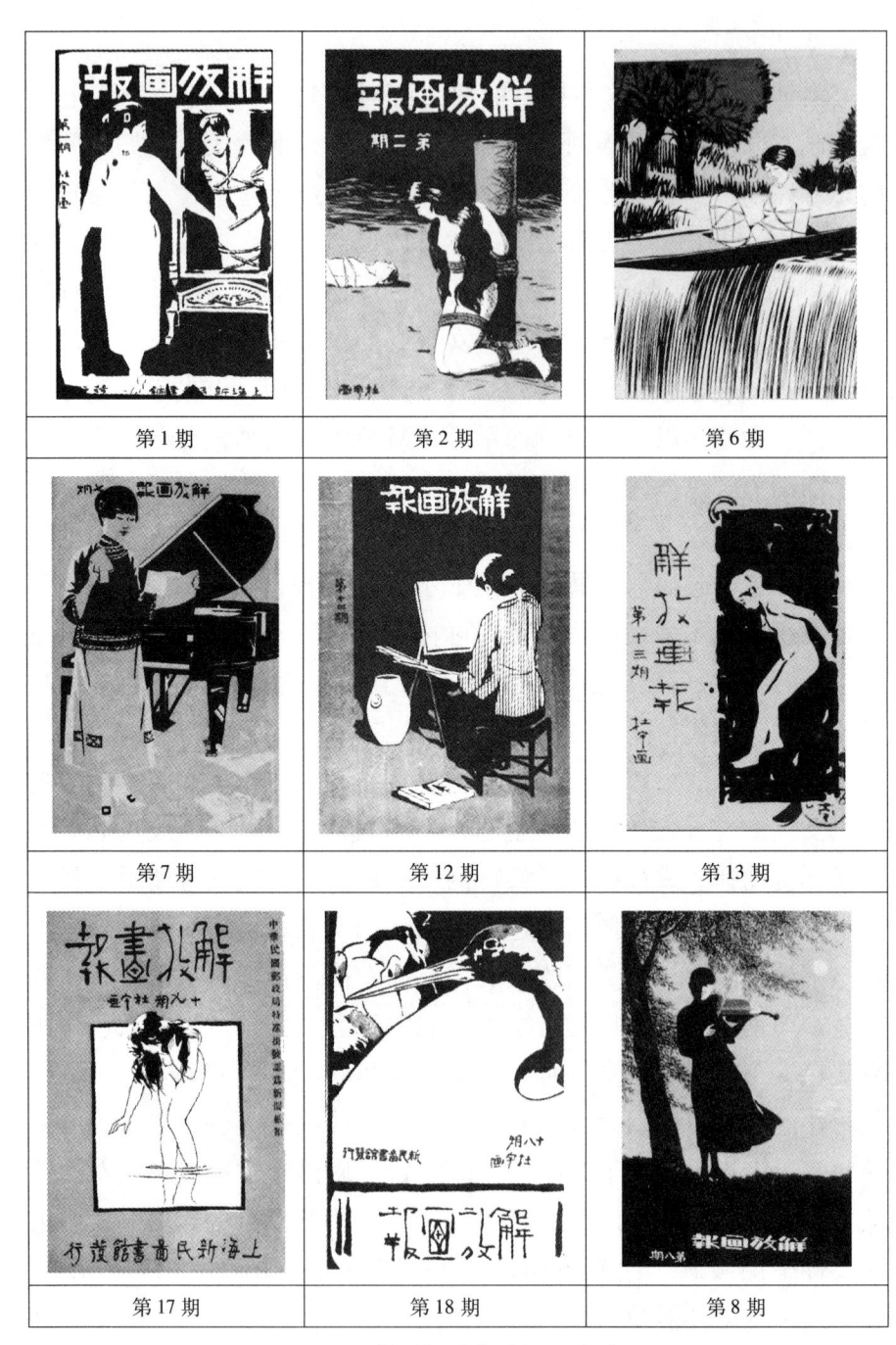

第1期	第2期	第6期
第7期	第12期	第13期
第17期	第18期	第8期

图 3-1 《解放画报》封面（部分）

而是作为视觉理论家称为"象征主义"的象征性系统在运行——一个形象"不能与它的目标和社会的要求分离,在这个社会里,特定的图像语言得到了流通"。五四时期《解放画报》封面的女性裸体漫画,大胆挑战着传统性压抑道德原则的现实秩序,以传达妇女本位和社会价值的变更,呈现着新女性的流行体系,"社会司空见惯,亦不以为怪,群众亦似是而非,有以人体美为流行之风尚矣"①。

2. 审美争议——以卷首画为例

"卷首图画"自清末《女子世界》起,便作为上海妇女报刊的常驻栏目,通常刊登摄影照片和女性绘画作品,篇幅达5—15页。于《解放画报》上则以2页画作(石膏像)、讽刺画替代。

不过,对于画的选择标准,编者和读者间却存在了分歧。当时名为舒渭文的读者,向《解放画报》去信:"美术画则应以含着丰富的美感标准。如果名为美术画,不足以引人的美感,反而使人憎恶,那就在理论上讲不通了。现代的女子虽然较从前进步,而实地调查一下,究竟讲求学问的少,考究装饰的多,我们大声疾呼,老实不客气地批评,还没有得到多大的成效,单教她们看名为美术、意含讽刺的图画,就能自起觉悟吗?这是不会有的事。"编者自觉"这很能代表多数人的心理",便全文登载,直言"要废除那些不美的,和容易使人误会的美术画"。并广泛征求"真正的美术画",但登载的时间却是最后一期,即使有革新的愿望也不能化为现实。② 关于美术画的分歧,实质反映出五四转型时期传统与现代的审美的差异。在传统社会,美术画多以绘画作品为主,体现自然花鸟情趣或人物描摹,而城市孕育出的现代性美术形态,多呈现大众、通俗流行文化,其中很大一部分绘画作品是以讽刺或幽默为主题的。这类

---

① 刘海粟:《人体模特儿》,《民国美术思潮论集》,上海书画出版社2014年版,第115页。

② 《周剑云对于朱裕璧〈一个读者赞成美术画的理由〉一文的回复》,《解放画报》1921年第8期。

作品，不是以上层精英的意识和眼光来打量世界，而是从市民的立场出发来反映都市，热衷于市井生活的谈兴，其实也不乏对时弊的针砭。这种轻松、活泼甚至有些尖锐泼辣的风格，从某种程度上更贴近市民的审美情趣和阅读兴趣。

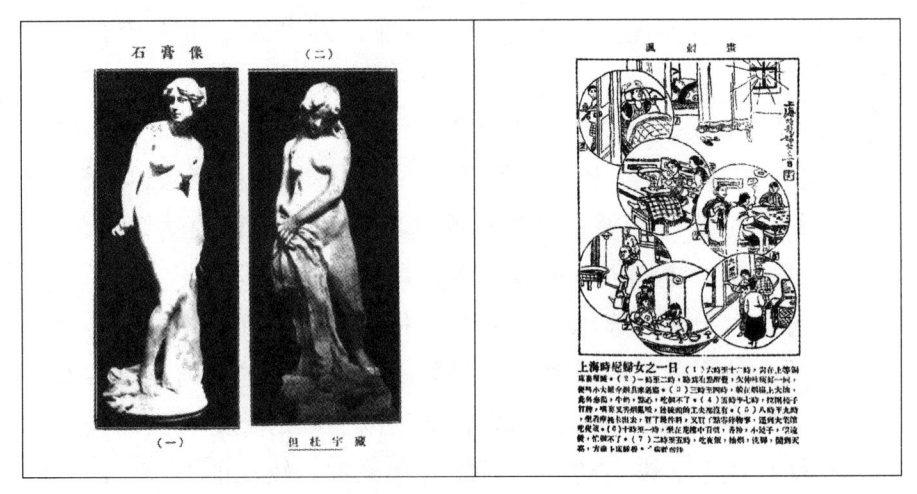

图3-2 《解放画报》卷首图画

3. 插画中旧妇女与新女性的对比呈现

插画，可以说是《解放画报》的图画中所占篇幅最大的，起辅助文本认知的作用。依插画所在的文本位置，可分为小说插画以及论说新闻插画两部分。小说插画主要辅助认字少或不认字的妇女读懂小说表达的含义，在某种程度上相当于阅读连环画。论说新闻插画主题更为丰富，也最能代表《解放画报》的宗旨立场。纵观《解放画报》的论说新闻插画（如图3-2所示），可分为四大主题：

其一，旧社会与旧家庭对女性的思想和肉体的桎梏。思想的桎梏包括家外家内两部分。家外部分集中于描绘女性日常接触传播封建迷信思想的"恶魔"，让女性陷于不尊重科学的无知境地，做出割血救夫等愚昧举动。如《旧社会的恶魔》系列画中的祝由科、卖长锭、堪舆、佛婆、稳婆、媒婆等20类。家内部分主要以动作场景化的方式呈现女性因盲目遵从传统三从四德而被丈夫、婆婆欺压，如《中国人之家教》《难道他不是人么?》《靠不住的三从四德》等。肉体的桎梏主要针对女性自身沿袭畸形审美而造成的身体损害，如缠足、穿耳等。相较于思想的愚昧，肉体的损害作为表征野蛮陋习的具象符号，在《解放画报》的图画中比例更大。这一做法与晚清视缠足为国耻的逻辑一致，"西人之藐我中国也，事事加以讪笑，而缠足一事，往往著之论述，诧为奇谈"[1]。五四后对于女性剪发、服饰的探讨除了经济上的考量，大体也有出于国家颜面的顾虑。

其二，都市女性对解放的误读及行为的乖张。五四初期对于妇女解放的重提有其政治经济背景，因而妇女解放并不仅仅是女性身心解放，而是被纳入政治经济的建设之中。都市女性对于妇女解放的误读之一常见于女性的过度时髦。时髦既包括外在装饰也涵盖行为方式。外在装饰方面，《时髦妇女的时髦装束》的系列图（10幅）对此做了小结，包括"东洋头、西洋装、金牙齿、小背心、钻戒、短脚裤、长指甲、金手表、尖鞋子"等等。行为方式上，钱病鹤以讽刺画的方式图绘了上海妇女打麻雀、看戏跳舞、夜出晨归娱乐至死的时髦日常。这些"时髦"不仅完全违背了女性追求自给自足经济独立的五四标准，同时也未尽民初"贤妻良母"的"天职"要求，是国族的"分利者"而非"贡献者"。因而，时人称"谁也想不到上海的妇女，依旧没有解放!"[2]

其三，新女性形象的虚拟构想与真实现身。《解放画报》对于女性形象的构建，包括漫画与照片两部分，两者相辅相成，实现构想与现实的对应，表现新女性形象的真实存在。漫画方面，新女性的

---

[1] 《倡办顺德戒缠足会叙》（1897），载中华全国妇女联合会妇女运动历史研究室编《中国妇女运动历史资料（1840—1918）》，人民出版社1986年版，第39页。

[2] 王警涛:《女子解放与宣讲》,《解放画报》1921年第8期。

形象主要以妇女职业构想为主。职业可分社会职业和家庭工作。社会职业如《新妇女系列》组图涵盖"女文牍、女会计、女编辑、女店员、女交际、女法律家"等不下二十种。女性家庭工作如《夏令妇女卫生常识》系列、《育儿图》系列等。照片方面，新女性的形象主要以女名人、女校师生等真实人物构成。《解放画报》为此刊发征图启事：

> 本报提倡女权，现在要征求国内各种女学校手工图画成绩，及女界名人照相——须附历史，并非供人出风头——当按期披露，以供众览。已经登载过的，有神州女学，爱国女学，民生女学，勤业女子师范等；尚望国内各女校，及服务社会诸名人明白我们的意思，源源赐稿，原照用后寄还，毫无损伤。①

这在当时的妇女报刊中是极难得的。《妇女时报》主编包天笑曾言："（民初）要征求闺秀的照片，这可难之又难，那时的青年女子，不肯以色相示人，守旧人家，不出阁门一步，怎能以照片登在书报上，供万人观瞻呢？"② 至五四后，两性观念和教育观念重塑，女性解放趋向从身体到精神的蜕变，女性照片的广泛出现可视为借力于印刷媒介完成了女性的"真实现身"，作为一种意识表达的存在。

其四，《解放画报》的评价。如下图3-3最末一栏组图，将《解放画报》视为初升的太阳，一扫往日的黑暗而"大放光明"。又如以文墨赞扬《解放画报》为"解放妇女之明星，改造女界之良友""有改革社会之能力"，对《解放画报》可谓极力推崇。

---

① 《解放画报》1920年第5期。
② 包天笑：《钏影楼回忆录》，中国大百科全书出版社2009年版，第360页。

第三章 五四时期的上海妇女报刊（1919—1927）

肉体之解放（一）缠足	旧社会的恶魔（四）看香头	不准你开口
家庭教育与社会教育	今后女子对于家庭应争得的自由	片面的贞操是什么理由？
女编辑	女文牍	女交际
时髦妇女的时髦装束（九）尖头鞋	非分之求及显受其害	上海时髦女子起居注（一）看跑马
大放光明	《解放画报》祝词	《解放画报》祝词

图3-3 《解放画报》插画（部分）

图片本身隐含的意义往往比公开的文字表述更为显要。《解放画报》借由女性的虚拟图像以及真实照片，让女性得以真实在场，有力地打破了女性私人—公共空间的限制，让女性参与社会变迁及信息传播。但无法避免的是，女性在场的现实或未来都依然是经由议程设置而想象并重构的，所隐含的是作为少数人的存在以及女性的群体性弱识。

三 从文本内容看女性生存观念与现实的冲突与矛盾

五四女性，是在国家面临生存危难后再次被纳入话语领域的群体。但妇女问题进入主流话语，依然是通过男性代言完成的。《解放画报》也不例外。虽时有女性投稿，但"收到的文稿书稿，究竟男子作者的居多，女子作者的居少"①。因而，《解放画报》的内容不可避免地以男性视角来引导女性生活，再造女性观念。但《解放画报》以中庸立场所展现的知识男性对于女性的态度可视为社会主流观念的一种，代表着女性社会生活及地位的某种实际。

（一）都市女性谋求平等教育、经济独立和社会权力的艰辛

妇女解放作为改造社会的中心问题，建基于清末民初西方文明性别论，"妇女地位作为衡量社会文明程度的标尺"②。历经第一次世界大战、俄国革命，中国知识和舆论界对于欧洲文明的帝国主义性质以及马克思主义社会发展阶段论有了全新的认识，开始致力于寻求"人的教育""社会平等主义实现"③。妇女解放的议题也经由作为国民母体的身体解放和知识启蒙，转而成为女性的经济独立。如《解放画报》主编周剑云所言："我以为妇女解放，有两扼要语，

---

① 《本报启示》，《解放画报》1920年第5期。
② 宋少鹏：《"西洋镜"里的中国女性》，《世界秩序与文明等级——全球史研究的新路径》，刘禾主编，生活·读书·新知三联书店2016年版，第296—297页。
③ 逋仙：《人的教育》，《解放画报》1921年第13期。

就是'与男子受同等教育，以谋经济独立'。"①

从女性受教育看，五四时期女学生的数量以及教育程度远高于辛亥时期，男女（高等学校）同校已有共识，"男女同学问题，除了一班'圣人之徒'外，差不多大家认为不必讨论了……这个问题，不但文章很多，实行的也不少"②。但这并不能掩盖女性群体内部因阶级贫富差距以及婚姻状况而造成的教育不平等。其一，高等学校不招收已婚妇女。"北京大学南京高师杭州一师和医药……等校多是招生不限男子。但是我很希望他们没有限制，像北京女高师招生，限于未婚女子；结了婚不能受高等教育，是说不过去的。"③ 婚姻是女性进入家庭的标志。家庭则被认为是已婚妇女履行相夫教子"天职"的主要场所。"外国女学常以养成良妻贤母为宗旨。吾国女训，亦在相夫教子……妇人天职尽于此矣。"④ 对国族而言，妇女履行"天职"和受学的目的及贡献是一致的，"内拓心胸、外助生计、助益母教胎教、保种报国"⑤。在这一思想背景下，让已婚妇女与男性共处一室求学既是对"天职"履行的障碍，也是一定程度上对"妇德"的挑战。其二，多数女性仍不受学，女性升学难。"女子解放教育的声浪虽则高，大多数女子，仍旧连字多（都）不识。"⑥ "许多有觉悟的女子，从中学或小学毕业，要想升学，真是千难万难"，女子为"求学或升学的事情，同她的家族争闹"，"因为援助没有，众寡不敌，受不起精神上的痛苦，非自杀，即成病"⑦。即使官方推动女学兴办已十多年，女性自身具有强烈的求学升学的意识，但传统家族制度下"女子无

---

① 《周剑云答复〈女子解放与服装的讨论〉》，《解放画报》1920 年第 6 期。
② 震汉：《女子教育问题》，《解放画报》1920 年第 5 期。
③ 震汉：《女子教育问题》，《解放画报》1920 年第 5 期。
④ 梁令娴：《所望于吾国女子者》，《中华妇女界》1915 年第 1 期。
⑤ 梁启超：《论女学》，《变法通议》，华夏出版社 2002 年版，第 87—94 页。
⑥ 震汉：《女子教育问题》，《解放画报》1920 年第 5 期。
⑦ 梁鼎礼：《女子求学问题》，《解放画报》1921 年第 9 期。

才便是德"等旧观念意识的遗毒并未减弱，女性自身无法支付求学费用或脱离家庭，只能置身于精神困境内。

女性经济独立之难远大于教育平等。民生女学教务长任矜苹对此做过总结称："女子职业问题……还只是一纸呼声。"① 当时"除了丝厂、纱厂，织布厂等用女工外，其余用女工的地方狠（很）少。虽然是女子程度低的缘故；然而也是各商店，各公司，各工厂不会用女子的缘故。"② 妇女问题研究者朱信庸称，"妇女解放后，到底做点什么事情呢？以大多数的情形而言，总是去求职业，以谋生活的独立。但是照现在的社会状况，竟没有地方去找职业"③。即使上海以及全国各地组织了各类义务教育学校、工读互助团，如上海妇女会社会服务部等来解决女性的教育问题和劳动问题，但终究是杯水车薪。

女性在教育平等以及经济独立上存在的普遍困境，直接造成了对于妇女参政的担忧以及质疑。如时任《新闻报》记者、《解放画报》校对的严谔声基于社会现状直言："大多数底女子，多是愚昧无知，少数女子，哪里够得着参政的希望！"④ 五四女性虽以自身觉醒的政治意识在进步人士的号召和支持下登上过政治舞台，先后组织了"上海女界联合会""中华女子救国会"等，参与万国女子参政同盟会为女性政治地位提高而呐喊。但五四新女性作为一个在推翻父系文化权威后进入话语领域的群体，一个因国难而被赋予话语权和社会地位的群体，无法抵销长期拥有社会权力以及主流话语权的男性对于妇女因参政经验缺乏而失控的忧虑，尤其建立的社会新秩序是男女二元对立的，女性又较男性更具革命家倾向"不计成败，不顾生死"⑤。拥有社会主权的男性为此对女性

---

① 任矜苹：《关于女子职业的调查》，《解放画报》1921年第9期。
② 华祝南：《女子解放与职业》，《解放画报》1920年第2期。
③ 朱信庸：《妇女解放的悲观》，《解放画报》1921年第10期。
④ 严谔声：《女子参政问题》，《解放画报》1920年第5期。
⑤ 枕薪：《社会革命家与女性》，《解放画报》1921年第14期。

提出忠告:"'妇女解放'的地位……绝对没有包含支配和统治男性的意义。"①

(二) 都市女性追求婚恋自由以及个性解放的坎坷

都市作为"新的社会关系、经济关系和文化关系开始形成的场所",为都市女性的生存提供了更多的想象空间。从解放身体、文明结婚到民国政府颁布的一系列有关妇女解放平权的法令,上海女性已被视为"文化运动底中心……宣传社会主义底巢窟"的浸润者,成了被想象的"新女性"②。但都市女性对于婚恋自由和个性解放的追求依然障碍重重。

婚恋自由、社交公开是五四时期性别与性文化同步于政治和文化现代化进程的产物。但两者作为一种话语概念的推崇以及作为现实的实践所面临的舆论是截然不同的。其一,作为话语概念,社交公开和恋爱自由对应的是生物性的"人"观念的建立,新性道德观对传统婚姻制度的破除,是女性的拯救和解放。如钱杏邨认为:"我们一定要打破男女的界限!就是要实行'社交公开'!男子是'人',女子也是'人'"③"婚制解放,就是要谈自由恋爱。"恋爱自由"保全自己的人格","若自认是堂堂一个人,应当争回男女结合的自由权!"④ 其二,作为现实的实践,社交公开和自由恋爱牵涉性问题,与礼教内化而成的道德观念相悖,常被归于"乱"和"淫"。如女性作者刘巧凤所述:"自由恋爱既是有了爱情而自由结合的;那么爱情失了,就可离散。而一般人就以此说他是乱交了。"⑤ 再如宓哲乡谈论"自由恋爱"时,视肉体冲动为旧婚制的表现,视"人类以精神之爱为结合"为自由恋爱的真谛,"婚姻制度

---

① 谷剑尘:《新妇女步骤上的要点》,《解放画报》1921年第14期。
② 王警涛:《女子解放与宣讲》,《解放画报》1921年第8期。
③ 钱杏邨:《女子解放的历程》,《解放画报》1921年第13期。
④ 刘巧凤:《我的婚制解放谈——自由恋爱》,《解放画报》1920年第6期。
⑤ 刘巧凤:《我的婚制解放谈——自由恋爱》,《解放画报》1920年第6期。

蜕化的先兆"①。《解放画报》也以《爱湖》《过分的恋爱自由成就不是真正的解放》等图画表达对恋爱过度自由的警示。从某种程度上说，高扬精神之爱而贬低肉体之爱，以人道、自由的观念对性的反复界定，实际上依然是与礼法、人伦、道德规范等父权形象的象征割裂，是一种话语行为，并未真正触动旧意识形态下的两性价值观。

女性装扮自清末始就被视为妇女解放的表征而探讨。但五四时期对于女性装扮的探讨，主要聚集于"女"而非"母"，即尚未"生利"或生育以"保种报国"的对象。对于女性的装扮问题依然分作两派。其一，置装扮于解放的对立面。如朱叠新、正厂等都认为装扮的女子是"丧失人格"的，装扮是"男女不平等社会里，女子用于引诱男子欲性的工具"。这一观点的基础在于"人"的同一性，即男女作为"人"的一致性："做人只有求学做工两件事""对'人'而言装饰，断断用不着""依着解放目的，并从生理，动作，衣底意义上着想，男女同立在一个原则上，应该一例"②。上述以外在的同一性来掩盖生理的差异所求的平等，实际并非真正的平等，只是以男性为中心创造男性的复制品。尤其，将女性的装扮视为两性间不道德行为产生的缘由，是典型的男权意识下的"女祸论"。其二，尊重性别生理差异，反对束缚身体的过度装扮。如《解放画报》主编周剑云认为："凡事总要讲理性，不能学时髦，男女两性生理上的区别，是不可避免的；美观要天然生成，不能用强力制造。"③ 这一观点的提出是基于当时上海女性尤其是女学生的"时髦"风气。"我们内地妇女，只知道梳头裹脚，深藏闺阁，固然可怜。上海一部分女学生争妍斗艳，只知道在装饰上考究，一套一套地穿上许多离奇衣服，而于社会一无作为的，这些欧化，真可算是'食新不化'

---

① 宓哲乡：《论婚姻制度》，《解放画报》1921年第15期。
② 正厂：《装饰和解放》，《解放画报》1921年第9期。
③ 周剑云：《为什么要束胸》，《解放画报》1920年第1期。

'无识盲从'!"① 女学生诞生于"天下积弱之本，必自妇人不学始"② 基调之下。女学生自清末一出现就作为一种社会身份被赋予社会价值："生利"报国。这一价值的本身即是服务于国族的政治经济。换言之，女学生是国家民族复兴的希望和象征符号。尤其在上海这一具殖民地属性的地域中，女学生的欧化，是上海被殖民的缩影，提示的是主权的缺失和屈辱。在性别政治和国族政治的双重影响下，对女性尤其是女学生过度装扮的批判，是国家社会道德情感被唤起的表征和必然转移。从某种程度上说，女性的个性解放仅仅是一道话语光环，内在依然是以装扮不自由或男性化为代表的性别桎梏。未来妇女解放道路的曲折迂回则是这种现状的必然走向。

四 基于同业、同好建立的文图作者群

作者群是奠定刊物生命的重要因素。笔者依照图文作者出现的频次作一统计，发现《解放画报》作者群的组成，可以1921年改版为界分为前后两期。前期主要基于同业，后期偏向同好。从社会网络关系的强弱角度而言，相较血缘、亲缘、地缘等强关系，同业、同好虽属弱关系连接，但弱关系所连接的社会资源远多于强关系。③

（一）前期：基于"同业"构建的文字作者群

从表3-1可见，前期高频次出现的作者较为知名，其中以创办人郑正秋，主编周剑云，编辑、导演顾肯夫，戏剧家谷剑尘，编辑、上海县县长严慎予，作家沈求己，戏剧家徐卓呆等文字作者发文数量居多。据笔者检索，这些作者与创办人郑正秋、主编周剑云的交集多属于同业关系。

---

① 《周剑云答复〈女子解放与服装的讨论〉》，《解放画报》1920年第6期。
② 梁启超：《学校总论》，《变法通义》，华夏出版社2002年版，第32页。
③ 朱国宏主编：《经济社会学》，复旦大学出版社2003年版，第137页。

表 3-1　　　　　　《解放画报》前期文字作者情况一览表

序号	作者姓名	总次数	栏目	该栏篇数	序号	作者姓名	总次数	栏目	该栏篇数
1	周剑云	30	评论	3	5	潘公展	3	诗（译）	1
			小说	2				剧本（译、连载）	2
			本报宣言	1	6	陆絜父	5	小说	5
			思潮	2				新闻	1
			戏评	1	7	任矜苹	4	剧本	2
			通信	16				小说	1
			剧本	2				评论	3
			演讲录	1	15	谷剑尘	10	思潮	2
			特载	2				小说	4
2	沈求己	6	评论	1				诗	1
			小说	5	9	郑正秋	9	小说(短篇、连载)	9
3	管际安	3	评论	1				思潮	1
			思潮	1	16	徐卓呆	5	新闻	1
			小说	1				小说	3
			评论（译）	1	11	严慎予	7	评论	1
4	顾肯夫	19	思潮	2				思潮	4
			智识(连载)	13	12	吴绮缘	3	诗	2
			诗（译）	3				小说	3

资料来源：《解放画报》第1—18期目录。

郑正秋与周剑云相识，始于报刊"神交"。周剑云（1893—1967），原名亚父，字剑云，又名江潮、华熙，别号醒梦，在《解放画报》以周剑云或剑云署名，安徽合肥人，著名的电影事业家。幼时家境富裕，于北京就读美国人李佳白包氏所办的尚贤堂。9岁时随家人到上海，就读江南制造局兵工中学。后因父亲事业失败，难以供养其继续求学，便辍学踏入社会。周剑云自幼钟情京剧，通晓音律，后热衷于新剧、电影，以其自身的笔墨功底，为《民国日报》等写剧评。在此期间，周剑云结识了《民言报》剧评栏目"丽丽所剧评"主笔郑正秋"适投所好，不觉心仪其人，这是我们神交之始"①。1916年,周剑云受邀任郑正秋、杨尘因主编《新世界日报》的编辑。而后因参与新剧社团"启民社"解散,周剑云任职圣明智大学爱俪园藏书楼编辑主任,在此期间兼任锦章书局编辑并创办了京剧评论刊物《菊部丛刊》,郑正秋赐序,支持他大胆抨击戏剧界的不良现象。值得一提的是,该刊为当时戏剧界追捧,"菊部""菊坛"一度成为上海京剧的专用名词。② 1919年郑正秋办新民图书馆邀周剑云入股,后创办《解放画报》,周剑云任主编。同年,周剑云担任上海学生会秘书长,与郑正秋、郑介诚(《解放画报》发行人)一同编印出版书籍,声援五四学生运动。据周剑云自述:他与正秋、介诚亲如兄弟,不论是职务交往、集会结社还是社会服务都是出入相随"联袂同往"③。

郑正秋与谷剑尘、徐卓呆、顾肯夫等多是因电影及相关行业接触。1922年新民图书馆因故停办后,周剑云、郑正秋、郑介诚、任矜苹同张石川一起创立明星影片股份有限公司——早期中国经营时间最长、摄制影片最多的公司。该公司成立后不仅邀鸳鸯蝴蝶派文人包天笑、徐卓呆等参与电影创作,同时邀顾肯夫主编《影戏杂志》为公司电影做宣传,并负责公司影片的布景管理和剪辑。④ 后该公司办明星影戏学校,为公司培养电影人才,初由郑正秋任校长,后由谷剑尘接任,周剑云、郑介诚、谷剑尘等都是授课老师,为中国电影输送了大量的人才。从这两段经历可知,彼此间存在同业关系。

其他诸如管际安、沈求己、吴绮缘、潘公展、严慎予等多是因新民图书馆出书的关系,或与周剑云同为报刊编辑而间接相识。如管际安、潘公展、严慎予同周剑云因同为《民国日报》写稿而相识。吴绮缘与周剑云因《菊部丛刊》而结识。另外,值得一提的是,管

---

① 周剑云:《怀正秋兄》,《明星半月刊》1936年第2期。
② 季伟、李姝林:《中国电影制片史别话》,中国电影出版社2011年版,第36页。
③ 周剑云:《伤心的回忆》,《明星特刊第一期〈最后之良心〉》1925年5月1日。
④ 徐耻痕:《中国影戏大观》,大东书局1927年版,第36页。

际安（南社成员、曲友名家）与民初著名的画家钱病鹤、但杜宇关系匪浅。管际安早年供职于上海《中华民报》，后经钱病鹤介绍入《民国日报》。管际安同但杜宇则如兄如弟，不仅助但杜宇办上海影视公司，还是但杜宇和殷明珠的媒人。

（二）后期：自主投稿的男女作者群

《解放画报》第18期，曾对该刊的投稿群体做过一个粗略的统计，"在过去的十八期中，男子投稿，曾经采用者，得九十一人，而女子仅十三人"①。但这十三位女性分别是谁，难以寻出。因为《解放画报》自创刊起便制定了不为女子作品署名"女士"的规定："本报自始至终对于女子的作品，既不加署名'女士'字样。因为认定'先生''女士'等称呼，出于他人之口则可，而自命则可不必。深望女同志平心思之。"② 在所有的投稿作者中，钱杏邨投稿最为积极也最负盛名。朱樸则是从读者转为投稿者的典型。

钱杏邨（1900—?），原名德富，笔名阿英、若英、若虚、魏如晦等，安徽芜湖人，著名文学家、戏剧家。早年毕业于中华土木工程大学，任邮政员。1921年《解放画报》创刊时，钱杏邨年仅21岁，刚出道，并与戴淑贞完婚。③ 他在《解放画报》内相当活跃，牛刀小试的他，发表了评论文章《女子解放的历程》，思潮《人生的信条》，小说《碑语》《都让他进来》《重婚》《展动了》，剧本《农民的悲哀》，诗《人生》《泛舟》《生活》《血钟》《养媳苦》等，撰写文章的数量仅次于主编周剑云。在他的文章中，表达出了较为明显的"左"倾意识。《解放画报》停刊后，他于1922—1926年主要在六安义务学校、芜湖民生学校从事教育工作。1927年加入中国共产党，赴武汉中华全国总工会任宣传工作，并与周剑云等组建六合影片发行公司。1928年，与蒋光慈、夏衍等在上海组织太阳社，倡导文学革命。1930年任"左联""文总"常委。后在抗日期间编

---

① 《本报革新预告》，《解放画报》1921年第18期。
② 周剑云：《评论：回复〈女士〉》，《解放画报》1921年第15期。
③ 刘绍唐主编：《民国人物小传（第六册）》，上海三联书店2015年版，第435页。

辑报刊《救亡日报》《文献》等等。一生著述了七十余种书籍,如《阿英文集》、杂文集《夜航》等等。当然这些都是后话了。为较完整地呈现《解放画报》的后期文字作者群,本书对《解放画报》主要文字作者做一统计,罗列如表3-2。

表3-2 《解放画报》后期文字作者一览表

序号	作者姓名	总次数	栏目	该栏篇数	序号	作者姓名	总次数	栏目	该栏篇数
1	钱杏邨	16	评论	1	7	倪楚杈	4	小说	2
			小说	4				诗	2
			思潮	1	8	杨尘因	11	剧谈(连载)	11
			剧本	1	9	金啸梅	3	小说	3
			诗	9	10	顾梦西	3	评论	1
2	朱朴	4	评论	1				诗	2
			新闻	1	11	枕薪	6	评论	2
			诗	1				诗	4
			读者论坛	1	12	朱瘦桐	3	诗	3
3	周能统	3	评论	3	13	不浊	3	小说	3
4	王警涛	12	思潮	3	14	沈选千	5	评论	1
			小说	2				新社杂诗	1
			剧谈	1				小说	2
			诗	2				通信	1
			读者论坛	1	15	如音	3	小说	3
5	朱信庸	10	评论	3	16	徐弃邃	4	评论	2
			思潮	1				思潮	1
			小说	2				小说	1
			诗	3	17	黄驾白	5	新社杂诗	1
			通信	1				诗	1
6	沈松泉	6	诗	5				小说	3
			小说	1					

资料来源:《解放画报》第1—18期目录。

（三）知名画家汇聚

《解放画报》的图画作者可分为前后两个时期，以第 9 期为界。之所以如此分界，因《解放画报》"正在按期出版的时候，承印本报的印刷所忽然失火，把八九两期的稿子烧得干干净净，再加担任长篇的和担任插画的屡屡误事，以致以后皆不能如期出版……我们从前很想把中断的数月补齐，后来才觉得这是劳而无功，办不到的事。我们现在决计用快刀斩乱麻的手段，把中断的五月，一刀斩断。"① 笔者以《解放画报》版权页为依据，制作图画作者变动表如下。

表 3-3　　　《解放画报》图画作者基本情况一览表

刊期	人数	名单	新增	删减
第 1—9 期	2	丁悚、钱病鹤		
第 10 期	12	丁悚、钱病鹤、但杜宇、江小鹣、杨清磬、谢之光、张光宇、张眉孙、陈南苏、陈映霞、金鹍声、王莹		
第 11 期	15	同上	张象文、席麟（心）、陆慧	
第 12 期	15	同上，除陈南苏	丁讷	陈南苏

从表 3-3 可见，第 1—9 期，《解放画报》版权页的"绘图者"上仅署名丁悚和钱病鹤这样的名家。第 10 期后，版权页"绘图者"名单迅速增加到 12 位。据笔者考《解放画报》，许多作者在前 10 期已经作为图画作者，只是未将他们的名字列入，如长期为《解放画报》绘制封面的但杜宇、活跃于美术界的谢之光等等。第 11 期后，张象文、席麟、陆慧等美术界新人加入，让《解放画报》的人数增加到 15 人。第 12 期后，长期活跃于上海美术界的陈南苏因故离开。此后《解放画报》的人员基本维持在 15 人左右，分别是：丁悚、钱

---

① 《本报革新预告》，《解放画报》1921 年第 18 期。

病鹤、但杜宇、江小鹣、杨清磐、谢之光、张光宇、张眉孙、陈映霞、金鹏声、王莺、张象文、席麟（心）、陆慧、丁讷。其中，以但杜宇、丁悚、钱病鹤等百美图画家最为知名。

但杜宇（1897—1972），名祖龄，字杜宇，号纯武。1897年9月出生于江西南昌的官宦之家，幼承家学，遍览四书五经，对绘画不仅钟爱且极富天资，临摹几可乱真。祖父但明伦（翰林院编修）不仅不视为不务正业，反而力排众议，因势利导，对于绘画才艺颇为支持。可惜，不久后父亲过世，家道中落。13岁起，他便与母亲艰难度日，维持生计。18岁那年，自己取字"杜宇"，意为杜鹃虽小，但其鸣声可刺破黑暗，唤醒宇宙，以此来立志图强。1916年，19岁的但杜宇变卖家产，携母亲及亲侄等到上海谋生。但杜宇来沪后寓居虹口区，因具有绘画天赋，在印刷所修整画稿和制版，闲暇时在四川北路的旧书摊和旧书店，购买国内外旧画报和美术书籍，潜心临摹。短短几年后，他掌握了绘画的造型功底和多种绘画技巧，无论漫画、油画还是擦笔水彩的"月份牌"画，他都能驾驭，并形成了自身的风格——在写实基础上适当夸张，善用钢笔黑白表现，注重比喻象征手法。其中，以"月份牌"这类美人画最受追捧，因而获得一些大公司和杂志社的邀约，绘制月份牌和封面女郎，因此结识了钱病鹤等一批漫画家。1920年但杜宇与钱病鹤等，一起发起组织了上海文美社，任社长，并以三色精印编辑刊行了一册《美人世界》，后又由新民图书馆发行《但杜宇百美图》等，让但杜宇成为首位出版个人画集的漫画家，同时但杜宇的百美图因"提倡女子解放""颇受各界赞誉"[①] 从此声名大振，身价倍增。但杜宇与新民图书馆也就结下了深厚的情谊。1920年《解放画报》创刊后，但杜宇包揽了所有的封面创作，并提供了诸多画作。在他的笔下女性所处的空间充满了各种西式器具，女性的身体被凸显，或着新式服饰，或为裸体，从中折射出五四时期以女性身体为代表的追求精神和肉

---

① 《新民图书馆广告》，《申报》1922年1月23日。

体自由的精神和意志。此后,但杜宇逐渐转型到电影事业中,突破外商垄断创办了国人第一家电影公司"上海影视公司",并将百美图创作灵感和精神融入电影中去,相继拍摄了《海誓》《重返故乡》《盘丝洞》等33部影片,并与电影明星殷明珠结为伉俪。一·二八事变后,但杜宇的上海影戏公司毁于战火,化为灰烬,他虽逆境挣扎,多地辗转,但仍难以抵抗接踵而来的战争和沦陷以及一系列变局,不得已举家寓居香港,至终老。

丁悚,字慕琴,上海金山枫泾人,擅长油画、漫画、水彩等,是中国近现代漫画先驱之一。他艺术天赋高,虽没有留洋学习过正统的西洋画,但接受美术教育时能融会贯通,此后从事了30多年的美术教学与传播工作。在丁悚所制定的各级课程中"以人体写生、野外写生二科尤为注重"。民国时期引发舆论轰动的"人体写真"事件[①]就发生在丁悚所执教的上海美专。丁悚致力于学院式精英美术传播的同时,也关注美术的商业化,他本人就是践行者。在民国前后,他的许多漫画作品发表在《上海日报》上,也应邀担任多家报刊的特约漫画作者,如《新闻报》《上海画报》等等。他自身也有办刊编报经历,曾与沈泊尘等一起创办《滑稽画报》,参与《世界画报》《健康家庭》等刊物的编辑工作,这些刊物的封面和内页版面设计,几乎由他包揽。尤为引人注目的是,他为《礼拜六》及其旗下的《女子世界》《香艳杂志》等多份刊物创作的封面画。他以细柔的擦笔水彩画做不同形象的时装美女图,或以钢笔和毛笔交替运用,线条清秀,为妇女报刊获得读者青睐、扩大发行量起着重要作用。同时他还出版过时装美女图集《上海时装百美图咏》《丁悚百美图》《丁悚百美图外集》等,还有多幅美女"月份牌"画存世。在五四时期,他成为《解放画报》的特约绘画者也在情理之中。

钱病鹤(1879—1944),原名"辛",吴兴人。擅长动物画、风

---

① 1925年6月《上海画报》刊载了刘海粟在上海美专给学生上写生课的场景,场景中女性为全裸引发社会集体声讨,认为此事败坏社会风气。

景画、漫画、人物等。其中以人物最为出名，曾出版《病鹤丛画》。钱病鹤对漫画的创作，最初是尝试性的。民国初年，袁世凯窃取革命果实，由总统而谋帝制，钱病鹤绘《百猿图》将袁世凯丑化为老猿，揭露其诡计，由此名声大作，便开始专事漫画了。此后为《民立报》《申报》等贡献了不少漫画作品。钱病鹤的漫画素以大胆、锋利著称。《解放画报》上的讽刺画，大多是钱病鹤的作品，如《上海时髦妇女之一日》《旗袍的来历与时髦》《放脚的笑话》等等。晚年，钱病鹤"自嗟落拓，仗着一枝秃笔讨生活，依然故我，自以为取名病鹤，是这一'病'口字犯了忌，此后他就改病鹤为云鹤，以为从此可以高翔云端了"，在《申报》等刊物上的漫画作品，皆署名"云鹤"。可惜，境遇未变，抗战时死于贫病交迫。

五　难以实现的行销策略

《解放画报》的经营者郑介诚是编辑影视出身，对于形式和内容的革新有颇多主意，如第 6 期披露："幸而文字图画有灵，很引起社会上的注意，销数日见增加，这本书总算发生一点效力了。"① 但在经营方面，却显疲态，一度出现延期"皆不能如期出版"的情况，遂立志次年第 19 期起革新并刊出《本志革新启示》，详列诸项措施，如"废除折价的旧习，定价二角，不折不扣""派特约撰述员和绘图员各负专责，绝不延期""注重妇女问题，故征求女赞助员，联络国内各女校，以期收事半功倍之效""内容……增至二十门""页数从六十页以上，以后加到一百页以上""印刷排列，务求美观，以醒眉目"等等。其中，尤为值得注目的是"女赞助员"。据《解放画报》刊出女赞助员的职责如下。

第一，介绍母校诸同学成绩画、相片，及文稿于本报（此项稿件用过奉还）。第二，介绍本报于诸同学，及女友（无推销责任），以本报长期赠阅为酬报。

---

① 《本报启示》，《解放画报》1920 年第 6 期。

所谓"女赞助员"是指兼具记者和推荐职责的女性。特别需要指出的是,《解放画报》以"提倡女权,征集各女校成绩作品"为由,明确规定,这些女赞助员的身份是"女教员"和"女学生",并将她们的姓名一一刊登于《启示》之后,并署"女士"二字(如表3-4)。五四时期女性教育普及成为主流舆论导向,阅读妇女报刊的主体之一就是女学生、女教员等识字女性。《解放画报》的这一做法,多少也有些推广刊物的用意。

表3-4　　　　　　《解放画报》女赞助员情况一览表

	姓名	学校	姓名	学校	姓名	学校
本埠	张英縠		潘经玉		周兰英	
	竺逊宜	爱国女校	郑畹芬	养性	李伟英	坤范女校
	陆礼华		祝凤钿		金洵霞	清心女校
	张婉清	女子体操学校	韩素娟	共和女校	曹汝洁	青年普益社女子部
	王竞华		张启縠		唐赟	女青年体育师范
	张淡如	务本女学	赵鸿良	神州女校	金启生	
	程博礼		丁露佩	晏摩氏女校	顾逸琴	美术学校
	孙秀娟	民生女校	王侃如	爱群女校		
外埠	陈桂蟾		谢雪	南通女子师范	范蕙淑	滁州第一女高小
	石景秋	枫泾第二女高小	汤凤美	南京东南大学	孙成玫	天津省立第一女子师范
	宣慰先		萧颖怀	湖州女子师范	钱用和	北京女子高等师范
	徐荣华	朱泾第一女高小	戴述箴	芜湖第二女师范	林芝芳	福建漳州职业女校
	杨达权	苏州女子师范	汪玉清	六安第一女高小	徐季叶	厦门女子师范
	陈威	杭州第二女师范	宋兰磐	霍邱第一女高小	彭罗民	新加坡南洋女校
	张倪安雅	苏州大同女校	张绍南	安徽省立女子职业学校	金锡美	杭州弘道女校

资料来源:《本志革新启示》,《解放画报》第17、18期。

但《解放画报》于1921年所说的"第19期"至1923年都未出现。1923年10月10日新民图书馆出版《解放画报》合订本，仅18期。而这前18期，《解放画报》所采用的经销方式，基本延续此前妇女报刊所一贯使用的方式。在价格方面，沿用折价惯例，以三角定价，"实售二角一分"。在发行方面，以新民图书馆为总发行所，分售处自始至终皆为"本外埠各大书房"。值得注意的是，新民图书馆位于上海麦家圈交通路九十号，麦家圈是当时上海报馆、报贩的最为集聚之地，或许这一地块的发行优势和资源已经满足于新民图书馆的发行需求，新民图书馆的分售处未做进一步拓展。在广告方面，《解放画报》利用《申报》平台为自身推广，关注购报赠品"加赠但杜宇精绘闪光彩色美丽月份牌""男女名优化妆，三色版明信片"。在《解放画报》自身平台上，以"特聘著名画家代绘图样形式，可听顾客指定，不另取资"①为广告促销方式，吸引广告主投放。不过，从《解放画报》设置的8个广告位的实际投放来看，商业广告的数量并不多，至第11期方才出现6个商业广告，如：红色补丸、人造自来血、太和大药房、中华储蓄银行、儿安适、立仁医院等，其余皆为新民图书馆的新书、新刊或《解放画报》目次。另外，《解放画报》1920年创刊，次年停刊，共发行18期。刊行时间如此之短，这在女性读者市场日广、妇女报刊运作相对成熟的五四时期是不多见的。《解放画报》的主编和创办人等也未想到会如此，才有了第19期的革新设想。这与《解放画报》的资金背景有关。该刊所依靠的新民图书馆为民营股份制。1923年股东决议撤资，新民图书馆连同《解放画报》皆摆脱不了停刊的命运。

报刊是浓缩的社会。五四初期，新旧文化、中西文化激烈冲撞、变革、融合，知识阶层形塑着新的话语方式、文化观念和城市经验。以此环境而生的中国首份妇女画报《解放画报》依托妇女画报的新形态，以平民妇女为拟想读者，开创性地采用图像文字并置的双向

---

① 《广告说明》，《解放画报》1920年第1期。

独立叙事风格。虽然,《解放画报》与早期画报形式不同,尚不能以现代画报来界定。且以郑正秋为代表的知识阶层的男性革新者所聚合的团体,试图以女性的教育平等、经济独立等观念与实践为女性重新确立在新社会秩序中的地位以撬动传统父权时代的桎梏,却始终避免不了以男性的视角和传统性别伦理经验去审视和指导女性的现代化生活和未来规划,其所反映出的不仅是男女关系的二元对立,也是女性处于舆论中心和实际边缘的困境。但无论如何,坐标于女性出版场域革新的《解放画报》,以妇女画报的形态初步建立起一种现代性的图文双轨叙事模式,以其镜像性表达和视觉化呈现缝合起前现代与现代叠合点上复杂的文化性别逻辑,记录旧妇女—新女性转化节点上的历史经验和生活实况,奠定了20世纪二三十年代妇女画报出现的基础和出版范式。时人对其高度评价:"一面用通俗易懂的文字做解放的运动,一面用'美术'——指图画——来宣传解放的思想,引起人底(的)美感;这正是一举两得,可谓解放声中的创特了。"①

第三节　中国共产党创办的首份妇女报刊——《妇女声》

《妇女声》(半月刊),是中国共产党创办的首份女刊,也是近现代政党女性报刊的源头。作为起点,《妇女声》的存续方式影响后续的规则及其演化。换言之,基于《妇女声》的实践所建立起的经验,会对规则产生初始影响。这种影响既包括对《妇女声》之后女性报刊制度的影响,也包括对《妇女声》之后从事女性报刊工作的"女性"的影响。本节致力于从政策与实践互动的角度阐释:政策对报刊实践的影响,以及报刊实践对政策的回馈。

---

① 王警涛:《读者论坛:欢迎解放画报》,《解放画报》1920年第2期。

一 《妇女声》诞生的背景

《妇女声》创刊于 1921 年 12 月，停刊于 1922 年 6 月，共出 10 期，以中华女界联合会名义创办，主要编撰人有王会悟、向警予、王剑虹、王一知等。设言论、评论、思潮、译述、世界消息、国内消息、调查、通信、附录等栏目，以白话文为主。那么，《妇女声》为何能聚集上述人物，又为何出现在 1921 年？

（一）女工运动的现实发生与早期宣传政策的回应

随着五四报刊思潮的鼓动，沉寂了数年的妇女运动全面复兴。因被过度压榨，"工厂女工的解放要求最为迫切"[①]。1920 年前后，因劳资问题出现的女工（罢工）运动成为舆论焦点之一。笔者以女工运动为主题检索全国报刊索引资料数据库发现，女工运动报道自 1920 年渐起至 1949 年回落，主要发生在上海。女工运动首个舆论高峰发生在 1921—1922 年。上海丝厂林立，女工多以缫丝为业，以此糊口的不下十余万人。但"逐日做工，所得工资不过二三角"[②]，完全满足不了基本的生活需求。为此，女工要求增加工资减少工作时间，厂主不同意，遂造成罢工风潮。罢工游行示威活动多次惊动巡捕大队出面阻止、驱散甚至拘捕。包括《民国日报》《字林西报》《新闻报》《时报》《晨报》《申报》等在内的报刊，从罢工现状、呼吁、维权等多角度进行了广泛报道，引发舆论关注。至 1922 年下半年《晨报》仍载"闸北复有丝厂女工约一万人，因要求增加工资，改良工作情形不遂，全体罢工"[③]。

女工运动的现实发生，得到了党组织在观念和政策上的回应。1921 年 6 月张太雷在《致共产国际第三次代表大会报告》中对"中国妇女运动"的看法代表了党最早对女工运动的观点和策略，报告

[①] 向警予：《妇女运动的基础》，《妇女周报》1925 年第 81 期。
[②] 《上海各工团为丝厂女工呼吁》，《申报》1922 年 8 月 17 日。
[③] 《上海丝厂女工亦全体罢工》，《晨报》1922 年 8 月 9 日。

认为：无产阶级领导的妇女解放运动是"无产阶级斗争"中的一部分，是"统一的革命机器的有用的螺丝钉"①。7月，《中国共产党第一个纲领》正式提出无产阶级专政，组织工农劳动者和士兵（宣传共产主义②），确立"不分性别、国籍，均可接收为党员，成为我们的同志"③。从制度起点明确中国共产党致力于维护无产阶级利益，支持男女平等的基本主张。

1921年11月10日（《妇女声》创刊前1个月），上海《新闻报》《申报》《民国日报·觉悟》《解放画报》《四民报》等多家报刊同时刊登《通告》落实文件——《中华女界联合会改造宣言》（下称《宣言》）。《宣言》所列十条纲领除了重复近现代妇女解放的普遍目标，如教育平等、言论自由、选举权、财产权等外，特意就女工群体列了如下四条：第一，在男女应有平等生存权的理由上，我们要求社会上一切职业都允许女子参加工作，男女同工同酬。第二，在人权平等的理由上，我们努力拥护女工及童工的权利，为女工及童工所受非人道的待遇痛苦而奋斗。第三，在男女劳动同一阶级觉悟的理由上，我们主张女子参加一切农民、工人的组织活动。第四，基于男女对于社会义务平等的理由，我们主张女子与男子携手，加入一切抵抗军阀、财阀的群众运动。④ 上述主张，一方面突破了以往只关注少数中上层女性或女知识分子的局限。将人数众多的受压迫、受剥削的女工纳入视野并写入章程。另一方面，将对女性的关注点从以往的思想和身体解放领域，扩展到女性切身的劳动和生存等现实问题。

---

① 叶孟魁：《中共最早关于妇女运动的文献》，《党的文献》1998年第5期。
② 中共中央文献研究室、中央档案馆编：《建党以来重要文献选编（一九二一——一九四九）（第一册）》，中央文献出版社2011年版，第3页。
③ 中共中央文献研究室、中央档案馆编：《建党以来重要文献选编（一九二一——一九四九）（第一册）》，中央文献出版社2011年版，第4页。
④ 中华全国妇女联合会妇女运动历史研究室编：《中国妇女运动历史资料（1921—1927）》，人民出版社1986年版，第11—13页。

（二）五四早期女刊零落，团结女工需要发声平台

我们通常认为五四时期是报刊鼎盛时期，妇女报刊自然应在其列。但这一认识并不适用于五四早期。1916—1918 年上海妇女报刊零出版。1919 年仅有 2 份报纸副刊。1920 年新出 2 份妇女报刊，从其短期经营就停刊的状况而言，妇女报刊的生存较为艰难。

在此背景下，1921 年 12 月 10 日党的首份女刊《妇女声》创刊，自然不是为了盈利。回顾已有文献发现，研究多集中于描述《妇女声》的概况以及对文本进行分析，认为《妇女声》是党向妇女进行宣传的强大阵地。但并未解释《妇女声》何以要面向识字率并不高的上海女工群体。毕竟，报刊内容文本效用的发挥，离不开载体内容的被阅读。

国民党执政期间忽视宣传，以至于国民党和民众是割裂的。"武昌起义起，这十余年中，（国）民党和民众几乎分成两块"，其原因是"（国）民党忽视了宣传事业"①。1921 年 7 月中国共产党成立，将"宣传"作为党的生命的重要组成。党在《中国共产党第一个决议》（共 6 部分，下称《决议》）中将"宣传"置于第二的位置，仅次于"工人组织"之后。在第五部分再次提及"宣传"："在争取言论、出版、集会自由的斗争中，我们应始终站在完全独立的立场上，只维护无产阶级的利益，不同其他党派建立任何关系。"② 这一条款不仅阐明了党独立自主的基本立场，也决定了党在宣传上追求和维护独立性。

党的早期宣传政策正是基于《决议》而制定。1921 年 11 月，陈独秀发布《中国共产党中央局通告——关于建立与发展党团工会组织及宣传工作》，首次正式提出"妇女运动"③，并将工会组织与

---

① 潘学海：《国民革命与宣传功夫》，《新建设》1924 年第 4 期。
② 中共中央文献研究室、中央档案馆编：《建党以来重要文献选编（一九二一——一九四九）》（第 1 册），中央文献出版社 2011 年版，第 6 页。
③ 第三条规定：关于青年及妇女运动，请各区切实注意。"青年团"及"女界联合会"改造宣言及章程日内即寄上，望依新章从速进行。

宣传工作并列为党早期的两大任务。而从组织工会到宣传，占女性人数比重大且急需得到帮助的女工，成为中国共产党重要的动员和团结对象。据汪原放回忆入党参加工厂会议的所见：

> 有一次，是在闸北工厂区的一个一楼一底的楼上开会。……开会的人陆陆续续来了。看那样子，是工厂里的工人。有三四十岁、四五十岁的小脚的女工；有十四五岁、十七八岁、二十多岁的青年女工；最特别的是有些小姑娘，只十多岁，打了小辫子，辫根还扎了大红的洋头绳。不一会，一楼面都是人，挤满了，不能坐下，只好大家站着。一会儿，（郭）伯和同志来了，讲了一会话，发了单张给各人。他们都是久经训练的，拿到单张，有的放在袜子底下，有的收在裤子的夹层里。后来我才知道他们都是纱厂里的。①

汪原放对于不同年龄段女工参与集会的回忆，再现了党早期宣传工作的实景。其中"久经训练"拿到传单的样态，又进一步说明了党组织在工厂宣传的频繁，以及工人是党组织要努力团结的对象。虽然不足以说明报纸与党组织活动的直接关联，但报纸本身已经存在于工人活动的空间之内。

二 党的早期宣传政策决定《妇女声》的创办实践

党的女刊是宣传党的政策观念不可或缺的载体。政策条款通常高度精练概括，接触者少，影响面窄。《妇女声》作为党的首份女刊，积极服务于党的早期宣传政策——通过较为浅显的文辞表明政策的意图，并实现大面积扩散传递。

（一）《妇女声》积极服务于早期宣传政策

1921年12月，应前述政策而生的《妇女声》开宗明义地表明：

---

① 汪原放：《回忆亚东图书馆》，学林出版社1983年版，第107—108页。

"妇女解放等同于劳动者解放",旗帜鲜明地号召:"一班有知识的女子加入第四阶级的队伍从事妇女运动。"① 这一旨向在当时的女性报刊中独树一帜。当时主流的女刊,不论是商业性抑或非商业性都旨在中上阶层范围内发现女性、解放女性、塑造"新"女性,强调性别平权,包括教育、财产、参政等权利。《妇女声》的出现从根本上改变了书写对象和内容倾向,从以往为中上阶层女性的平权诉求转向了关注女工的基本生存层面:"取得自由社会底(的)生存权和劳动权!"②

图 3-4 《妇女声》平民女校特刊号

《妇女声》所载内容也以"以宣传被压迫阶级的解放,促醒女子加入劳动运动"③为核心展开,大致可分为两类。首先,区分阶级,说明国内妇女运动的现状与未来。在20世纪20年代,上海女工的阶级意识还十分淡薄,女工姐妹间的关系主要建立在传统的地缘基础上,而非工人的身份认同。④由此造成女工运动推进的困难。《妇女声》以马克思主义思想为指引,结合国内实际,推动女工重新思考自身命运。让女工意识到:第一,自身已从初民性别分工时代的无薪酬的"最初的劳动者"逐渐过渡到了"社会底(的)一分子",应当与男性拥有同等的社会权利和义务。第二,女性所处的劳动环境,本质并非促醒其成为社会的一员,而只是"妨碍行动的铁

---

① 《通讯》,《妇女声》1922年第5期。
② 《〈妇女声〉宣言》,《妇女声》1921年第1期。
③ 《妇女声》,《民国日报·妇女评论》1921年第22期。
④ [美]艾米莉·洪尼格:《姐妹们与陌生人:上海棉纱厂女工 1919—1949》,韩慈译,江苏人民出版社2011年版,第133页。

栅栏","逃出家庭的铁锁,系上工钱的铁锁"①。第三,女工运动,就是女性劳动者挣脱"铁锁"的方式。当前,"妇女运动的中心已经由第三阶级转移到第四阶级","第三阶级的女权运动因为受了外部虚荣的感应而起的",而以女工为主体的第四阶级妇女运动,拥有更为坚固的基础,妇女运动必须与无产阶级妇女携手才有未来。②

其次,组织并声援现实女工运动。据不完全统计,1922年全国女工罢工18次(大多发生在上海),罢工人数3万余人,所属工厂60余家。③ 1922年4月,党领导的工会直接领导上海浦东日华纱厂的3000名女工举行罢工。《妇女声》以极大的热忱支持鼓励和声援女工,向女工们阐明工会是"女工团结的中心点","伊们这种团结力的坚固,是中国女劳动者阶级觉悟的表现。这种表现将来必然要普及于全国女工人之间。我希望姐妹们要用积极诚恳、极热烈的精神,帮助伊们这种运动"④。除声援上海的女工运动以外,《妇女声》还详述汉口英美烟公司三千女工罢工、湖南女工罢工等事实,鼓动女工:"无产的妇女们若不是自己起来掌握政权和奴隶制度开战,即是社会主义不能实现的时候,真的妇女解放就不能达到目的。"⑤

《妇女声》的介入,打破了女性报刊聚焦于中上阶层女性的惯例。以事实为依据,指出了妇女运动与劳动运动的密切关系,为陷入困境中的女工指明了挣脱束缚的方式,催动其主体意识的渐趋觉醒。作为党的言论机关,积极地动员和声援着底层女工,追求"全妇女"的解放,共同推动社会变革。

(二)早期宣传政策对《妇女声》创办人的规范

近现代办女性报刊,主编的性别和身份往往决定了其是否"纯

---

① 《〈妇女声〉宣言》,《妇女声》1921年第1期。
② 王会悟:《对罢工女工人说的话》,《妇女声》1922年第10期。
③ 向警予:《中国最近妇女运动》,《前锋》1923年第1期。
④ 王会悟:《对罢工女工人说的话》,《妇女声》1922年第10期。
⑤ 王会悟:《中国妇女运动的新趋向》,《妇女声》1922年第3期。

正"。在《上海妇女志》以及相关研究文献谈及《妇女声》时都会指出两点：其一，以上海中华女界联合会的名义出版；其二，由党中央宣传部负责人李达领导。但李达与国民党关联组织上海中华女界联合会分属不同党派，并不符合《决议》中"不同其他党派建立任何关系"的规定。同时，李达本人在回忆中只字未提《妇女声》，仅提及平民女校。反而是李达夫人王会悟（非党员）在回忆中指出："《妇女声》是党领导的妇女刊物，是我主编的。《妇女声》和中华女界联合会有些关系。"① 那么，由非党员主编的《妇女声》为何是党领导的妇女报刊，其为何又与国民党关联的中华女界联合会产生了关系？上述情况的出现，实质都是受党早期宣传政策的规范与指引。

党早期宣传政策规定党的出版物必须由党员领导。1921年7月，党发布的《中国共产党第一个决议》第二部分"宣传"首次对党的出版物进行规范和赋权："一切书籍、日报、标语和传单的出版工作，均应受中央执行委员会或临时中央执行委员会的监督。每个地方组织均有权出版地方的通报、日报、周刊、传单和通告。不论中央或地方出版的一切出版物，其出版工作均应受党员的领导。任何出版物，无论是中央的或地方的，均不得刊登违背党的原则、政策和决议的文章。"② 即，赋权方面规定：赋予每个地方组织出版宣传品的权力；限权方面规定：一切出版工作都需要由党员领导、受中央或临时执行委员会监督，同时划定了出版物内容的底线。这意味着，非党员主编的出版物必须由党员领导。

但是，党早期人员严重缺乏，并没有足够的人员来进行宣传活动，包括创办女性报刊。据李达回忆，"1921年7月至1922年6月，中央工作都只有3个人，次后只有2个人，此外再无工作人员。只

---

① 《王会悟回忆平民女校及早期妇女运动等情况的记录》，《上海革命史料与研究（第4辑）》，上海古籍出版社2004年版，第519页。
② 《中国共产党第一个决议》，《建党以来重要文献选编（一九二一——一九四九）第一册》，中央文献出版社2011年版，第4—6页。

有宣传工作方面雇了一个工人作包装书籍和邮递书籍的工作","经费基本是由党员卖文章维持的"①。而宣传又是党早期的两大任务之一。因此,如何增加宣传人力成为摆在早期党组织面前的任务。上海中华女界联合会成为党组织扩员的选择——李达的妻子王会悟是上海中华女界联合会的成员,女界联合会会长徐宗汉本人也有意扩大她的势力范围。据王会悟回忆:

> 中华女界联合会的会长是徐宗汉,黄兴爱人,她做的工作是各界联合会的工作。黄兴死后国民党是不大理她的,她也有一肚子气,同时她也想扩大她的势力。所以我们就用她的名义和她的一些钱出版了《妇女声》。②

而且,该联合会与国民党有所牵连,并不符合《决议》的规定。因此,在中国共产党的帮助下成立改组委员会,由徐宗汉、王剑虹、高君曼、王会悟等对其进行改组。当时党中央发布的《通告》中所列第三条"'女界联合会'改造宣言及章程日内即寄上,望依新章从速进行"就包括了中华女界联合会的改组。随后,党的机关刊物《新青年》公开发布经陈独秀、李达审阅过的《上海中华女界联合会改造宣言及章程》。章程中规定:"中华女界联合会"的根本宗旨就在于拥护女子在社会上的政治及经济的权利,反抗一切压迫。同时,设立"组织"——由教育部、宣传部和工会组织部构成;并规定:本会发展在各省区五处以上时,即召集联合会议,组织中央机关;未组织以前,以上海机关代行中央职权。③ 在党的上海机关人员缺乏的情况下,经由中国共产党改组的"上海中华女界联合会"基

---

① 李达:《中国共产党的发起和第一次、第二次代表大会经过的回忆》,载《"一大"前后》,人民出版社1980年版,第14页。
② 《王会悟回忆平民女校及早期妇女运动等情况的记录》,《上海革命史料与研究(第4辑)》,上海古籍出版社2004年版,第519页。
③ 《上海中华女界联合会改造宣言及章程》,《新青年》1921年第5期。

本享有自决权,但前提是依照《决议》的规定——党的出版物必须由党员领导来执行。

由此,"上海中华女界联合会"作为《妇女声》名义上的创办者,王会悟作为实际主编。这就与前期及同期女性报刊的创办实践存在明显差异。但在当时的情境中这种明暗双重叠加的方式,既符合党的政策,也符合女性报刊由女性主持的社会伦理,阐释并协调着性别权利与政治社会间的复杂关系,具有了双重合法性。

三 《妇女声》的实践对党的女性报刊制度的回馈

政策的生命力在于适用。《妇女声》的出版,处于中国共产党成立之初,正是宣传政策的创制时期。这一时期政策的可协调度较大,政策与实践的相互转化能力也更明显。虽然,作为党的首份女刊《妇女声》的成功实践不是推动政策变化的唯一因素,但早期宣传政策中女性出版物(报刊)的出现乃至后来的变化都离不开《妇女声》的成功实践。在多米诺骨牌效应的影响下,《妇女声》的出现始于一次小小的推动。

(一)依党政策:立政党女性报刊实践模式

至1921年12月《妇女声》出现时,中国的女性报刊(女性出版物的主要形式)已经存在了23年,主要有商业性和非商业性两种发展模式。前者以营利为目的影响面较广,后者以平权为旨向影响面较小。《妇女声》作为政党女刊的源头,开启了由党直接领导,服务于党的政策的女刊实践新模式。

虽然,《妇女声》的实践与政策出台间直接强关联证据缺乏,但对《妇女声》实践模式的多次复刻以及政策导向,体现了《妇女声》的深刻影响。《妇女声》被迫停刊后不久,原借党外组织创办的《妇女评论》《现代妇女》合并而成《妇女周报》,由党直接领导,密切配合政治斗争和工人运动,指导妇女工作的开展。至党创办《中国妇女》(1925)时,中共中央妇女部开始以政策"通告"的形式对党的女性报刊进行管理,如发布《中共中央妇女部通告第四号——做妇女运动报告及指定〈中国妇女〉通讯员》等。《中国共产党第三次中央扩大执行委员会关于妇女运动决议案》（1926.9）明确指出：党的女刊需在党领导下才能达到应有效果："因此以后各地我们自己的及我们指导之下的妇女刊物均须力谋改良……只有这样，才能收到对于一般麻木妇女宣传和鼓动的效果。"① 即言之，党对女性报刊的直接领导，是其在妇女运动中正确发挥作用的前提。而党对女性报刊的领导，正是党的早期宣传政策的要点之一。《妇女声》作为这一政策的最早落实者，呈现了实践的客观事实，供给了政策制定的参考和依据。

　　女刊服务于政策的模式不仅影响了党内女刊的发展，同时也影响了国民党对于女刊的认识。时任国民党中央妇女部部长的何香凝在《中国国民党第二次全国代表大会中央妇女部妇女运动报告》（1926）中明确指出国民党妇女工作中缺乏女性宣传品的缺点："中央与各地还未发生密切关系，加以指导，使全国妇女运动成为一种片段的散漫的发展……未能注意妇女运动之教育的政治的训练，因党无宣传品与专门的机关……应注意之点。整顿党的妇女组织，有系统的宣传与训练，［印发］宣传品。"② 8天后，国民党二大发布《妇女运动决议案》首次将女性报刊写入制度"应刊行专向妇女群众宣传的出版物"③。在该文件出台后不久，向警予在向妇女共产国际所作的《中国共产党妇女部关于中国妇女运动的报告》中明确提出："最近由中国国民党上海妇女委员会发出宣言及进行议决案等，

---

　　① 《中国共产党第三次中央扩大执行委员会关于妇女运动决议案》，载中华全国妇女联合会妇女运动历史研究室编《中国妇女运动历史资料（1921—1927）》，人民出版社1986年版，第476页。

　　② 《中国国民党第二次全国代表大会中央妇女部妇女运动报告》，载中华全国妇女联合会妇女运动历史研究室编《中国妇女运动历史资料（1921—1927）》，人民出版社1986年版，第503—504页。

　　③ 《中国国民党第二次全国代表大会妇女运动决议案》，载中华全国妇女联合会妇女运动历史研究室编《中国妇女运动历史资料（1921—1927）》，人民出版社1986年版，第506页。

事先由我共产党中央通过的议案,以为我全国同志取同一态度进行的方针。"① 从某种程度上说,将女性出版物写入制度,输出了政治表达。党的女性出版物逐渐成为党派角力的媒介表征。

从《妇女声》率先服务于党的政策而言,政党女性报刊及其创办是由中国共产党率先推动的。而不同政党女性报刊对《妇女声》模式的复刻,说明政党女性报刊已经在政治和社会活动中发生了影响,并且已经存在行为上的重复。这种影响和重复的发生,在很大程度上推动了将女性报刊过去的经验写入制度的法则之中。这种经验就包括《妇女声》的实践。而制度所能导致的深层效应就是让行为与制度规范保持一致。从这个意义上说,《妇女声》树立了女性报刊服务于政党政策的办刊新模式。

(二)刊为机关:推动女性报刊成为党的妇女运动总机关

因女性识字率低,女刊与标语、传单等长期共同作为妇女运动的宣传手段,但不以营利为目的的女刊数量少,影响小。中国共产党成立后,党的二大在《关于妇女运动的决议》中首次明确"在共产党的机关报中,亦须为妇女特辟一栏"。这意味着,女性专栏成为机关报的基本组成,共同担负着宣传党的纲领、路线、政策的责任。党的三大发布《关于妇女运动决议案》(下称《决议案》)以政策的形式首次将女刊确立为党的妇女运动的"精神中心"(第三条)②。上述条款确立前,《妇女声》是党唯一直接领导的女刊,"在湖南曾发行到几千册"③。这种影响力为《决议案》起草者所"看见"。

---

① 《中国共产党妇女部关于中国妇女运动的报告》,载中华全国妇女联合会妇女运动历史研究室编《中国妇女运动历史资料(1921—1927)》,人民出版社1986年版,第185—186页。

② 《中国共产党第三次代表大会关于妇女运动决议案》,载中华全国妇女联合会妇女运动历史研究室编《中国妇女运动历史资料(1921—1927)》,人民出版社1986年版,第30、68—69页。

③ 周毓明:《湖南妇女运动之过去与将来》,载中华全国妇女联合会妇女运动历史研究室编《中国妇女运动历史资料(1921—1927)》,人民出版社1986年版,第199页。

《决议案》起草者，是当时上海妇女运动的实际、唯一负责人向警予。① 目前没有直接证据证明《妇女声》的成功实践影响了上述《决议案》的起草。但下述细节可以作为《妇女声》对向警予产生影响的证明。其一，一大后，向警予本人参与过《妇女声》的相关工作，曾以《妇女声》第二任主编的身份参加了中华女界联合会在愚园路天游学院礼堂召开的妇女团体会议，并发表过讲话。② 其二，向警予在谈及"宣传问题"时，多次提及并赞赏《妇女声》在"鼓动妇女思潮"方面的"精彩"并惋惜其短暂："第三件应注意的是宣传问题……找不到一种真正妇女团体主办有声有色足以鼓动妇女思潮的出版物。其中，虽也有些团体出过什么周刊、旬刊、月刊，也有比较精彩的，如中华女界联合会的《妇女声》，然而却都只有几个月或一年半载的生命。"③ "这是觉悟妇女提起来人人伤心的一件事……上海中华女界联合会的《妇女声》虽短命而死，天津却有了《女星》。"④ 其三，向警予本人将女刊宣传视为妇女运动的机关。这不仅可从后来她主持《妇女周报》以指导妇女运动中可见一斑。她本人也曾明确表达："一种运动之起，究竟是人们中的少数先觉者，以人为的力量缩短历史必然的进程，故宣传为运动必不可少的要件。"⑤ 在党的女刊相对稀缺的环境下，作为妇女运动领导者以及《决议案》起草者身份的向警予很难不受《妇女声》的影响，也很难不认识到女刊与妇女运动之间的相辅相成的关系。

---

① 《中国共产党妇女部关于中国妇女运动的报告》，载中华全国妇女联合会妇女运动历史研究室编《中国妇女运动历史资料（1921—1927）》，人民出版社1986年版，第173页。

② 舒新宇：《中国工运历史人物传略·向警予》，中国工人出版社2017年版，第58页。

③ 向警予：《上海女权运动会今后应注意的三件事》，《妇女周报》1923年第12期。

④ 向警予：《中国妇女宣传运动的新纪元》，《妇女日报》1924年1月2日。

⑤ 向警予：《上海女权运动会今后应注意的三件事》，《妇女周报》1923年第12期。

当然，党的女刊在妇女运动的促发方面并不具有点石成金的能力，其所扮演的是复合角色，"既能够将思想行为转变为政治操作，也能将政治权力转变为知识路线图"①，党的女刊作为政策思想物质化的载体，其创办是一种政治行为，而其目的就是通过物质化的传递，实现思想的普及。将女刊写入《决议案》则是以强制力保障言论的再生产，以此凝聚力量，持续推动妇女运动并发挥影响力。

四 女性的报刊实践对党早期宣传制度的影响

从政策到出版物实践，再从实践反哺政策，都离不开人的作用。女性的办刊实践，始于清末民初，以追求法律上的两性平等权利为首次高潮。至五四"发现女性"的思潮下，女性得以在原本属于男性的话语空间中占有一席之地，但这并没有根本改变女性群体整体知识欠缺以及性别区隔的客观事实。因此，由女性引领女性成为一种解决方式，并逐渐成为惯例。中国共产党成立以后，对于女刊与妇女运动的重视，正是基于对女性群体的重视。将女刊写入制度的背后，正是对女性的关怀与赋权。

（一）让女性发声：赋予女性主持党刊的权利

女性群体的话语权常常与"真正"公开的办刊发声关联在一起，由此必然要面对如何突破世俗对于女性公开表达的历史成见，以及如何获取公开表达的权利。始于1898年的《女学报》实践揭开了女性办刊的序幕，但此后女性创办的刊物无一不在组织松散、资金缺乏、人员不充足，以及政治干预等情况下"稍纵即逝"。至五四前复归于男性主持，"各地零零碎碎的妇女团体大都挂的是块空招牌，通全国难找一种彻头彻尾妇女主办的宣传物"②。

《妇女声》的出现，复合了女性主体办刊实践以及党组织对女

---

① ［法］雷吉斯·德布雷：《普通媒介学教程》，清华大学出版社2014年版，第28页。

② 向警予：《中国妇女宣传运动的新纪元》，《妇女日报》1924年1月2日。

支持的双重表达。当然，由女性作为主体的办刊实践并非党组织的首创，女性主导的宣传方式也不止女刊这一种。但这可能是妇女团体实践过并且证明有效的方式。《中国代表在共产国际妇女部第三次大会上的报告》中指出："吾们对于那些勇于奋斗的青年希望甚急，但他们也因家庭学校的束缚，我们也很不易与他们接近，因此吾们对他们鼓吹宣传的方法，第一是必须有报纸（刊物）的宣传。"① 向警予基于时情也作过评述："宣传方法本不止文字一端，然而幼稚的中国妇女团体的能力，却只能暂就文字方面着重努力；而且现在妇女运动最急切的是需要一班有头脑而热心运动的基本分子，做妇女运动的起重机，有了这个起重机然后才有办法。"② 由此，当时的女性先知先觉者们基本都以办女刊的方式进行宣传鼓动。而《妇女声》所开启的正是女性主持党刊的传统，而后邓颖超等在天津创办的《女星》（旬刊）等亦是遵循其方式。

另一方面，五四时期宗法社会遗留的男女界限尚未完全突破，党对女性的支持也是对社会伦理的回应。如恽代英所指出的：对于不觉悟的女工、女学生，却找不着几多觉悟的女子去做这种宣传的工作，而觉悟的男子又因于宗法社会遗留下来的男女界限，不能去接近向她们进行宣传。③ 党的四大《对于妇女运动之决议案》的条款中所指出的"女性不可或缺"很大程度上正是基于上述事实："各地党部应注意介绍女党员，因为在宗法社会关系未曾打破的中国，女党员担任妇女运动确有许多便利。从经验上说，没有女党员的地方，妇女运动常常无从着手。"④ 因此，女性主持党刊，既符合

---

① 《中国代表在共产国际妇女部第三次大会上的报告》，中华全国妇女联合会妇女运动历史研究室编：《中国妇女运动历史资料（1921—1927）》，人民出版社1986年版，第189页。
② 向警予：《上海女权运动会今后应注意的三件事》，《妇女周报》1923年第12期。
③ 恽代英：《妇女运动》，《中国青年》1925年第3卷第69期。
④ 《中国共产党第四次全国代表大会对于妇女运动之决议案》，中华全国妇女联合会妇女运动历史研究室编：《中国妇女运动历史资料（1921—1927）》，人民出版社1986年版，第280页。

社会伦理要求和中国共产党男女平等的一贯主张,也能符合党的《决议》精神——由女党员主持,或受党领导的女性作为主编。

从某种程度上说,在党早期组织人员不足的客观情况下,女性的参与,有效协助党早期宣传工作的推进。而以制度形式确认女性作为办刊实践的主体,在一定程度上打破了历史和社会制度造成的男性特权和女性劣势,给予女性特殊的制度保护。在性别关怀层面实现了男女实质上的平等。而制度观念的重塑为后来的女性主持党的女刊、从事宣传工作奠定了坚实的基础。

(二) 为女性发声:形塑女性立场的宣传平台

在女性普遍弱识的客观情况下,男性执笔女刊是一种普遍现象,其表达往往基于对女性群体需求的"想象",具有政论化倾向,很难真正深入女性群体实际需求,宣传和鼓动效果有限。而以往女权运动者又"没有什么能力和精神来办有声有色足以鼓动全国妇女思潮的出版物。这种事实,女权运动的领袖们,有的也早已觉到,只可惜还没有想法挽救"[①]。由此造成了为女性发声刊物的严重缺乏。

《妇女声》致力于站在女性的立场,以女性的视角去反映其内心的感受、苦楚与希望,并反映特定年代、特殊环境中各种女性的共同需求。如《〈妇女声〉宣言》中直言:"女子是人类社会底一分子,有应尽的义务和应享的权利,应当自己支配自己的生活。经济组织变化的结果,迫使我们离开家庭奴隶的境遇,走到社会中来,要完成我们历史的使命。"[②] 借助《妇女声》这一女性立场的平台,女性不必再被动等待,而是主动掌握话语权,表达性别体验和时代心声。其中《对罢工女工人说的话》《中国妇女运动的新趋向》等文对女工生活苦难细节刻画很典型,如"做母亲的只得将乳头从孩子口夺出,忍着心听孩子哇哇的哭声走到厂里,直到下午六时回来

---

① 向警予:《上海女权运动会今后应注意的三件事》,《妇女周报》1923 年第 12 期。

② 《〈妇女声〉宣言》,《妇女声》1921 年第 1 期。

才见孩子的面，再才能给乳伊吃。你们这样抛下小儿女到工厂去，无非是要得些糊口的资料罢了"①。"中国的工厂，多系外人创办，洋监工、洋奴、洋狗所施于女工的奸淫掠夺种种非人待遇，有非言语所能形容的，姊妹们当可以想象而知。"② 王会悟等《妇女声》的女性编撰者能够对同性感同身受，使其表达更贴近女工的生活实际，更能表现女工的真正痛苦和实际要求。经由女刊的传递，这些立场的表达也更容易在女工群体中发生情感的流动和共鸣。时人将《妇女声》的传播影响概括为：民国十一年一年内可以看见的妇女运动的"遗迹"③。

自《妇女声》以后，党的女刊实践和宣传政策基本都主张刻写女性的实际感受。从女刊方面看。如《妇女日报》发刊词："普通的报纸，多半是男子的专用品。对于妇女的痛苦，不能深刻的描写。所以特组织这个报，作妇女诉苦的机关。"④《女星》发刊词："女子方面，除了被有产阶级掠夺以外，同时又受旧礼教与男系制度的压迫，故女子所受的痛苦还倍于劳动者。我们因时时感受了这种种痛苦，受良心的驱使，久想有所作为，最近方得集合了十几个同志，组织这个'女星社'。"⑤ 从政策文本方面看。自党的四大开始，对女刊的内容指导开始出现在政策文本中，如《对于妇女运动之决议案》中"此刊物内容应注重妇女问题多方面的描写和批评，切忌偏枯"⑥。《中国共产党第三次中央扩大执行委员会关于妇女运动决议案》进一步指出："切戒空洞的政论和其他空洞的理论，多描写妇女

---

① 王会悟：《对罢工女工人说的话》，《妇女声》1922年第10期。
② 王会悟：《中国妇女运动的新趋向》，《妇女声》1922年第3期。
③ 《湖南妇女运动之过去与将来》，载中华妇女联合会妇女运动历史研究室编《中国妇女运动历史资料（1921—1927）》，人民出版社1986年版，第199页。
④ 《〈妇女日报〉发刊词》，《妇女日报》1924年1月2日。
⑤ 《〈女星〉旬刊发刊词》，《女星》1923年第1期。
⑥ 《中国共产党第四次全国代表大会对于妇女运动之决议案》，载中华全国妇女联合会妇女运动历史研究室编《中国妇女运动历史资料（1921—1927）》，人民出版社1986年版，第281页。

的切身痛苦和实际要求,务使每个妇女看到都感觉为她自己说话。"① 这些政策文本和报刊内容的转变,都在昭示着党领导下的女刊所持的关怀女性的立场。

作为党的首份女刊,《妇女声》不仅书写着来自女性自身的自省和自言,让隐没于底层的女工的苦难和真实进入历史的公共空间之中,同时也凸显和奠定了党的早期女刊以女工为侧重的独特景观和时代关怀。

《妇女声》作为党的首份女刊,走出了由零至一的关键一步。《妇女声》的创办是遵循并积极服务于党的早期宣传政策的结果。《妇女声》的实践,则为党的女性出版物制度基础观念的形成提供了参考和依据,使其在探索和合法化协调的过程中得以发展。同时,经由《妇女声》观察到,早期宣传制度创制过程中,党对女性的关怀和赋权,为女性言论的生产与再生产提供了保障,也为后来的女性报人从事党的新闻宣传工作奠定了基础。从某种程度上说,《妇女声》的实践与党早期政策之间的互动,在一定程度上是以实然世界的经验方法,完成了对应然规则的建构。本书在论述过程中,虽已触及宣传制度创制初期能动者在创设和维护制度方面的努力,但所涉较少,有待进一步研究。毕竟,这些早期经验使政策经由先验的理性主义转向以人为中心,体现着党的政策为人服务的现实关怀。

第四节　上海妇女报刊多样化发展

一　商业性妇女报刊的意识革新

五四新文化运动的发生,迫使言论钳制的缺口被打开,以

---

① 《中国共产党第三次中央扩大执行委员会关于妇女运动决议案》,载中华全国妇女联合会妇女运动历史研究室编《中国妇女运动历史资料(1921—1927)》,人民出版社1986年版,第476页。

《新青年》为代表的报刊重新在社会舆论中发生影响,妇女解放运动复兴,女性作为人的意识广为传播。作为舆论重要组成的日报,如《时报》《中华新报》《时事新报》《民国日报》等相继辟出妇女版块专供讨论妇女问题。非商业性妇女报刊狂飙突进迅速占领意识形态的制高点。面对狭小的盈利面,民营出版商大多选择退居观望,商业性妇女报刊除了前述《解放画报》,仅存1926年创办的《女伴》(1926.10—1927.4,月刊,女伴月刊社)、《闺友》(1926.10—?,周刊,闺友周刊社)、《婚姻》(1926.12—1927.1,半月刊,婚姻半月刊社)等,以及被迫革新刊物旨趣的《妇女杂志》。因《女伴》之类刊期短多散佚,《妇女杂志》可谓这一时期商业性妇女报刊之典型。

(一)章锡琛临危接任《妇女杂志》,汇聚优秀学者

章锡琛接任《妇女杂志》主编,可以说是一种偶然。1919年商务印书馆出版的各种杂志遭到五四运动先锋罗家伦点名批评,商务印书馆在文化界经营良久的声誉一落千丈。1920年11月下旬商务印书馆为挽回因刊物造成的不良社会影响,迫使王蕴章辞职,改换他人。《妇女杂志》《小说月报》的主编随之空缺。鉴于茅盾为上述两刊的革新写了不少文章,商务印书馆高梦旦原拟邀茅盾执掌两刊担任主编,却遭"只能担任《小说月报》,不能兼顾《妇女杂志》"为由婉拒。于是商务印书馆只得再寻他人,其间因钱经宇的举荐,章锡琛受邀主编《妇女杂志》。洽谈之初,章锡琛对于女刊主编之职甚为勉强,一方面因为他在妇女问题上并无研究,另一方面则是商务印书馆对《妇女杂志》历来不重视。后经钱再三督促"才勉强应允"①。

此后《妇女杂志》开始有了独立主编。不过,仍旧让章锡琛"一个人单干"。如今看来,从某种程度上,倒也是拓展了章锡琛的

---

① 章锡琛:《漫谈商务印书馆》,载《商务印书馆九十年》,商务印书馆1987年版,第111页。

权力范围,让他得以大胆革新,依托个人魅力和社会关系建立编辑团队、撰稿者群。1919年12月,编辑部改组。周建人因常常应章锡琛的要求寄去稿件,遂成为受邀对象。此后章锡琛陆续会集了当时中国最优秀的一批文化学者,其中不少都是新文化运动的主将,如鲁迅、沈雁冰、周作人、胡愈之、巴金、叶浅予、陈伯吹、向警予等都以作者的身份参与进来。甚至,旅日主张进步的知识分子也为《妇女杂志》撰稿,吴觉农就是其中之一。据他回忆,"我和章锡琛是20年代相识的。当时,他是商务印书馆《妇女杂志》主编,在这本刊物上开展妇女问题的讨论,有一定的进步倾向。我当时在日本留学,常翻译和改写日本刊物上有关妇女问题的文章寄给《妇女杂志》"①。在这些精英的鼎力支持下,《妇女杂志》摇身变为妇女问题的前沿阵地。

(二)《妇女杂志》革新的几个方面

1. 编辑方针

《妇女杂志》创刊初期,曾以为国家培养"贤妻良母"为宗旨。1919年五四运动主将组建的编辑作者群,将编辑方针修改为"全国男女研究讨论妇女问题的公开机关"。在他们看来,"现代的妇女,已经不能限于家庭"。"中国现在的妇女问题,不是少数一部分人的问题,是关系全国人民的大问题,应该由全国多数人共同研究、共同讨论,才是合理。"② 在这个思想指导下,《妇女杂志》的内容相应变革,一改王蕴章时期着眼内庭教化的内容主旨,以一种开放的姿态吸纳新知。不仅表现在引进西方妇女思想,编译推介了诸多有关国外妇女解放思想和妇女解放运动的新动态和新思潮;更为重要的是响应当时的主流叙事,刊发了大量婚恋自由、男女平等、经济独立、社交公开的文章,让长期处于闭塞环境下的中国女性读者开

---

① 宋应离、袁喜生、刘小敏编:《20世纪中国著名编辑出版家研究资料汇辑》第2辑,河南大学出版社2005年版,第496页。

② 《本志第八卷革新预告》,《妇女杂志》1921年第11期。

眼看世界。

《妇女杂志》这种积极提倡妇女解放、问诊女子问题，为有识之士提供妇女问题公共研讨平台的做法，在当时奏响了中国近代史上关注女子问题的最强音。同时也留下无法忽视的问题，即当时多数女性并没有相匹配的知识水平和认知能力来理解和遵循，所谓的启蒙妇女只限于少部分精英女性。

2. 编排形式

章锡琛对于《妇女杂志》进行了大刀阔斧的革新，在编排形式上较之前差异最大、最引人注目的莫过于封面和专号的使用。

（1）封面

在王蕴章时期，《妇女杂志》的封面基本是贤妻良母式的女性形象，衣着传统、发髻严整、神态拘谨、低眉恭顺、专心女红。封面意在表达中国传统女性内敛恭敬的性格特征以及乐居内庭的生活方式。至章锡琛时期，封面或采用花朵图案或直接将目录搬上封面，一改此前软性风格，整体较为严肃。封面的前后变化，直接表达着刊物宗旨和立场的变更。

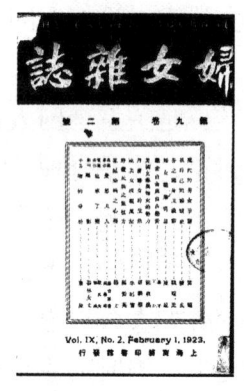

| 第1卷第6期 | 第8卷第11期 | 第9卷第2期 |

图3-5　王蕴章时期和章锡琛时期《妇女杂志》封面（部分）

（2）专号

专号，作为精英知识分子对于某一问题重视的具体表现，在五四时期多有刊出。例如《新青年》的"易卜生专号"（第 4 卷第 6 期）、《少年中国》的"妇女号"（第 4 卷第 1 期）等等。章锡琛时期《妇女杂志》对于专号的出版，可谓频繁而轰动。据统计，《妇女杂志》自 1922 年 4 月起至停刊，共出版各类专号 20 期，其中章锡琛时期为 11 期，占总量的 55%。如离婚问题号、妇女运动号、家庭革新号、新性道德号等在社会上影响巨大。第 1 期的离婚问题号，供不应求，重印了 2 次。《妇女杂志》依托于专号对各类问题所作的深入讨论，在知识分子群体内产生的轰动，一时无两。

3. 薄利多销 调研市场

章锡琛除了在宗旨内容上大刀阔斧地革新引领时局，对于《妇女杂志》的市场营销方面也是颇费心思。一方面，章锡琛采用薄利多销的策略。在纸张成本不断上涨的艰苦条件下依然不断降低定价："本志从前定价也很廉，现在更为减轻读者负担起见，又减少三分之一。"在 1920—1925 年，上海的物价较 1911—1919 年间略高，作为市场价格标尺的一斤猪肉价格，从 1 角 2 分 3 分涨至 1 角 4 分 5 分左右。《妇女杂志》的最初的定价为 2.5 角，是猪肉价格的两倍，1921 年后改价为 1.5 角，则与一斤猪肉的价格持平。从中可见，《妇女杂志》降价力度之大。不过，这一价格的调整，确实奏效。《妇女杂志》的销量从原先的 2000 份，一度增至一万份。章锡琛自是喜不自禁。[①] 另一方面，章锡琛还引入了市场调查机制，甄别受众群体。例如，《妇女杂志》曾于 1923 年 9 月以"我之理想的配偶"为题，征得 155 名读者的回应，是《妇女杂志》史上应征数最多的一次。经瑟卢的统计发现，读者中男性占绝大比例（男女比例接近为 5∶1），以青年人（18—24 岁）居多，以学生和教师为主。[②] 面对女性读者少的情况，章锡琛着手调整了《妇女报刊》的内容设计，有的放矢地制定了一系列争取女性受众的视觉和内容传播策略，体现在装帧

---

① 《本社特别启示》，《妇女杂志》1921 年第 6 期。
② 瑟卢：《现代青年男女配偶选择的倾向》，《妇女杂志》1923 年第 11 期。

设计以及女性作家引入、新知传播,兼顾生活经验,等等。

(三)《妇女杂志》的社会影响

章锡琛时期的《妇女杂志》广受知识界的好评,被称为"中国妇女问题出版物里,不愧坐第一把椅子",具有文化风向标的作用。但《妇女杂志》与五四时期的众多男性精英所创办的妇女报刊一样,所保有的精英意识、代言制度,以及过于注重理论,让《妇女杂志》失去了大量女性读者的共鸣,尤其是认知水平整体相对保守、对于新思潮接受能力有限的女性读者。所以,这一时期的《妇女杂志》实质是缺乏女性声音的。在五四新文化落潮后,1925 年年底《妇女杂志》转变宗旨,消减理论色彩,迎合妇女的实际需求,复归了"软性"读物立场。① 当然,与社会环境密切关联。

二 非商业性妇女报刊的复兴

五四运动时期,妇女问题重新成为社会公共议题备受瞩目。伴随着声势浩大的妇女解放运动,非商业性妇女报刊继民元以来再次迎来创办热潮,出现了短暂的复兴。据笔者统计,非商业性妇女报刊占这一时期妇女报刊总量的 80% 左右,但刊行时间普遍较短,影响较弱。在这些非商业性妇女报刊中,最具开创意义的是中国共产党创办的首份妇女报刊《妇女声》,刊行时间最久的是中华基督教女青年会创办的《女青年》②,最早出现的是上海务本女校陆秋心等 5 位教师创办的《新妇女》。

---

① 《明年妇女杂志的旨趣》,《妇女杂志》1925 年第 12 期,"广告页"第 4 页。

② 原名《青年女报》,由中华基督教女青年会创刊于 1916 年 12 月,初为季刊,每年出版 4 期。1922 年改为月报,因多数读者为在校教会学生,故 2、7、8、9 月学生假期不出刊,年出 8 期。1926 年更名为《女青年》,该刊设有栏目"社论、家政、女子职业、各地女青年会之进行、基督教学生事业、文艺、通讯、会务消息等"。1923 年女青年会召开第一次全国大会,并成立全国性协会,订立《青年女报》为女青会的机关刊物,担负着宣传报道女青会活动、女青会"服务社会,提倡德智体群四育"宗旨的基本职责,1937 年因抗日战争爆发而停刊。

(一)《新妇女》的创刊背景与宗旨

《新妇女》(*The New Woman*) 半月刊,创刊于 1920 年元旦,停刊于 1921 年 5 月。由上海务本女校的陆冠春等五位教员联合创办,新妇女杂志社出版发行,共出 5 卷、31 期,前 4 卷每卷 6 期,每期 50 页左右。该刊以"改进现社会,使妇女有彻底的觉悟,将来能够共同担负新社会上的一切重大责任"为宗旨,以论说为主体,兼有调查、随感录、诗歌等,意在塑造新妇女。

《新妇女》的创办,一是应五四女性解放的时代呼声,二是对教员偏见的反击。1915 年后社会存在一种风气认为:"学生都是知道爱国运动的,都是知道新文化运动的;一般教员们都不知道爱国的,都是反对新文化运动的。"务本女校的五位男教师,为了反击这一社会偏见同时传播妇女解放的观念意识,就在五四运动罢课时期,聚在一块研究新妇女问题,组织了新妇女杂志社,向社会表明教员也是经由学生转变而成的,教员有更深层的觉悟"担任女子教育的人,对于女子问题,还有一些儿研究,要使女子有彻底的觉悟,是我们的责任……以后除了在学校里教授训练以外,还要去做一种出版物,把社会各级妇女的种种问题,仔细研究,使他们的思想改进,他们的能力增高,以适应社会生活"①。"现在做《新妇女》就是想叫我们人旁边,不论男女,还没有认识或是还没有认真这个人字的这一阶层,统统来认真这人字。"②《新妇女》因之诞生。

《新妇女》之所以定此名,在杂志同人看来,"就是使大家知道新社会的妇女不是旧社会的妇女……既然有新社会,一定要有新妇女",并仿照《新青年》的《敬告青年》中对新青年的要求,提出"新妇女"的要求:"有完全人格的,有愉快精神的,有正当职业的,是平等的,自由的,独立的,互助的。"③ 在创刊号上主编陆秋

---

① 《告新文化运动的同志》,《新妇女》1920 年第 2 期。
② 陆秋心:《我只认定一个人字》,《新妇女》1915 年第 1 期。
③ 陆秋心:《我只认定一个人字》,《新妇女》1915 年第 1 期。

心曾仿照《民立报》的做法,发表出版纪念小说《梅花万岁》,将素来为文人钟爱的梅花人格化,以梅花的五个花瓣喻为五位同人,又以梅花比《新妇女》,凸显严寒中独自开放的傲骨,并以万岁称梅花,以此"祝新妇女长寿"①。

但《新妇女》并不长寿,因政治阻力、运营能力、时运不济等主客观因素共同作用,次年就停刊了。目前所能见的最后一期为1921年5月1日出版的第5卷第1期。② 1921年5月1日出版的《新妇女》上,陆秋心对《新妇女》所遭遇的政治阻力做过论述:寄往远的地方,遭检察员"中途掠夺",近处则遭"骂詈,恫吓,挑拨"等,困扰不断。这种相似的情形大约也是社会上常见的。故而,有读者称"五四运动底产物,现在零落不堪了,专门研究妇女问题的更少了"。就在这种言论压制下,团队自身的运营也相继发生"经济困难、学识贫弱、时间恐慌"等问题。

(二)《新妇女》的五位发起人与主编考

五位教员发起人是何人,《新妇女》有意隐瞒。从笔名出现的频次看,集中在陆秋心、汤济苍、静观、郭妙然、周庸觉、曙梅、乐观、拯圆、凌均逸、严棣等。从目录标注"社外来稿"、稿件类型,以及撰文语气判断,五位教员的笔名应为陆秋心、静观、郭妙然、周庸觉、曙梅。另从该刊第1卷第2期的《告新文化运动的同志们》中可知他们分别是:上海复旦公学的毕业生、北京大学的毕业生、两位省立第二师范学校的毕业生以及静观。之所以突出他们多年前的学生身份而非真实姓名及任职的学校,不写明学校,是不想学校受到牵连。③ 但依然可以在《新妇女》陆秋心与陈无我的通信中"民吁时代……把务本女塾卷子带到馆里来改","民国六年重来上

---

① 陆秋心:《梅花万岁》,《新妇女》1920年第1期。
② 《民国日报》副刊《觉悟》上的广告,《新妇女》1921年第2期在排版付印时,由于承印的国光书局失火,稿件被毁,未能出版。
③ 《告新文化运动的同志》,《新妇女》1920年第2期。

海的，就是那年秋季进了务本"等细节判定陆秋心等五位教员所在的女校应当是上海务本女子中学（1912年更为此名，又称上海务本女校，前身是务本女塾）。

陆秋心在五人中最为活跃，刊登的文章数量最多，篇首第一篇大多是他的作品，随感录中也常见他发表类似于编辑后记式的品评，尤其在《五一》一文中，对《新妇女》延期出版所作的详细解释，以及开首的语气和立场，可判断他就是《新妇女》的主编。"新妇女五卷一号直到今天五月一日才出版，所以我在开首便写了《五一》两字，做个纪念。本来这号在一月一日早就该出版的，为什么延搁了四个月呢？总之，在社会制度下面，我们随时随地受着种种打击种种痛苦，我们今天能够再和爱读诸君借这本小册子相见，实在已当破涕为笑的了。"[①] 陆秋心究竟为何人？从他通信栏中所披露的细节："从复旦毕业出来""在民呼报担任小说和翻译""民立出世，右任的宣言下边，接着就登了我做的出版纪念小说"，以秋心为笔名，姓陆。[②] 对比《右任文存》中于右任的自述"想起四十年前我初办《神州日报》时，发起的同人，复旦公学的有八位，金怀秋，平湖人……陆冠春（秋心）。嗣后我所经办的报纸，如《民呼》《民吁》《民立报》，都有复旦的同学参加与支持"[③]。可基本判定，陆秋心是陆冠春。

陆冠春（1884—1927），本名陆曾沂，字冠春，别署南梦，江苏海门人。18岁考中秀才，1903年进入上海爱国学社，师从蔡元培、章炳麟、黄炎培，并结识小他两岁的柳亚子，为莫逆之交。在上海协助于右任办《民吁报》《民立报》，宣传革命，并于报上首创"斗锦楼小说"，自写第一章，然后由他依次点将续写，最后仍由自己收笔。参与"斗锦楼小说"创作的南社社员有于右任、邵力子、叶楚伧等8人。这一别开生面的小说创作方法，一时成为风尚，各报纷纷仿效。其所撰小说《双泪碑》在《时报》馆出版，时人评曰：

[①] 陆秋心：《五一》，《新妇女》1921年第5卷第1期。
[②] 《通信》，《新妇女》1920年第2期。
[③] 于右任：《右任文存》，海豚出版社2015年版，第71页。

"时报馆诸小说,此为第一。"可谓是当时小说界的知名作者。因此,当《新妇女》上名为恽君的读者,指摘他所作的《梅花万岁》"似乎小说又不像小说……讲了许多肉麻的话,和妇女问题一些没有关系。这真是何苦来呢!"他实际颇为气愤,却佯装"我却并不气愤,我总原谅他的,总感谢他的,并且觉得是一桩有趣的事情。为什么呢?因为:(1)我写的小说从没有给人家批评过不好,元年双十节纪念小说黄鹤楼,北京广东各报转载十几家。其他短篇小说各报转载的也很多……"他的这种真性情,有话直说的个性着实也颇为适合在动荡年间担任为妇女发先声的《新妇女》的主编工作以及女子教育工作。他先后在上海务本女校、南洋中学、城东女学任教。1927年南京政府召任参军兼秘书,陆冠春未赴任病逝了。于右任在为他所作的墓志铭中称赞他:"一生不轻然诺,不苟取与,不苟合流俗,所为诗文,均寄慨遥深。"

(三)《新妇女》的编排风格、主要内容与影响

《新妇女》的编排风格,严肃朴实,封面和内容皆回归清末妇女报刊初期的单纯文字形式。以论说为主体,未明确分栏,仅标注随感录和诗歌,主要内容基本按照《新妇女》宣言中所表明的:扫除思想制度风俗阻碍,研究新妇女应走途径。包括:清理旧思想制度、研究新妇女可行道路、介绍欧美新妇女思潮、调查国内妇女生活状况。①

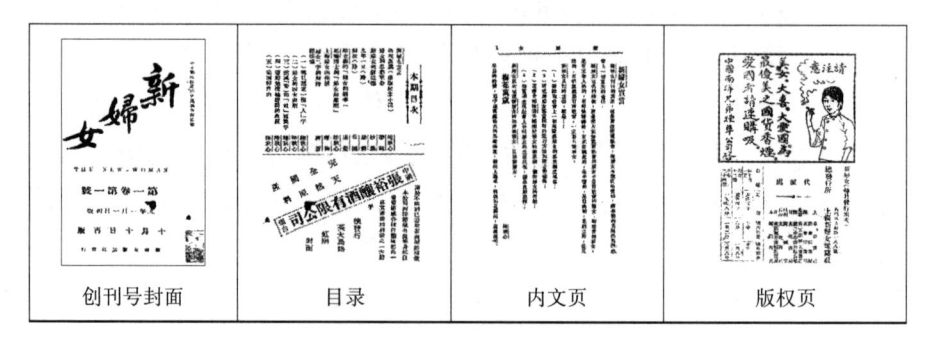

| 创刊号封面 | 目录 | 内文页 | 版权页 |

图3-6 《新妇女》版面

---

① 《新妇女宣言》,《新妇女》1920年第1期。

《新妇女》在扫除思想制度风俗障碍方面，力度最大的莫过于"婚姻制度"及其相关的妾、妓和贞操问题。辛亥革命后，法律上对于婚姻制度仍坚持"父母之命"，受五四新文化思想洗礼的青年予以强烈的谴责抨击，不论男女都提倡恋爱自由、改造婚制，追求以爱情为基础的一夫一妻制，废止妾和妓的出现，维护婚姻的完整。如济苍的《从文字上研究婚姻制》、曙梅《社交公开后妇女女底觉悟》、妙然《新妇女与旧家庭》《婚制改良的研究》、陆秋心《婚姻问题的三个时间》《婚姻自由和德谟克拉西》等分别从政治制度、经济基础、家庭制度、人的意志等方面来否定包办婚姻。如认为：在农业经济基础上建立的大家庭制度，经由西方工业经济传入后，已被推翻，"一定要抛弃一切不适宜这新经济组织的礼教风俗……万万不能再讲父母之命"①。父母之命，媒妁之言"妨碍新文化的进行"，与唤醒青年的觉悟，与社会改造完全矛盾。《新妇女》所期待的新的婚姻制度，不论结婚还是离婚都是自由的，结婚要"实行一夫一妇主义""规定男女婚嫁的时期"，即使结婚证书也是可以摒弃的。但离婚时，仍旧顾及弱势女性的主体意志，强调"如果夫要离而妻不愿意，这就得顾全人道主义"②。可见，对于与婚姻制度相关联的贞操问题，《新妇女》并未废除，而是修正其含义，让其成为男女双方相互的共同要求。男女订婚以后，夫妻离婚以前，"应该大家保持贞操"③。五四时期，女性的社会权利与经济基础与男性不均等的情况下，《新妇女》能够站在保护妇女利益的角度出发，不仅仅对于婚姻制度及其相关问题提出意见，并能够做出富有建设性的设计，这是其优于同时期探讨妇女问题报刊的一大重要特点。

《新妇女》在研究途径方面，主要采用理论联系实际的方式，即

---

① 《新妇女宣言》，《新妇女》1920年第1期。
② 济苍：《把妇女问题爽爽快快的解决他一下》，《新妇女》1920年第4期。
③ 陆秋心：《婚姻问题的三个时间》，《新妇女》1920年第2期。

以欧美思潮为理论指导，调查的妇女生活为实际，以此决定新妇女所应走的途径。在欧美思潮方面，《新妇女》主要借鉴的是美国陶兰恩特（W. A. Newman Dorland）《世界妇女的事业》、马腾《妇女与家庭》、英国掘拉司台而（C. V. Drysdale）《小家庭》等，基本是以编辑的观念为主导所进行的选择，围绕新家庭与旧家庭探讨，认为"一定要把旧家庭的制度完全破坏，新妇女才有发展的余地"[1]，在实际的妇女生活调查方面，主要围绕上海及周边，以报告形式客观呈现，不作评价。如《上海妇女的生活》《浦东妇女底生活状况》等。在《上海妇女生活》一文中，将妇女的生活分为五类："一些不做事情的"（二万人）、"终日管理家务的"（二十五万人）、"有正当职业的"（三十万人）、"做不正当事的"（十万人）以及"给人家役使的"（四五万），其中详述了学生、教师、医生、编译、船户、农妇、工人、伶人等十大职业，以供读者参考。关于新妇女所应走的途径，《新妇女》给出过教育、劳动以及从日常琐碎中解放妇女等方法，提出了涉及早期社区文化和公社制度的思想，如"会食""儿童公育"等，在当时的境况下是富有见地的。但终归于"要从第三阶级运动做到第四阶级妇女运动，才能够得到胜利。照世界大势看来，单单的第三阶级妇女运动是靠不住的；照中国现势看去，单单的第四阶级妇女运动是掀不起的。我们认定了目标，我们就大踏步向着这个目标走去"[2]。

《新妇女》虽然仅刊行短短的一年半时间，但呈现出了五四时期主流妇女报刊的基本样貌。尤其难能可贵的是，该刊不仅指出了当时妇女存在的问题，又以理论联系实际的方式指出妇女解放运动的路径和去向。以回溯的方式看，妇女解放运动着实朝这一方向前进，不能不说该刊的妇女思想是激进、前瞻且具有代表性的。

---

[1] 妙然：《新妇女与旧家庭》，《新妇女》1920 年第 2 期。
[2] 陆秋心：《五一》，《新妇女》1921 年第 1 期。

小　结

五四新文化运动的发生，打开了钳制言论和出版自由的缺口，以《新青年》为代表的报刊重新在社会舆论中发生影响，女性作为"人"的意识广为传播。非商业性妇女报刊继清末民初以来再次迎来创办热潮，出现了短暂的复兴。据笔者不完全统计，从1919—1927年，上海编辑出版的妇女报刊约24种，刊行时间普遍较短，1期即停刊的占42%，刊行时间及半年的占25%，刊行时间超过2年的占25%。从年出版量上看，出版高峰出现在1926年。

从宗旨内容看，不论是商业性妇女报刊抑或是非商业性妇女报刊皆集中于"解放""改造"平民女性。[①] 商业性妇女报刊，如《解放画报》订立宗旨："做解放的功夫，做改造的功夫，引着多数平民……振兴我们的国家。"非商业性妇女报刊，如《新妇女》以"改进现社会，使妇女有彻底的觉悟，将来能够共同担负新社会上的一切重大责任"为宗旨。妇女报刊自诞生起就与政治有着千丝万缕的联系。五四时期的妇女报刊则与政治积极共生互为适应，通过介入、参与、宣传将平民妇女解放的声音进一步扩大。

从编辑群体性别和身份看，虽然五四时期"新女性"的呼声极高，但妇女报刊依然由男性代言。其身份可大致划分为三类，其一，以报刊为业的报人文人；其二，女校师生；其三，党派人士。商业性妇女报刊主要由报人、文人构成。如《解放画报》的编辑作者队伍："名重当世，文字之交遍于南北"的报人、电影人周剑云（《解放画报》主编），"新声通讯社"创办人严谔声（《解放画报》校对），《民权报》《中华民报》编辑、昆曲活动家管际安，《民国日报》编辑、上海县县长严慎予，京剧评论家、作家杨尘因，戏剧家、

---

① 《解放画报征文》，《申报》1920年2月29日。

小说家刘豁公，近现代漫画先驱、电影人但杜宇，近代漫画奠基人钱病鹤，小说家吴绮缘，文学家、戏剧家钱杏邨等等。① 再如《妇女杂志》主编章锡琛汇集的当时中国最优秀的一批文化学者，其中不少都是新文化运动的主将，如鲁迅、沈雁冰、周作人、胡愈之、巴金、叶浅予、陈伯吹、向警予等等。这一群体因同好文艺、文学而相遇相知并以自身的笔力影响于文化界，他们对于文化再造的要求最为迫切，对社会革新的话题最为敏感，在当时重要的妇女问题上投以高度的热情，表现为积极为女性代言，以男性的身份参与妇女报刊，为女性指明方向。非商业性妇女报刊由女校师生以及党派人士构成。如《新妇女》的5位发起人皆为上海务本女校教师，其中主编陆秋心毕业于复旦公学，先后任职于上海务本女校、城东女学等。中国共产党创办的首份妇女报刊《妇女声》的主编由时任中央局宣传部部长的李达亲任，王剑虹（瞿秋白之妻）、王会悟（李达之妻）负责编辑写稿。相较于中国传统社会的血缘、地缘等群体认同方式，基于同业或同好的人际关系，在利益一致的前提下，显现出更强烈的自发性、一致性和持久性。

从结构形态看，大多延续民初风格，但也不乏革新者，比如中国首份妇女画报《解放画报》。该刊与早期画报形式不同，也不能以现代画报来界定。但该刊初步建立起一种趋现代的图文双轨模式，以其镜像性表达和视觉化呈现缝合起前现代与现代叠合点上复杂的文化性别逻辑，记录旧妇女—新女性转化节点上的历史经验和生活实况，奠定了20世纪二三十年代妇女画报出现的基础和出版范式。

从经营状况看，妇女报刊数量上虽呈激增状，但在政治阻力、运营能力等主客观因素共同作用下依旧"零落不堪"。非商业性妇女报刊，如《新妇女》一方面遭遇政治势力的"明攻暗袭"②，另一方

---

① 参见《申报》新民图书馆广告，1919—1923年；《解放画报》第2—18期书目出版广告，1920—1921年。

② 《五四时期期刊介绍》（第2集）上册，生活·读书·新知三联书店1959年版，第179页。

面团队自身"经济困难、学识贫弱、时间恐慌"等问题频现，仅刊行1年左右。商业性妇女报刊重现文化人不善经营的问题。如《解放画报》后期出现了大量延期"皆不能如期出版"的情况。商业广告的投放量也非常少，至第11期方才出现6个商业广告如：红色补丸、人造自来血、太和大药房、中华储蓄银行、儿安适、立仁医院，其余皆为新民图书馆的新书、新刊或《解放画报》目次。该刊所依托的新民图书馆运营状况也不佳，1923年4月股东撤资停办。当然，这一时期的《妇女杂志》依托于商务印书馆的雄厚资本以及薄利多销的策略刊行相对顺利。

从社会影响看，五四时期以妇女解放、妇女运动为主旨的妇女报刊在社会上产生了较大的影响。"'妇女解放'、'妇女运动'一类的名词，在五四运动以后的知识阶级里，人人都在兴高采烈地讨论着，宣传着，同时还有一部分思想落后的人在反对着，诅咒着。"[①]但不可否认的是，五四时期妇女报刊对男性的吸引力大于女性。不仅体现在男性代言妇女报刊，女性声音的缺席，同时也表现在五四后期妇女报刊的相继停刊和宗旨转换。如被誉为"开我国妇女杂志界的新纪元""中国妇女问题出版物里不愧坐第一把椅子"的《妇女杂志》因失去了大量的女性读者，尤其是认知相对保守、对于新思潮接受能力有限的女性读者，而选择在新文化运动的落潮期转变宗旨，褪去理论色彩，复归了"软性"读物立场。从某种程度上，我们可以发现对于女性公众的真实影响方面而言，激进的传播方式以及理论性的内容传播效果有限。而五四之新所对立的"旧"，则以一种曲折、隐秘的方式传递着新的文化和价值观，甚少为传统观念规训下的中下层女性公众所抵制。

[①] 《废刊词》，《新女性》1929年第12期。

第四章

十年相对稳定时期的上海妇女报刊（1928—1937）

20世纪二三十年代的上海已经成为国际化的大都会。李欧梵曾在《上海摩登：一种新都市文化在中国（1930—1945）》中指出，上海的现代化过程不仅包括社会经济、公共建设，同时也涵盖"城市文化生产和消费空间的增长"①，表现在新闻出版领域，便是报刊出版繁盛的"黄金十年"。但与此同时，城市内部租界内外呈现出贫富悬殊、观念分化、处境迥异的生存现实，造成了身处其中的女性群体及妇女报刊的进一步分化。本章主要论述1928—1937年抗日战争爆发前上海妇女报刊繁盛发展的背景与整体概况，都市摩登商业性画报《妇人画报》《玲珑》以及女性主编的非商业性妇女报刊《女子月刊》《妇女生活》《女声》（1942）等典型个案的基本情况与发展历程。

---

① ［美］李欧梵：《上海摩登：一种新都市文化在中国（1930—1945）》，毛尖译，人民文学出版社2010年版，第7页。

第一节 上海妇女报刊繁盛发展的背景与概况

一 城市化与女性群体的分化

1928—1937 年，上海进入相对稳定的十年发展期，① 上海的城市化进程进入质变阶段，城市规模空前发展。外滩高楼建筑林立，南京路上百货公司渐次开张，电影院、咖啡馆、舞厅、公园和跑马场等鳞次栉比，银行、电话、电灯、西式街道、汽车等现代生活设施与世界上最先进的都市同步演进。上海逐步摆脱传统社会的发展模式以及社会阶层的划分方式，趋向于资本主义式城市社会空间："市场上人人平等……人们获得自由，焕然一新，意识到自己的重要性……社会已经脱离个体，完全被物化。"② 在这样的环境下，经由妇女报刊反映出的"新女性"逐渐分化成为两大派别：一是以身体为媒，浸润于物质生活享乐，以消费完成身份认同的摩登女性；二是以智识为媒，追求经济独立，以此实现自身价值和女权上升。当然，这两者之间是有重叠的。

摩登女性与消费认同，正如"城市文化本身就是生产与消费过程的产物"③ 一样，是一种自然而然形成的关系。对都市中产女性而言，消费已跃升成为其与传统女性相区别的标志，是其冲破传统牢笼得以改头换面的途径，是一种中产身份的象征。1933 年，南京国民政府教育部对上海 6 所大学进行了视察，结果发现"风尚多趋

---

① 宁树藩主编：《中国地区比较新闻史》，复旦大学出版社 2018 年版，第 576 页。
② [美] 迈克尔·舒德森：《发掘新闻：美国报业的社会史》，陈昌凤、常江译，北京大学出版社 2009 年版，第 49—50 页。
③ [美] 李欧梵：《上海摩登：一种新都市文化在中国（1930—1945）》，毛尖译，人民文学出版社 2010 年版，第 7 页。

奢侈，女生更见浮华"，她们"受教育程度越高，需用奢侈品越多"，并且，这种现象不仅仅发生在租界，已经辐射到了广袤的乡村，"这种极端用洋货的风气，由国外传入租界，由租界蔓延都市，由都市浸淫乡村内地"①。以至"内地及劳动的妇女，（也）唯都市妇女之马首是瞻，竞相效模"②。这个现象背后反映出来的是一种社会结构和社会心理。在当时上海半殖民社会的环境下，西方是一个更优的代表，摩登女性对于外国商品的消费，既是崇洋的表现，也是个人对自由、愉悦性等的西方消费主义带来的感官刺激的推崇。加之，身体一直是妇女解放的关注点之一，身体的摩登对应的是反传统和解放，已经超越了物质意义本身而具备了身体和身份重建的象征，摩登女性恰恰是以此来实现她们的都市定位。

知识女性对于经济独立的追求，以此实现自身价值的认同，既是一种精神方面的认同，实质也是一种权利的认同，如黄心勉集合了陈爰、金光楣、赵清阁等女性为编辑，高晓兰、陈碧云、段英、冯浣君、冰心、陆晶清等四十多位女性作者共同编辑创作的《女子月刊》以女权主义为核心，力图"从言论上唤醒同胞，从智识上开发同性"。再如，沈兹九以《妇女生活》为平台，教会女性"怎样做人，怎样做社会人"。王伊蔚以《女声》"为大众民族求解放，为大众妇女谋幸福"。不过，需要指出的是她们借以唤醒同性、为妇女谋幸福的基础是受教育的资本和时间。在 20 世纪 30 年代得以通过阅读写作完成身份认同的女性，都是具备一定经济能力、文化基础和闲暇时间的。大学开女禁后，她们所接受的教育，是经由资金转化而成的文化资本。③也就是说，这些女性，经由习得的知识以及本身的阶层优越感，对妇女问题、妇女运动等改变妇女地位和身份的议题发表自己的见解，实质也是贫苦而无法就学的女性所不能做到的。而印刷媒介恰好是她们

---

① 《妇女国货年的棒喝》，《申报》1934 年 1 月 1 日。
② 《妇女国货年征文摘录》，《国货月刊》1934 年第 4 期。
③ ［法］皮埃尔·布尔迪厄：《区分：判断力的社会批判（下）》，刘晖译，商务印书馆 2016 年版，第 737—745 页。

展示自身、完成身份认同的平台,从某种程度上说,印刷媒介为这部分女性提供了获取文化资本和社会权利的途径。

二 出版物繁盛 妇女报刊立场分化

20世纪20年代后期,社会渐趋稳定,政治、经济等建制日趋完善,都市化进程加快,新闻出版业迎来黄金十年。王云五曾对此总结:"最近十年可算是中国出版事业很重要的时期。以出版物的数量论……总是有增无减的。尤其后五年间新增出版物的增加最速。"①上海先后创办了50多家通信社、40多家广播电台,新闻出版业迅速扩张。1932—1934年杂志出版尤其多,"一个月内近千种杂志,每天平均二三十种出版"②,还出现了"上海杂志书店"专售杂志。上海妇女报刊也随之呈现出一派欣欣向荣的态势。据笔者统计,1928—1937年8月间,上海新出版的妇女报刊约39份,不包括《申报》《大晚报》《中华日报》《东方杂志》《时代日报》《华美晚报》《时事新报》等妇女副刊及专栏。本书将《玲珑》1933年的统计(全国共23份,上海共12份)整理如下(表4-1)。

表4-1　　　　　　　全国各地出版女子刊物调查表

报刊名	刊期	地区	备注	报刊名	刊期	地区	备注
《妇女日报》	日报	未标	唯一日报	《现代家政》	周刊	上海	《时事新报》附刊
《玲珑杂志》	周刊	上海		《新妇女》	周刊	北平	《华北日报》附刊
《女声》	半月刊	上海		《妇女青年》	周刊	北平	《晨报》附刊
《女子》	月刊	上海		《妇女周刊》	周刊	北平	《世界日报》附刊
《现代妇女》	月刊	上海		《家庭乐园》	周刊	北平	《晨报》附刊
《女青年》	月刊	上海		《当代妇女》	月刊	香港	
《女铎》	月刊	上海		《妇女周刊》	周刊	香港	《东方日报》附刊

---

① 王云五:《十年来的中国出版事业——一九二七—一九三六年》,见张静庐辑注《中国现代出版史料·乙编》,上海书店出版社2003年版,第336—337页。

② 沈松泉:《怀念张静庐先生》,《出版史料》1990年第3期。

续表

报刊名	刊期	地区	备注	报刊名	刊期	地区	备注
《妇人画报》	半月刊	上海		《妇女共鸣》	月刊	南京	
《妇女与家庭》	日刊	上海	《晨报》附刊	《妇女旬刊》	十日刊	杭州	
《妇女与家庭》		上海	东方杂志专栏	《妇女周刊》	周刊	郑州	《郑州日报》附刊
《新家庭》	月刊	上海		《家庭》	周刊	天津	
《现代父母》	月刊	上海					

资料来源：《玲珑》1933年第3卷第20期。

不过需要注意的是，出版物的繁盛并不代表当时言论环境的自由宽松。1927年上海正式归于南京国民政府管理，此后当局先后颁布《著作权法》、《宣传品审查条例》、《宣传品审查标准》（1932）、《查禁普罗文艺密令》（1933）、《图书杂志审查办法》（1934）、《修正出版法》（1937）等，意在查禁"显违党义""宣传共产主义及阶级斗争"的宣传品。① 在这一系列新闻规制政策的影响下，上海妇女报刊立场转向。1929年《新女性》的废刊宣言记录了当时的状况：

> "妇女解放""妇女运动"一类的名词……现在却被当作像饥了要吃饭，冷了应该添衣一般的老生常谈，虽然饭有没有得吃衣有没有得添还是一个问题……换个什么方向呢？"左倾"一点吧？在这党的权力高于一切的党治国家之下，也许会因此被认为赤化，砍掉脑袋……右倾一点吧？和有钱的太太奶奶们讲什么衣服应该怎么裁才时髦，蛋糕应该怎么做才有味，也许可以给《新女性》销路，把定户激增到几万份以上。②

在这种境况下，上海妇女报刊宗旨和立场分化，民营出版商和

---

① 肖东发主编：《中国编辑出版史》，辽海出版社2005年版，第436—437页。
② 《废刊词》，《新女性》1929年第12期。

知识女性群体将上海妇女报刊引向了两条截然不同的发展路径,并且泾渭分明。(1)商业性妇女报刊,以都市摩登女性为主要读者对象,内容宗旨与政治疏离,注重日常生活的情理和逻辑,形态旨趣丰富,既有复归家庭生活和现代常识的《妇女杂志》、侧重文学想象和公共生活的《紫罗兰》,又有揭露男性弊端的《玲珑》、建构都市摩登女性生活方式的《妇人画报》等。各自以文化商品性、日常生活政治、时尚现代性为方针,图文并茂地叙述着都市时尚生活和多元文化生存状态,广受追捧。(2)非商业性妇女报刊,以知识女性和平民女性为主要读者对象,延续五四运动以来妇女启蒙的思维逻辑、侧重反抗现存社会制度对妇女的不公,追求妇女解放和独立,如王伊蔚的《女声》致力于"发展成为妇女文化事业的新武器",成为"社会之声"[①]。这种状况的形成,一方面与上海舆论场内党派、组织、性别的权力斗争有关,另一方面也与上海妇女报刊的现代化发展成熟度有关。不过,更值得关注的是,这一时期的上海妇女报刊各自以女性的阅读趣味、审美需求和视觉感受出发,依托摩登身体姿态和自主观念意识来突破男性对权力的绝对把控,展现出女性对于强权世道、种性常规的批判与超越,女性文化空前繁盛。

第二节 都市摩登商业性画报纷呈迭起

"随着世界的进步,很多事情无法用语言来形容,必须要借由图画。"[②] 20 世纪 30 年代的上海,随着印刷摄影技术的进步与发展,都市社会环境和生活体验要求的不断变化——租界内以电影、城市橱窗等构织起的视觉化的传播和消费方式,女性对妇女报刊有了新的要求,并落实在富有都市现代性视觉表现的妇女画报上。据本书

---

① 伊蔚:《今后的女声》,《女声》1934 年第 1 期。
② 戈公振:《导言》,《图画周刊》1920 年第 1 期。

对1928—1937年妇女报刊的爬梳整理发现，妇女画报包括：《今代妇女》（1928.6—1931.7）、《玲珑》（1931.3—1937.8）、《妇人画报》（1933.4—1937.8）、《女朋友》（1932.11—1933）、《摩登周刊》（1933.1）、《女神》（1935.5）等，其中以《玲珑》和《妇人画报》最富有代表性。

一 中国首份妇女时尚画报——《玲珑》

《玲珑》（周刊），创刊于1931年3月18日，由三和公司出版发行，前后历时7年，以年为卷，共7卷、298期，每卷50期，每期60页左右。创刊时，全名为《玲珑图画杂志》（*Linloon Magazine*），1936年更名《玲珑妇女杂志》（总第221期）。该刊形如其名，为迷你型64开本，每周三出版发行。该刊以女性（尤其是中产阶级妇女和女学生）为主要受众，"1930年间女学生人手一册"（张爱玲语）①。1937年8月11日，因抗日战争全面爆发而停刊。

（一）林泽苍创办《玲珑》

《玲珑》杂志的策划与创办，因林泽苍而起。林泽苍（1903—1961），福建古田人。1921年考入上海圣约翰大学经济系，后转入光华大学求学。在圣约翰期间创办三和出版公司（《玲珑》出版兼总发行所）。1925年毕业后，因对当时的新潮流摄影怀抱兴趣，相继创办上海摄影学会和《摄影画报》，并举办全国影展、摄影比赛等扩大影响。1931年，林泽苍凭借自身对于出版市场的敏锐和熟稔，观测到上海的知识女性群体日渐壮大，女性文化消费市场日臻成熟，但"上海关于妇女的刊物有如凤毛麟角，所以便想办一个完全的妇女刊物，想一般想说而没有机会的妇女，得到一个完全发表意见的地方"②。

1931年3月18日，《玲珑图画杂志》（下称《玲珑》）创刊，采

---

① 张爱玲：《流言》，花城出版社1997年版，第70页。
② 《写在二周年百年纪念特刊》，《玲珑》1933年第20期。

用64开迷你开本,前后4个彩色封面,封一封二为中国邮票大王的女儿,封三封四为美国电影明星嘉宝的照片,内页也分作两部分,前至中为妇女主题,由陈珍玲负责,中至后为电影主题,由周世勋负责,两主题下所包含的大量摄影作品,由林泽苍的弟弟林泽民负责。该刊的"妇女""电影""摄影",即可视为三个栏目,但又各自为政,类似于"合刊"。《玲珑》的创刊号也并未如往常的妇女报刊一样,登发刊词,或卷首语之类代发刊词,仅在刊物"妇女"与"电影"中间分界处,出现了类似宗旨的口号:"增进'妇女'优美生活,提倡社会高尚'娱乐'。"

20世纪30年代的上海,妇女、电影、摄影是三大热门主题,林泽苍将这三者聚合在《玲珑》这一平台上,以"生活"和"娱乐"为表达核心,完全顺应了上海都市中产以上女性的喜好,也体现了他顺应"天和、地和、人和"的"三和"出版理念。虽然这在当时会被视为是资本主义制度下"新式女子的陷阱"[1],但在林泽苍看来:刊物非创办人和主编所有,而是读者所公有,自然应该"以读者的立场为立场"[2]。这种纯商业的运作方式,反而是以读者为本位的,是基于读者的心理和实际需求的。在他的这种"以读者的立场为立场"、客观公正、不涉政治、不落颓靡的办刊方针,以及领风气之先,采用新颖的时尚画报形态,不断推陈的意识共同作用下,《玲珑》也成为当时第一份妇女时尚杂志。

(二)精准专业的编辑群体

《玲珑》以第一份妇女时尚杂志的形象面世,其编辑群体的选择,是保障其整体定位和受众欢迎度的关键之一。毕竟,《玲珑》的"合刊"性质,扩大了各版编辑的议程设置的权力。同时,他们作为编辑所处的画报生产的中心位置,直接决定了媒介的文本呈现。他们各自的受教育程度、文化背景、个人价值观念、职业经历和能力,

---

[1] 黄俊邦:《新式女子的陷阱》,《女子月刊》1933年第2期。
[2] 《电声:民国电影第一刊》,《电影新作》2007年第2期。

又影响和约束他们对于文本的判断和理解，决定着刊物的整体定位与作者的选择。而《玲珑》则是"名家的大集会"①。对于陈珍玲等编辑的选择，可谓专业精准且锦上添花。

1. 《玲珑》的灵魂人物：陈珍玲

陈珍玲，女，毕业后即任《玲珑》妇女版编辑，是唯一一个陪伴《玲珑》从创刊至终刊的编辑。在两周年庆时，《玲珑》从《玲珑图画杂志》更名为《玲珑妇女杂志》正式宣称："要使玲珑成为全国妇女界的喉舌。"随之，陈珍玲的权力进一步扩大，几乎等同于整刊的主编，可以说，陈珍玲是《玲珑》的灵魂人物。

陈珍玲的履历并不丰富，相关史料未多见，只在《玲珑》第1卷第1期上自述，"珍自离校后，与同学及老友每少聚首之机会。消息久疏。今就任本杂志妇女部编辑，愿为全国女同胞之喉舌，发挥女子之积悃"②。

首先，陈珍玲的女学生身份，让她得以与《玲珑》的主体读者群同处于中上阶层，学识眼界又高于读者。在20世纪30年代，女学生并不如今天这般常见，几乎可作为中上层阶级的象征。当时全球性经济危机辐射到上海，造成了大量的失业，中下阶层的家庭生活日渐拮据③。据统计，当时的工人家庭，4口人年收入才252元，普通家庭每户教育年均消费额仅1.45元，花费在娱乐报刊上的消费仅2.40元。④ 这就意味着，中下层市民难以供养出女学生，尤其是可以作为编辑的女学生。毕竟编辑的岗位，对于个人的文化背景、视野和个人价值观具有一定的要求。而这些从客观来说，都是需要依靠经济支撑的。在20世纪30年代的上海，复旦、光华路、大同、大夏四所公认的大学学费每年基本维持在90—120元。⑤ 而这一笔教

---

① 《编辑者言》，《玲珑》1931年第4期。
② 《给姊妹们》，《玲珑》1931年第1期。
③ 《编辑室》，《妇女生活》1935年第1期。
④ 上海市政府社会局编：《上海市工人生活程度》，中华书局1934年版，第78页。
⑤ 陈明远：《文化人的经济生活》，文汇出版社2005年版，第134页。

育的支出，只可能出现在中上阶层家庭。因而，陈珍玲出自中上阶层的可能性更大。另外，《玲珑》年售价4元，妇女版所呈现出的都市摩登生活方式，是中下阶层的市民所难以消费和模仿的，这就意味着，《玲珑》的读者群与陈珍玲属于同一阶层。陈珍玲作为编辑要引领这部分读者，必须与她们具有相似的生活层次、认知偏好、教育程度、价值观念，这才容易准确地把握读者的心理，达成共识，为读者所接受。同时，她的眼界学识又必须高于这一群体，如此才能起到引导的责任。

其次，陈珍玲主张刊物作女性喉舌。一方面，表现在将刊物的文字作者和照片提供者都定位为女性，以此来"发挥女子之积悃"。另一方面则是她对于内容议程的设置。

在《玲珑》300期的杂志内页中，有2000余名的女性通过文字或照片展示自己的思想和形象。这部分女性作者，大致可分为：知识女性、社交名媛以及音乐艺术人才，其中以知识女性和社交名媛居多，罗列部分如下：

> 张品惠女士，擅长文学。早年得燕京大学硕士位。曾执教于沪上有名女校。
> 曹秀琳女士毕业于务本女小，中文极有根底，楷书尤佳。现执教于东风女校。为人磊落大方，思想新颖，现代女界之杰出人才也。
> 罗运慧女士，是东吴大学一九二九年的毕业生，因为要求深造，只身敖洋赴欧。
> 葛（璐茜）女士，为前中西女塾高材生，对时装颇有研究。
> 林（碧英）女士，为启明女校之活动分子，品学兼优，攻读而不好装束。
> 杨（一珠）女士，为中西女塾高材生，去年毕业于该校初中。
> 梁雪清女士，善绣丹青，为文华图画杂志编辑。
> 薛锦园女士，美丽大方，负盛名于社交场中。

李（翠贞）女士，幼年以钢琴成名，现为钢琴教授。①

上述诸女士，或才识出众，或善于交际，或音乐、工艺、文化素养高人一等，而且都愿意以真名示人，以此向社会表现自己摩登女性的身份认同。

在作女性喉舌的议程设置上，陈珍玲主张男女对立，不仅鼓励女性将"受男子们欺骗的事实寄来"② 以揭露男性弊端。同时还主持出版了包括《男子的丑态》在内的整套《玲珑丛书》，完全体现出 20 世纪 30 年代摩登新女性所持的男女对抗的特性，建构出《玲珑》强女弱男的性别倾向和意识观念，陈珍玲不愧是《玲珑》的灵魂人物。

2. 其他栏目的专业性编辑

摄影，作为《玲珑》的另一初创栏目，由林泽苍的弟弟林泽民负责，他也是林泽苍出版事业的重要助手，从摄影画报起林泽民负责照片拍摄，《玲珑》的 2 万张的杂志内页中，1/3 皆是他的作品，稳定了《玲珑》图画刊物照片资源。

娱乐，作为最初的三栏之一，先后由周世勋、梁心玺担任。周世勋，自幼长于上海，原籍浙江镇海，在上海娱乐界交游广阔，是中国最早一批电影报纸的编辑人才。他主编的电影类刊物，包括《红明星》《摄影画报》《常识》等，还曾在上海多家大报上编过电影副刊。他将《玲珑》娱乐版定调为："电影和音乐"③，主要刊登关于电影界消息和音乐乐谱。电影界消息以国外明星为主，如《嘉宝主演笑片》《琵琶但尼儿的幸运》《好莱坞报告：过度运动 健美之敌》，除此以外还部分涉及关于电影评价批评，如《言语隔膜：有声片不甚通行》《电影观者的常识》《再提一下》等，在呼应读者追

---

① 《玲珑》各期女性介绍。
② 陈珍玲：《给姊妹们》，《玲珑》1931 年第 5 期。
③ 《编辑者言》，《玲珑》1931 年第 17 期。

星风潮，引导读者关注新近流行的娱乐趋势的同时甄别娱乐的优劣。1932年娱乐栏目改组，附设娱乐增页"幕味"（movie音译），由梁心玺负责。梁心玺，三和出版公司《电声》的主编，林泽苍的最初合作者，两人风雨同舟十年。

作为一份画报，美术编辑在该刊起到至关重要的作用，叶浅予是一众富于变动的美术编辑中出现频次最多的，也是最负盛名的。叶浅予（1907—1995），浙江桐庐人，因未入正规艺校培训，自称"画坛草寇"，从事大量与美术相关的工作，如广告、漫画、布景设计等，还成立了"上海时装研究社"，在《妇女杂志》《良友》上都发表过服装类的图画作品。于《玲珑》上，除了绘制妇女生活讽刺画外，主要负责将当代流行的女性时装以素描的形式呈现，依时节、场合发布各类时装新样，以及穿搭之道。在他看来，现代时装，早已不是御寒的工具，而是"一种化妆的艺术品"以衬托补充女性美。

另外，在《玲珑》6年多的发行时期内，还出现过多个栏目，如第1卷第4期的"常识"栏目，由曹冷冰负责编辑，这一栏目的内容来源于"常识报"（三日刊）。另如"儿童"栏目、"文艺"栏目等，虽未直接标明责任编辑，但在版权页的文字编辑一栏中，增加了林泽人、梁永福等。

（三）精巧的编排风格

《玲珑》如其名，玲珑小巧，仅64开，独树一帜。开本虽小，但五脏俱全，以合刊四封形式编排颇多新意，"为爱读刊物者所未见"[①]。

1. 合刊设计与内页编排

《玲珑》热衷"合刊"。创刊时仅"妇女"与"娱乐"，从前至中为妇女，从中至后为娱乐，中间以版权页和广告为分界。为配合这一合刊形式，提出刊物宣言："增进妇女优美生活，提倡社会高尚娱乐。"[②]自第4期，《玲珑》合刊《常识报》（三日刊）以介绍给妇女实用的

---

① 广告，《摄影画报》1931年第300期。
② 《玲珑》1931年第1卷各期。

知识，改良生活。编者对合刊的增加是推崇的，在《编辑者言》中多次复述，"一本小小的《玲珑》，（相当于）是三本杂志的合刊了"①。此后，又相继增加"儿童""文艺""幕味""漫画"等，以满足当时都市读者的各类文化需求。至 22 期在读者的提议下，开始增加目录，以便使各栏目内容更加明了。

《玲珑》虽热衷"合刊"，但整体仍有自己统一美观的内页编排风格，"取材极精，印刷考究"②，如图 4-1 所示。

| 文字页 | 文字页 | 图片页 | 漫画页 |

图 4-1 《玲珑》内页版式

受 64 开版面限制，《玲珑》的文与图共享一页，为求页面美观，生动活泼，《玲珑》采用多种版面形式。例如在中文字页，采用多种文字排列方式，既有传统整页竖排，又有整页横排、分栏横排等，并在空处附插画。在图片页上，《玲珑》将照片裁剪为各种形态，相当具有视觉冲击力，在漫画页上采用通栏图或跨栏图吸引眼球、引发关注，如图 4-1 所示。另外，《玲珑》从纸张、字体、字号以及增页等角度多次调整。在纸张方面，自第 1 卷第 4 期起，改用特定橘黄色纸，半年后第 1 卷第 36 期又启用"上等道林纸"印刷文字，并增加 8 页铜版纸印刷照片，力求精美。在字体字号方面，以一年

---

① 《编辑者言》，《玲珑》1931 年第 4 期。
② 《编辑者言》，《玲珑》1931 年第 4 期。

改一次的方式进行,最初采用5号宋体,第2卷时改为6号楷体,第3卷又改为5号楷体。每一次更改纸张或字体都征询读者意见,如第1卷第3期《编辑者言》:"下期起本刊改用特定的橘黄色纸。本期在零售处先试用一部分,读者以为如何?"第3卷第5期《编辑者言》:"本刊自从改了六号字之后,我们总觉得是字体太小了点,对于目力很不合适,所以现在重新改用了五号,读者以为如何?"《玲珑》的这种用心以及与读者的积极互动,也收到了读者良好的回馈,常常"销数激增"①。

2. 四个封面

《玲珑》封一封二以中国摩登女性为照片,封三封四刊登国外明星的照片。这种中国女性与西方女性并列的呈现方式,建构出了上海都市与西方流行同步的"错觉"。诚如红野谦介所言:"当肖像照片成为复数、将形成一个系列的时候,便可以产生一个想象,仿佛出现了某种具体的世界一般。"②

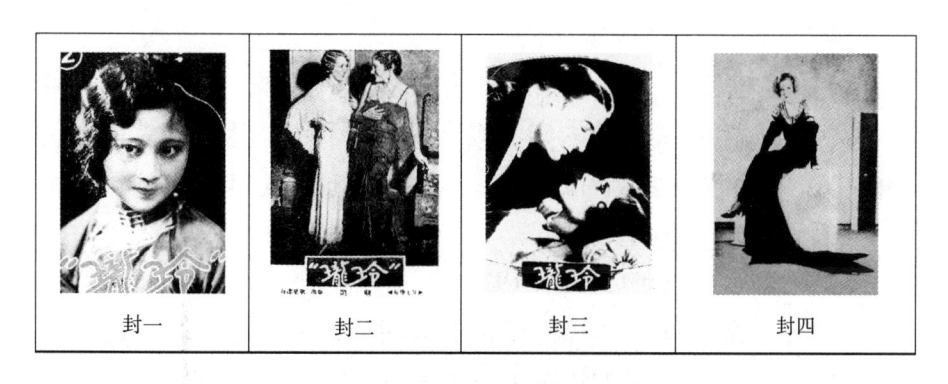

| 封一 | 封二 | 封三 | 封四 |

图4-2 《玲珑》第2期封面封底

---

① 《编辑者言》,《玲珑》1932年第2卷第51期。
② [日]红野谦介:《明治三十年代的杂志〈太阳〉中新闻照片的变迁——如何导演"真实"》,陈平原、[日]山口守编《大众传媒与现代文学》,新世界出版社2003年版,第24页。

不过，对于《玲珑》的封面，以往被许多研究者冠以附着于父权社会的"男性关照物"，但事实或许正相反，女性外表上的改变，是女性自我意识中最容易被察觉或引发注意的部分。《玲珑》杂志的封面和内页中，就有近千余名女性以自己的形象，向读者和社会表明自己的中产女性认同感。而《玲珑》通过这种建构，让女性的身体成为都市摩登现代性的代言，作为一种意识表达的存在。尤其，对比民国初年商业性妇女报刊发轫时期，封面或内照多是妓女，待字闺中的女子或守旧人家绝"不肯以色相示人"，遑论刊登于书报供"万人观瞻"了。[①] 随着上海城市化程度的深入，思想风气的日趋开放，以及电影明星、名媛等出现在印刷媒介上所带来的示范作用，女性逐步愿意展示自我。一方面，用"身体"说明新时代摩登女性对于"健康美"的追求，另一方面借助服饰、妆容等外在物，突破政治、男性等强权意识和种性常规对于女性的绝对把控，在某种程度上，正标志着女性自我意识向自由、自主、解放迈进。

（四）趋时性的内容演变

面对20世纪30年代复杂的国内外形势，《玲珑》作为一份商业性妇女报刊，且销量不错的妇女报刊，为顺利维持运营必然以较为多样化和趋时性的内容予以应对。纵观《玲珑》七年，大致可分为以下三个阶段。

1. 摸索改良阶段（1931—1932）

《玲珑》杂志创办之初，没有发刊词，只是持着"试一试"的心态出版发行了。为了刊物影响力的进一步扩张，《玲珑》于百期特刊开始改版革新。一方面保留以塑造时尚摩登的女性为主体的内容，如提供化妆造型宝典、两性婚恋关系探讨、漫画、体育、卫生、常识、电影等；另一方面，逐步参与女性社会热门新闻与话题，如

---

① 包天笑：《钏影楼回忆录》，中国大百科全书出版社2009年版，第360页。

"妇女回家"问题"保志宁婚姻"①等的讨论和评判,对于女同性恋等争议性话题也不避忌。此外,还开设"玲珑信箱"解决妇女衣食住行等各方面细枝末节的问题。聘著名律师特设"法律顾问"栏目,为女性提供法律援助,切实解决落实20世纪30年代民国立法中女子结婚权、继承权、申诉权的法律权益,彻底剔除封建思想的阻碍,让妇女在意识、身体外,获得法律上认可的自由,真正成为合法公民。

《玲珑》的编辑、作者、读者采取一以贯之的"厌男"立场。除了如前述陈珍玲的呼吁、主张和出版实践,在面对男性的质疑时,陈珍玲也直言不讳:"近来有男子来信,说本刊太偏袒女子,对于这类责言,我们置之不理……男子们实在有什么值得我们称道的呀。"②在新增加的《玲珑漫画》中更是将男性绘成壮硕且青面獠牙,形同兽类的形象,并将漫画取名为《患色情狂病者》。读者对于《玲珑》所持的立场评论道:"(贵刊)虽专以攻击男子为宗旨,然持论正大,不偏不倚。"③

这种观念的形成多少与五四遗留下来的男女两性的"对抗心理"有些关系,尤其在曾以男性话语占主导的妇女报刊界,普遍采用的就是对于女性的贬低训导姿态,当女性取代男性成为主编时,就不可避免地以其人之道还治其人之身了。由此也就形成了《玲珑》的特色之一,以女性本位,致力于揭露男性弊端的内容导向。

2. 徘徊矛盾阶段(1933—1935)

1933年,国民政府教育部对上海6所大学进行了视察,发现"风尚多趋奢侈,女生更见浮华",她们"受教育程度越高,需用奢侈品越多",这些奢侈品多是国外品牌。张爱玲曾称,《玲珑》杂志

---

① 保志宁,大夏大学学生,嫁给大她26岁的国民政府交通部部长王伯群。因聘礼过于奢侈,引发《大公报》《生活周刊》等报刊的讨论,王伯群被迫辞去交通部部长之职。
② 《编辑者言》,《玲珑》1932年第63期。
③ 曹秀英:《哥哥昨夜结婚今晨离婚》,《玲珑》1932年第46期。

在20世纪30年代几乎"女学生人手一册"①。当1933年国货年、1934年妇女国货年、1935年学生国货年接踵而至时,《玲珑》开始陷入两难境地,既不可不顾及读者的喜好,又要受社会舆论的限制。这一时期《玲珑》的内容呈现出徘徊和矛盾。

一方面,在1933年年底《玲珑》在《编辑者言》中公开宣布改版:1934年"是妇女国货年,同时又是儿童年,有人说本年中妇女有了双重责任,实在不错"②。并制订出以下四个计划。

(1) 扩充妇女栏的篇幅使成为一个纯粹的妇女读物。
(2) 电影栏(幕味)及文艺均选择最有价值之文字。
(3) 广告地位减少,文字方面数量增加。
(4) 每年计划出四大特刊,详情随时宣布。③

1934年第4卷的《玲珑》确如上述计划执行,妇女、幕味、文艺等的均分比例被打破,妇女占了近2/3的篇幅。在广告中也减少了大量的商业广告,如利华皂粉、五洲大药房月月红、女界宝、上海绪纶绸缎等都不再出现。

另一方面,《玲珑》并没有放弃对于摩登女性的塑造,而是采用重新定义摩登的方式。首先,将摩登一词从女性外表的形容词转回现代的本意,即回归到 modern 音译。"'摩登'的意思是现代,本来只要现在生存的都可以算是摩登。普通人所谓这一位女子摩登,那一位女子摩登这类的话,简直没有存在之可能。我想凡有点知识的人,总不能否认这句话吧?然而现在的人,对摩登不是都误解了吗?因此有人说摩登女子总没有一个好的,其实这太冤枉了。"④ 其次,将摩登女性定义为重知识和德行的女性并刊登在刊首,以表重要。例如第3卷的43号、44号的《由摩登说到现代青年妇女》《摩登妻子应具有的条件》等。1934年在新生活

---

① 张爱玲:《流言》,花城出版社1997年版,第70页。
② 《编辑者言》,《玲珑》1934年第4期。
③ 《编辑者言》,《玲珑》1934年第2期。
④ 施莉莉:《摩登妇女的外表与实质》,《玲珑》1933年第19期。

运动的指导下，各地政府基于维护"礼、义、廉、耻"礼教命令，开始发布禁令干涉女子的装饰与言行。从女性外表的奇装异服、裸腿裸足、剪发烫发，到男女自由交往、浪漫摩登等行为都成为当权者的禁忌。《玲珑》此前塑造的"摩登女性形象"——烫发、浓妆、高跟鞋等重视外表的形象成为政府意识的对立面。《玲珑》自此强化对单身女青年、已为人妇的女子关于摩登的概念，附和政府意识，塑造崭新的形象："摩登妻子，至少要懂得下列各事：缝纫、烹饪、学问、储蓄、御仆"等。这种摩登形象的塑造实质与清末时期的新贤妻良母，即重视学识、德行、生利自养也无太大的差别。从这个角度来看，政府意志主导下握有文化权利的知识阶层，对于女性的塑造本质上没有太多的区别。只是在上海消费社会的大环境中，自由和开放度相对较高，思想更为多元化，女性更容易通过消费的方式从个人形态上满足自身的需求，突破传统的规训。

3. 保家卫国阶段（1936—1937）

在抗日战争爆发前，《玲珑》更名为《玲珑妇女杂志》（1936年总第221期），创刊之初所提出的"增进妇女优美生活，提高社会高尚娱乐"的宗旨被彻底打破，转而与诸多妇女报刊一样，提倡爱国，将妇女的命运与国家的命运联系在一起。一方面，《玲珑》积极响应政府号召，增加战前教化。具有标志性意义的是，刊登了总统夫人宋美龄号召女性救国的文章《国民牺牲精神与女界责任》。另一方面《玲珑》为妇女投身战争献计献策，不仅详列妇女在战时可做的贡献：救护伤员、宣传战时知识、汇集钱银、慰劳将士、救济妇孺、下乡宣传抗日等，同时积极劝诫萎缩于家庭内妇女走出门来出钱出力，以争取民族的解放。①

（五）多样化的营销策略

《玲珑》杂志在20世纪30年代非常热销。张爱玲称其"女学生

---

① 《全国妇女起来吧》，《玲珑》1937年第29期。

人手一册"①,《玲珑》自述"完全售罄"②,"广销至国外及国内各省","销数激增"③ 等相互佐证。《玲珑》的定价、发行以及促销手段,是其热销的重要推手。

1. 低定价,薄利多销

《玲珑》的定价,在当时的同类刊物中属低价位的,初创时仅 7 分,而当时的《良友》售价是 2 角。因这一定价过于低廉在创刊之初一度导致入不敷出,所以《玲珑》于第四期发布提价通知,不过也仅提价 1 分:

> 本刊因为取材极精,印刷考究,成本过重,亏本极多,不得已自本期起加价一分。本刊前三期完全售罄,仅留有一百份专给直接订户。④

发行半年后,因销量激增,为进一步满足读者审美需求,增加页面(铜版纸照片),并于第 36 期发布增页、提价通知,但价格仍低于同期妇女刊物,仅 1 角:

> 销数激增,出乎意料,拟再增加铜版纸八页,使所登之照片,益能清晰,内容更为丰富,文字则刊于上等道林纸,尤为美观,经此改良之后,成本较前逾出一倍有余,自三十八期起实行,每册改售一角。⑤

从上述提价通知可见,《玲珑》的每次提价都是辅以印刷、纸张的改良,以更优美的姿态呈现在读者面前,而且提价后仍低于同期

---

① 张爱玲:《流言》,花城出版社 1997 年版,第 70 页。
② 《编辑者言》,《玲珑》1931 年第 4 期。
③ 《编辑者言》,《玲珑》1932 年第 51 期。
④ 《编辑者言》,《玲珑》1931 年第 4 期。
⑤ 《编辑者言》,《玲珑》1931 年第 36 期。

妇女画报的市场价。从这一角度看，不论《玲珑》是否以低价为营销策略，确实存在为读者考量之心。这也反映在《玲珑》半周年之际，为满足经济能力较差的读者，刊发"廉价版"《玲珑》：

> 本刊本期发行《玲珑杂志》一种，各报贩处均有另售，系用普通报纸所印售价特廉，以供财力不足之读者。①

《玲珑》的定价策略，基本属于薄利多销型。这一策略确实也适用于经济危机影响下的上海。不过，这一策略的采用，在一定层面上也确实反映该刊为读者考量的用心。

2. 发行方式传统，方法多样

《玲珑》的发行，一是依靠三和公司的发行网络，二是依靠邮局订购，三是交由代售处，方式与一般妇女报刊基本无异，但方法略有不同的是，主要体现在订户促销方面。《玲珑》除了订阅全年优惠外，还开发了一系列较为现代的促销方式。

（1）雇用推销员。《玲珑》对于推销人员的选择集中在"受事业痛苦和经济困难者"②，每位推销员仅需介绍一人订阅，即可获得30元月薪。这在20世纪30年代的上海是极具吸引力的。据学者研究，30年代上海的女性的职业收入：公立学校教师的月收入为80元，女医生为100—200元，机关女书记为30—60元，打字员月薪为30元左右，女店员的月薪10元至数十元不等。③《玲珑》的30元薪金，在当时的上海已经相当于城市的中等收入水平了，足以解决一家人的温饱问题了。

（2）抽奖。这一形式始于《玲珑》创刊号。所谓抽奖就是通过所购买《玲珑》内页上的一组类似于彩票的号码，若与《玲珑》杂

---

① 《编辑者言》，《玲珑》1931年第26期。
② 《招募推销员广告》，《玲珑》1931年第27期。
③ 吕美颐、郑永福：《20世纪二三十年代女性职业简论——从上海女子商业储蓄银行谈起》，《郑州大学学报》（哲学社会科学版）2002年第6期。

志社标注出的一致,即可获奖。获奖的奖金为"一千元"。除此以外,还有末尾奖等,奖品种类也变化多端。① 以此来激发读者购买《玲珑》的欲望。

(3) 赠券。《玲珑》杂志的赠券范围很广,既有"现金券""国民政府航空公路奖券""连环利益券"等,还有"读者诊病券"——《玲珑》杂志特聘了当时的名医李复生,读者凭券即可于每日上午9—11点就诊。

在一系列营销方法的运作下,《玲珑》创刊四个月后,代售处就由创刊时的"本埠各报贩以及外埠各书局零售",先后增加了"大东、光华、文化、现代、民智书局"等在当时上海出版界和文化界发挥重要影响的佼佼者,永安公司、三和分公司等百货商业机构,以及汉口真美善、苏州文怡书局、香港萃文书局、北平良友公司、天津杨记派报社、广州丽华公司、厦门千代公司等也相继加入代售行列,《玲珑》"广销至国外及国内各省"②。

3. 广告

《玲珑》对于广告的态度,呈现出两副面孔。对于自身三和公司的刊物、商品广告,相当热情。但对于外部广告,却存在一定的控制,而且价格也不高,初创时仅每方寸每期2元,后期涨至"(一)全版每期廿四元,(二)半版每期十二元,(三)四一版每期六元"。《玲珑》杂志上的广告整体呈现出山形起伏状态:早期主要刊登三和公司的广告,中期随着销量的增加,吸引了一些女性日用品广告,如威厘洋行经销的"蔻丹"指甲油、唇膏,先施公司减价广告、巴黎艺美镜架、玫玲粉妇女隐痛之救星等,后期广告数量骤减。这种方式与《良友》有些相似。与我们通常认为的"二次售卖"存在不同。究其原因,可能有三:第一,因为刊物本身的畅销,不必依靠商业广告来支撑。第二,因为三和公司本身就是商品代理公司,许多商品想要

---

① 《广告》,《玲珑》1931年第2期。
② 《编辑者言》,《玲珑》1932年第51期。

登上《玲珑》必须通过三和公司,即三和公司作为中间代理商,《玲珑》作为媒介平台。这种意识与三和公司创办人林泽苍的商业出身具有莫大关系。第三,与当时社会反摩登的环境有一定关系,尤其体现在后期。不仅在《编辑者言》中明确宣布:"广告地位减少,文字方面数量增加。"而《玲珑》杂志曾在《广告刊例》中明确表示:"短期广告不折不扣,长期广告面议,国货广告特别优待。"[①]

《玲珑》作为一份女性主编的妇女画报,展现了近代上海都市女性以报刊为媒的独特的性别魅力。《玲珑》善于把握女性读者的心理与视觉感受,在自觉或不自觉地受西方文化影响的编辑策略下,将西式元素和生活方式渗透至刊物的各个页面,以此绘制摩登都市生活蓝图,引领女性摆脱传统的自我限制框架,纠偏男性本位的评价体系和价值观念。《玲珑》作为首份妇女时尚画报存在,依靠富有策略性的经营方式以及样式形态,将其影响力扩大到"女学生人手一册"的程度,不仅反映了20世纪二三十年代都市文化环境下女性的生活状态,同时其存在的本身对于妇女报刊的视觉化发展以及妇女解放事业都有着突出的贡献。

二 我国女子杂志最高权威——《妇人画报》

《妇人画报》(*The Woman's Pictorial*)创刊于1933年4月15日,开创性地采用方形开本,月出一期,共48期,每期40页左右。由《良友》公司出版发行。该刊先后由邓倩文、郭剑英、李青、沈传仁担任主编,以中上阶层女性为主要读者,该刊自诩:"我国女子杂志的最高权威。"[②] 1937年因抗日战争爆发而停刊。

(一)《妇人画报》的历史渊源与创刊

《妇人画报》,属《良友》公司旗下妇女刊物,其前身为创刊于

[①]《广告刊例》,《玲珑》1934年第1期。
[②] 李晓红:《女性的声音:民国时期上海知识女性与大众传媒》,学林出版社2008年版,第119页。

1928 年的《今代妇女》（主编余美贵——蒋介石苏联顾问的家庭教师）。《今代妇女》以"女性画报的开先者"的身份诞生，主张引领女性自立自强，以"鼓励妇女在文艺界等各领域作有价值的创造，履行人的权利和责任"①为宗旨，呈现出女性"异于男性"超越贤妻良母或淑女"追求至善"的多元生存状态。创刊一年后因"材料缺乏"出现了拖刊现象。《今代妇女》不得已从第 9 期起"废止月份，改以期号……订阅全年者，寄呈满十二期即算一年"②，并委任马国亮为主编。1931 年 7 月《今代妇女》（总第 29 期）停刊："本志将于三十期以后停刊了。停刊，并不是废刊，只不过暂时将方针变更一下而已，将来也许仍旧要出的。"③

1933 年 4 月，"杂志年"的热潮中，《妇人画报》创刊，由良友公司藏书管理员邓倩文担任主编。邓倩文的相关历史资料，未见多述，仅《良友》七周年纪念时略有涉及，另则《北洋画报》有过报道，邓倩文离职《妇人画报》后与青岛海关职员黄澄君结婚，并附上结婚照，当然这是后话了。在当时，《良友》公司老板伍联德选择由邓倩文来担任主编，大抵是想续《今代妇女》旧例，与同期市场上《玲珑》一样，由女性来主编，以此打响名号，同时其身份和学识能够代表拟想读者并感同身受其生活需求，以此来拉近与读者的距离，达到心理上接受和认同。在《妇人画报》创刊号上，邓倩文从女性主体感受出发，以《卷头语》代替发刊词，呼应和延续五四时期性别伦理解放的观念，陈述创刊的原因和意义：

    国内妇女读物向来不大多见。这究竟是社会的不良现象呢？抑或是前进中的妇女无须阅读更狭义的妇女刊物？……然而，在现在社会组织制度下，女子仍未获得与男子完全平等的地位，

---

① 《写在第一页》，《今代妇女》1928 年第 2 期。
② 《编辑者言》，《今代妇女》1929 年第 10 期。
③ 马国亮：《今代妇女与读者告别》，《今代妇女》1931 年第 29 期。

第四章　十年相对稳定时期的上海妇女报刊（1928—1937）　211

而且男女间又毫未减少相互歧视的心理，所以创办一种专为妇女谋福利的刊物在目前还是需要的。况又为了妇女在生理上，习惯上有许多特点异于男子，我们现今就应着这些异点而加以讨论，介绍。①

并以列举问题的方式，阐发《妇人画报》的内容旨趣：

例如怎样解决妇女在社会上家庭间的一切困难；如何改善诸般枯燥无益的生活；指导妇女在家庭间一切繁重的工作；并供给一切正当娱乐材料；俾人生臻美满之境……以家庭为单位，合而谋这个社会之福利。②

在此，表明"以家庭为单位，合而谋这个社会之福利"至少包含两层含义。

其一，维护政府立场的站位。1929 年全球经济危机辐射到上海，失业率居高不下，为解决这一经济问题，蒋介石领导的国民政府主张模仿以德国等国家的做法，让"妇女回家"让岗位于男性。上海的舆论界对此形成反对和赞成两种论调，反对者如《妇女生活》具有"左倾"倾向，赞成者如《妇人画报》大多维护现有政府的统治。从《妇人画报》创刊的封底刊登的蒋介石为良友公司的题词"文化先锋"（如图 4-3 所示）也可

图 4-3　《妇人画报》封底，蒋中正题词

---

① 《卷头语》，《妇人画报》1933 年第 1 期。
② 《卷头语》，《妇人画报》1933 年第 1 期。

见一斑。作为一份商业性报刊,避免政治干预是报刊得以生存和盈利的主要因素之一。其二,明确中上阶层的读者定位。在20世纪30年代的上海,既能文化消费、进入社会又能回归家庭的女性,至少是受过一定教育的中产阶层的女性。对中下层妇女而言,"妇女回家"是一种奢望,"已无法从父从夫从子,她们不得不抛弃家庭,跑上社会去挣扎"[①]。据上海总工会对沪东地区工厂职工的调查发现,平均4口之家的年均收入仅252元,除去食、衣、房租和灯火燃料,全家剩余的杂项开支仅23元。[②] 在这种消费结构下,动用剩余开支去购买2角一册的《妇人画报》半月刊是不现实的。因此,《妇人画报》的读者对象,只可能是中产及以上阶层的女性。

(二) 主编易人、旨趣革新

1. 邓倩文的"稚子"

《妇人画报》之于邓倩文是"稚子"[③],在她的任期内,刊物涉及面广,几乎涵盖女性生活方方面面的内容,从顺序上排,大致可分为:罗兰的信箱,妇女问题的探讨,新近国内外妇女消息(照片),女界名人故事及照片,家政科学常识,服饰美容(图片),育儿知识,国外电影及明星介绍(照片),家居布置(图片),卫生顾问等。

虽然《妇人画报》栏目标示及分界并不明确,又没有目录,难免有些杂乱,缺乏重点。但特色栏目如罗兰的信箱、医学顾问等几个问答栏目,对妇女尽力扶持,帮助解决各种问题。在关于妇女的社会热点问题上,《妇人画报》的观点也比较中肯。例如"罗兰的信箱"栏目多涉及新性道德观念问题,一位已婚已育妇女与小叔相恋,罗兰的建议是女性不必受世俗限制,勇敢追求真爱,但前提是需理性地处理与丈夫及孩子的问题。再如妇女回家问题的探讨,直

---

① 《编辑室》,《妇女生活》1935年第1期。
② 唐振常主编:《上海史》,上海人民出版社2005年版,第755页。
③ 邓倩文:《告别读者》,《妇人画报》1933年第13期。

接夸赞苏联制度的优秀,贬低希特勒政策的舍本求末,让女性作替罪羔羊根本无助于解决失业危机。

总体来看,邓倩文作为一个年轻的女性主编,能够依靠自身学识和能力完成半月一刊的画报任务,并使得尚在摇篮期的《妇人画报》"自行世以来获得数万热心读者的维护"[①],无疑是成功的,尤为可贵的是,刊物不仅呈现摩登生活蓝本,同时以多种形式参与社会热点问题的探讨,始终保有自身的主张和女性本位的立场。

2. 郭剑英的"良伴女友"

《妇人画报》之于郭建英是"良伴女友"。在他的任期,刊物呈现更多的是男性视角下女性时尚摩登的成熟风貌。郭建英,原籍福建同安,生于上海,并非报刊编辑出身。在上海圣约翰大学政经系毕业后,曾投身国民党官办金融机构,任中国通商银行秘书。《妇人画报》选择由他来主持,有些许不相称。但这与良友公司老板伍联德的用人方针甚为贴合。《良友》初创时选择声名赫赫的周瘦鹃担任主编,但反响平平,直至起用新人梁得所后方显出画报的兴味。梁得所被认为是"奠定画报地位的第一位编辑",此后,伍联德一直采取"唯才是用"、不重名气的用人风格,培育了赵家璧、马国亮等。如今选择郭建英作为《妇人画报》主编,亦是如此。郭剑英虽是金融出身,但他就读的圣约翰大学,在当时几乎是上海摩登都市的微缩版,表现着现代都市的种种征候。有一份来自1931年的圣约翰大学问卷调查显示:在校学生"最大的希望"是"学校注册、男女同学、出入自由";"谈话资料"是"恋爱问题、国家大事、运动胜负、立案问题";"星期六下午之消遣法"是"逛公园、看电影、访'甜心'"[②]。在这种环境下成长的郭剑英深谙摩登之道,自《妇人画报》创刊号起连载"摩登生活讲座",并善于用笔绘、写上海都市女性,摩登之气扑面而来,既是《妇人画报》的元老级作者,

---

① 邓倩文:《告别读者》,《妇人画报》1933年第13期。
② 恭:《一般普通心理的调查》,《约翰年刊》1931年第17卷,第231—232页。

也是合适的主编人选。

郭建英的办刊观念与伍联德的办刊方针一脉相承。伍联德在《良友》中记述道:"在这里没有什么主义可以提倡,也并不是谋其大者远者",他将《良友》定位于"消遣的良好读物"。郭建英于第14期"新年革新号"所发表的革新宣言,几乎与伍联德如出一辙:

> 我们绝没有什么大的志愿来改革今代中国妇女的思想或她们社会上的地位。更没有什么大不了的计划来促醒中国女性对于全世界政治,经济或社会方面的兴味。我们只不过希望她们来看这本微弱的杂志,因此能解决一件事——她们从此有了一个可爱而美丽的良伴,善良而聪明的女友,而不致感到从前那般寂寞与空虚。①

倘若良友创办人伍联德为《妇人画报》选择邓倩文为主编是因为性别,那么选择郭建英则是可能因为志趣相投。

在郭剑英任期内,《妇人画报》致力于参照西方时尚杂志 VOGUE 进行"时尚而富有现代性"的改版,以创造出可以与西方时尚杂志比肩的中国妇女时尚杂志,集中体现在三个方面:最新的女性知识、情感小说以及幽默小品。② 相应促成了美容与时装、小说、饮茶室等特色栏目。除此以外,还设有互动沟通的编辑余谈、读者论坛(第32期起),以及中国女性美(第17期)、夏令专号(第19期)、电影特大号(第31期)等一系列的专号。这种摩登时尚的现代性改版,堪称我国女子杂志的最高权威。

3. 李青、沈传仁旨在延续

郭剑英因要赴日本担任中国驻长崎领事馆领事,《妇人画报》自第34期起由李青(《良友》编辑)兼任画报的主编,并新增出版人余

---

① 郭剑英:《革新宣言》,《妇人画报》1934年第14期。
② 陈子善:《摩登上海的线条版》,《深圳商报》2001年6月10日。

汉生。李青甫上任后并未立言革新而是要按部就班地完成郭剑英的计划，"今后的本志，仍本郭先生所预定计划，求达到更完善的地步"①。出版九期之后，李青因"事务冗忙，无暇兼顾"改由沈传仁担任主编，直至第 48 期终刊。沈传仁自述中称，"对于画报虽然十分的喜好，可是对于编辑一层却是十足的外行，不过《妇人画报》前后经郭李二君主持，已有了相当的范围且深蒙读者的爱护，使后来者不致无所遵从"②。

这一时期的《妇人画报》诚如李青、沈传仁所言基本延续郭剑英时期的风格，但也有所创新。在李青任期内，出现了以现代居室为主题的图片特辑（第 37 期），展现现代家具布置的不同风格。在沈传仁时期则将《妇人画报》的主要读者群调整至"青春期男女"，将《妇人画报》定位为："两性间生活之南针，是青春期男女之良伴。"不过，在李、沈任期内，正值抗日战争爆发前夕，上海的一些出版机构、印刷厂等相继外迁，导致他们的想法很难实现，《妇人画报》无法按期出版。沈传仁上任后，曾宣言"我在编者第一件所要作的事，就是希望以后妇画能够按期出版，而且更希望在相当的时日之内可以把以前所延期未出的月份补齐"③，但实际操作难度很大。在他任期内，第 44 期为 1936 年 12 月和 1937 年 1 月的合刊，第 47 期为 1937 年 4、5 月的合刊，第 48 期为 6、7 月的合刊。1937 年抗日战争全面爆发，良友及其旗下的《妇人画报》等不得不停刊。

（三）《妇人画报》的视觉冲击

良友公司的画报，素来以装帧讲究闻名。《妇人画报》作为旗下出版物，也重视视觉感受，主要表现在外在形态，体现在封面、开本、周期、页数、版式设计等视觉直观方面。本书于下就各项做一对比（如表 4-2），并以最为突出的封面、版式设计与图文选择作一详述，以期更清晰地呈现出革新前后的差异。

---

① 李青：《编辑余谈》，《妇人画报》1935 年第 35 期。
② 沈传仁：《编辑余谈》，《妇人画报》1937 年第 44 期。
③ 沈传仁：《编辑余谈》，《妇人画报》1937 年第 44 期。

表4-2　　　　《妇人画报》不同主编时期各项内容对比

	邓倩文时期	郭建英、李青、沈传仁时期
封面	女性照片，第3期为图画	女性漫画，第25期后改为女性照片
周期	半月刊	月刊，定期专号
开本	32开方形	16开
页数	20页左右	40页左右
版式设计	图文混排，标注文字或漫画二字	文字版、彩色版、图片版

1. 封面

邓倩文时期的封面，采用女性照片，这也是20世纪30年代比较主流的方式。在具体的封面空间的安排中延续《良友》《今代妇女》的做法，让照片占2/3的位置，其余1/3的位置留给刊名、刊期等杂志文字信息。封面中女性多未署名，仅第13期为名媛梁鸾珍。这些封面女性以半身或全身出镜，配以统一的卷发、朱唇、柳叶眉等当时最流行的发式妆容，着短袖旗袍或新式洋装，面部表情却以低头沉思居多。在这些封面中，仅第10期为外景（触叶沉思），其余皆为室内摄。邓倩文时期的女性，眉语神态和布景中似乎在表达着牢笼之困，服饰的解放并未真正解放女性的身体和心灵。出走的"娜拉"，被呼喊着再次回家，男女地位的不平等，终究又将女性置于社会家庭的两难境地。

第2期 　　　第10期 　　　第14期

第四章　十年相对稳定时期的上海妇女报刊（1928—1937）

| 第 23 期 | 第 33 期 | 第 35 期 |

图 4-4　《妇人画报》封面（部分）

郭建英、李青、沈传仁时期的封面，呈现前后两种风格。1934年，正值妇女国货年以及新生活运动，摩登女性为社会所批判，女性的"衣袖长短"成为国家的监控对象。《妇人画报》的封面代之以郭建英手绘的女性漫画为主，如图 4-4 第 14 期新年革新号、第 23 期中国女性美特辑。虽然这些漫画女性与邓倩文时期的封面女性有着同样的卷发、朱唇、柳叶眉，但细长的眼睛、上翘的眼尾、狡黠的笑容将女性的形象妖媚化。从某种程度正反映着，20 世纪 30 年代，男性对于女性摩登形象的焦虑。1935 年《妇人画报》复归女性照片后，多面部特写，在少有的全身照中有意凸显女性的身材。这些封面的风格，与当时西方影星照片具有某种类似，从中表现出的不仅是西方女性美观念定义在《妇人画报》上的渗透，也显示了男性视角下女性美该有的形态。

2. 版式设计具有冲击力

邓倩文时期，妇人画报以图文混排的形式出现，在目录中标漫画或文字以示区别。页面整体突出图片，文字作辅助作用，具有很强的视觉冲击力。如图 4-5 中第 6 期中的内页版式，采用将女性照片按人物身形裁剪，着意突出女性的姿态，旁边的附以文字作为说明和补充。

|  第 6 期内页编排 |  第 15 期彩色版 |  第 16 期图片版 | 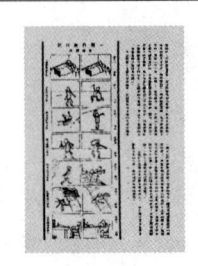 第 36 期文字版 |

图 4-5 《妇人画报》内页版式（部分）

郭建英时期，文字与图片分而置之，分为：文字版、图片版以及独创的彩色版。因收效良好，李青、沈传仁任期版式始终未变。在具体的版面编排上，图片版被单列，图片被放大，并采用特写手法；文字版则延续图文混排的形式；彩色版文字呈上下两部分，字体变小变细，版面更秀气整洁，更适宜阅读。除此以外，在目录的设计上，分图画目录和文字目录。目录边或配小诗、风景、人物等插画。1935 年第 27 期后，目录便开始登载图书广告。《妇人画报》在郭建英手中，版式设计新颖活泼、特色鲜明，成为脱颖于一众妇女画报的重要方面。

3. 图文内容主题性和时效性强

《妇人画报》的图文内容选择，强调主题性和时效性，表现之一便是采用特辑。在 1934 年国货年应时出版"中国女性美专号"，并发表五篇文章合辑而成"中国女性美礼赞"以突出鲜明的主旨。此后，陆续而出"时代女性之解剖"（第 15 期）、"妇人画报纳凉园"（第 19 期）、"古今美容术特辑"（第 20 期）、"母亲读本特辑"（第 28 期）、"儿童卫生宝典特辑"（第 32 期、第 33 期）、"现代居室特辑"（第 37 期）等，其中第 37 期也是唯一的图片特辑。《妇人画报》除了通过特辑的方式将一个主题全面而深入地展开之外，还会选择适合当季阅读的文章配合当季的图片。这种时效性和主体性的设置，牢牢地抓住了读者求新求异的心理，因而从销量看效果较好。

（四）《妇人画报》的性别导向与内容呈现

《妇人画报》是一份以都市中产及以上妇女为主要读者的妇女刊物，但女性的声音极其微弱，"出自女子本身的文字却是非常鲜少的"①。主编，作者皆以男性为主，据统计，《妇人画报》所有作者中发表十篇文章以上的依次是：郭剑英（32篇）、刘呐鸥（29篇）、黄嘉德（17篇）、史炎（16篇）、章志毅（14篇）、史济宏（12篇）、张丽兰（12篇）、姚赛瑛（12篇）、徐迟（11篇）、绮怀（11篇）、罗兰（11篇）等。在这种境况下，《妇人画报》不可避免地延续男性视角，并体现在内容的呈现上。

1. 摩登女性的形塑

《妇人画报》对于摩登女性的塑造自始至终都是重心。这也契合当时上海对于现代性的追求，除了林立的高楼、声光电等客观事物，在人的主体性上，尤其是女性被催促着及自发地追求"摩登"。这种追求最容易体现在"外表"上，《妇人画报》把握住了这一脉搏并以此作为内容特色。如邓倩文时期的第一期开始就连载郭剑英的"摩登生活讲座"，涉街头礼仪、化妆与举止等内容，描述极其细致。例如当时上海舞会颇为热门，郭剑英对"社交舞"做了具体而详尽的舞会礼仪指导，"女士不可无理由拒绝男士邀请，男士必须主动邀请每一位女士跳舞"等。郭剑英接任主编后，直接参照 VOGUE 等西方时尚杂志，不厌其烦地以好莱坞女明星的服饰、妆容等为参考，推动女性的外在形象的西化——细眉、红唇、卷发、连衣裙、高跟鞋、表情的外露等。并按季节的变化介绍服装与化妆，如《五月的化妆与衣服》《夏之衣物色彩学讲谈》《初秋化妆秘诀》等。

这种女性的西化以及与传统女性划清界限的方式，虽然在某种程度上表征了"日新又新"的时代价值，却始终处于褒贬不一的处

---

① 《编辑余谈》，《妇人画报》1934年第17期。

境。尤其，外表西化所需要的物质支撑助推的消费热潮，助长了外国品牌消费的增长。在经济危机的当口被视为不爱国，甚至有"卖国的嫌疑"，身处其间而注重外表的摩登女性成为众矢之的。1934年《妇人画报》第21期中一篇《日子是难过的了》陈述了政府对妇女外在装饰的干预："一：新生活运动限制了妇女服装，二：决定了内衣的长短……三：头发之长度与样式，四：丰满的脚踝也要把它藏匿起来，五：外衣也不可太短小，六：倘不履行要抓你起来……"①

2. 摩登女性引发的男性焦虑和对策

《妇人画报》一方面以引领者的姿态以大量篇幅供给摩登女性习得化妆美容，以期她们的形象西式而摩登，但另一方面却又焦虑她们会因此走向引领者所认为的"歧途"，脱离"管教"，因此而不断力图修正。一方面表现在，主编、常驻作者对于女性须同时具有内在美、外在美的反复强调："中国女子之美，无论是古典的或现代的，是包含着久远的历史与传统的习俗下所发展的特殊的美。它在世界上占有显著而荣耀的名望，决不能被他国女子之美所得浸染或影响。"② 同时，在郭剑英及李青等任期内，登载了一定量的类似观点文章，如都市女性的"精神教父"黄嘉德（上海圣约翰大学教授）认为："眼光远大，实事求是的女子是会在不忽略外表美的条件下，努力于内在美底创造的。美德、温柔、智慧、学识的造诣，人格的修养，奋斗的毅力，向上的精神，工作的技能，生活的训练，这些内在美的要素是永久的，不变的，具有最崇高的真价值的。所以社会需要幻觉的，外表的女性美，更需要内在的女性美。"③ 这种观点实质与清末民初时期的《妇女时报》《妇女杂志》等观点并无多大变化，就是尽力将社会的要求都强加在妇女身上，以"女圣人"

---

① 《日子是难过的了》，《妇人画报》1934年第21期。
② 《编辑余谈》，《妇人画报》1934年第17期。
③ 黄嘉德：《谈女性美》，《妇人画报》1934年第24期。

的形象来改造。另一方面表现在以鸥外鸥（刘呐鸥笔名）、穆时英、施蛰存、黑婴等为代表的新感觉派小说以及长篇小说中所呈现出的前卫姿态本质中的"恐女"感。如"时代已经演进至女人向男子吊膀子，向男人猎色、渔色之阶段了。向一个陌生的少男上下其手之新闻纪事，恐怕不久也要见诸于社会版上的吧"①。再如"一个男人毁了我，我要在千百万个男人中找到报复！今天我找到了第58个报复对象了"②。他们笔下的这类女性很大程度上是基于男性视角出发所拟造的，完全背离传统女性的婚恋社交价值观，虽然具备女性身心解放的影子，但更大程度上表达的是解放女性后所引发的男性压迫感，以及女性的放任和无管束的焦虑。

上述观点不论通过何种体裁的表达方式，男性始终在训导者的位置，而女性始终是处于被教育的地位。因而，在新生活运动开始后，中国妇女的勤俭质朴被重新提上日程，将"关于女性的知识"重新定义，内容方面"拟多刊登关于家庭等各方面的实用文字"，涉及家庭医学、生理知识、育儿心得和理论、裁缝烹饪等，以应和时局。③

3. 女性与社会的互动和反思

《妇人画报》对于女性缘何演变为前述只重视外表，或脱缰的情形，也从女性与社会的互动视角进行反思。如在《良友》主编马国亮看来，资本主义是一个男性中心的制度，女性在这个制度下自存，必须附和，甚至出卖自己："现代女子生活在美的方面来说，完全可以说是跟着资本主义的支配，社会要一般女子趋向于外表的虚浮，否则无以自存，于是女子便不得不趋向于虚浮，竭力去研究那缺乏内容的外形的美。"例如1934年的电影皇后选举，广告画中的美女以及女性肉体裸露的歌舞片等，尤其"一个女子无论对于她的装饰

---

① 鸥外鸥：《万一有吸引律》，《妇人画报》1935年第32期。
② 张海伦：*True Confession*，《妇人画报》1935年第34期。
③ 《编辑余谈》，《妇人画报》1934年第24期。

怎样的狡辩,她总不能掩饰她的爱美是为了取悦男性的缘故"①。女性作者任慧芬持类似的观点,她也认为是社会将女性变成了被攻击的类型,"近来社会上有很多攻击新女性的话:女人男性化了,不会操持家政,影响了家庭的幸福,同时她们对于社会也没有什么贡献等等。造成这种现象的原因很复杂,狭义地说,应由过去的教育负责。另一方面,则应由社会负责"②。这种观点与法国作家波伏娃所提出的"第二性"的观点有着相似,基本都认同女性并非天生的,而是社会塑造的。

在20世纪30年代的上海,这一观点虽然触及了男性中心主义的弊端,以及资本制度下权力裹挟问题,但持这种观点的依然是少数。在当时的环境下,人们关注的重心依然是屈辱和抗争。一方面,上海一市三政的空间格局、半殖民的性质始终与正统的中国城市有异,上海之于当政者和民族主义情绪强烈的大众而言,是主权的缺失和屈辱。而摩登女性的西式化正是上海被殖民的缩影。另一方面,30年代世界性的经济危机加剧了中外的冲突,妇女被赋予振兴国货的重任——只要妇女拒用洋货改用国货,民族工业就有转机。但问题在于,中国的经济困境并非因女性而起,可以由女性来解决或挽救的。一系列对于摩登女性的挞伐,国货运动的发动,都不如行使主权(关税自主)来得有效。但社会及政府偏偏选择了让女性来承担后果,可见在现代中国传统的性别政治,如男尊女卑、红颜祸水依然具有强大的市场。

(五) 良友品牌化运作与经营发行

良友以印刷起家,关注于装帧设计和视觉效果是其区别于其他出版公司的一大特色。在20世纪30年代电影、橱窗等富于视觉化的城市文化和空间构筑而起时,良友公司依凭《良友》画报建构了

---

① 马国亮:《时代女性生活之解剖——美学上之检讨》,《妇人画报》1934年第15期。
② 伍慧芬:《我们应有的常识》,《妇人画报》1935年第32期。

以中上层为主体、延伸至街头文化等下层的"良友"式画报的消费审美空间。在此基础上，良友公司针对女性群体先后出版《今代妇女》《妇人画报》。《妇人画报》在销售、发行、广告等经营管理方面，基本都依仗良友公司。《妇人画报》自创刊起即以2角为售价，与《良友》持平，远高于同期最大的竞争者《玲珑》。这在妇女商业性相对成熟的市场上并不多见。

表4-3　　　　　　　　《妇人画报》《玲珑》《良友》对比

刊物	《妇人画报》	《玲珑》	《良友》
起讫时间	1933.4—1937.8	1931.8—1937.8	1926.2—1945.10
形式	半月刊/月刊	周刊	月刊
定价	2角	7分/1角	2角

同时，作为一份时尚刊物，《妇人画报》与《玲珑》一样，商业广告并不多见，并非如人们所想象的，成为连接商业消费社会和女性读者的广告平台。《妇人画报》几乎为良友公司的书刊广告所垄断。本书认为，可能原因有两个方面。一方面，良友的发行网络在当时首屈一指，依托良友发行，《妇人画报》无须为资金困扰。良友公司是当时出版公司（机构）中较早意识到自建发行分销渠道的公司。良友通过总公司在各地设立分支分销机构，再以此为基点拓展附近地区的发行、零售业务。这就让其避免了代售处款项拖欠的问题，得以尽快回笼资金，保证资金链的畅通。《妇人画报》一创刊，即以良友图书公司为总经销，特约经销处10处，分处广州、厦门、南京、汉口、新加坡（美美公司，为良友收购）、香港（美美公司）、成都（北新书局）、重庆（开明书店）、北平（会文堂）、汕头（文明书局），一度还远销至南北美洲。《妇人画报》依托于良友公司所形成的发行网络，可排在当时妇女报刊的前列。另一方面，《妇人画报》的广告也确实体现了良友公司对于广告严格甄选的一贯作

风:"以商业的方式,而努力于民众的文化事业。"① 也就是说,《妇人画报》的根本旨意在于为民众的"文化"奋进,商业不过只是一种形式。这与民国时期著名编辑家陈原对于广告的态度颇为相似:我记得有过一个时期,许多报纸竞相刊登治疗少白头的药方。几味药方,吃了对身体不会有害处,单是要让已经白了的头发变黑,效果恐怕跟《红楼梦》上王道士胡诌的"妒妇方"不相上下。我想重要的不是开药方,而是应该想到读者所以写信来问,他们的心理负担有多重。②《妇人画报》在商业气息浓郁的上海十里洋场,能够不受广告主的诱惑,保持读者本位的姿态,也是称"最高权威"的原因之一。

抗战前夕,《妇人画报》虽有良友资本支撑,但是国家身处战乱,物资运送、印务问题频发,导致画报的按时出版成为问题。第37期因脱期3个月而以合刊形式出现,此后这类状况日益普遍,第44期、第47期、第48期皆是如此。《妇人画报》为挽回颓势扩大销售,特意于第44期利用"两性关系"重新定位,扩大读者范围,并刊登自身广告"两性间生活之南针、是青春期男女之良伴",以期来满足抗战前夕市民迷茫而借此逃避的心态,可惜,该策略尚未发生明显效用前抗战爆发了。《妇人画报》终刊于总第48期。

《妇人画报》作为妇女报刊的一次时尚化探索,丰富了妇女报刊的形态,增加了妇女报刊的路径选择。从某种程度上,可视为当前时尚报刊的蓝本。但《妇人画报》发行的时间刚好嵌入国货年期间。这就必然导致时人对于该刊的双重评价。从刊物本身的形态演进角度,《妇人画报》自诩能比肩西方时尚杂志 VOGUE,堪称"中国女子杂志最高权威"。但从该刊传递的内容看,实则与新生活运动所推崇的简朴生活相左,被视为资本主义和男性中心主义的依附者。尤其,该刊由男性主导,女性投稿者鲜少,如此也就不可避免地造成

---

① 伍联德:《再为良友发言》,《良友》1929年第37期。
② 陈原:《陈原出版文集》,中国书籍出版社1995年版,第89页。

了以男性立场和视角出发探讨妇女问题，妇女因声音孱弱而不得不处于被左右和被审视的位置。这就意味着，《妇人画报》所营造出来的摩登时尚现代世界是由男性建构，在更大程度上，是基于男性审美下的女性时尚文化蓝本。从中也切实地反映出，20世纪二三十年代上海都市文化中传统意念根基和女性传统性别秩序的稳固以及中国近代社会女性的解放始终有男性文化人横亘其间一并开拓的事实。

第三节 女性主编的非商业性妇女报刊

1931年后，上海妇女报刊界呈现出女性主编居多的独特景象，尤其表现在非商业性报刊为主的妇女报刊上。这一方面与五四以后女性作为人的意识和自觉性被唤醒，上海知识女性占女性人口比重提升有关；另一方面，也与当时报刊出版界的繁荣以及知识女性有机会来分担主编之职有关。在这些女性主编的非商业性妇女报刊中，以《女子月刊》《妇女生活》《女声》等最具有代表性和影响力，与《玲珑》《妇人画报》等追求时尚摩登妇女刊物完全对立，从不同的立场发出了属于女性的声音。

一 "纯女性"报刊：《女子月刊》

《女子月刊》，创刊于1933年3月，1937年7月停刊，月出一期，以年为卷，每卷12期，共5卷、55期。该刊由黄心勉、姚名达夫妇创办，女子书店负责经营发行。该刊具有强烈的女权主义思想。先后由近代著名史学家姚名达的夫人黄心勉、女作家陈爱、复旦大学毕业生封禾子、编辑高雪辉，以及姚名达等担任主编。先后聚集了高晓兰、陈碧云、段英、冯浣君、冰心、陆晶清、赵清阁、金光媚等四十多位女性作者编辑，是近现代上海妇女报刊中一本不以营利为目的的"纯女性"杂志。

（一）创刊缘起与宗旨

《女子月刊》的创办缘起于战争。1932年1月，日军炸毁了商务印书馆及其旗下资产，以及该馆编辑姚名达的家。在逃难之际，姚名达、黄心勉夫妇，亲眼看到上海租界外"小脚妇人"成群，租界内"花天酒地、清歌艳舞"不知国亡家破，于是与一起逃难的黄邦俊商议办《女子月刊》，"从言论上唤醒同胞，从智识上开发同性"①。

同年3月初，姚名达、黄心勉夫妇写信给相识的各地朋友商讨，"但大家觉得只办杂志，而没有书店发行，不但不能行销各地，而且收效亦很小，不如先办书店，再办杂志"。遂在3月20日集会于上海南京路冠生园，发起女子书店股份有限公司，以姚黄夫妇的"卖稿酬金"作为筹备费，租店面于圆明园路二十九号三楼三零九号。正当一切都井然有序按部就班地进行时，同人中提出了让书店"左倾"，"大多数人反对她，少数人赞成她，就分裂了，一部分'左倾'分子退出了，发起人认定的股份也就不缴纳了"②。碍于资金短缺，9月18日当天姚黄夫妇二人就将书店搬至霞飞路铭德里八号。与姚黄立场一致的同人，开始放弃稿费无条件赠送书稿以资助女子书店运营，其中以教育界人士居多，包括中国公学教授章衣萍夫妇、浙江大学教授储皖峰、陈漱琴夫妇、师范大学教授冯浣君女士、大夏大学教授王国秀女士、华童中学教员钟贵阳先生、浙江省立民众教

图4-6 《女子月刊》封面

---

① 黄心勉：《女子书店的第一年》，《女子月刊》1933年第2期。
② 黄心勉：《女子书店的第一年》，《女子月刊》1933年第2期。

育实验学校教员刘宇先生、国立暨南大学高才生朱鸿禧先生、黄心勉弟弟大学生黄邦俊、留学巴黎的陈学昭女士等等。另有总司令部科长蒋崇年、《时事新报》编辑黄天鹏、前《妇女杂志》编辑金仲华先生、前商务印书馆编辑萧百新等等。如此，女子书店才有了资金支付印刷费用，维持运营，为《女子月刊》的诞生提供了物质基础。

也正是经历了女子书店创办过程的曲折以及教育编辑等各界友人们热情的资助，让艰难诞生的《女子月刊》呈现出更为纯粹的为女性而办的立场：

> 我们都是纯洁而诚恳的女子，没有政治背景，没有宗教背景，亦没有经济背景。所以当然没有政治作用，没有宗教作用，更没有牟利的企图。我们的目的，只是想替天下女子制造一座发表言论的播音机，建筑一所获得知识的材料库，开辟一个休息精神的大公园。我们希望这小小的月刊能无穷的，无量的，供给一切女性的需要，能够把最好的，最新的，最有趣味的思想，知识，文艺和图画贡献给读者。①

《女子月刊》的目标注定其风格与《妇人画报》的软性摩登不同，基本继承五四时期的"严肃"办刊风格，但尽力避免五四时期"男性代言"的方式，以女性为主编，发表女性的文字以"唤醒同性""对我同性作知识上的服务"②。

（二）《女子月刊》的三个时期

《女子月刊》可依主编立场分为三个时期。

1. 黄心勉、陈爱时期

黄心勉，字慕瑛，江西人。1903年出生，1935年因肺病离世。

---

① 《发刊词》，《女子月刊》1933年第1期。
② 《发刊词》，《女子月刊》1933年第1期。

据姚名达为其所立《黄心勉女士传》中记载，黄心勉童年时期家境殷实，入学受教。12岁因父亲逝世被迫辍学。18岁嫁与姚名达为妻，在继续求学期间诞下一子，但因学业生活压力颇重，无暇照顾，孩子夭折。27岁后，在丈夫的不断鼓励和支持下，恢复生活信心，诞育女儿（忞儿）的同时开始随夫接触文化界并创办《女子月刊》。

从某种程度上说，《女子月刊》被她视为另一个女儿。《女子月刊》自发刊始，就被赋予"弱女"身份形象，如我们没有任何政治、经济、宗教背景的"纯洁而诚恳的女子"①，"生而为女子，受尽了'非人'的待遇……"② 这与五四时期推举的强悍新女性形象以及同期妇女报刊强女弱男的立场是截然不同的，但却与女性在社会现实和历史中所处的弱势地位是一致的。与《女子月刊》经济实力的弱是一致的。而这种"弱女"的身份形象又在一定程度上凸显知识女性道德情操及精神上强大的美德：用血汗换来的金钱，"为同性做知识上的服务"③，以此彰显女性们可以凭借自身的努力从"非人待遇"的桎梏中解放出来，即女性的自我救赎和解放。这一点从1935年黄心勉弥留之际的表现也可见一斑：她在遗书中交代自己未了心愿，捐出一生积蓄，成立女子奖学金。

黄心勉因病无法主编之时，《女子月刊》编辑兼校对陈爱升任主编。陈爱，笔名白冰，中学时代即文采出众，积极向各类杂志投稿。1934年受姚黄二人之邀，从厦门入上海为《女子月刊》的编辑和校对。当时，黄心勉在刊物上对她极力推崇，称："最有希望的青年女作家"，"天才作家白冰妹妹"，"凭她那美妙的文笔，依着我们已定的方针，把本刊编的更加美丽，更加充实，把我的重担分了一大半"④。并在版权页的"编辑兼发行者"一栏中，将陈爱的名字前置于黄心勉与姚名达之前，位于第一。黄、白两人不仅关系亲密，同

---

① 《发刊词》，《女子月刊》1933年第1期。
② 《女子月刊社同人的信条》，《女子月刊》1933年第2期。
③ 《女子月刊社同人的信条》，《女子月刊》1933年第2期。
④ 黄心勉：《微笑的期待》，《女子月刊》1935年第1期。

时从陈爱在《女子月刊》上发表的《谈谈现代女子》一文，也可见她与黄心勉的观点和立场是一脉相承的：

> 中国二万万的女同胞，除了在旧家庭里为奴隶，镇（整）日里偷啼暗泣……还有那种娇艳媚笑，追逐豪华，做着黄金迷梦的所谓摩登女子，装成了玩具，去给人家玩弄……中国除了上述两种形式上是人，而实际上不是人的女子外，那些堪构为人的女子，真的是寥寥无几呀！中国的情形是这样！中国妇女的命运是这样悲惨！中国的女子呀！将怎样自救呢？……女子是人；既然是人，就是要做人应有的资格，不要做人的奴隶玩物。①

在陈爱与黄心勉时期，立场上皆致力于保持《女子月刊》与自身女性身份的统一：一方面，唤醒女性的主体意识，强调女人作为人的观念和姿态；另一方面，满足妇女的生活和心理的切实所求。在话语权方面有意识地向女性靠拢，在男性作者远多于女性作者的社会现状下，基本维持男女作家的基本均衡，主动吸纳了如高晓兰、陈碧云、段英、冯沅君、冰心、陆晶清等四十多位女性作者，并以金光楣、赵清阁等女性为编辑，力图改变多数妇女报刊由男性话语主导的现实，以女性自身解放为己任，算得上一份真正意义上的女性月刊。

但陈爱担任主编短短一年便离开了《女子月刊》，发布"陈爱启事"，表示已于民国二十五年4月1日辞卸《女子月刊》编辑职务。个中原因，大约与刊物立场变化以及权力受限有些关系。1936年陈爱在《致勉姐》的悼文中，也以对话形式暗示现在的《女子月刊》早已物是人非，"现在，你所关心的女月，换了一个面目了；她

---

① 陈爱：《谈谈现代女子》，《女子月刊》1933年第9期。

日日在发展着"①。在20世纪二三十年代，刊物作为发声平台的常识已然建立，拥有近两万读者的《女子月刊》虽力主保持不党不群的独立办刊姿态，坚持作女性的播音机，但终难脱离社会团体舆论争夺的整体环境。

2. 封禾子、阿英时期

封禾子，毕业于复旦大学中文系，在老师赵景深的引荐下，结识《女子月刊》作者阿英，进入《女子月刊》担任主编。该刊在第4卷第8期发布聘任声明：

> 复兴女月的重任托给一位能担这责任的人，以后，由专人负责，对于统一的目标，可以按部就班地做去……现在，从八月号起，已聘请封禾子女士负《女子月刊》编辑专责，封女士于今夏以优等成绩毕业于复旦大学中文系。长于文学，著作散见于报章杂志者甚多，嗜学之余，兼好戏剧，复旦戏剧社里公演之名剧，《委曲求全》《雷雨》，均为女士主演……②

自第4卷第9期起《女子月刊》版权页"主编者"一栏印"封禾子"。同期她主导革新，不仅开辟戏剧专栏，如"赛金花"特辑，还邀请了诸多左翼作家如夏衍、郭沫若、田汉、洪深、夏征农等，并发表《编者的话》：

> 过去杂志的内容，大半范围在女性话题圈内，未免狭隘；诚然妇女问题是我们切身需要解决的问题，但妇女以外的人群社会，我们也应该去认识，去理解，不作井底之蛙。③

---

① 陈爱：《致勉姐》，《女子月刊》1936年第5期。
② 《聘任声明》，《女子月刊》1936年第8期。
③ 《编者的话》，《女子月刊》1936年第9期。

这番革新宣言与聘任声明中"按照统一的目标，按部就班地去做"相悖，与此前黄心勉定下的妇女中心主义也背道而驰。对于一个初出茅庐、刚入编辑部的女大学毕业生而言，这些革新之举过于大胆而令人生疑。尤其接手之初就能号召当时众多的左翼作家，若无背景支持是办不到的。多年后，封禾子回忆起主编的《女子月刊》时坦承，该刊背后的主编实际是阿英（钱杏邨）。

> 阿英同志是执行当时在上海的党组织的指示，占领刊物这个阵地，展开文艺界的统一战线工作。他如此积极地为《女子月刊》擘画，协助我主编《女子月刊》，是从革命工作需要出发的。①

当时一心在高校任教的姚名达并未注意到刊物立场正逐步转移，依然只顾着为《女子月刊》提供资金上的保证。他本人自述："自四卷九期至五卷一期（即封禾子和高雪辉主编期间——本书注），我竟未看过一篇文章。"②但木已成舟，在并无多少编辑经验的《女子月刊》原作者高雪辉主编几期效果不理想后，独善其身的姚名达就动了自任主编之心。

3. 姚名达时期

姚名达，近代著名史学家。生于江西，早年随父求学，后因家境所迫开始学医。然而心中有志修史，遂弃医重新考入南洋公学。1925年7月被清华研究院录取，师从梁启超。1928年毕业后赴文化中心上海，在商务印书馆担任出版工作。其间，因觉女子没有历史便想办女子图书馆、著妇女史。战争的爆发，导致他此前为妇女史收集的资料全都付之一炬。就连曾邀他撰文的《妇女杂志》社也被炸毁。在逃难之际，萌生了办女刊接续《妇女杂志》的想法。为名

---

① 凤子:《回忆阿英同志》,《阿英纪念文集》, 晓光主编, 中国戏剧出版社2000年版, 第127页。

② 姚名达:《让我说》,《女子月刊》1937年第2期。

副其实，鼓励由黄心勉主办，自己以资金支持，维持《女子月刊》及女子书店运营。据他们的朋友描述：他们本可以过着"小布尔乔亚式"的富足生活，为了《女子月刊》"他们家庭的生活费，只占去收入十分之一，是过着最低的生活"①。他们节衣缩食"用麻绳皮筋作腰带"吃"白饭配青菜"将全部收入贡献出来，但没有收受丝毫的报酬。② 在这种境况下，刊物依然受到各种势力的渗透，一度失去了原有的立场。于是 1937 年 2 月，姚名达正式接任主编，以一篇《让我说》阐述《女子月刊》办刊至今的万难境况：

> 我梦见一群群"恶狗"断续的吠我咬我，咬得我这乞丐鲜血淋漓，骨肉狼藉！我梦见一个个的"斗士"仗义相助，可是并没有逐去恶狗，却把我讨来的饭碗抢去了！我梦见有些卖身投靠的"学者"在夺取我的饭碗；我梦见有些执剑持拳的"神明"在威胁我的言论，我梦见我踽踽独行于沙漠或城墓间，高唱着"秋夜曲"……这是真的梦！因为我究竟还没有死去呀！③

从中不难发现，姚名达对于《女子月刊》的主权意识，尤其在黄心勉去世之后，《女子月刊》作为妻子的遗物和夫妻共同财产交予别人他始终不放心。陈爱在给赵清阁的信件中也说，之所以离开，是因为黄心勉死后，自己只是挂名，"全盘稿件都是由姚搞的"④。但姚名达的男性身份，让他接任《女子月刊》的主编颇有名不正言不顺之慨。

> 我个人的兴趣对于妇女运动没有对于史学研究来得浓厚。

---

① 《本刊的由来及其发展》，《女子月刊》1934 年第 1 期。
② 《筹募心勉贫寒女子教育基金缘起》，《女子月刊》1935 年第 6 期。
③ 姚名达：《让我说》，《女子月刊》1937 年第 2 期。
④ 赵清阁编：《沧海往事·中国著名作家书信集锦》，上海文艺出版社 2006 年版，第 196 页。

所以在我的爱妻心勉生存的时候，我老是住在暨南大学教书著书；她不幸逝世了，我体贴她救世的苦心，继续维持她的事业，原是很不得已！现在，为了事势的推移，又要我自己来主编了！记得去年也是二月一日被逼做主编的，今年却又在另一个局面下重作"冯妇"！我是一半儿愿意，一半儿又极端不愿意的！①

1937年7月因日本侵华战争全面爆发，《女子月刊》停刊。

（三）打造女子知识杂志

《女子月刊》出版于1933年"杂志年"，正逢杂志出版高峰，一个明确而独特的宗旨是其得以与市场同类杂志相区别的关键。由此可以看到，在《女子月刊》的发展历程中，内容设计始终围绕"女子知识杂志"的定位。

但值得注意的是，该刊栏目调整的频率非常高。这在同期及往期妇女报刊中是不多见的。究其原因，一方面是主编更替关注点转移，另一方面则是主编们的"尽善"之心。在创刊初期黄心勉主编时期，《女子月刊》的栏目几乎是五期一变。1933年创刊初该刊非常重视讲座栏目。"讲座"在妇女报刊上的使用起始于五四时期。"讲座"最初是在德国大学作为正教授的职位，后传入到日本演化为具有制度性和标准性的组织单位，继而被引入学科领域用于学术和教学研究。② 五四时期，男女同校、大学开女禁等呼声渐高，将"讲座"——大学教育的方式引入报刊界，一方面，呼应了五四时期的男女高等教育平等的概念，让女性享有大学教育；另一方面，这一教育方式的"新"和西式，得以满足五四报刊精英们与西方接轨的愿望，保持线性时间的追求和革新的渴望。《女子月刊》突出"讲座"也是此理，邀请五四时期为妇女先锋《妇女杂志》撰稿的一众知识分子、知名女作家写稿，其中包括主编章锡琛、编辑周建

---

① 姚名达：《让我说》，《女子月刊》1937年第2期。
② ［日］金子元久：《大学教育力》，华东师范大学出版社2009年版，第48页。

人(鲁迅胞弟)、兼职编辑金仲华(国际问题评论家社会活动家)、《晨报》创办人上海教育局局长潘公展、青年协会干事张仕章、妇女问题研究者钟贵阳、曹云蛟,妇女运动家吕云章,以及高晓兰、陈碧云、段英等。1933年第5期后,"讲座"两字就被取消了,改设"女子画报""卷头语""女子新闻""女子论坛""女子谈薮""文艺境界""女子智囊""读者顾问""征文当选"等更为现代的栏目标示,但内容只增不减,页数不稳定,多则二三百,少则一百多。从中不难看出黄心勉力图把涉及妇女的所有内容都搬上《女子月刊》,将其打造成"知识的材料库",也昭显着她对妇女问题解决的迫切心理。1935年陈爱接任主编后,因她本身是文学出身,除了保留黄心勉时期的栏目外,将文艺栏目置顶,改为"文艺领域",不仅邀请郑振铎、叶圣陶等名家坐镇,引入大量翻译作品,细分栏目体裁为诗歌、小说、小品、剧本、书信、日记、自述等等,还特辟女学生园地,发表女性习作,虽然作品乏善可陈,但对于年轻女子写作的鼓励,展示女子的努力和进步却是一个重要的平台。这一栏目也加深了对女性写作、心理观照的深度。因黄心勉的离世,《女子月刊》1935年第6—8期连续设立"伤心之页"栏目以追悼黄心勉。1936年4月,丰禾子任主编后,因战争的临近,内容更多地转向了时事政治,在丰禾子看来,"过去的女月的内容,大半是范围在女子圈内,未免狭隘……有时不妨把它们的内容扩大到整个的世界人群中去"①。在她的任期内,除了社评占很大篇幅外,还以自己的兴趣为导向设立"赛金花特辑"从剧作角度重新思考妓女出身的赛金花的价值。而后在姚名达时期,内容范围重新回归女性主体,并变社评为讲坛和主论,直接表现女性与抗战主题。

在主要内容的表达上,《女子月刊》曾在第1卷第8期上做过明确的说明,将《女子月刊》分为四大方向"妇女问题""妇女生活""妇女常识""妇女文艺",后又在第2卷第1期增加"时事评述"

---

① 《编者的话》,《女子月刊》1936年第9期。

"女子教育""妇女平民教育""政治社会常识""文艺理论""家事常识"等栏目,力图涵盖妇女的一切。其中较为突出的表现在以下四个方面。

第一,对"摩登女性"的批判。这一批判始于1933年4月,即《妇人画报》创刊时。《女子月刊》直陈"摩登女子"沦为大众传媒的玩物、社会商品,"有几个印刷公司还靠着她们的尊容发财呢!……各机关各团体各银行各商店也都雇用了女子为职工,尤其是社会事业的活动中——如将慰劳和国货提倡以及时装展览等等——似乎更非新式女子不可的"①。"我们睁开眼看一看,在资本主义制度心爱的都市里……一般大学里的姊妹们,认错了目标了,或是屈服在物质的诱惑下了。"② 该刊的这种立场并未得到所有读者的认同,有读者写信给《女子月刊》认为该刊美女图片太少,编者严正答复:"小姐们的照片当然愿登,但野鸡式的舞女和电影明星我们是不愿领教,那是有不计其数的画报,图书杂志,电影杂志在那里,她们不患没有出风头的地方,不劳我们费神的。而且,女士啊!你要知道,那些画报刊登小姐们的玉照,用意是不可问的。"③ 表现出《女子月刊》坚持做严肃妇女刊物的立场,并在随后的6月号上,登载"女子月刊社的禁约"以此来坚定立场,规范内容。

(1)不发表侮辱女性的文章;(2)不发表淫秽的文章及图画;(3)不发表颓废或浪漫的文章;(4)不捧出卖身体及人格的女人。④

这些观念和规约从五四建基的立场上看,是以保护女性这一群体为初衷的,意在与《妇人画报》等划清界限。但这一立场有些矫

---

① 黄邦俊:《新式女子的陷阱》,《女子月刊》1933年第2期。
② 谭蕙菁:《在我结了婚以后》,《女子月刊》1933年第2期。
③ 《答读者通信》,《女子月刊》1933年第5期。
④ 《女子月刊社禁约》,《女子月刊》1933年第6期。

枉过正，在都市的现代化过程中，女性的摩登消费在某种程度上与身份认同相挂钩。从清末女性解放发轫于身体革命，如今在《女子月刊》上女性的身体再次成为众矢之的，而且这一责难来自女性群体自身，只能说男权意识之根深蒂固之深。尤其从"野鸡式的舞女和电影明星""不捧出卖身体及人格的女人"等带有侮辱性的话语表述来看，她们实质对于舞女、明星等职业是有歧视的。殊不知在舞女、明星职业中生存的女性也有其无奈和不得不为，早在清末民国初年《妇女时报》就曾对她们的生存做过描述。二十年过去了，《女子月刊》的女性主编们，所习得的并非设身处地从弱势女性的主体视角出发，而是以一种类似于男性及精英知识分子惯常的俯视的视角来看待女性。从某种程度上说，这一做法实质与《女诫》等发挥的作用的是等同的，即以道德绑架来束缚和规训女性。

第二，对妇女运动衰落的思考。《女子月刊》作为五四精神的继任者，不满当时妇女运动的沉寂，推出了大量有关文章如《妇女运动应有的转变》《中国二十三年来妇女运动的检讨》《妇女运动史话》《妇女运动与女子教育》《妇运的暗礁》等，并直言不讳妇女运动失败的原因在于妇女运动主持者方向性的错误以及过于看重个人得失，"妇女运动之所以消沉，是从事运动者错认了方向，与不彻底之故，过去只做了上层的活动，却没有下层的实力，只做了口号的呼喊，却没有切身妇女的痛苦者，一方面封建势力的残余，他方面因妇女缺乏自我的鞭策。只因循苟且消失我的威严，只知向男子乞怜，于是在少数人活动之下的妇女运动，就这样消沉下去了"①。"颇为知名的女斗士们，十有八九都销声敛迹地，安安闲闲地去做阔太太或阔官僚去了。"② 1934 年年底，黄心勉与妇女协进会的金光楣合作，共同为妇女运动努力，并聘请金光楣为妇女生活栏的编辑。《女子月刊》的这一动作为国民党当局所注意，并于 1934 年查禁《女子月刊》，幸而陈立

---

① 之新：《中国妇女的出路》，《女子月刊》1934 年第 3 期。
② 林灏：《中国妇女运动的回顾和展望》，《女子月刊》1933 年第 3 期。

夫（国民党中央组织部部长）、潘公展（时任《晨报》社长，原上海市教育局长）、方希孔（国民党中宣部副部长）出手相助，才解了禁。此后，《女子月刊》变此前的"不反对国民政府。不攻击当局。不做政治运动"，公开声明维护当局统治。①

第三，从男女和谐立场出发看待妇女的就业与家庭。《女子月刊》对于女性职业的讨论，是不遗余力的，如"我们的要求，是男子能在社会上做事，女子亦当同样的，能在社会做事"②。"只有职业工作，以劳动能力换取生活保障，这是比什么都可靠的……现代中国妇女的急务，莫过于摒除享乐主义，参加生产工作。"③ 这种观点可以说受五四时期"娜拉出走"的直接影响。1935年黄心勉的过世让《女子月刊》的思想发生变化，开始思索女性职业与家庭的关系。同事们在分析黄心勉过世时，基本都提及她在家庭与职业间的奔走和劳累。黄心勉是"四个孩子的母亲，是杂志的编辑人，是厨役、是娘姨、是媳妇，是妻子……"，家庭、职业的重担使她长期的劳累，多次的流产和生育直接把她推向了肺结核和死亡。陈爱更是直白："谁害死你？谁摧残你？是那万恶的病魔哟：肺痨、脑膜炎、书店、月刊、怀孕，哎！"此后，《女子月刊》增加了"女性与生育""女性与健康""女性与科学养育"等方面的内容，让女性从频繁生育中解脱出来，在职业和家庭间寻求到平衡，明了健康身体的重要性，提醒女性生命的意义。

第四，建构民族主义话语特质的集体记忆和现实。《女子月刊》始于战争，也终于战争。其存续期间，除了新年特刊、创刊周年纪念刊等外，特别设立九月特刊，以纪念九一八国耻纪念日，并将其纳入《女子月刊》的章程之中。柯林斯认为，"共享的情感最初是短暂的，但通过互动仪式和仪式性符号能将短暂的情感反应转化为

---

① 黄心勉：《女子书店第三年》，《女子月刊》1935年第3期。
② 吕云章：《现代中国需要那种女子》，《女子月刊》1933年第1期。
③ 黄心勉：《现代中国妇女的急务》，《女子月刊》1935年第4期。

长期的'情感能量'（emotional energy），人们可以从互动参与中感受到共同的身份"①。《女子月刊》通过九一八的符号化，仪式化地一次又一次唤醒集体记忆和屈辱抗争的情感，进一步突出该刊要把妇女问题与国家救亡等更为具体的社会和政治问题联系起来的道德文化使命。

（四）文人办刊　鲜顾经营

《女子月刊》的经营主要由姚名达负责，除了往常的零售订阅外，较此前略有差异的策略大致分为三项：其一，依托书店建立分销所，书刊互养；其二，以社员入会、社会招股方式引资，其三，招广告员、推销员并设立分销处。

《女子月刊》创办前，女子书店先行启动，以求行销各地。② 于是，在《女子月刊》创刊号总发行所一览中，赫然标明：女子书店。并用两页注明"女子书店各埠分销处"，遍及九江、保定、东昌、徐州、长沙、厦门、武汉、桂林、重庆、北海、湖州、贵阳等80个区域，包括中华书局、开明书店、良友图书公司、生活书店、商务印书馆等各大发行机构，百余个分销处，这在同期的妇女报刊中较为少见。毕竟这样的发行网络，必须依仗出版界的关系网。而姚名达在女子书店创办之初，已经建立了较为稳固的出版界关系，如商务印书馆、《时事新报》等同人都免收稿酬，直接送稿。虽然《女子月刊》的发行渠道很广，但实际并不盈利，据《女子月刊》披露得知：在黄心勉时期用32开本时，篇幅不固定，少则百页，多则二三百，又因售价低廉，往往只够成本，若加上发行和折扣，基本就亏本了。《女子月刊》基本就靠女子书店供养，同时《女子月刊》也作为女子书店图书的广告平台，以此书刊互养。

但这一模式并未解决《女子月刊》与女子书店的运营资金问题。据黄心勉披露：在资本方面十分竭蹶，除了姚名达"无一人肯投巨

---

① ［美］柯林斯：《互动仪式链》，林聚任等译，商务印书馆2009年版。
② 黄心勉：《女子书店的第一年》，《女子月刊》1933年第2期。

资",而原本作为资本依仗的女子书店也经营不善:"女子书店除了继续印行本刊(《女子月刊》)外,老实说,是太没有长进了。虽说是因为受了意外的打击,而用人不当,开支太大,以至于营业不振,出书不多,说来真是惭愧!"大约也正是因为女子书店的艰难,所以自《女子月刊》创刊起,先后提出了"社员入会""社会招股"以及"招募广告员、推销员"等想法。①

社员入会是《女子月刊》第 1 卷推出的,意在"永久生存,不依靠别种经济实力",招募 500 名社员。每名社员入会,需缴纳 10 元入会费。《女子月刊》将这 5000 元作为基金,"存入银行生息,用此息金,作本刊印刷费,不作他用"。而会员,则可享受女子书店提供的 10 元等价书籍若干、半价购买女子月刊丛书、七折购买书店的任意图书,免费阅读《女子月刊》杂志等。这一想法与 21 世纪初当当、九九读书会等形式很相近。但在 20 世纪 20 年代确是着实过于新颖,招募会员进行得并不顺利,"本社征求永久社员,已经一年,应者寥寥,迄今只有八九十人"②。人数远远未达 500 人。所以,1934 年又推出了"社会招股"。这一形式,实际在清末时期的妇女同人报刊中已经开始使用,如陈志群主编的《(新)女子世界》、秋瑾主编的《中国女报》等,但因秋瑾就义,该形式尚未真正展开便结束了。《女子月刊》启用这一形式,是民国以来非商业性妇女报刊的再次尝试,但结局也并未如《女子月刊》预计的那般有效。《女子月刊》所针对的人群虽都是中产以上,但在经济危机的宏观状况下,生活本身就很艰难。因此,《女子月刊》仍旧由姚名达负"经济上的责任"除了过去两年花费的四五千元外,依旧"每月垫付数百元"③。

《女子月刊》还想出了招募广告员、推销员并设分销处的想法,

---

① 黄心勉:《女子书店第三年》,《女子月刊》1935 年第 3 期。
② 黄心勉:《女子书店第三年》,《女子月刊》1935 年第 3 期。
③ 姚名达:《我为什么肯当社长》,《女子月刊》1935 年第 3 期。

"本刊销路逾万……阅者当有数万人……如登各种商品广告，定可畅销。但本社事多人少……无暇顾及广告之兜揽，所登广告皆上架自行送来，故为数不多。今拟招聘男女广告员数人，分出活动"，"如有能力向各学校推销本刊及书店各种书籍者，请来函索阅分销章程，或亲来接洽……利益丰厚"①。1935年12月，《女子月刊》发布启事，由赵清阁（女士）开始担任《女子月刊》总经理，主持发行推广等业务。黄德详、胡惠琴女士为广告部正副主任，向各商号招登广告。② 1936年《女子月刊》第4卷起，改用16开，页数基本控制在128页，积极登载商业广告，以弥补亏损，甚至将第4卷第8期的封面也出售给广告商，刊登华生电扇广告。大约也是未起到什么效果，故而，自第4卷第10期（即丰禾子时期）开始，将总发行的权力转让给大光书局，一并转让的还有广告的承办、刊物的订阅等等。《女子月刊》只负责编辑。

《女子月刊》自创刊起，便使用诸多经营策略，从某种程度上说明妇女报刊的发展正与都市现代化同步演进。但上述策略本意作为长久策略使用以解决《女子月刊》的资金困境，但最后都演变为只能解燃眉之急。这既与经济危机的宏观环境有关，也与当时出版界左右倾向有关。负责经营的出版人姚名达最后喊出："我梦见我踽踽独行于沙漠或坟墓间，高唱着'秋夜曲'……这是真的梦！因为我究竟还没有死去呀！"足见其作为一份不依靠任何背景同人的报刊能够维持4年的不易和艰难。1937年7月，战争爆发，《女子月刊》也就此停刊了。

《女子月刊》诞生于20世纪30年代繁荣的女性出版市场中，社会对于女性问题的探讨和解决已出现了多种路径。但《女子月刊》的内容选择和思想传播较保守，基本趋同于五四时期的妇女杂志，不免让人觉得重复冗余，过度理想化而难以切中实际。尤其《女子

---

① 《女子月刊紧要启示》，《女子月刊》1934年第4期。
② 《女子月刊启示》，《女子月刊》1935年第12期。

月刊》致力于为妇女提供知识服务,但提供服务的知识阶层与普通妇女间存在巨大鸿沟,如何消解和跨越,《女子月刊》并未提供有效对策。但这些并不妨碍《女子月刊》在中国妇女解放发展史上做出的贡献。一方面,在战乱的特殊背景下,《女子月刊》以其强烈的爱国情怀和民族责任感,通过对国难的集体记忆,为全民族携手共同抗战做了舆论准备;另一方面,在性别、派别、资本、权力之争激烈的年代里,《女子月刊》始终坚持"纯女性"刊物的定位,成为近现代妇女报刊史上女性整体参与度较高的刊物,赢得了知识阶层的赞美。如赵清阁所言:"到了三十年代,上海复旦大学教授姚名达和他夫人黄心勉,接过了新文化的火炬;为发扬妇女文化,创办了历史上唯一一家女性中心的'女子书店';编辑出版了有关妇女问题的书籍、刊物,在出版界独树一帜;一时间风靡海外,影响深远。"①

二 知名党派刊物——《妇女生活》

《妇女生活》,月刊(第3—8卷为半月刊,后又改为月刊),创刊于1935年7月,初以沈兹九个人名义创办,后与中国共产党保持高度密切联系,是上海妇女界救国会的机关刊物。该刊初由妇女生活社出版,上海杂志公司代理发行,1936年改由生活书店总发行。1937年11月上海沦陷,迁往汉口出版,后于1938年8月迁往重庆出版,1940年第9卷第2期后改由曹孟君主编,停刊于1941年3月第9卷第6期,共100期。本书仅讨论1935年7月—1937年11月《妇女生活》于上海出版发行时期的状况。

(一)沈兹九与《妇女生活》创刊

五四以后,妇女作为人的观念深切地影响着多数的知识女性。沈兹九作为其中一员,成为这一观念重要的践行者。在她看来,妇女是人,"不是附属于任何人的'人'"②,这与她的经历有着极大的关系。

---

① 赵清阁:《女子书店与姚名达》,《文汇读书周报》1994年12月3日。
② 《发刊辞》,《妇女园地》1935年第1期。

图 4-7 《妇女生活》第 3 卷第 2 期封面

沈兹九（1898—1989），浙江德清人，原名沈慕兰，家境殷实且传统，17 岁就读于浙江师范一年级时依父母之命成婚。不幸的是，丈夫早亡，婆婆思想保守，因她与男性说话而关其禁闭。1921 年父亲暗助其逃往日本留学。四年后毕业归国，重返浙江师范任教。于此期间，耳濡目染民主自由思想，遂赴思想最开放的上海，先后任教于松江女中、复旦大学等，以此独立自养。对沈兹九而言，妇女是人，"可参与一切社会活动，享受社会一切的权利"①。

但在当时内忧外患的境况下，延续五四时期"妇女是人"，尤其妇女是社会人的主张，并不容易实现。一方面，全球性经济危机波及中国，失业率居高不下，袁世凯政府于江西发起了"重新估定人生价值"的新生活运动，以此转嫁政治危机，在社会上掀起了"妇女回家"的论调，并重新高唱"三从四德"；但另一方面，处于中下阶层的家庭生活日渐拮据，"妇女回家"成为一种奢望，"已无法从父从夫从子，她们不得不抛弃家庭，跑上社会去挣扎"。在这种两难的现实中，妇女承受着巨大的社会、生活压力。许多妇女刊物以解决妇女问题的名义应运而生。在沈兹九的眼中，其中"真正为妇女谋福利、替妇女说话的"很少。②

1934 年沈兹九向《申报》主编兼馆主史量才自荐负责妇女专刊（周日版），1934 年 2 月 12 日起《妇女园地》（周刊）于《申报》创刊面世，颇受欢迎。1935 年沈兹九再以个人名义，创办姊妹刊物

---

① 《发刊辞》，《妇女园地》1935 年第 1 期。
② 《编辑室》，《妇女生活》1935 年第 1 期。

《妇女生活》，以期为妇女发出更响亮的声音。可惜好景不长，1934年11月史量才被国民党特务暗杀，《妇女园地》失去支持日渐衰落，于1935年10月停刊，共88期。沈兹九于《妇女生活》上为《妇女园地》作文纪念，寄希望《妇女生活》可以延续《妇女园地》的精神和生命，以此为女性的社会生存"尽一份使命"[①]。

（二）"少说空话 多载实事"的编辑方针与风格

沈兹九在创刊号上订立的编辑方针为："少讲空话，多载国内外妇女的实（际）生活，事实胜于雄辩，好让大家明白，今日妇女的命运与前途。"[②] 在这一方针之下，《妇女生活》所呈现出的风格是不断更新——改版调整栏目、出版特辑以适应时局变化展现妇女的"今日"命运和前途。

1. 改版与栏目调整

《妇女生活》的改版发生在1936年7月。改版之前，该刊以"特辟开各种讲座讲话，为姊妹们填充内在的不足，开拓正确的思路"为主要方式，开设有：

> 时事批判——针砭有关妇女的新闻，传播正确的观念与意见。
>
> 时事讲话——对比报道当前世界及中国形势，让妇女自知处境。
>
> 时事漫画——时事讲话的配图，以生动浅显的方式普及时事状况，方便知识水平较差的妇女理解。
>
> 妇女论坛——研究和呈现当时的妇女生活状况，主力于批驳"新贤妻良母主义""节育救国论"等意识观念。
>
> 通俗讲坛——以通俗的语言，讲述理论问题。由"女子大学""经济讲话""文艺讲话"三方面构成。女子大学谈妇女问题。

---

① 《发刊辞》，《妇女园地》1935年第1期。
② 《编辑室》，《妇女生活》1935年第1期。

经济讲话——以马克思主义资本论为本，谈妇女经济能力与社会资本运动的关系，妇女参与经济建设的重要性。文艺讲话，阐述文艺基本理论。

文艺——主要是通过诗歌、歌曲等文艺形式来激发妇女同胞的斗志，展开文艺界的统一战线工作。

世界女性画像——展示和描绘不同地域、不同意识形态国家的女性生活实况。

生存线——描绘生活在底层的女性尤其是女工的生活境况。

地方与人物——对进步女性、职业女性的访问，尤其注重刊登争取妇女解放宣传抗日救国的知识妇女的访问，如丁玲、蒋逸霄、史良等。

书报批评与介绍——对当时妇女书报进行甄别，推荐具有进步思想的书报给妇女读者，增长见识，树立正确观念。

电影漫画——顺应都市娱乐风气，但篇幅少，主要目的在于吸引读者，让刊物在理论之余有一点消闲。

科学与医学——妇女疾病的了解和普及，保障妇女的健康。

读者园地——读者的读后感以及困惑提出的园地。

编者的话——推荐点评本期内容和文章，反馈读者意见，表达刊物立场。

1936年7月16日，《妇女生活》改版为半月刊，对栏目进行保留、更名、新辟。值得注意的是，新辟的栏目多以"书信"的形式命名，如"家书""来雁""信箱"等，以此表达两地的互动及共同抗日的决心。当然这与该刊的背景有直接的关系。《妇女生活》虽以沈兹九个人名义创办，但该刊实际与共产党保持着密切的联系。而当时的上海由国民党管理，严禁宣传共产党思想。[①] 在这种情况下，

[①] 倪延年主编：《中国新闻法制通史·第5卷·史料卷上》，南京师范大学出版社2015年版，第192—193页。

《妇女生活》作为党领导下的妇女刊物以"潜伏者"的身份在上海，是一种"离家"的状态，因而许多栏目都以"不是家书""来雁集"这样与家和归途有关的词汇命名。"不是家书"主要针对妇女问题的研究，较此前的女子大学，淡去了学术性和理论性。"救亡言论和其他"，从其命名可知，即呈现当时国内抗日救亡的思想和形势。"妇女信箱"，呈现的读者来信表达的困惑与编辑的回复。1937年后，沈兹九又新增了一些栏目，除了针对抗日救亡所设的"救亡信箱""北上劳军日记"外，其余的都致力于解决妇女的学习、就业、生活等实际问题，这与抗日战争时期妇女尤其是底层妇女艰难的生活有关。

2. 特辑与宣传

自从五四以后，特辑一直为报刊所使用，用以集中报道呈现某一议题，意图强化该问题的重要性，使得读者在有意无意之间强化对其的认知。《妇女生活》对于特辑正是出于政治目的，强化抗日救亡的意识和观念。《妇女生活》的特辑可分为纪念日特辑、意见领袖特辑、时事热点特辑三类。

纪念日特辑，包括妇女节和儿童节特辑，这也是这一时期妇女报刊一贯的做法。不同之处在于，《妇女生活》的政治色彩较为浓厚，无论是儿童节抑或妇女节，都围绕着抗日救国的大前提，少见剥离出来单纯谈论儿童或妇女的言论，例如《妇女生活》刊发的中国儿童的调研结论：孩子的理想在于改造社会、打倒帝国主义。不论这一结论的真实性如何，其核心都致力于引导孩子产生救国救亡的意识和观念，尤其是沦陷区的孩子。

意见领袖特辑，主要介绍近代国内外著名的妇女运动领袖，如鉴湖女侠秋瑾、民主革命先驱何香凝和国际社会主义妇女运动领袖、德国共产党创始人之一克拉拉·蔡特金等。这些特辑分别从三位妇女领袖的生平、事迹着手，展现其政治思想、妇女解放思想，为妇女树立典范，引导方向，做意见领袖。其中，克拉拉·蔡特金特辑的内容最多，不仅介绍了其对国际妇女节的创立、逝世三周年的纪念活动，同时为其制作了蔡特金年谱以缅怀这位共产党人。

时事热点特辑，包括"救亡运动""国防与妇女""国民大会与妇女"等等。救亡运动特辑，主要刊登上海妇女救国会的行动。《妇女生活》本身作为上海妇女救国会的会刊，利用平台推广影响也在情理之中。在此特辑中，比较引人关注的是对各地学校游行示威意愿的统计，这在当时是富有极强说服力的。"国防与妇女特辑"的开设，一方面在于普及国防知识，让女工、农村妇女等有相应的知识储备以此来救国救自己，另一方面在于组织妇女国防会为抗日救亡贡献女性的力量。"国民大会与妇女特辑"，主要是为了让广大妇女认清国民大会"团结人心集中力量"的意义和作用，积极为妇女在宪法中确权。

总体而言，《妇女生活》所作的改版调整和特辑设立，都具有鲜明的政治性和明确的目的性，除了寻求妇女解放道路之外，就是为了宣传抗日救国。所以该刊整体政治色彩和理论色彩较浓重。

(三) 以探讨热点问题为主的内容特色

《妇女生活》的主要内容，创刊之初确立为："报道国内外妇女的现实生活""介绍现代妇女的运动知识，借以扩大姊妹们的眼界"，"刊登各种讲座讲话等，让妇女们填充内在的不足，开拓正确的思路"。总而言之，就是积极探讨热点问题，扩宽妇女的见识。1936年改版后，适时增加了抗日救亡的内容。先后刊登有孙育才《妇女与战争》、沈兹九《法律与我们》《识字运动与妓女》、沈西苓《献给想步上银幕的女性》、罗琼《中国农村中的劳动妇女》、孙克定《略谈人生观》、林庚白《基督教教育与中国的摩登女性》、沈志远《新社会学底几个基本问题》、金仲华《给现阶段的中国妇女》、庐兰《现代家庭的转型及变质》等等，涉及妇女生活的诸多方面，但主旨都在于揭示当下资本主义的不良影响，唤醒迷茫中的妇女，明确改变命运的唯一方式在于——抗日救国，社会改造。

《妇女生活》在当时引发最大舆论影响的是关于"新贤妻良母"的讨论，或者更贴切地说是批判。1935年，中国各地均陷入经济危机，社会舆论对于女性的定位可大致分作两派。其一，是以沈兹九等为代表的女性独立论，反对女性贤妻良母的定位。其二，是呼应政府号召，主张"妇女回家"，将工作让予男性。两种观点针锋相对，互不退让，参与人数之多，范围之广，引发极大的关注，产生极大影响。1935年的"新贤妻良母主义"，其基本概念不同于清末民初的"生利自养"而是在于赞成贤妻良母与贤夫良父，维持幸福的家庭。这一观念放置于大多数时期，都容易被理解和认可。尤其是男性。例如在当时，开明书店的老板，前《妇女杂志》《新女性》主编章锡琛虽然反对妇女只能在家庭固守着妻子与母亲的职务，但对于妇女是否适合做"贤妻良母"，态度比较中立。① 再如郭沫若对此持肯定态度，认为要求男子与女子一样贤良是他所渴望的。"夫而求其贤，父而求其良一样，是应当的事体。"② 与男性不同，女性对此提出了强烈的抗议和批判。沈兹九援以法西斯国家对待妇女的方式，认为国内的"妇女回家"或"新贤妻良母"与法西斯国家本质无异，皆是"愚弄妇女的毒药"③。罗琼附议，认为合理社会绝不会要求妇女回家，尤其，在此国家危难之际"妇女还有更重要的'天职'，这就是参加社会生产工作，进而促成不合理的社会制度的改革"④。在抗战的大背景下，宣扬新贤妻良母主义，确实存在麻痹民众意识，转移视线的用意。以沈兹九、罗琼等为代表的激进派女性所持的观点，也是有其党派立场和意识形态的，她们认可苏联式的社会制度，认为改造社会抗日救亡是当时的重心，在某种程度上也表明了《妇女生活》的政治立场是倾向于社会主义的。这一始于1935年的论争在1937年抗日战争爆发后才告一段落。

---

① 章锡琛：《妇女的分工》，《妇女生活》1935年第1卷第1期。
② 郭沫若：《旋乾转坤论——由贤妻良母说到贤夫良父》，《妇女生活》1937年第4卷第1期。
③ 兹：《新妻母学校》，《妇女生活》1936年第2卷第5期。
④ 罗琼：《从"贤妻良母"到贤夫良父》，《妇女生活》1936年第1期。

（四）经营的困境与解决

《妇女生活》虽以沈兹九个人名义创办，但其以社会主义思想为指导的宣传抗日救亡的激进论调以及与中国共产党之间的关系，让其在国民党统治的上海实际有过一段艰难时光，最为突出的表现为与上海杂志公司的分道扬镳。

《妇女生活》创刊之初由上海杂志公司负责总发行。上海杂志公司，是一家专门发售杂志的书店，由张静庐（原现代书局合办经理人）成立于1934年5月。该公司的出现，也是报刊出版市场环境使然。20世纪30年代中期，社会经济动荡，读者的购买力有所减弱，杂志因成本低于新书，受到出版商以及读者的欢迎，"一个月内近千种杂志，每天平均二三十种出版"[①]。张静庐看出此商机，遂开先河地独营上海杂志公司，业务从"门市贩卖"一直发展到"代订代办代理发行"。在当时，上海杂志公司以其时局的准确把握与自觉适应以及对读者的竭诚服务，积累了一定的影响力和资本。《妇女生活》创刊后，即交由上海杂志公司为总发行所，分发行所分别位于广州支店、南京支店以及开封支店等。但半年之后，上海杂志公司拒绝继续与《妇女生活》合作，主要因《妇女生活》极鲜明的政治立场以及过于激进的姿态，很容易因政治问题招致当局责难而影响上海杂志公司的正常运营。毕竟上海杂志公司是一家商业性的私营企业，保全自身发展是一件重要的事情。如此上海杂志公司有所畏惧便退却了。

《妇女生活》从第2卷第1期之后，在沈兹九丈夫胡愈之（生活书店的设计者和主要创办人）的帮助下，转由生活书店发行。《妇女生活》的发行开始有了一段较为平稳的时期。从某种程度上说，生活书店是更适合《妇女生活》的发行者，两者都有着自身坚定而不为当局所容忍的立场。生活书店的创立是建立在中华职业教育社旗下《生活》杂志被当局要求改变立场的基础之上。作为《生活》的

---

① 沈松泉：《怀念张静庐先生》，《出版史料》1990年第3期。

编辑胡愈之、邹韬奋等毅然离开了中华职业教育社，自立门户。《妇女生活》改由生活书店出版后，成为其25种进步刊物之一，也使《妇女生活》成为国统区旗帜最鲜明的妇女报刊之一。

诞生于抗日救亡初期的《妇女生活》，从创刊起就表现出强烈的社会责任和政治意识，具有鲜明的理论性、政治性和导向性。不仅发起"新贤妻良母""妇女回家"的社会大讨论，直击其背后的政治意图。同时极力宣传鼓动妇女投身抗日救亡，是当时上海妇女报刊中独特而响亮的女性政治之声。也正因此，《妇女生活》历经磨难。一方面因激进、涉政，被迫另觅发行公司；另一方面，因日军侵略战争及国民党反共政策而几度迁徙。但这背后所反映出的正是《妇女生活》的掷地有声以及强而有力的舆论影响。

三 脱离教会独立经营——《女声》（1932）

《女声》创刊于1932年，停刊于1935年，初为半月刊，后改为双月刊，共出版4卷、82期。该刊最初作为中华节制会的会刊，由刘王立明创办，王伊蔚任主编，《女声》社出版发行。后王伊蔚改组《女声》，宣布独立，以"妇女文化事业的新武器"自诩，意在使《女声》成为"社会之声"。《女声》改组前后集合了黄养愚、凌集熙、史伊凡、何萼梅、李文灿、金石音、郭箴一、陈凤兮等人分任社内事务。《女声》引领了这一时期妇女报刊的严肃办刊风气。

图4-8 《女声》封面

（一）《女声》的缘起

《女声》（1932），通常与中华节制会关联在一起，因它们都是王立明的事业。王立明，安徽太湖人，幼时免费就读于基督教会所办的福音小学，1915年被推免入九江儒励书院学习时参加国际妇女节制总会，1916年被选派为中华代表赴美参加世界妇女节制会议，同年公费留学美国伊利诺伊州西北大学攻读生物学，并被世界妇女节制会聘为远东区干事。1921年中华基督教妇女节制协会在沪成立（首任会长石美玉），回国后的王立明担任总干事，不仅设立上海妇孺教养院，收容女丐婢女，实行半工半读，设法为其介绍工作、择配成婚，还创办机关刊物《节制》月刊，以宣扬节制会宗旨。

《节制》月刊停刊后，王立明始终有"创办一个妇女刊物，来宣传自己的主张，公开讨论妇女问题，鼓动广大妇女姐妹起来掌握自己的命运，向光明前途迈进"的想法。因缘际会下，接受了《晨报》妇女栏外勤记者王伊蔚的采访，访谈结束，王立明便注意到了这位刚从复旦大学新闻系毕业的女学生。据王伊蔚回忆："在会谈中，她建议和我合作，创办一个妇女刊物……我当即欣然同意。"于是便促成了《女声》的出现。①

（二）《女声》的创刊及独立

1932年10月1日，《女声》创刊，由王立明任社长，主管全社业务，王伊蔚任总编，负责组稿和编印等工作。创刊号发刊词如下：

> 我们没有什么党派，没有什么政治背景，没有什么资本家做我们的后台，我们只凭着一腔热血，一片真诚，用头脑去想，用手脚去干，用嗓子去喊，为大众民族求解放，为大众妇女谋幸福。青年姊妹们！无论你们是工厂工人，是大学教授，是家庭主妇，是学校学生，都请你们抬起头来，提高嗓子，在这里和我们共同呐喊！②

---

① 王伊蔚：《忆〈女声〉杂志》，上海市文史馆文史资料工作委员会编：《上海地方史资料（五）》，上海人民出版社1986年版，第100页。

② 王伊蔚：《创刊词》，《女声》1932年第1期。

这份发刊词开头表明的立场与1933年《女子月刊》"没有政治背景，没有宗教背景，亦没有经济背景"可谓异曲同工，但《女声》并未涉及"宗教背景"一说。因《女声》实际运营资金中，具有基督教的资金贡献，即一半由王立明从《节制月刊》转来，另一半才是王伊蔚"兜揽广告和推销刊物来解决"。这种混合资金所带来的权力主导问题，为日后王立明与王伊蔚之间出现分歧埋下了隐患。在王立明的观念里，创办《女声》是为了有一个独立的宣传女权的阵地，依托节制会的资助，自然要为节制会服务和宣传，每期刊登节制会的活动消息也在情理之中。这在王伊蔚看来，王立明是一个"思想带有明显宗教色彩"的创办人，她所宣扬的节制会的那一套"提倡慈、孝、贞，改善家庭生活"，"与《女声》的宗旨不完全符合"①。王伊蔚在《女声》创刊号评论和多年后回忆中都坚持，"《女声》的历史使命是鼓动劳动妇女和所有爱国人士投身于伟大的民族解放运动中去"②。作为主编，她必须坚持这一使命并且积极鼓励妇女们走出家庭，走向社会。王立明与王伊蔚编辑理念和立场上的差异，最终导致两人分道扬镳，两年后中华节制会退出了《女声》，但名义上保留了王立明的社长称号。

1934年10月10日，王伊蔚改组《女声》宣布独立，由王伊蔚任总经理和编辑部主任，黄养愚任副经理，凌集熙任总务部主任，另设编辑委员会，由前《中华医学杂志》编辑史伊凡（医学家张绍昌夫人）、共产党员何萼梅、作家郭箴一、陈凤兮等担任委员。《女声》社址不变依然是圆明园路。同日，《女声》刊发《今后的女声》作为独立宣言：

---

① 王伊蔚：《忆〈女声〉杂志》，上海市文史馆文史资料工作委员会编，《上海地方史资料（五）》，上海人民出版社1986年版，第105页。

② 王伊蔚：《创刊词》，《女声》1932年第1期。

> 今后的女声，再不是某种机关的附属物，而是发展成为妇女文化事业的新武器了。过去，由于本社不是个独立组织，所以本刊的稿件往往不免有不一致的现象……今当本社宣告独立，本刊第三卷开始之际，敢将我们的思想与主张，明白宣布。①

从上述宣言中不难发现，王伊蔚为《女声》独立的喜悦以及她本人对于共产主义的信仰。在20世纪30年代的上海，对于妇女问题的解决，有多种方案，其中较为主流的有三种，分别是国民政府主张的"新贤妻良母主义"、右倾知识分子主张的女权主义或女性主义，以及"左倾"知识分子所主张的共产主义"妇女群众路线"。王伊蔚则是坚定地支持"深入群众的妇女运动，（才能）从民族解放运动中而达到全人类的解放"具有明显"左倾"共产主义思想。正因如此，在国民政府舆论压迫下的《女声》时常步履维艰。

（三）《女声》的风格与内容

《女声》的形态普通，16开32页左右，但封面和内容栏目编排颇为用心。《女声》的封面采用的是木刻画，以黑白两色形成强烈对比，画面简单通俗易懂，以木刻家马达的作品为主。木刻在当时既是一种新兴杂志装饰设计，也被赋予了大众文艺媒介的意义。1933年《良友》编辑赵家璧在为麦绥莱勒木刻翻印本《没有字的故事》作的序中写道："我们现在所印的木刻画……在宣传文化职务上的大众性，是决不可被否认的。"② 木刻的大众性与《女声》导向"为大众民族求解放，为大众妇女谋幸福"在很大程度上有着契合。

《女声》的栏目内容方面涵盖颇广，涉及短评、论著、问题探讨、文艺、信箱等：（1）国内政治形势描述，如樊英《废除内战的理论及其实践》、沈志远《论人与制度》、一飞《国际形势与中国》

---

① 伊蔚：《今后的女声》，《女声》1934年第3卷第1期。
② 赵家璧：《〈没有字的故事〉序》，[比利时]麦绥莱勒：《没有字的故事》，良友木刻连环图画影印本，湖南教育出版社2006年版，第4—5页。

等让妇女有时局意识；（2）国外妇女运动和生活情况介绍以苏联为主、资本主义国家为辅，如《苏联的妇女和政治生活》《苏联女工的劳动》《社会主义制度下苏联妇女和儿童》《苏联的儿童生活》《苏联的家庭》《苏联的女学生》《巴黎女工》等以对比的方式，驳斥当时媒体舆论对于共产主义国家的谣言，为苏联正名；（3）妇女运动的理论文章，如主编王伊蔚的《妇女平等问题的症结》、章乃器总结的《妇女和妇女运动》以及庐隐关注的《今后妇女的出路》等；（4）国内外著名的妇女活动家和她们的事业介绍，如宋庆龄、何香凝、丁玲、吴贻芳、史良、袁雪芬等；（5）国内社会各阶层妇女生活的情况调查，如《上海职业妇女的生活概况》《上海女学生与内地女学生》《长沙妇女的生活》《北平的女学生》《广州妇女的职业问题》《蜀国姑娘》《妇女生活概况》《马尾的妇女》《合肥乡间妇女》等等；（6）文艺方面，如小说连载、诗歌、漫画、木刻等文化艺术欣赏，其中小说家伊凡的《阿珍》，何香凝、柳亚子、白薇的诗词，艺术家钱君匋、漫画家叶浅予等的作品，深受读者欢迎；（7）信箱问答，由欧阳婉主持，切实解答了妇女在求学、就业、恋爱、婚姻、家务等方面的具体问题，为妇女排忧解难。在作者群中另有黄养愚、杨美贞、金石音、何蕚梅、陈碧云、李淑贤、苏梅、凤兮、郭箴一、李文灿、陈维姜、欧查、彭雪珍、茅宗兰、黄乐华、王淑英等等。

《女声》最值得一书的，是对于底层妇女的关心，以及旗帜鲜明大胆的时事针砭。在当时的中国，底层妇女的生活处境实际是非常悲惨的，《女声》与一些自命精英的妇女报刊不同，并不以她们作为反面教材，斥责她们出卖人格和肉体，而是对她们发表了深切同情，如在《北平妓女现象》中，《衢州的茶娘》《关于歌女的一封信》等文章，呼吁各界人士向她们伸出援手，帮助她们跳出火坑。《女声》这种切实为解救妇女而书的品格是值得赞扬的。另外，对时事的评论短小精悍，观点鲜明，言辞犀利，如王伊蔚《对冯玉祥的一点希望》中感叹国难危机，北方的军人"自相残杀"是"祸国殃民的恶棍",对冯玉祥在报刊上发表的爱国爱民的言论保持高度警惕,认为一切都要看他最后行动。再如《平市大捕舞女》中,认可逮捕舞女的同时逮捕舞客的做法,并公开表示相比南京市做法来得公正。《女声》对于报章新闻的短评涉及政治、经济、文化、社会等各方面,是当时妇女报刊中前所未有,可谓独树一帜。

(四)《女声》的经营与困境

《女声》销量最高时每期3000份,且远及日本和南洋诸岛。但这一过程中的经营先后遭遇资金短缺(尤其独立后)、稿件扣押、发行广告印刷业务繁杂等,而这一重担几乎都压在了王伊蔚的肩上,但她本人"出于对这个妇女刊物的热爱,只得迎着困难上"[①]。

在刊物资金方面的问题,主要暴露在1934年下半年,王伊蔚与王立明分道扬镳之后。《女声》早期受中华节制会资金援助,运营相对顺利。独立后,刊物运营的基础资金出现严重的短缺,为了解决这一问题,王伊蔚采用最为传统的依靠"人脉"关系获取资助。一方面成立《女声》社改组委员会,由黄养愚、凌集熙、金光楣、王承馨等原《女声》作者和好友组成,力图通过委员会成员人脉关系邀请名人以"游艺会"的方式来筹备经费。当时邀请到了著名演员郑君里、胡蝶等,"游艺会的规模很大,卖座率很高,很快集中了一笔相当可观的款子"[②]。另一方面,她依靠自己的人脉资源获得了三大资助,一是父亲好友陈绍宽(曾任国民党政府海军部部长)和沈鸿烈(曾任国民党政府青岛市市长)的慷慨资助,二是妹妹王露茜的私蓄接济,三是商业银行的长期广告费。如此,《女声》的经费问题才得以初步解决。

在稿件扣押问题方面,《女声》或以"开天窗"来表达抗议,

[①] 王伊蔚:《忆〈女声〉杂志》,上海市文史馆文史资料工作委员会编:《上海地方史资料(五)》,上海人民出版社1986年版,第106页。

[②] 王伊蔚:《忆〈女声〉杂志》,上海市文史馆文史资料工作委员会编:《上海地方史资料(五)》,上海人民出版社1986年版,第106页。

或以"特别启示"的方式来说明情况。如 1935 年王伊蔚一篇《苏联拥护妇女权益的建议》旁，载"特别启示"，以宋体加粗大字注明："本刊本期，因受图书杂志检查委员会检查后抽去多量稿件，待领回删改再印时已脱期四天，特郑重在这儿向读者道歉。"① 王伊蔚所称"图书杂志检察委员会"的检查基于 1934 年 6 月颁布的《图书杂志审查办法》，这一办法的出台旨在查禁当时的"进步"书刊。《女声》独立后内容"左倾"明显，因而也就在查禁范围之内。即便如此，《女声》依然不改内容倾向。王伊蔚回忆，"1935 年国民党政府书报检查员对稿件的检查更加严格了，经常长时间扣压稿件，以致我们不能及时排印，直接影响到发行。有时还将我们已经编好的稿件肆意删削，把原来连贯的逻辑性很强的文章，改得支离破碎，面目全非，形成大段空白，使《女声》版面不断'开天窗'。但对《女声》深有感情的读者都十分聪明，他们看到'天窗'，仍会从字里行间领会到其中的奥妙"②。从中可见，国民党当局对于言论钳制之烈，王伊蔚及《女声》的顽强抗争，以及当时读者对于"左倾"思想的支持。

在发行广告印刷方面的困境，主要因人手缺乏，据王伊蔚回忆，《女声》社自始至终只雇用了一名职员，她本人除了要肩负编辑的业务，还要兼顾发行、广告、印刷的业务，就变得异常忙碌，"有时为了接待来访的读者，常常忙得顾不上吃饭"。"作者住在苏州，为了去稿付印，大清早坐火车赶到苏州，下午又急匆匆赶回来编排。"但同时又得挑起发行、广告和印刷的业务，必须"亲自到报摊去推销《女声》"，"经常外出联系广告业务""亲自赶到印刷所校对稿件，直至深夜"③。在这重重重压和困境下，1935 年下半年，因《女声》的

---

① 王伊蔚：《特别启示》，《女声》1934 年第 1 期。
② 王伊蔚：《忆〈女声〉杂志》，上海市文史馆文史资料工作委员会编：《上海地方史资料（五）》，上海人民出版社 1986 年版，第 107 页。
③ 王伊蔚：《忆〈女声〉杂志》，上海市文史馆文史资料工作委员会编：《上海地方史资料（五）》，上海人民出版社 1986 年版，第 104—105 页。

经济困难，来稿又急剧减少，在政治和经济的双重压迫下，《女声》停刊。

《女声》初以基督教中华节制会的机关刊物形象面世，后经主编王伊蔚改组而成为独立的妇女报刊。虽然该刊在独立后，历经政治干涉、资金短缺等多重困境，甚至因政治经济的双重压迫而不得不面临停刊。但该刊在当时所引领的严肃办刊风气，旗帜鲜明大胆的时事针砭，以"开天窗"来表达新闻钳制的抗议以及对底层妇女的关心，都促使其在同期的上海妇女报刊中脱颖而出，独树一帜。

小　结

20世纪20年代后期，社会大体由动乱走向秩序，政治、经济等建制日趋完善，都市化进程加快，新闻出版业迎来"黄金十年"。上海先后创办了50多家通讯社、40多家广播电台，报刊方面"一个月内近千种杂志，每天平均二三十种出版"①，还出现了专门出售杂志的上海杂志书店。但出版物的繁盛，并不代表言论环境的自由和宽松。南京国民政府曾先后发布多项新闻规制政策，如《宣传品审查条例》(1929)、《宣传品审查标准》(1932)、《查禁普罗文艺密令》(1933)、《图书杂志审查办法》(1934)、《修正出版法》(1937)等等，意在查禁"显违党义""宣传共产主义及阶级斗争"的宣传品。② 据本书不完全统计，1928—1937年8月间，上海新编辑出版的妇女报刊约39份，刊行时间普遍较短，创刊即停刊的占51.16%，刊行时间未及半年的占16.27%，刊行时间超过2年的占23.25%。从年出版量上看，出版高峰位于1932年、1933年以及1936年。

---

① 沈松泉：《怀念张静庐先生》，《出版史料》1990年第3期。
② 肖东发主编：《中国编辑出版史》，辽海出版社2005年版，第436—437页。

从宗旨内容看，商业性妇女报刊与非商业性妇女报刊间泾渭分明。商业性妇女报刊，宗旨内容与政治疏离，在都市文化的浸润下旨趣丰富，各自以文化商品性、日常生活政治、时尚现代性为方针，以图文并茂的时尚叙事方式刻画现代都市社会中摩登女性的生活方式和多元的生存状态。既有复归"软性读物"兼顾生活常识的《妇女杂志》、侧重文学想象的《紫罗兰》，又有属意摩登女性揭露男性弊端的《玲珑》、建构都市摩登女性生活方式的《妇人画报》等。非商业性妇女报刊，延续五四以来妇女启蒙的思维逻辑，侧重反抗现存社会制度对妇女的不公，追求妇女的平等和解放，如沈兹九的《妇女生活》致力于教导"女性作人"[1]，黄心勉的《女子月刊》致力于"从言论上唤醒同胞，智识上开发同性"[2]，王伊蔚的《女声》致力于"发展成为妇女文化事业的新武器"，成为"社会之声"[3]。这种分野是政治环境、资本背景、技术能力、阅读对象、主编旨趣等多重因素共同作用而成的。同一都市环境下，不同的选择造就了妇女报刊截然不同的内容倾向和意识形态。而可供选择的不同恰恰体现了当时都市文化的复杂性和兼容性。

从结构形态看，妇女报刊分化为文字为本以及图像为本的两种类型，彼此针锋相对。以文字为本的妇女报刊，多由非商业性妇女报刊组成，内容围绕中下阶层女性的实际生存困境，唤醒女性的社会权力意识，培育女性的文化知识修养，主要栏目覆盖妇女问题、日常生活、体育、卫生、实业、工艺、新闻、通信、图画等等，可以《妇女生活》《女子月刊》《女声》等为代表。以图像为本的妇女报刊，多由商业性妇女报刊组成，内容围绕都市潮流和摩登风尚，视觉化时尚女性形象和现代生活方式，主要栏目覆盖妇女问题、家政育儿、服饰美容、电影娱乐、保健卫生、新闻通讯等等，可以

---

[1] 《发刊辞》，《妇女生活》1935年第1期。
[2] 黄心勉：《女子书店的第一年》，《女子月刊》1933年第2期。
[3] 王伊蔚：《今后的女声》，《女声》1934年第1期。

《玲珑》《妇人画报》等为代表。两者虽然结构内容和形态不同，但因实际读者的重合度高而水火不容。非商业性妇女报刊虽以平民女性为拟想读者，但落实到发行和销售时，对象依然是具有购买力的中上阶层妇女。毕竟，对当时中下阶层的妇女而言，无论是教育抑或文化消费皆属奢侈。由妇女自由支配开支用以购买女性读物的可能性并不高。这就造成了商业性妇女报刊与非商业性妇女报刊读者群体的高度重合，由此引发了彼此的对垒。如1933年《女子月刊》与《妇人画报》同年创刊时，《女子月刊》发表了如下言论："野鸡式的舞女和电影明星我们是不愿领教，那是有不计其数的画报，图书杂志，电影杂志在那里，她们不患没有出风头的地方，不劳我们费神的。而且，女士啊！你要知道，那些画报刊登小姐们的玉照，用意是不可问的。"①

从编辑群体的性别和身份看，女性主编妇女报刊成为一种潮流，但男性依然在背后积极支持。据本书不完全统计，十年相对稳定时期内影响力较大的妇女报刊的首任主编多为女性，如《玲珑》的陈珍玲、《妇人画报》的邓倩文、《女子月刊》的黄心勉、《妇女生活》的沈兹九、《女声》的王伊蔚等。但栏目责任编辑以及改版后的主编依然是男性居多数，尤其是商业性妇女报刊。即使建构出男女对抗意识观念、强女弱男性别倾向，力求成为"完全的妇女刊物"② 的《玲珑》也不例外。《玲珑》以妇女、摄影与娱乐合刊形式出现，其中摄影和娱乐皆由男性负责。《妇人画报》1934年改版后，主编先后由圣约翰大学经济系毕业生、后任中国驻长崎领事馆领事的郭剑英、《良友》画报编辑李青以及沈传仁担任。非商业性妇女报刊改版后出现女性挂名现象。如标女权主义的"纯女性"刊物《女子月刊》，在创办人黄心勉故去后该刊基本由男性主持。第二任女性主编陈爱谈及辞职缘由时说：自己只是挂名主编，第三任女性主编复旦

---

① 《答读者通信》，《女子月刊》1933年第5期。
② 《妇女：写在二周年百期纪念特刊》，《玲珑》1933年第20期。

大学毕业生封禾子也是名义主编，背后全由阿英负责。① 20世纪30年代本是不同党派、不同团体、不同性别争夺话语场的时代。妇女报刊作为话语场的一部分，难以孤立其中。

从经营状况看，妇女报刊经营的观念日臻成熟。商业性妇女报刊依托于出版公司的发行网络、现代促销方式以及少量商业广告可实现较为可观的盈利。如良友公司的《妇人画报》依托公司自建辐射全国的分销渠道，无须为资金链忧虑。再如《玲珑》以三和公司建立的国内外的发行网络和本外埠代售处、百货商业机构等新零售点以及低价、雇用促销员、抽奖、赠券等促销方式实现了"完全售罄"②，"广销至国外及国内各省"③。值得注意的是，这一时期妇女报刊上的商业广告数量并不多，与我们通常认为的"二次售卖"存在不同。究其原因，一则与刊物本身行销顺利有关。二则与国货运动相关。妇女报刊上的商业广告多属于进口商品广告，1933—1937年的"国货年"运动恰恰旨在降低进口商品的消费而扩大国货的内需。舆论认为，只要女性改用国货而拒斥洋货，则民族工业就有希望在国际商贸战中取胜。妇女"爱买国货，则其救国抗敌之功效，必胜于政治与枪炮"④，因而以女性为主要对象的商业机构和商业性妇女报刊积极调整。如专售进口商品的永安公司1934年经销的国货额比重增长至60.5%，而1931年前仅为进口货品的25%。⑤ 再如以摩登女性为主要阅读对象的《玲珑》在《广告刊例》中明确表示："短期广告不折不扣，长期广告面议，国货广告特别优待。"⑥ 非商业性妇女报刊试图参照商业性妇女报刊的经营方式，但实际仍未摆

---

① 凤子：《回忆阿英同志》，晓光主编《阿英纪念文集》，中国戏剧出版社2000年版，第127页。
② 《编辑者言》，《玲珑》1931年第4期。
③ 《编辑者言》，《玲珑》1932年第51期。
④ 《妇女国货年今日举行汽车游行》，《申报》1934年1月1日。
⑤ 潘君详：《中国近代国货运动》，中国文史出版社1996年版。
⑥ 《广告刊例》，《玲珑》1934年第1期。

脱"文人办刊鲜顾经营"的办刊方式。如《女子月刊》创办前采取先办书店（发行）再办杂志的方式，以拓宽营销渠道获取大收益，但实际上《女子月刊》以及女子书店皆处于亏本状态，完全依靠创办人夫妇的薪资勉力支撑。再如《女声》（1932）脱离了基督教会资金支持后，基本就处于待停刊状态。

从社会影响看，商业性妇女报刊与非商业性妇女报刊依托其发行量各自在阅读对象中产生了较大的影响。非商业性妇女报刊以其强烈的社会责任意识和政治意识，关注妇女的前途和命运，积极动员妇女投入抗日救亡，发出了独特而响亮的社会和政治之声，影响深远。商业性妇女报刊以新技术展现的都市摩登女性风尚，在当时的政治文化环境下，被视为男性审美下的女性屈从文化。但其存在本身不仅是都市文化的缩影，同时也展现了女性在区域媒介上突飞猛进的意识和姿态。可以说，十年相对稳定时期的妇女报刊各自以其内涵和样貌展现了都市文化环境下女性多元化的生活状态，同时也触及了男性中心主义的弊端，以及资本制度下权力裹挟问题。这些妇女报刊的存在是屈辱和抗争视野之外都市文化多样性的具象表征，对于妇女报刊的视觉化发展以及妇女自我觉醒、妇女解放事业都有着突出的贡献。

第 五 章

战乱时期的上海妇女报刊
（1937—1949）

  上海，是"二战"中被摧毁的第一个世界大都会。① 战时上海，政治生态恶化，物质匮乏，经济萧条。时任上海市市长陈公博对此表达自己的观感："现在的上海市……世界大都市的罪恶上海全有，而世界大都市的好处上海却不见得具备。"② 全面抗日战争时期，日伪当局对社会舆论严厉管控，迫使报刊出版界大量报人和知识分子逃离或沉默，出版界面临前所未有的萧条。解放战争的爆发，将抗日战争胜利后报刊出版界再现的生机完全扼杀，报刊出版濒临绝境。战争时期，女性文化疏离政治，而获得一丝出版空间。本章主要论述抗日战争时期和解放战争时期妇女报刊艰难发展的背景与整体概况，以及《上海妇女》、《女声》（1942）、《女铎》（复刊）、《家》等典型个案的基本情况与发展历程，以期真实而完整地展现战争时期上海妇女报刊的发展状况。

---

  ① ［美］魏斐德：《魏斐德上海三部曲：1937—1941 孤岛岁月》，芮传明译，岳麓书社 2021 年版，第 17 页。
  ② 陈公博：《上海的市长》，《古今》1942 年第 11 期。

第一节　全面抗战时期上海妇女报刊的生存概况

全面抗战时期的上海，政治形势错综复杂。魏斐德称其为"上海近代史上血雨腥风、最为黑暗的时期"，而报纸，是竞争性最激烈的战事舞台之一。① 虽然，妇女报刊中存在"事不关己"专注于家庭琐事而置身战事之外的，但终究战事的影响不会遗漏任何方面。据笔者统计，全面抗战时期上海妇女报刊约 21 份，刊行时间普遍较短，1 期即停刊的占 43%，发行时间超过 1 个月但未超过 1 年的占 33%，超过 1 年的占 23%。刊行时间较长的，多依赖政府、党派、教会等各类组织支持。

一　制约与妥协：孤岛严苛新闻管制下报刊的境况

孤岛上海，畸形繁荣、贫富悬殊、罪恶滔天。报刊，既是与外界沟通的通道，呈现城市现状的平台，也是各方势力传递信息的舞台。在严苛的新闻管制下，各种各样的报刊用各种各样的内容，书写着看似繁荣实则分裂的城市景象。

（一）沦为孤岛，报刊被迫停刊、迁移出版

面对日本侵略上海的战事，中国对外主动向国际社会请求支持，对内形成联合抗日战线。1937 年 8 月 29 日，中国同苏联签订互不侵犯条约。9 月 12 日，向国联提交申诉，要求惩罚日本的侵略行径。9 月 22 日，以《中共中央为公布国共合作宣言》为标志，国共两大党形成了抗日联合阵线。② 虽然，日本的侵略行为违反了九国公约和非

---

① ［美］魏斐德：《魏斐德上海三部曲：1937—1941 孤岛岁月》，芮传明译，岳麓书社 2021 年版，第 3 页。

② 雷国山：《日本侵华决策史研究（1937—1945）》，学林出版社 2006 年版，第 4 页。

战公约，遭到国联和美国等的谴责。但并无任何制裁措施。在"淞沪战事处境艰难，北战场亦形势不利"①的情况下，日本当局一边提出与国民政府谈判（11月5日，附七项基础条件，遭蒋介石拒绝），另一边与德国、意大利在罗马签订防共协定（11月6日），为进攻南京做准备。②

1937年11月12日，上海沦陷，国民党驻沪军队整体撤离。上海，由此进入外国租界、日本占领军、傀儡政府三方共治的孤岛时期。因三方立场和利益诉求的差异，在共治期间有合作也有对抗。沦为孤岛初期，租界方为维护其在华利益与日方有一定的合作。如其在1937年的《上海公共租界工部局年报》中所述："华军之自上海撤退……本局一面维护中立，一面与日本当局合作，以应付变迁之情势。"③这种合作，就包括默许和协助日方解决租界内抗日新闻宣传活动；对抗日报刊发出警告；实行报刊登记制度，对报刊进行控制；劝告租界内的抗日报刊停止出版或改变抗日立场；等等。④

孤岛初期，上海抗日报刊数量面临断崖式下降。抗战爆发之初，空前严重的民族危机激发了民众强烈的民族意识，素以全国报业中心著称的上海，成为抗日宣传中心。"自从8月13日沪战爆发以后，上海的刊物，曾经随着战潮的高涨，而蓬勃风行过一时。日刊、周刊、旬刊、半月刊，约略估计，至少有几打。"⑤沦为孤岛后，报刊"销声匿迹，停刊的停刊，迁移出版的迁移出版"⑥。据《上海公共

---

① 蒋介石：《国民政府迁都重庆与抗战前途》，罗元铮编著：《中华民国实录》第3卷，吉林人民出版社1998年版。
② 雷国山：《日本侵华决策史研究（1937—1945）》，学林出版社2006年版，第6页。
③ 《上海公共租界工部局年报》，1937年，第29页。转引自马光仁《上海新闻史》，复旦大学出版社2014年版。
④ 马光仁主编：《上海新闻史》，复旦大学出版社2014年版，第824页。
⑤ 《发刊词》，《上海妇女》1938年第1卷第1期。
⑥ 董竹君：《我的一个世纪（增订版）》，生活·读书·新知三联书店2013年版，第309页。

租界工部局年报》载:"自 11 月华军退出上海后,出版物之停刊者,共 30 种,通讯社之停闭者共 4 家,包括中国政府机关之中央通讯社在内。"① 另据《上海妇女志》载,当时妇女报刊仅 3 份,分别是《战时妇女》(1937.9—1937.11)、《妇女生活》(1937.9—1937.10,沈兹九)以及《女兵》(1937.10,复旦留沪女学生)。其中,《妇女生活》与《世界知识》《中华公论》《国民周刊》四家联合出版《战时联合旬刊》,出版 4 期后,即西迁武汉、重庆。

(二) 孤岛前期政治势力相互制约,抗日女刊出版存有一丝空间

1937 年 12 月至 1939 年下半年,日本战线拉长,国内矛盾加剧,可调动资源严重不足。日本无暇多顾上海,扶植傀儡政权,"诛锄军阀及国共两党"②、渗透、干涉租界事务、控制舆论宣传。租界当局则奉行宗主国"中立于中日战争之外"的总政策,态度暧昧,既不愿与日方正面冲突,也不愿对日方妥协。尤其,1938 年,英美法等意识到日本建立"东亚新秩序"政策旨在掠夺其在华的利益和权利。苏联塔斯社点出了"东亚新秩序论"的实质,认为该声明是披着"防共"的假面,暴露了把列强势力从中国驱逐出去,让中国屈服其下的计划。③《马索·索阿鲁》报和《索雷由》报也在第一版以大标题"英国声明:难以承认以兵力在中国进行的变革"刊登了英国政府备忘录,"该备忘录被认为是不承认日本提倡的东亚新秩序的"④。美国驻日大使格鲁向日本外务省递交长信表示,美国

---

① 《上海公共租界工部局年报》,1937 年,第 29 页。转引自马光仁《上海新闻史》,复旦大学出版社 2014 年版。

② 上海市档案馆编:《日本侵略上海史料汇编(中)》,上海人民出版社 2015 年版,第 2 页。

③ 内阁情报部编:《各种情报资料·各国新闻论调概要》,日本国立公文书馆藏,复件号 No. jou009000122。

④ 内阁情报部编:《各种情报资料·各国新闻论调》,日本国立公文书馆藏,或见 JACAR REF:A03024269300。

政府绝不承认任何一国随意给不在其主权之下的地域规定什么"新秩序"之类的条件。① 基于此，租界当局是希望借助中国人民的斗争来与日本的扩张主义相抗衡，以维护其利益。

因此，租界当局给报刊出版提供了一定的弹性空间，早期出现了一定数量的洋旗报，如《每日译报》《文汇报》《大英夜报》等，也默许国民党中央通信社转入"地下"秘密发稿。租界的这种相对自主的畸形状态和复杂形势，在一定程度上为报刊的发展提供了挣扎求存的空间条件。1938年4月傀儡政府发布的《大道政府宣传股关于创办新闻通讯社计划等》附件《创办新闻通讯社计划及预算表》中提及当时上海的舆论环境可以反向佐证：

> 上海为中外荟萃之区，举国最大商埠之一，环境复杂，情形自异。况战后人民听识浅薄，稍有不慎，常至动摇其根本思想。观乎最近特区二三报章，借外商超越地位，撷拾流言，造作新闻，惑乱地方，果然不致影响本市施政，关系自巨。今纵不以消极方法取缔禁止，自亦应积极为谋扩大宣传，俾政府德意公诸社会，如此方不致使造谣者施其伎俩、捣乱者售其狡猾……②

与此同时，女性文化的私域性特质及修身治家主旨等契合"大东亚"论调："数千年来尊崇礼教，讲求忠孝，相沿成风，人情笃厚。自共产主义传入东亚，人们惑于邪说，思想因以复杂。"③ 尤其因其聚焦于私域，公域的报刊对此类女性生活的讨论渐渐复苏。

---

① 《昭和十三年十二月三十日美方对我方十一月十八日的回答的回复》，《对米外交关系主要资料集》，外务省外交史料馆藏。或见B02030597800，第15—21页。
② 《大道政府宣传股关于创办新闻通讯社计划等（1938年4月）附件》，上海市档案馆编：《日本侵略上海史料汇编（中）》，上海人民出版社2015年版，第651页。
③ 《沪西区公署关于召开"东亚新秩序建设运动大会"呈》附件《东亚新秩序建设运动大会致词》，上海市档案馆编：《日本侵略上海史料汇编（中）》，上海人民出版社2015年版，第661页。

（1）日报副刊和专栏首先出现。据《上海妇女志》载，《大美报》曾将"早茶"分出篇幅，刊载"妇女与家庭"专辑或特辑，主要围绕家庭生活方面，提供了不少西式时尚内容，以消遣为主。后于1938年6月辟过副刊《妇女界》（月刊），由上海妇女界社出版，不过仅出2期，同年8月停刊。《大英夜报》也曾出版两种妇女副刊，其一是《现代家庭》（周报，每周四出版）。其二是《妇女界》（周报，每周日出版）。两份副刊的创停刊时间不详。另外还有《生活日报》的《妇女生活》（出版周期两周一次，逢周一出版），集中介绍国外妇女生活、女名人列传、两性观等，内容较为庞杂。（2）在刊物方面，数量有所增加，但刊行时间普遍较短。据本书统计，孤岛前期（1937年12月至1939年下半年）出版妇女报刊约12种（参见附件2），集中在家庭与妇女的议题中。刊行时间较久的两种《上海妇女》（1938.4—1940.6，蒋逸霄、姜平）、《中国妇女》（1939.2—1941.12，朱素萼、濮大江）多依靠共产党的扶持。1939年，中国共产党中央发出《关于宣传教育工作的指示》（5月17日）明确要求各地党组织"应设法经过自己的同志与同情者，以很大的坚持性争取对于某种公开刊物与出版发行机关的影响，对于同志与同情者领导下或影响下的公开刊物与出版机关，应给以经常的帮助"，"同时，应推动社会上有声望地位的人出版一定的刊物，由我们从旁给予人力和材料的帮助"①。中国共产党根据上海租界的现实，决定把办报活动的重心从"洋旗报"转移到各类抗日期刊与丛刊方面，开辟一条新的抗日宣传战线。

（三）孤岛后期全面沦陷，三类报刊并现畸景

孤岛全面沦陷后，不同立场的报刊命运截然不同。而不同立场报刊的存在本身及其所呈现的图景，正是孤岛生存境遇分化的表征。

以《申报》和《大美晚报》等为代表的支持抗日派呈现的是日

---

① 《中国共产党新闻工作文件汇编》上卷，新华出版社1980年内部发行，第90页。

伪统治下的灾难景象：除了高昂的物价、房租、路上的不断增加的难民尸体，日军的奸淫掳掠时有发生。譬如，"两幼童负米入市惨遭日兵枪击"①，"日军用车撞伤老人驰车不顾而去"②，"日汽艇猛撞渡船六十余人遭灭顶，已捞获男女尸卅余具"③，"苏州河北拉夫猖獗，华人壮丁绝迹，押赴华南迫充日军苦役"④，公共租界北区韬朋路，"附近有日海军陆战队督率华工百余人，拆毁民屋约五十椽，致华籍居民三百余人，顿告流离失所"⑤等等。这类现实记述的登报使其不断面临死亡威胁。1940年7月16日，《大美晚报》总编辑张似旭坐在南京路一家德国餐馆喝咖啡和吃三明治时，汪精卫的那些受雇于日本的枪手们突然冲上来，向拒绝或犹豫和"东亚新秩序"合作的华人射击。⑥在公共租界和法租界内，长期居住的西方居民认为，在沪西盛极一时的"犯罪狂欢"完全是因为罪犯们得到了伪政权的正规警察和秘密警察的庇护。⑦

当犯罪和政治性谋杀成为抗日派的日常新闻，病态的狂欢被避祸刊物和日伪刊物装点成另一种日常。1940年3月，汪伪南京政府建立之前，大部分小报还在头版刊载几则抄自他报的战争消息，以装饰门面，汪伪政权建立后，连这点装饰物也因避祸而取消。翻开报纸，触目的都是消闲或色情文字。舞场、戏坛、说书、跑马……凡租界内存在的娱乐项目，在小报上也各有其专栏。⑧如《迅报》

---

① 《日军枪击市民报道》，《申报》1941年2月20日。
② 《日军用车撞伤老人驰车不顾而去》，《申报》1939年12月24日。
③ 《日汽艇猛撞渡船六十余人遭灭顶》，《申报》1939年11月14日。
④ 《苏州河北拉夫猖獗》，《申报》1941年2月20日。
⑤ 《韬朋路上又拆民房》，《大美晚报》1940年12月19日。
⑥ Confidential U. S. State Department Central Files, *China*: *Internal Affairs*, *1940 – 1944*, p. 893. 转引自［美］魏斐德《魏斐德上海三部曲：1937—1941孤岛岁月》，芮传明译，岳麓书社2021年版，第191页。
⑦ ［美］魏斐德：《魏斐德上海三部曲：1937—1941孤岛岁月》，芮传明译，岳麓书社2021年版，第95页。
⑧ 马光仁主编：《上海新闻史》，复旦大学出版社2014年版，第899页。

记述:沦陷后"剩下来的只是些和民时意识相悖的一些以色情照片诱人的杂志。最近的杂志增加不少,报摊上又布置得花花绿绿。吸人眼目,这里虽然也有些能配合现阶段抗战的杂志。然而数目渺小,和总数三百左右的杂志比较起来,几乎是二十与一之比,而销数又不及风花雪月,桃色文字一类的东西"①。另据鲍威尔调查,自从日军到来之后,"赌场、鸦片烟馆、海洛因吸食所、妓院如雨后春笋般出现","几乎遍及城市各个角落"②。以黄赌毒麻痹国人,一方面使其沉溺放弃抗日;另一方面,黄赌毒产业利润极高。至1941年,沪西的赌场和鸦片馆成了伪南京政府的主要收入来源。③ 这类精神控制做法,到一定程度上对于城市建设具有毁灭性的打击。瓦尼娅·奥克斯(Vanya Oakes)认为,当时的上海是邪恶和暴力的城市,是富裕和令人难以置信的贫困并存的城市,是轮盘赌的轮子飞旋、枪声频频和乞讨声充斥各处的城市。④ 在《上海妇女志》统计的女刊中,《舞场特写》(1939.1)、《舞声电》(1936.9)等在此期间接踵出现。

对于普通民众而言,政治觉悟远抵不过实际生活的重要。尤其,长期处于一市三治格局下的人们,没有统一的意识形态,即便是法律也能"策略性运用"⑤。但这并不意味着享有"自由",只是学会在不同权威的统治罅隙中生存。此时期的部分妇女报刊也是一样——为了维持生存。譬如,《家庭与妇女》(1939.9—1941.1),从创刊至全面沦陷,始终围绕着其办刊主旨:"脚踏实地替家庭的妇女着想,内容偏重供给家庭实用的材料,如编结,刺绣,造化,缝

---

① 《萧条冷落的孤岛出版界(特稿)》,《迅报》1938年12月28日。
② 左眩:《孤岛时期古装片的复兴缘由》,《四川戏剧》2005年第6期。
③ [美]魏斐德:《魏斐德上海三部曲:1937—1941孤岛岁月》,芮传明译,岳麓书社2010年版,第182页。
④ Vanya, Oakes, *White Man's Folly*, Houghton Mifflin, 1943, p. 358.
⑤ Tahirih V. Lee: "Coping with Shanghai: Means to Survival and Success in the Early Twentieth Century—A Symposium", *The Journal of Asian Study*, Vol. 54, No. 1, 1995, p. 5.

纫，裁制，烹饪，园艺等，并解决一切家庭的实际问题，如卫生，生产，保育，医药，婚姻等问题。"① 在目前可见的最后一期中《编者小语》提及"国际形势"："在最近的两个月里，经济市场的紊乱打破了几百年来的关口"，以此来解释报纸成本猛增缩减页数的苦衷。② 这一现象，在很大程度上表明，女刊及其内容设置看似避谈政治，实际并没有剥离于政治环境之外，反而是深嵌其中，以此自保。

二 女报人留守孤岛，推动妇女问题见刊

四年的"孤岛"经历，在大部分人的眼中成了"恐怖的梦魇"③，当时的报刊多以"朱门酒肉臭，路有冻死骨"④ 来形容生存境遇。女性的生存境况更为恶劣。

（一）妇女问题难以被本地报纸公开探讨

沦为孤岛后，租界表面的平静吸引着战时避难者的涌入，但实际生活无比艰困。人口激增⑤导致租界内的日常消费品价格与房租节节攀升，粮食蔬菜以及房屋住宿供不应求。数万人无家可归流落街头，成千上万的人睡在办公室的走廊、商品贮藏室、庙宇、同乡会、娱乐场所以及仓库等地方。寒潮来袭时，街头冻饿致死的情况屡屡见诸报端。据《新闻报》载，1939年圣诞节前后三日内，冻死的乞丐已有60人。⑥《前线日报》1939年12月30日载，4天内冻死的乞丐达百余人。⑦ 虽然，沪上各同乡会和难民收容所给民以食，并资助他们早日返乡。但直至1941年5月，仍有14580名难民滞留租界。⑧

---

① 《发刊辞》，《家庭与妇女》1939年9月第1卷第1期。
② 禾菲：《编者小语》1941年第3期。
③ 《密勒氏评论报》1941年10月4日，第186页。
④ 《发刊辞》，《中国妇女》1939年第1卷第1期。
⑤ 《两租界的人口激增了四五倍》，见碧翁《上海社会的一角》，《上海生活》1939年第3期。
⑥ 《圣诞节前后三日内，马路上冻死骨累累》，《新闻报》1939年12月27日。
⑦ 《上海天寒冻死乞丐 四日已达百余人》，《前线日报》1939年12月30日。
⑧ 葛琦、董强：《孤岛时期的上海》，《百科知识》2013年第8期。

在黄赌毒遍地，传统生计难以维持的情况下，女性被迫出卖身体。"大上海处于不合理的洋人统治下。帝国主义和资本势力的澎湃声中，懦弱的女子为求其拖延可怜的生命的残喘，大部分只有趋于卖淫一途。"按摩院的女子，名为职业女性，实际"她们的生活还不若公开的娼妓"。"注意一下各大小报纸刊登出按摩院的广告，如'本院摩女，各个娇艳美貌，君如一试，个中滋味，包管销魂'云云之类。"①

日军则公开侮辱女性，甚至专门设立慰安所。据《申报》（汉版）载："（日军）复借口民间藏有军械，随时检查住户。妇女被辱不可胜计，黄浦江、苏州河中，时常发现女尸，惨不忍睹。"②《申报》（港版）载："沪上租界虽被一部分称为安全地带，但对于女同胞却不算安全……有××女塾女生于电影院完场后，因天雨遂乘'野鸡'汽车归家，不料这汽车恰是敌兵的陷阱，被驶过苏州河以后，这三位女生从此就没有消息……她们是沪上有地位人家的小姐，所以此事特别引起各方的注意。相类似的事实，多不胜数。"③据日本外务省警察史"在上海总领事馆"供认，"在上海海军慰安所共有数十处，人约131人（实际远远不止），海军士兵则专找难以统计的中国慰安妇消遣"④，1941年11月，伪政府甚至取消了卖淫的禁令，⑤断绝了底层妇女唯一的生计。

上海的妇女问题可以在内地和香港的报纸被公开报道，但是在上海本地却成了禁忌。时人述评：《新闻报》《申报》复刊后，"独于妇女园地一栏，不令翻身问世，宁可将大量篇幅，刊载与民族解放姻缘很浅的高等的衣食住行或古典艺术的游艺界之类……这一现

---

① 钱谷成：《上海妇女》1938年第5期。
② 《日军检查行人妇女被辱》，《申报》1938年1月23日。
③ 《日军掳掠妇女》，《申报》港版1938年3月6日。
④ 上海市档案馆编：《日本侵略上海史料汇编》中，上海人民出版社2015年版，第287页。
⑤ 孙国群：《旧上海娼妓制度的发展及其特点》，《社会科学》1989年第4期。

象,是反映沦陷区内,妇女在各方面受祸最惨最烈,所以尚有几分言论自由的上海租界,她亦遭到摒弃"①。汪伪方面在上海的三大言论机关之一《平报》在其"二周年刊"上登载一篇《"到上海"之一》公然讽刺道:"据说,老天爷看上海妇女,太会得奢侈,太会得享乐,早就吩咐生育司、妇女司、美容司、几个有关系机关的官曹,在1939—1941年间,要在上海妇女颌下,长出乱草一堆似得口子,让男人们和她们接吻起来,刺猬似得刺,便知难而退……妇女们的妖冶淫媚倒又比了从前越来越厉害了,恐怕长此下去,繁荣果然保持,违天却是不许。"上述论调将上海女性形象固化为奢侈享乐,并将其这种限定于衣食住行构筑的私领域中的形象延伸到了公共领域。这种建构中所存在对女性的单一化审美暴力被顺其自然且无可争辩地拓展到社会的公共领域。而民不聊生的生存实况被刻意忽视,妇女问题被直接抹杀。

(二) 孤岛不孤,女性报人的隐蔽与坚守

在日"东亚新秩序"的侵略思想下,社会舆论管控日趋严厉,抗日报人被禁言、威胁乃至暗杀不断。与此同时,女性报人日益显露,主持报政。如《上海妇女》的蒋逸霄,《女声》的佐藤俊子、关露,《家庭与妇女》的龚月雯,等等。这一现象,不独是女性受教育程度提高而能胜任主编之职所能简单概括的,而是一系列因素共同作用的结果。

上海沦陷后,陕北、汉口、广州成为新的文化政治重镇。② 伪政府严格规制言论并对报人实施暗杀威吓等恐怖手段,迫使报刊出版界大量报人和知识分子离开或沉默。伪政府豢养的"黄道会"流氓恐怖组织寄恐吓信、投掷炸弹、中途拦截报刊,吓倒抗日报人、搞垮抗日报馆。据《申报》载,1939年《中美日报》《大晚报》遭突袭,申报记者金华亭遇害,《曼彻斯特报》访员丁勃莱、《大美晚

---

① 碧瑶:《一年来上海妇女读物总检讨》,《上海妇女》1939年第6期。
② 姜平:《到内地去还是留在上海》,《上海妇女》1938年第7期。

报》主笔高尔特、《西行漫记》作者斯诺、《密勒氏评论报》主笔包惠尔及《日本海外间谍网》作者赫希伯等被寄恐吓信。① 在此境况下，出现了两种情况："有志之士被压迫得慢慢像西洋大都市的交通路线，向下发展"，而汉奸报人趁势而起，地底下原有的那些阴毒暧昧的人形爬虫，攀附了他们自增身价。鼓吹"中日和平"的报纸每天发表新参加的同志名单，而这些"和奸"往往同时在另外的报纸上声明"不问政治"。

原本致力于抗日的女性文人，大半也都离开了上海，去往内地。譬如，郁风到军队里去了；罗叔章到了长沙，又在武汉教育女工；沈兹九上了重庆，仍编《妇女生活》；彭慧田由武昌去了昆明；冰心去了昆明；萧红、白朗相继去了重庆；蓝苹、歌三、苏明在陕北；帅约之（英文翻译）、王莹、封禾子、唐若青在桂林。② "留下一部分胆小的，觉得步步荆棘，危机四伏，什么事都不敢做；有的甚至于消极到耽于逸乐，不问国家大事。"③

但"可喜的是抱着埋头苦干的姊妹，也大有人在。因此，在这期间，上海的妇女工作，并没有中断，也没有消沉"④。因性别关系而容易隐蔽的女性文人、报人，是其中一个群体。《上海妇女》所载白薇从广西桂林寄送的信件可为一觑："战争分散我们，各在遥远的地方，我很想念留在上海的朋友，和姐妹们，但总不知道该怎么通信。我去夏到汉口就打听你，知道你仍留在上海。今日，问大公报记者，他说你仍在上海办杂志。"⑤ 夏衍曾在回忆文章中也提及："我不能忘记上海沦陷，大部分工作者离开孤岛，而她（朱文央，《上海妇女》编委）和极少数工作干部毫无怨尤地把困难的妇女工

---

① 《各国记者受恐吓》，《申报》1939 年 2 月 9 日。
② 《白薇来信》，《上海妇女》1939 年第 10 期。
③ 铁怀：《一年来的上海妇女界》，《上海妇女》1938 年第 6 期。
④ 铁怀：《一年来的上海妇女界》，《上海妇女》1938 年第 6 期。
⑤ 《白薇来信》，《上海妇女》1939 年第 10 期。

作担当下来的情景。"①

当然,留守上海的女性报人即使以妇女报刊作为抗日宣传的手段,也并不敢明目伸张。尤其,1939年5月危机爆发后,上海租界当局根据日军旨意,不断推出欲置抗日报刊于死地的新措施。据粗略统计,1939—1940年上海工部局对抗日报刊作出的勒令停刊处罚共计31次。② 大多数妇女报刊对外宣称关注女性日常生活。其一,可以躲避审查,规避查禁、停刊的风险。其二,是日伪宣抚上海女性的手段,譬如佐藤俊子自称办《女声》就是因为:"中国的妇女痛苦得很。因为她们的知识太浅。我们应该多多帮助她们。"③其三,对女性日常生活的关注已经成为党组织接近女工等群体的方式。"党组织者不是试图劝告工人脱离她们的日常生活,而是试图理解和变成这一日常生活的一部分。"④ 另从1942年《慈俭妇女》所登《东亚文艺复兴与中国妇女解放》一文也可知中共地下党对上海女性产生了一定影响:"中国妇女盲目地做了'共产主义'的走狗,迷途日远,越陷越深,自救不暇。"⑤ 这一论调的存在,从某种角度上也证明了,日伪及其扶持的傀儡政府,无法完全压制上海女性的抗日活动。

第二节 伪装以存在:全面抗战时期两份特殊的女刊

一 为了在场:《上海妇女》的双重"模糊"

《上海妇女》1938年4月20日在上海创刊,前期以半月刊形式

---

① 《新华日报》(重庆)1942年9月27日,副刊。
② 马光仁:《上海新闻史》,复旦大学出版社2014年版,第852—853页。
③ 佐藤俊子:《知識層の婦人に望む　日支婦人の真の親和》,《婦人公論》1939年3月号,第282—283页。
④ [美]艾米莉·洪尼格:《姐妹们与陌生人——上海棉纱厂女工1919—1949》,江苏人民出版社2011年版,第214页。
⑤ 徐之明:《东亚文艺复兴与中国妇女解放》,《慈俭妇女》1942年第2期。

出现，1940年6月第三次复刊时改为月刊，共出4卷40期。由妇女界的共产党员和进步人士联合主办，总编辑兼发行人为蒋逸霄和姜平（孙兰，中共地下党员），上海妇女社编行，上海"孤岛"出版社出版。《上海妇女》诞生后，行销沪上，并风行全国，征订量很快便突破3400份，成为抗战初期国内影响最大的妇女刊物之一。①

但维持销量却是难事。蒋逸霄称其为"最大的困难"："战时交通阻梗，外埠的销路并不很多，单靠上海的读者，每期售得的钱是有限的。要希望读者购买的钱来维持刊物的生命，在这时期简直是一个缥缈的梦想。"② 加之邮局递送艰难，检查严厉，常常延误时日，有时还从中抽去几本，最严重的一次将第10期全部扣留。在"物价高涨、亏负太重"的情况下，《上海妇女》于1939年9月脱刊。在此前的1939年5—7月间，《上海妇女》曾力图以折扣的方式增加销售量，将长期订户的九折优惠，改为"七折"，但于事无补。1939年10月在刊行时，定价做了调整，单册从0.1元提高到0.16元，半年、全年以及国境内外邮费等也都相应上调。但这一做法无助于《上海妇女》的资金补充，1940年1月后就自动停刊了。1940年6月复刊时的《复刊词》中描述当时资金困难的实况"每月赔本数百元"，赔本的"数目跟着纸张飞涨""印工的激增"，等等。在资金、递送渠道受限的情况下，始终"在场"的梦想只能从其他方面补足。

（一）模糊编委身份：隐匿以维系

> 上海女作家十余人，近以鉴于妇女刊物，异常消沉，特凑资本，出版半月刊一种，定名为《上海妇女》，执笔者都为著名作家，内容十分丰富精湛，创刊号已于今日出版，总经销处四马路中国图书杂志公司。各大书坊各报摊均有代售，零售每册一角，订阅全年两元，半年一元。③

---

① 民国期刊数据库，刊物简介。
② 蒋逸霄：《本刊出版一周年》，《上海妇女》1939年第2卷第12期。
③ 广告，《导报（上海）》1938年4月22日。

1938年一则《上海妇女》的出版广告赫然出现在洋旗报《导报》（上海）上。虽言明了出版原因是"鉴于妇女刊物，异常消沉"。但这十余位女作家是谁？并未细述。在《上海妇女》一周年回忆文章《本刊出版一周年》上，除了负有盛名的主编蒋逸霄（前《大公报》女记者），可见的编委名字是：文央、姜平、夏萤、景宋、关露、碧遥、宝琛、菲菲、樊英、季子、亦愚、篴一、桂芳。①这十三位编委所用是真名还是笔名？是什么身份？彼此是何关系，皆未告知。从《上海妇女》上抗日女作家白薇自广西桂林寄送的信件中，仅知她们是"留在上海的姐妹"②。

1. 为何隐匿

《上海妇女》创刊之时，正值日军实施监视和诱捕租界亲共、反日记者编辑。在外，封锁了从香港、上海到青岛以及从外蒙到张家口的地下交通线。③ 在内，发布了检查密令，查禁、捣毁报社，暗杀、威胁记者报人。1937年，山崎经济研究所上海分室写出报告，分析了国共合作后中国的未来，认为当时中国共有四种势力角逐，即国民政府、英国、苏联、日本。若日本失败，前三者就会发生冲突，而其结果，最大的可能就是中国被"赤化"④。日本驻上海大使馆武官鉴于苏联对中国抗战的支持和国共合作的形成，急电陆军省要求尽快派来反共宣传人才。⑤ 1937年年底，日本扶持傀儡大道政府上台。1938年3月14日发布《大道政府密令》，要求新闻检察员

---

① 蒋逸霄：《本刊出版一周年》，《上海妇女》1939年第2卷第12期。
② 白薇：《白薇的来信》，《上海妇女》1939年第2卷第10期。
③ 支那駐屯軍憲兵隊『抗日分子対策に就て』昭和十三年。アジア歴史資料センター、編号：C11110637500。
④ 山崎経済研究所上海分室「国共合作下の中国共産党の発展」、『各国共産党関係雑件/中国ノ部 第八巻 3 昭和十二年 分割2』、アジア歴史資料センター、編号：B04013013400。
⑤ 上海大使館附武官『宣伝業務の為人員派遣の件』昭和十二年九月七日、アジア歴史資料センター、編号：C04120007500。

驻在哈同大楼检查，凡是"（一）言论反动及宣传赤化者；（二）抵触本府政纲、政策者；（三）破坏中日邦交者；（四）造谣生事、惑乱人心者；（五）诋毁本府行政设施者"都不许登载。① 此规定虽内容粗制，以压制为主要手段，但涉及面广，反日爱国言论被钳制。与此同时，傀儡政府豢养的流氓团体不断侵扰报社、报人工作。《申报》报道了大量记者被投递死单、威胁恐吓的新闻。② 市警察局也出具过关于《大美晚报》朱惺公被刺案呈市府文。③ 日军甲集团参谋部编写了关于审讯战俘方法的手册，其中《中国共产党员鉴别法》对根据地中共组织特别是党员的特点进行了详细分析和总结。文件认为，由于地方党员从事秘密工作，身份都不公开。中共党员多使用假名字。④

《上海妇女》受中共地下党助力，编委会成员与党组织关系密切，岌岌可危。柯罗尔（Elizabeth Croll）的相关研究指出：自1923年中国共产党妇女部的成立，"标志着中国的政党首次尝试把女性作为独立的社会力量，将其动员和组织起来"⑤。1937年11月至1939年下半年，是中共上海党组织迅速发展的时期。党中央要求各地党组织"应设法经过自己的同志与同情者，以很大的坚持性争取对于某种公开刊物与出版发行机关的影响，对于同志与同情者领导下或影响下的公开刊物与出版机关，应给以经常的帮助"，"同时，应推

---

① 《大道政府关于事实新闻检查规定检查范围函令》，《日本侵略上海史料汇编》中，上海人民出版社2015年版，第650页。
② 《〈社会晚报〉主笔被害》，《申报》1938年2月8日；《上海各报馆续接恐吓信》，《申报》1938年2月15日；《文汇大美两报又受警告》，《申报》1938年3月3日；《各国记者受恐吓》，《申报》1939年2月9日；《沪大美报再度被扣》，《申报》1938年4月18日。
③ 《市警察局关于〈大美晚报〉朱惺公被刺案呈市府文》，《日本侵略上海史料汇编》中，上海人民出版社2015年版，第659页。
④ 甲集团参謀部『情報勤務の参考 昭和十八年七月』・『附録 第二 俘虜訊問の要領』、アジア歴史資料センター、编号：C13032220800。
⑤ Elisabeth J. Croll, *Feminism and Socialism in China*, New York, Routledge & Kegan Paul, 1980, pp. 119 – 120.

动社会上有声望地位的人出版一定的刊物，由我们从旁给予人力和材料的帮助"①。《上海妇女》位列其中。1939年，白薇来信中"留在上海的姐妹"，可以窥见编委中有些成员在《上海妇女》创办之前就已相熟。由上海迁至内地的《妇女生活》（沈兹九创办）中也有她们的名字，可大致判断她们与内地保持着联络。且，中共党员姜平、朱文央（中共党员、国际特工蔡叔厚的妻子）、黄碧遥（抗日女作家白薇的妹妹）等都是该刊的发起人，并且为之募集了创刊基金。据蒋逸霄回忆：

> 大约是三月六号吧？上海妇女界难民救济会在女青年会召集各界妇女代表，举行"三八"纪念大会。我看到了参加的群众对于那刊物的热情，真似久困于饥肠的人蓦然见到了甘美的食品一般，不耐等到分发者走到个人自己面前，争先恐后的大家站起来索取怀夺。上海妇女界需要一个刊物，我当时这样感觉到。于是，在散会的时候，我便把这意见告诉了姜平。她鼓励我不妨积极进行一下。过了两三天，无意中遇到碧遥、文央，我又提起这个意见，她们都认为：在这个时期，这个环境中来办刊物，不但十分需要，而且有它特殊的意义。碧遥当时就对于筹划经济向我贡献了几点意见，而文央也表示她对于经济的筹划，可以帮助着我……奔走不到三天，向几位有钱的朋友谈了以后，她们都极端赞成，而且表示在经济上愿尽力地援助。同时，文央也向热心社会事业的×夫人，征求到了几百块钱。加上我向朋友征求到的数目，已够维持出版半年的经费。②

---

① 《中国共产党新闻工作文件汇编》上卷，新华出版社1980年版，内部发行，第90页。

② 蒋逸霄：《本刊出版一周年》，《上海妇女》1939年第12期。

在《上海妇女》刊行期间亏损不断，但并未交代如何解决了资金困境，只提及受到捐助，而"有一二财力相当充实的妇女愿意拿出一笔足够日常开支的款子"① 来帮扶被拒绝了。事实上，八路军驻上海办事处雪中送炭地资助了一部分资金。董竹君也用锦江川菜馆的盈利大力支持。② 中共党员王纪华的副手颜逸清（《上海妇女》联络员）也募集到了爱国实业家、海内外进步人士以及各界妇女的捐款。③ "孤岛上的知名女作家不拿稿费、不取酬劳，两年如一日。"④

2. 如何隐匿

万事万物背后都有关系和社会网络结构，行动者的身份必须在它所处的联结网络中得到确定。通过爬梳发现，《上海妇女》社编委的关系网络主要交叠在许广平领导的"上海妇女界难民救济会"，并且两者的办公地都位于浦东大厦512室。

办公室隐匿于人流密集、各派云集的地点。浦东大厦的底层是"四姐妹"舞厅、咖啡厅，灯红酒绿，纸醉金迷。二至八层各楼用途多样，包括医生诊所、律师事务所、职业学校、图书馆等。其中，三、四层是中华职业教育社办的第四补校，由职教社姚惠泉直接负责。七层是中华业余流通图书馆，中共上海地下党职委在此建立过党的组织，发展并输送了一批党员到抗日根据地。而《上海妇女》社所在的五层512室，既是《上海妇女》社办公地，也是许广平组织的"上海妇女界难民救济会"的办公点。这一地点，是朱文央的丈夫中共早期特工蔡叔厚提供的。蔡书厚本人经常以商人身份为掩护，周旋于国民党政府高官和社会名流中，与国民党上层陈立夫、汤恩伯等皆为"莫逆"。⑤

---

① 蒋逸霄：《二年来的上海妇女》，《上海妇女》1940 年第 4 期。
② 董竹君：《我的一个世纪》，生活・读书・新知三联书店 2008 年版，第 205 页。
③ 朱家德：《那代人的博爱》，文汇出版社 2014 年版，第 8—10、15 页。
④ 蒋逸霄：《本刊出版一周年》，《上海妇女》1939 年第 12 期。
⑤ 晓蔚：《中央特科"蔡老板"》，《党史纵横》2013 年第 4 期。

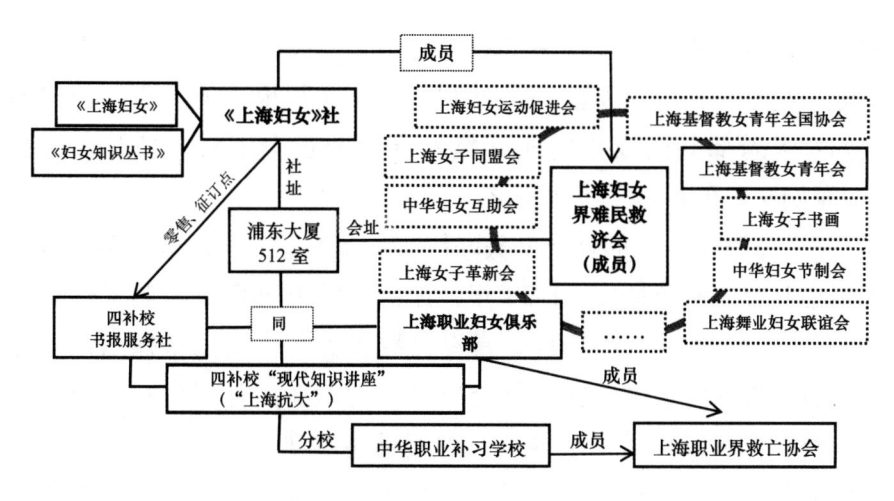

第五章　战乱时期的上海妇女报刊（1937—1949）　279

图 5-1　《上海妇女》社所在的组织网络

　　《上海妇女》编辑部嵌入孤岛灰色网络中。"上海妇女界难民救济会"① 的组织成员从表面看相当复杂，涉及不同党派、不同阶层、不同政治和宗教信仰（如图 5-1 所示）。《上海妇女》社的多位编委分属于不同组织之内。譬如姜平是上海妇女救国会的骨干，协助许广平组织起上海妇女界难民救济会；朱文央是中华妇女互助会的常务理事，王季愚参加上海职业妇女俱乐部等。而"上海妇女界难民救济会"成员与中国共产党地下组织有关联。譬如上海基督教女青年会，看似是基督教资助的宗教团体，实际已经被党组织渗透，成为提高女工政治觉悟的夜校，为地下党组织输送了大量党员。② 上海职业妇女俱乐部，对外以跳舞游戏之所闻名，实际则是由十余名中共党员组成的中共地下党支部。③ 四补校表面上是一所与政治无涉

---

① 《上海妇女志》，上海社会科学院出版社 2000 年版，第 257 页。"上海妇女界难民救济会"原是国民党妇女部负责人何香凝领导的上海妇女慰劳分会。何香凝被法租界驱逐后，由许广平接手。
② ［美］韩起澜：《姐妹们与陌生人：上海棉纱厂女工 1919—1949》，江苏人民出版社 2011 年版，第 207—216 页。
③ 中共上海市委党史研究室编：《上海党史资料汇编·第 3 编·全民族抗日战争时期（上）》，上海书店出版社 2018 年版，第 402—404 页。

的学校，实际掩护着多位中共地下党员。四补校的训导主任中共地下党王纪华，就负责海内外捐款和将物资送往根据地。四补校与职业妇女俱乐部共同成立的四补校女同学委员会书报服务社，就是《上海妇女》的征订、零售点之一。

《上海妇女》社的社员分头联络，不定期会面。社员们遇事多在外聚集开会，避免被抓。1939 年，汪伪政府曾想收编《上海妇女》，遭拒。而后，期刊社的四周，常有公共租界巡捕房的密探出没。办公室也常接到匿名电话胁迫其交出《上海妇女》往来资料、上海妇女编委会以及订户通讯录等。社内人员还遭到了跟踪、盯梢。据颜逸清的儿子回忆，平时往来《上海妇女》社的多半是女性，"那段时间却常有男子晃荡游弋，或在门外溜达，或进门探头谈闹，有时一天来上两三次，甚至晚上也会光顾"①。许广平则直接被投信恐吓。在最后一次编委会上，许广平当着众人的面将记载各办刊人联络方式的纸烧毁，以绝后患。1940 年朱文央曾去信给颜逸清，信件中所述也可为一斑：

> 颜小姐：昨天的条子你收到了吗？明天要开董事会了，账目要劳你赶印一下，真是不情之请，印之前请与杨（宝琛）先生接洽一下，她中午会打电话给你的。明天中午在华格臬路锦江开董事会，你务必去！杨先生已经定好了菜，人也已经分头接洽好了。附信请带予许（广平）先生，你要她一定去。明天是上妇的生死关头呢。②

这封信中出现了多位编委成员，但她们基本都是"分头接洽"。开会地点锦江川菜馆，当时各界著名人士、地下党员、左翼文化界人士联络、接头、开会的主要据点。这些安排都是出于对安全的

---

① 朱家德：《那代人的博爱》，文汇出版社 2014 年版，第 66 页。
② 朱家德：《那代人的博爱》，文汇出版社 2014 年版，第 67 页。

考虑。

（二）模糊内容边界：在可见与不可见之间

对期刊的审查，是对其内容的审查。编委应对审查，内容边界的模糊处理是不二选择。经由其表述不仅要藏匿一个极其复杂的社会世界，甚至不得不将其自身意义的变化也一并隐匿起来，在可见与不可见之间游走试探。如其自述："我们要立在自己的岗位上，不作正面急剧的厮杀，要机警技巧地凭着适当巩固的掩护，细心谨慎地瞄准射击。我们决不愿因图一时的泄愤与快意，而使本刊生命遭遇到意外的困厄；我们希望在长久的时日之中，收取到我们所期望获得的效果！"①

1. 为何模糊

日及其扶植伪政权钳制抗日言论，以图实施精神控制。不仅制定颁布一系列言论封控政策，还深入研究宣传策略。在其防共大纲中提出：中国共产党的主张容易在关于时局的争论中被接受，在因战争受害的民众中影响力强大，内部组织严密且不易被离间，抗战以后吸收了许多优秀青年。② 日方的主务官在上海谈判期间制定了关于舆论指导政策，一方面，扶植汪伪政权解决防共抗日难题，重点宣传"新中央政府"的"正统性与合法性"；另一方面，破坏国共统一战线，试图摧毁现有政权，"通过谋略宣传，加深蒋介石等领袖之间相互猜疑之心，诱发他们之间相互中伤、离间、反目、暗斗，策动敌人内部的混乱，直至崩溃"。据中共特工李时雨回忆：

> 当时日本侵略者和汪伪政权都非常重视文化工作，汪精卫、陈公博、周佛海都是笔杆子，都把从精神上摧毁中国人民的抗日爱国斗志作为他们的大事来抓。他们用武力、特务，甚至流

---

① 蒋逸霄：《二年来的上海妇女》，《上海妇女》1940年第4期。
② 北平陆军机関長《北支防共工作大綱》，昭和十二年八月二十五日，アジア歴史资料センター、编号：C11110452100。

氓直接残暴屠杀中国文化界爱国抗日志士，封报馆、砸书店、禁刊物等无所不为；他们还颁布建设大东亚文化的什么宣传纲要、法令，为他们摧残中华文化制造理论法律根据；更出血本拿出小恩小惠，收买周作人、张资平、胡兰成等汉奸文人为他们的文化走狗，对新闻、出版、广播、电影等各门类文化部门单位渗透控制无孔不入。①

密切关注时局变化的中共江苏委作出"隐藏"指示："今后我党在上海处在一个新的环境中：日本在租界势力是加强了，租界当局将必然帮助日本镇压抗日运动，但日本对上海的占领是更增加了英美法对日本的疾视与相互间的矛盾，而不能完全百分之百地执行日本的每一个意旨，但我们的环境必将日益恶劣。"② "在敌人占领的中心城市中，应以长期积累力量、保存力量、隐蔽力量，准备将来的决战为主。"③ 在公开的抗日报刊难以生存，集会、聚集被严密管控的情况下，"要利用灰色的刊物进行提高民族意识等宣传"④。

具体到刊物内容的实际审查上，因未过报刊审查而休刊、停刊屡见不鲜。仅1939年5—7月《导报》（上海）等六七家中国共产党直接领导的洋旗报全部停刊。⑤《上海妇女》则遭遇两重夹击。前者来自租界内部的审查。《上海妇女》编委不止一次自述，刊物遭羁押。与其同期出版的《孤岛妇女》（双月刊）仅出版四五期便销声匿迹了。为此，编委被迫"垄断"稿源，"至于撰稿方面，每感轻

---

① 李时雨口述，张德旺整理：《敌营十五年·李时雨回忆录》，南海出版公司2015年版，第153页。

② 中共上海市委党史研究室：《中国共产党上海史》下册，上海人民出版社1999年版，第994页。

③ 中共上海市委员会党史资料征集委员会编：《中共上海党史大事记（1919—1949）》，知识出版社1988年版，第470页。

④ 刘晓：《上海总结》（1940年4月30日），中央档案馆藏。转引自陈丽凤等《上海抗日救亡运动》，上海人民出版社2015年版。

⑤ 马光仁：《上海新闻史》，复旦大学出版社2014年版，第857页。

重难于措置，重则恐易触动别人的所忌，而无端要受到压迫，甚至摧残……在读者看来，这几位作家，好似在包场；殊不知道这绝不是我们的本愿"①。在"投读者所好"的孤岛市场上，《上海妇女》的做法很容易遭到不理解："一个刊物，只凭着几个编辑委员，在编辑室里开几次会议，根据编辑委员的意见，商定某一期应有的内容材料，然后分任写稿，然后集稿，编辑，付印，出版……不论它的内容怎样精彩充实，我个人认为，这一个刊物的前途还是不会十分发展的；因为它与群众的联系太少，绝不能普遍地深入各阶层群众中间，而为各阶层群众所欢迎。"② 读者的这种批评也反向证明了《上海妇女》对刊物稿件的"垄断"性保护。后者则是租界外的审查。其先后两次出现在《抗日战争时期国民党政府查禁书刊》名录上。首次出现在1939年年底的第4卷第1期，原因在于：经广东审委会送审"内载《陕甘宁边区的妇女》一文，不合抗战要求"，休刊3个月。复刊后不久再度上榜，原因是经江西审委会送审"4卷4期（目前可见最后一期）内容欠妥（即'左倾'）"③。另据作家柯灵的回忆，"《上海妇女》杂志受压，改名《妇女知识丛刊》，假托香港出版"④。可知，《上海妇女》终刊于第4卷第4期，后以《妇女知识丛刊》的形式再现。

2. 如何模糊

模糊的方式很多，如何模糊才能让读者明白又不被当局羁押？并非"白底红心"或表面虚假而深层真实可以完全涵盖。对女刊传统框架的调用，包括书写妇女生活群像、以追忆言说立场、借文艺述评之口表达等。在一致性的框架中填充不一致的内容，以提供一种特别丰富而微妙的场景。

---

① 蒋逸霄：《本刊出版一周年》，《上海妇女》1939年第12期。
② 远烟：《刊物与群众》，《上海妇女》1940年第4期。
③ 张克明辑：《抗日战争时期国民党政府查禁书刊目录》二，载《出版史料第5辑》，学林出版社1986年版，第83、91页。
④ 代琇、庄辛：《柯灵纪事》，学林出版社2004年版，第217页。

(1) 调用妇女生活群像"传统"

妇女生活群像的书写主要包括：家事的技术性教导以及各地妇女生活实录。篇幅占刊物整体的 1/3 以上。这类是妇女报刊的常规内容，可视为"传统"。但这种传统是可以被重新创造的，并不断被创造着。毕竟在"传统"社会，生活也并非永恒不变的。

受先入为主的观念，家事被认为鸡毛蒜皮，难登大雅之堂，似与公共生产相隔离，但并不隔绝。隔离，因其主要在家内空间完成，且是一种妇女间的内部的具有明显"传统"的事务。譬如家务劳动、抚育后代等。当然，其贡献可能存在物质性的，譬如女红，可用于赚钱或作为嫁妆交换，但更多的是社会性或道德意义上的职责。不隔绝，因其界限并不固定且不是不可渗透的。早在 1712 年，蓝鼎元在其编撰的《女学》序言中就表明了一种典型观点："齐家之道当自妇人始"，妇女掌握的使家庭秩序得以维持的技艺和当时国家的政治秩序相统一。这种观点经由妇女报刊始终传承，《上海妇女》自然也不例外，妇职、母职从未离场。据时人统计，"上海妇女除指示妇女以外，还做了指导孩子的工作，更尽了指导做母亲教养子女的责任。我翻了一次从第一期到第二十三期（二卷十一期）的内容，做了一个小统计：讨论儿童教养的文字共二十九篇，共三十六页，以一六八〇字计算，共计六〇四八〇字。讨论男女问题的文字，共十三篇，共十六页"[①]。

各地妇女生活实录是孤岛女性了解外界与对外自述的渠道。对孤岛女刊而言，实属难得。战时交通梗阻、邮递全面管控、通信常被没收。如编委自述："虽则发信请各地的朋友们，为我们多写一点内地的通讯，但寄来的信件是非常之少。"[②] "接到白薇，秦秋谷，红叶，吴蓝女士等的战地或后方的通信，都是设法托人带到上海后

---

① 张宗麟：《从小的一点祝上海妇女一周年》，《上海妇女》1939 年第 2 卷第 12 期。

② 《编后记》，《上海妇女》1938 年第 9 期。

再投送到本社的。"① 这些通信本身讲述的妇女的生活，并不提及敏感词汇，具有一定的模糊性。譬如《到延安去》的通信，描述的是在延安的日常：

> 至于我们的生活，虽不像在家里那样舒适，但一般讲来，还很安逸，吃的是小米或面粉——制成馍，即上海的山东馒头，或面条，每星期约吃一二顿肉，住的是窑洞，在山腰里，空气清新，日光也相当的调和，并不要上海那样白天还要开着电灯，我们整天的要爬山……蔚！在这里，她会给你生命的活力，你所要讲的，要做的，尽你去干。这里没有一点大都市的气息，更没有大都市里的罪恶。②

与之类似的《迈进中的南昌妇女》（第1卷第11期）、《内地妇女生活·失陷后的通州妇女》（第2卷第2期）、《苏北妇女的新姿态》（第3卷第3期）、《粤东的农村妇女·广东通讯》（第3卷第10期）、《江西妇女工作的一瞥·江西通讯》（第3卷第11期）等。

与之形成对比的是，对孤岛上海和日本妇女生活的描述。譬如《两个难妇访问记》中细节化地展示了平民妇女从家内出逃到家外躲避的情景：

> 起初，我们总以为也像"一·二八"那时候一样，打了几时，就会平靖（静）下去的，大场这地方，或者不要紧；因此，八月十三日开仗以后，我们就没有想到逃。飞机来的时候，就到河浜或田角里去躲藏，等飞过了再出来。那（哪）知到八月二十五，大场就吃紧了起来，飞机镇（整）日不断地在头上转，炸弹接二连三地向下丢。真悲惨哪，全镇的房屋没有遭火烧的，

---

① 蒋逸霄：《二年来的上海妇女》，《上海妇女》1940年第4期。
② 萍·蔚华：《到延安去（通讯）》，《上海妇女》1939年第6期。

十间里不知有没有一两间。记得很清楚,隔壁人家的阿德嫂,那天早上,收拾了衣被,带着孩子,正要走出门奔到田角落里去躲避,一颗大炸弹,恰好掉在她近旁,房子顿时着火烧起来,她呢,被炸的粉碎,连尸身都寻不到。我藏在田角里,只听见全镇男女老少的号(嚎)哭声,以及东面战地上传来的枪炮声。心跳得真像要从喉咙里蹦出来一样;饭又不能烧来吃;又惊怖,又挨饿,苦头吃得真足够!①

上述既可视为妇女间的回忆倾诉,更多的是通向外部的通道,揭露战争的残酷和无情。"上海的姊妹们苦闷,在刺刀下跳舞"②,底层民众的生存更艰难。据《新华日报》载:失业的女工,生活更苦,特别是在敌人占领区,例如上海,10万女工失业,饥饿地站在街头,敌人曾欺骗她们去进工厂,而部分女工还是不甘心去替日寇工作。可是,生活迫得她们一天天走向死路。③但当时上海的报刊鲜少关注。"沦陷区内,妇女在各方面受祸最惨最烈,尚有几分言论自由的上海租界,她亦遭到摒弃。"④而日本妇女陷入了更深的绝望:"实际上日本的妇女大众,已经被她们军阀葬入了苦痛的深渊。战争以来,百业萧条,妇女最好的职业地盘,如纺织之类,则以缺乏棉花而停业;如侍女、店员之类,则因取缔消费或营业清淡而解雇。她们的父兄丈夫都做了沙场的冷骨,父母子女的供养完全落在她们的两肩。"⑤这种强烈的对比,是一种立场的鲜明阐释,但编者往往将其置于不同期,以此来规避风险。恰如编者自述:近来,上海出版界所遭遇的厄运,想聪明的读者们,一定能明白了解,为着要保护已经抚育了一岁多的婴孩的生命,尽可能地延续下去,在艰难困

---

① 青竹:《两个难妇访问记》,《上海妇女》1938年第3期。
② 夏莹:《一九三八年的上海妇女运动》,《上海妇女》1939年第6期。
③ 《我们对于战时妇女工作的意见》,《新华日报》1938年6月7日,第49页。
④ 碧瑶:《一年来上海妇女读物总检讨》,《上海妇女》1939年第6期。
⑤ 青纱帐:《读妇人公论九月号后》,《上海妇女》1938年第11期。

苦中，这还得小心谨慎。这种苦衷，希望爱护本刊的读者，能予以同情与谅解。① 当然，随着战事的变化以及审查的越发严苛，涉及陕甘宁地区的妇女生活也难逃被查禁。

（2）"借古言今"以追忆言说

报刊是唤起追忆活动的媒介。而纪念文、女性传记等过去记忆的定期复活，多是因为过去于现在而言具有特殊的价值。这种价值，绝不仅仅是纸面文字对人情感的唤醒，更会作用于纸面之外，集结新的群体或动员群体社会活动，以"共同"抵制"异类"。

据笔者统计，《上海妇女》的各类纪念及纪念日文共 85 篇左右，涉及"三八""五一""五九""七七""八一三""九一八""双十""一·二八"等。譬如一卷十期正逢"九一八"，《上海妇女》以"血缘"为纽带，刊发题为"未清的血债"的文章以纪念"九一八"："经了十年的奇耻大辱，对方的压迫日见积极，我国民族意识抬头了。不甘于坐而待亡，则陈涉之徒也将揭竿而起。""如果没有九一八以后的屈服，民众的义愤还可以稍微减轻。但是这不抵抗的火，燃烧了每一个中华国民，于是而有十九路军自动抗拒，予侵界者以迎头痛击。"② 与此相呼应的现实是：租界内各机关、团体、工厂、学校、商店、游艺场以及许多居民都自主悬挂起国旗以纪念。这一行为招致了日伪更严厉的管制。1939 年，市警察局连续发布《关于"一·二八"戒备情形呈及市府指令》（1939 年 1 月）、《关于报告五月份纪念日戒备办法呈及市府指令》（1939 年 4—5 月）、《报送各分局所筹备"八一三"戒备办法有关文件》（1938 年 8 月）等严密监控纪念活动。③ 除了一系列限制纪念（追忆）活动的禁制令，甚至在法租界制造 7 起杀人案，还公然恐吓："此乃抗日结果，

---

① 《编后语》，《上海妇女》1940 年第 5 期。
② 晓霞：《未清的血债》，《上海妇女》1938 年第 10 期。
③ 上海档案馆编：《日本侵略上海史料汇编》中，上海人民出版社 2015 年版，第 110—114 页。

凡属抗日分子，当知有所警惕。"① 但这一管制也恰恰证明了纪念活动、集体回忆情境的创制在介入和强化集体记忆以及巩固群体认同上的重要性，以及对于爱国的正性情感的凝聚之力。毕竟，情感是任何成功的社会运动中最关键的资源之一。② 但在刊物呈现的时候，重组乃至重新创造表述都是规避查禁风险的方式。譬如，以难以直接联想到的代指，如《未清的血债》，以妇女为视角展开的历史叙述，如《五一与妇女》《五四运动与妇女》《五卅与妇女》《八一三与妇女》等。种种伪装，都是为了纪念的不缺席，共同身份的捍卫，表达国的神圣不可侵犯。

女性传记"旧瓶装新酒"由来已久，且在妇女报刊中长盛不衰。无论是编者或作者都放大了女性传记的道德目标，将其作为教育的工具，以实现特定的政治目标。尤其，在不断变换的地缘政治的现实中所催生的再创造，不仅糅合中国已有的典范，还会将西方模式加进来。譬如，《太平天国的妇女》（第1卷第3期）、《德国女间谍安娜玛丽》（第1卷第3期）、《苏联内战中的女骑兵》（第1卷第7期）、《欧战时的女间谍》（第1卷第11期）、《百年来的中国妇女》（第2卷第1、2期）、《列宁夫人印象记》（第2卷第10期）、《苏联新任女航空官》（第3卷第2期）等，都是为时局所选择诠释和再创造的性别典范，将女性主体活动领域引向社会和国家。典范选取的不同在于，对战时本国及苏联女性的选择，以正面且具突破性（女任男职）形象为典型；而德国、欧战中的女性都是反叛者的形象。毋庸置疑，这些典范都是从世俗生活中脱离而被理想化为共同守护正义的英雄，承担着史无前例的政治角色。但无论如何，这些典范都与孤岛现实存在着时间与空间的距离。正是这种距离感的存在使其不具备直接模仿可能而得以在内容审查中通过。

---

① 《沪二次发现人头案》，《申报》1938年2月12日。
② ［美］乔纳森·H. 特纳：《人类情感——社会学的理论》，孙俊才、文军译，东方出版社2009年版，第172页。

(3) 以文艺述评之口表达

《上海妇女》原是以家庭妇女为主要对象，后经调查发现拟想读者对象与实际对象不一致。"后来经我们对于读者做了一次调查。结果发现，购买或长期定本刊的读者，大中学生占了十分之七，银行或机关团体的女职员占十分之二，家庭妇女只有十分之一。因此，从第五期起，便决意把家事顾问一栏取消，而添了关露女士的长篇创作新旧时代，以及其他文艺作品。"① 值得关注的并不是女刊为迎合读者而登载文艺作品，而是以文艺作品为幌子，行宣传之实。

譬如在世界名著的评介中，刻意选择域外人士赛珍珠的《评爱国者》，这部现代作品的故事恰好发生在上海，从1927年大革命浪潮起，至抗战序幕揭发后止。许多情节都与《西行漫记》相似。譬如作品主角恩兰的发音和周恩来的名字相同，牡丹嫁给恩兰后，在长征中生了孩子，送给乡妇领养等事，又吻合着《西行漫记》中长征的一段，等等。《为什么要长期抗战》一文则以书信的口吻，介绍毛泽东的《论持久战》，同时介绍现在的抗战局势。另外，在《课外阅读书目》（第1卷第12期）、《文学研究书目》（第1卷第12期）、《关于书目的补充》（第2卷第1期）、《哲学出版研究书目》（第2卷第2期）、《经济学初步书目》（第2卷第6期）等中还藏列有当时的不少"禁书"。譬如，《日本大陆政策的真面目》《日本的大悲剧》等。

除了对文艺作品述评外，还借访问作者之口，表达立场。譬如《史诺夫人访问记》中，邀请美国记者斯诺的夫人谈中国抗战："夫人对中国的抗战前途，如何估计？从正义人道与野蛮横暴这两点来看，胜败的前途是很明显的。不过为中国着想，有二点是非常值得注意的：第一是在抗战中军队的力量已发挥得够充分，但民众动员，似尚不够，应该在战事未爆发的区域内，就组织民众，动员民众，方能与军事力量配合起来，使抗战前途更有把握。第二是所谓'经济国防'，非常切要，所以生产合作事业，非提倡不可，因为它可以

---

① 碧瑶：《一年来上海妇女读物总检讨》，《上海妇女》1939年第6期。

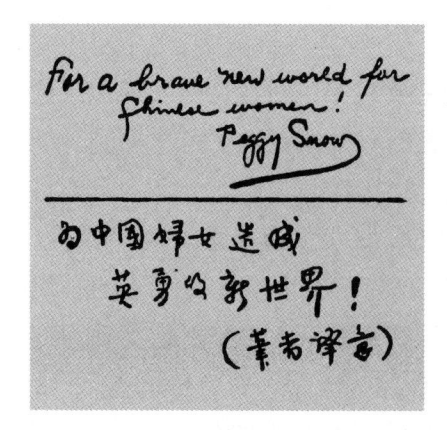

For a brave new world for
Chinese women!
Peggy Snow

为中国妇女迎战
英勇的新世界！
（董书译言）

图 5-2 斯诺夫人题词

从物质上帮助军队，给军队以实力，我们似可名之为'工业的游击战'。此种生产合作事业，妇女尤应当单独经营，后方不是有许多熟练女工，正流落在难民收容所里面吗？把她们迁移到内地，建立小规模的工厂，并不需要很大的资本；而且沿海各地的小型机件，也当搬到内地，使女工们制造军衣及日用品，是非常切要的。"①

通过"他者"之口言本国战事，规避"政治主义"的色彩的同时，也促使国人在与其他群体相遇时强烈地意识到"他者"并相应地认识到自己的群体——经由印刷媒体连接实现对共同命运的想象。

《上海妇女》虽然只有短短两年的生命，并且两年中还曾脱刊、自动停刊3个月，但依然是孤岛时期上海妇女报刊中影响力最大、发行时间最久、"同类刊物中读者最多"②的。据董竹君回忆："当时的南京汪精卫政府和重庆国民党政府，千方百计都要收买这份杂志，我都婉言坚决拒绝。处于恶劣的环境下，大家支持着，斗争着。"③不独是南京汪精卫政府和重庆国民党政府看重这份刊物的影响力，共产党主办的《妇女生活》对这份坚守在上海的姊妹刊物《上海妇女》也抱有极高的评价："《上海妇女》有它的许多光辉的特色，它的存在，有其重大的意义和责任，它是妇女抗战的一支主力军。"当时在上海的妇女亦称其为："她是我们的指南针，同时又可以说是我们的生命线。"④

---

① 《史诺夫人访问记》，《上海妇女》1938年第5期。
② 杨真：《一年来的上海出版界》，《译报周刊》第1卷第12、13期合刊，第312页。
③ 董竹君：《我的一个世纪》，生活·读书·新知三联书店2008年版，第205页。
④ 刘秋星：《我对于上海妇女的希望》，《上海妇女》1939年第12期。

二 身份暧昧、地位尴尬的妇女报刊——《女声》(1942)

《女声》月刊,创刊于1942年5月,停刊于1945年7月,共出4卷38期。由太平印刷出版公司印刷、发行。该刊初由左俊芝(即佐藤俊子,58岁日本女作家)任主编,后因佐藤俊子故世,改由关露(《上海妇女》编委,中共地下党员)任主编,以"贡献出许多的不同的声音,使我国妇女界得到真正的崇高地位"为宗旨,内容涉及修养、卫生、家庭、育儿等实用常识以及文艺、问答栏目等。该刊是日军全面占领上海后唯一获得刊行许可的妇女报刊,发行量一度高达1万份。

(一)《女声》的日本军方背景

1941年12月太平洋战争爆发,最后的"孤岛"也消失了,日军进驻上海租界并占领英美资产,包括新闻出版印刷机构。在严酷的政治环境下,进步作家和文化人或纷纷内移或封笔,上海呈现"出版荒"和"作家荒",出版界一片萧条。1942年,《女声》作为上海唯一的妇女报刊创刊,由名取洋之助负责的太平印刷出版公司编辑、印刷及发行。

太平印刷出版公司,原由英国人经营(音译名:密林顿出版公司),被日军报道部接管后,才改名"太平洋"。该公司社长名取洋之助也由日本军方委任。名取洋之助,之所以会被委任,大约有两大原因:其一,他的理念与日军一致。早在1937年,他就主张日本在中支派遣军战时应表现出中日亲善的氛围,通过加强宣传攻势,以反驳蒋介石方面的反日宣传。[①] 后因此任中支派遣军报道部负责人之一。其二,具备办刊的经验并主动与日本军部合作。名取洋之助具备德国留学背景,早年在德国通信社工作。1938—1940年受日军委托,相继编辑出版不定期的英文图文杂志 *Shanghai*(上海)、

---

① 徐静波:《近代日本文化人与上海(1923—1946)》,上海人民出版社2017年版,第210页。

Canton（广东）月刊、《南支派遣军》等，并以上海为基地设立"国际报道工艺中华总局"与日本军部主动合作，日本陆军报道部长马渊逸雄在《东亚之解放》中指出："现在在上海，差不多也是相互紧密合作……若报道部需要摄影人员时，名取君就无条件地向报道部提供全部或一部分的人员。"①

1941年名取洋之助依托太平出版印刷公司原有的十台英国产印刷机，以及七百余卷可供印刷的白报纸（注：纸张在当时是短缺资源）等物资，开始策划面向妇女、儿童、知识分子出版各类读物，使太平出版印刷公司成为真正意义的出版社。但名取洋之助在中国的人脉不广，便邀他的学长——在仕途上颇为得志的南京宣传部专门委员——草野心平为太平出版印刷公司顾问，为他们出谋划策招揽人才。1942年春，草野心平将初到南京的日本作家佐藤俊子介绍给名取洋之助，以助其创办妇女报刊。经过名取洋之助与佐藤俊子等两个月的筹备，1942年5月15日太平出版印刷公司的中文妇女刊物《女声》于上海面世，由日本军方供应资金、纸张等物资。

（二）佐藤俊子与《女声》的创刊与独立

佐藤俊子，以"左俊芝"这一中文名担任《女声》主编时，已58岁，在应允名取洋之助成为《女声》主编后为耳闻目见的上海妇女的实际生活所触动，"中国的妇女痛苦得很。因为她们的知识太浅。我们应该多多帮助她们"②。并由此确立了《女声》的刊名、办刊宗旨和立场：

女声两字做我们刊物的一个名字……含有三大含义：（一）乃妇女呼声，（二）为妇女而声，（三）由妇女发声。为要达到这三个意义的目的，所以我们尽量介绍有益妇女的文字，更兼

---

① ［日］马渊逸雄：《东亚之解放》，宣传部1941年版。
② 佐藤俊子：《知識層の婦人に望む　日支婦人の真の親和》，《婦人公論》1939年3月号，第282—283页。

极力搜求妇女所写的作品。但为增加妇女阅读的兴趣，除一两篇比较严肃的问题，用庄严端谨的笔调外，一概取轻松，风趣，浅显，悠闲为作法的标准，使我们女同胞读了"女声"常常听到的时常发出的都是"笑声"……《女声》的宗旨是要以"兴趣"来引起读者注意。①

初到中国，佐藤俊子的文法句辞和表述方式与中国本土略有不同，但从中可见佐藤俊子的出版初衷更倾向于文化性女性杂志，而非政治宣传。这与佐藤俊子多年的跨国生活体验对于女性的关注有莫大的关系。

佐藤俊子，1884年生于日本一米商家庭，18岁时入日本女子大学国文科求学，次年拜师小说家幸田露伴。20岁时，因征文《绝望》获头奖而声名鹊起。但她却弃笔做起了舞台剧演员。1909年加入著名的女性解放运动"青鞜社"，从此与女性主义结下了缘分。1911—1917年，她在日本，以每年一篇名作的速度接连发表《生血》《木乃伊的口红》《炮烙之刑》等，被日本文坛认可。1918年，移居加拿大，受情人铃木悦（前朝日新闻社社会部记者）的影响，开始倾向于社会主义，出任当地工会组织的妇女部长并主持报刊，思考国际性的种族歧视问题。此后，她陆陆续续在当地报刊如《新世界新闻》上发表妇女问题的署名文章，成为一名世界主义者。1936年3月底回日本，与无产阶级女作家密切交往，并以国际视野观察日本妇女生活，发表《对日本妇女运动的考察》等文章。1941年她以中央特派员的身份前往中国进行考察体验，以期写成一部长篇小说，复归日本文坛，因缘际会下成了《女声》的主编，发出"贡献出许多的不同的声音，使我国妇女界得到真正的崇高地位"的呼声，让她的思想呈现出世界主义情怀。

《女声》出版五期后，太平出版印刷公司的日本军部背景开始发

---

① 《我们的第一声》，《女声》1942年第1卷第1期。

挥影响,《女声》增加"国际新闻"栏目,为日军助威,以保证日本军部持续配给纸张和出版资助等。在当时,《女声》开始背负"不三不四的出身,使中国人侧目相看、敬而远之"① 的不良影响,与佐藤俊子的初衷相左。

1942 年年末佐藤俊子开始策划《女声》的独立。1943 年,趁着太平出版印刷公司搬家,佐藤俊子提出了《女声》独立的设想。名取洋之助一方面不愿放弃《女声》,另一方面又碍于佐藤俊子的名望,不得不让步,让《女声》编辑室独立,发行所仍归太平印刷出版公司所有。1943 年 2 月起,即《女声》第 1 卷第 10 期的版权页上,编辑部地址由太平印刷出版公司所在的香港路 117 号,更替为上海爱多亚路 160 号,宣告《女声》编辑部独立的开始。1944 年日本败局已现,军方对于出版的资助减少,《长江画报》《新少年》等相继停刊。《女声》的发行权终归编辑部所有,进入自力更生阶段。

佐藤俊子的这一行为,为一部分日本人所嘲讽,认为她是"过时了的,但从不肯认输的女作家"②。而在当时编辑室的同人看来,佐藤俊子却是个真心为《女声》付出且真诚对待编辑同人的主编,"《女声》的经济情况一直很紧张,很困难……有时候,佐藤俊子觉得大家生活很辛苦,就请我们出去吃饭。她对中国人是很友好的,对大家生活上也很照顾。很关心大家的生活"。她本人在中国的生活,也并非想象中的宽裕,实际非常拮据,"在《女声》工作期间,她所穿的衣服其实来回就是那几套"。她在上海病故后,同为日本作家的草野新平如是描述她的生存环境:"她住在四楼,楼内没有电梯,昏暗的楼梯上结满了蜘蛛网,随处可见斑斑痰迹和纸屑,想起年过六旬的老太太每天要攀登这样高的楼梯,一个人独自做饭的情景,我心情再次黯然了。"③ 日本战败后,她大可让《女声》停刊回国,但她却四处奔

---

① 梅娘:《两个女人和一份妇女杂志》,《外国文艺》2000 年第 3 期。
② [日]武田泰淳:《上海の燊》,中央公论社 1976 年版,第 159 页。
③ 涂晓华:《上海沦陷时期〈女声〉杂志研究》,中国传媒大学出版社 2014 年版,第 223、238 页。

波，筹措资金，始终坚持《女声》的出版。关露曾在《我和佐藤俊子女士》一文中如是描述她在中国的状态："她常常和我一起走在街上；看见一群肮脏的流浪孩子，她却在他们的脸上发现了天真和纯洁，她望着他们，笑一笑。孩子走过去了，她又回过头，笑一笑，像一位母亲。"①佐藤俊子的一生不安于现状，在不同的地域、领域中不断取舍选择，最终以世界主义情怀和女性主义思想完成了《女声》的主编任务，扎根在了她认为最需要解救的中国妇女身边，践行着"女子活在世上最重要的意义，是做一个人，一个有独立意志和独立人格的人"。并在此艰难地度过了人生最后的七年。

（三）《女声》复杂的言论空间

《女声》作为"孤岛"时期激烈政治斗争中唯一获得刊行许可的妇女报刊，一方面吸引了各阶层女性的关注，如教师、艺人、女工、学生甚至舞女；另一方面则成为多方势力争夺渗透的舆论平台。既有日本军方势力以"国际新闻"等栏目进行舆论宣传，日本文人村尾绚子、小宫义孝和落水文人周作人、陶晶孙等以特约作者的身份参与撰稿，又有共产党势力关露以潜伏形式参与编辑部工作、丁景唐等上海地下工作者和进步青年以投稿者身份参与，当然还有潘予且、柳雨声、鲁逢等一众海派知名作者以及普通投稿人。

据丁景唐回忆："1942—1945年8月，在日军全部占领上海后的沦陷期间……我们不能办刊物……（就）楔入敌人的宣传阵地……为了试探情况，我让党员中文艺修养、写作技巧较好的女同志——钟恕（此前在学生刊物《海沫》上发表长篇小说，在《万象》上发表短篇小说）先将《紫色的恋》（小说）署名'微萍'向《女声》投稿。不久就刊出了。以后我也借重她的笔名写小说、散文去投稿，也都刊用。"②在《女声》的三位编辑（关露、凌大荣、赵蕴华③）

---

① 关露：《我和佐藤俊子女士》，《女声》1945年第1期。
② 丁景唐：《关于关露同志与〈女声〉》，《犹恋风流纸墨香——六十年文集》，上海文艺出版社2004年版，第513页。
③ 凌大荣，毕业于复旦大学社会学系，以方媚的笔名撰写。

中，负责文艺的恰好就是中共地下党员关露。她对文艺的观点与中共党组织的文艺战线是一致的，在她看来："解决一种社会问题，就得有一种工具，而文艺是在许多解决社会问题的工具里一种很好的工具；因为它能从许多社会的现实里抓着问题的尖端，它能告诉人们社会的丑恶与光明，也能指示人们的出路。"① 当时的日伪政府，在上海开展的也是文艺路线，力图以文艺的活跃来显示上海文化的继续繁荣以掩盖侵略行径下的民不聊生，所以在文艺政策上，非常鼓励文艺创作。随着《女声》的不断刊行，文艺的篇幅和比重也日益扩张，关露在《女声》的地位也相应抬高。1945 年 4 月，佐藤俊子因脑溢血过世后，《女声》便由关露主持。

  关露在 20 世纪 30 年代曾是十分活跃的左翼诗人，后被上海地下组织秘密派遣潜伏于《女声》编辑部，但当时对于此事知道的人极少，即使是上海文化总支部书记姜椿芳对此也一无所知，对关露的态度也是日益疏远，"关露转到'汉奸'文化圈里，我就和她没有往来了"②。上海文化圈中自由文人，如《天地》（与《女声》同期出版）主编苏青对于关露的看法则是相当刻薄，关露"看去大约也有三十多岁了，谈吐很爱学交际花派头……只可惜鼻子（整容）做得稀奇古怪"③。或许也正是因为上海文化圈中对关露形象所持的负面态度，保全了关露的共产党身份，让她得以以《女声》为平台，开展中国共产党对于妇女解放的意识启蒙。据不完全统计，关露以芳君、兰、芳、林荫、梦茵等笔名在《女声》中发表了近 130 多篇文章，探究社会存在的妇女问题，思考女性命运与价值，鼓励女性自立人格独立，对于民族、国家、大众等话语以相对隐匿的方式呈现在小说等文艺体裁中加以表达，以警醒当时上海的普通妇女。

---

  ① 芳君：《从关于女性的文艺讲到妇女》，《女声》1943 年第 12 期。
  ② 萧阳：《关露在"孤岛"》，《上海"孤岛"文学回忆录》下，中国社会科学出版社 1985 年版，第 264 页。
  ③ 苏青：《结婚十年正续》，上海书店出版社 1989 年版，第 80 页。

(四)《女声》图文编排表达隐含性别—政治寓意

《女声》自创刊起,即表明《女声》"乃妇女呼声""为妇女而声""由妇女发声",因而其内容栏目编排基本就围绕这"三声"而设,强调女性的立场,并以"读者发生兴趣为前提,没有'老师宿儒'的论调"为风格。这种立场的设计,在很大程度上规避了政治的风险,但实际却隐含着性别—政治的双重寓意。

1. 封面及其变革背后的政治寓意

《女声》的封面,不同于时尚画报以摩登女性照片作为封面的做法,而是采用日本版画大师以及女画家吴青霞、周炼霞、陈小翠的绘画作品,如图5-3所示。

第1卷第2期封面	第1卷第4期封面	第2卷第5期封面
第3卷第3期封面	第3卷第8期封面	第4卷第2期封面

图5-3 《女声》封面

这些作品可分为三类：第一类关于中国传统女性故事的仕女画（如图 5-3 所示），出现在第 1 卷第 1 期至第 2 卷第 4 期。这些仕女画封面色彩柔和，把传统女性的柔美与温婉表现得淋漓尽致。《女声》以传统女性作为封面，实际与《女声》"乃妇女呼声、为妇女而声、由妇女发声"的含义是矛盾的，中国传统的女性的标准是"不苟言，不苟笑，内言不出，外言不入"，也就是不发声，贞静。在这里使用这些"沉默女性"表达"女性发声"，除了以主编为日本人，不懂其中渊源来解释外，唯一可做解释的便是这些都是女性的作品，由作品代表女性发声。

第二类以中国风景建筑木刻作品为封面，出现在第 2 卷第 5 期至第 3 卷第 7 期。这些作品主要由日本木刻名家山岸主计所绘。木刻是一种新兴艺术，在 20 世纪 40 年代却因鲁迅的领导奠定了艺坛的坚固基础——木刻艺术被认为是"划过了黑暗的长夜"。《女声》以日本名家彩色木刻版画为封面，未必如一些后殖民主义研究者所认为的，会形成一种强势文化统治与弱势文化抵抗的紧张关系。[①] 恰恰相反的是，《女声》对于日本木刻画的推介正处于《女声》要求独立的时刻，此时出现恰恰是自我与他者不断消除对立性、互为吸纳、改造并获得整合、统一的过程。恰如中共地下党员顾艺莘眼中，对于日本名家木刻作品的欣赏以及优点的采摘，"有助于创造一种新的木刻风格，为中国版画界放一异彩"[②]。从《女声》为女性办刊的宗旨至要求独立于日本军方的要求和实践，都说明了《女声》正试图打破殖民—被殖民的对立关系，建立起一个供女性言说独立于政治的中间地带。

第三类以中国典型的花鸟水彩画为封面，出现在第 3 卷第 8 期至终刊。这些作品主要是中国女画家吴青霞作品。1944 年 12 月第 3

---

① 蒋萍：《后殖民主义文化理论研究》，博士学位论文，中南财经政法大学，2018 年。

② 顾艺莘：《山岸画伯木刻观后》，《女声》1943 年第 5 期。

卷第 8 期的《旭日鲤鱼》封面，是封面第二次改革的标志。《女声》之《先声》以所有篇幅详细阐释了《旭日鲤鱼》封面画背后中国神话故事"鲤鱼跳龙门"的故事，"要想达到成功之门，就要如鲤鱼努力逆流而上，努力跋涉长途，努力——最后的努力，跳出龙门，然后转成为龙"①。1944 年 12 月，日本败局已现，却依然对中国发起着最后的疯狂战役，《女声》此时以《旭日鲤鱼》作封面内涵丰富，表面上似为日本鼓劲，但更深层次上以中国神话和旭日东升为寓，实际是对战争结束后和平曙光的期许。毕竟，此时《女声》的日籍主编佐藤俊子已经病重，刊物实际由中共地下党员关露主持。她作为中共地下党员，以钟爱花鸟自然的小资产阶级知识女性的面貌参与《女声》，以与其身份标识相符的吴青霞女士的中国花鸟图作品为封面，似乎表达着个人喜好，实际却是要表达对男性中心主义异国统治的反抗。其作为正如钱理群在《"言"与"不言"之间》里引用东北沦陷区作家的文章"在'风月'和'政治'之外，谈一点适合于永久人性的东西"。

2. 琐碎日常中的生存与人性

《女声》在栏目设置上，以"轻松，风趣，浅显，悠闲"为标准兼具"严肃"设有十大基本栏目，分别是"世界知识、娱乐、所见所闻、文艺、戏剧与电影、中外女杰、漫画、美容、新装、随想"，另按篇幅，相应添加"评论、修养、职业、家政、卫生、日语"等知识类的作品。② 第 5 期后，增加"国际新闻"栏目。此后，随社会环境和读者偏好的变化，相应增加和删减栏目，并设置"先声""余声""征文""信箱"吸引读者注意，开辟读者发言通道，搭建读者编者的互通桥梁。

《女声》在内容导向上呈现三大方向：其一，应对战时环境，鼓励女性认清自身境遇。（1）提供女性地位的参照，选编历史及

---

① 《先声》，《女声》1944 年第 8 期。
② 《先声》，《女声》1942 年第 2 期。

当下不同地域、不同文化、不同阶层妇女的生活，让女性认识到在其社会中的处境。例如关露在《收回租界与上海妇女》一文中描述当时上海女性身处黑暗的地狱："上层的妇女由于肉欲的引诱，用刺激神经去遭受灵魂的堕落；下层妇女由于物质生活的压迫，用出卖肉体去遭受身体的堕落。"① 再如《舟山群岛的渔盐农妇们》《黟县的妇女生活》《万山丛中的昌化妇女》《嘉兴妇女》《南洋新福州的妇女》，展现了劳动妇女深受经济的压迫、旧礼教不良家庭制度的束缚、虚伪道德的权威绑架、过着"只有男子地位，没有妇女地位"的生活。(2)对职业妇女进行采访，以此鼓励女性谋求经济和人格的独立。《女声》特辟"妇女与职业"栏目，向知识阶层的著名女士约稿或上门采访，介绍活跃在社会各阶层的职业女性，如《女声》封面作者（画家）、《吴青霞女士之画房》《大众医生沈骥女士》《第二次大战声中的欧洲女杰》《上海的女警》以及唐若青、夏霞、陆露明等女艺人等。(3)让读者提问，直面妇女生存真相和境遇，帮助解决"实际而迫切"的疑难和困惑。大致可分为：婚姻、情感困惑，女性职业、求学与出路，以及生活问题。值得注意的是，在以"信箱"为主体的沟通管道中，不独有女性声音，男性的寻求帮助的声音在后期也渐渐出现。《女声》倾听读者的各种声音，使每个读者"都有机会发表言论和意见"，尤其是战争时期社会最底层妇女的痛苦呻吟，让她们感到精神的支撑，在"当今沪上女子刊物贫乏的现在，使女子任何一方面得到声援"②。

其二，女性知识启蒙。这一方向与前期妇女报刊相仿，主要围绕婚恋嫁娶、科学新知、育儿家政、卫生健康等家庭实用知识，如《急性胃炎与霍乱》《怎样实施性教育》《儿童留级的问题》《怎样教养现代的中国儿童》等，本书于此不再赘述。《女声》较特别之处

---

① 芳君：《收回租界与上海妇女》，《女声》1943年第4期。
② 《信箱》，《女声》1944年第8期。

在于，以图画的形式直观地表达对于健康家庭关系的倡导，一如，知名漫画家丁悚的系列漫画（图5-4）以讽刺的方式劝导为母为女者建立正面的形象。

|  《上海母亲》，《女声》第1卷第6期 |  《如履薄冰》，《女声》第1卷第5期 |  《努力剪除》，《女声》第1卷第8期 |

图5-4 《女声》中丁悚创作的系列讽刺画

另如中共地下工作者顾艺莘的《母与子》木刻系列作品（图5-5）反映底层女性的真实生活。

|  《街头职业》，《女声》第2卷第6期 |  《归来》，《女声》第2卷第8期 |  《社会害，社会害？》，《女声》第2卷第7期 |

图5-5 《女声》中顾艺莘《母与子》木刻系列作品

家庭是女性的重要生活场域，但不是唯一的场域，对于女性解放起实质作用的，应当是减轻女性的家庭工作，发挥其社会服务意识。《女声》以文字、图画等丰富形式，为不同地域、不同文化之下的女性建立起共同探讨和寻求问题解决的空间。

其三，以文艺丰富妇女生活，唤醒女性意识觉醒。文艺的体裁多样，有小说、诗歌、散文、传记等，另有影评、剧评等，以此形式"告诉人们社会的丑恶与光明，指示人们的出路"①。《女声》于此展现出格外强烈的女性本位的立场，一方面体现在为历史上的女性翻案，重新评价，如在《中国的女圣人曹大家》中，将曹大家（班昭）视为"女性的罪人"，作者认为班昭的《女诫》是最具有男权思想的文字，"那些压抑女性的思想与教条，便像又粗又长的铁链，捆在女人身上，造下好几千年来的女性生活黑暗与凄凉"②。又如《潘金莲与"武松杀嫂"》中将潘金莲的行为视为"'人'的欲望、'人'的要求、'人'的行为"，而武松则是非正义的"报私仇"③。再如话剧《香妃》的评论中，认可话剧导演改香妃作为"弱女子"形象，转而突出她的民族大义。另一方面，体现在鼓励妇女创作文艺作品，"坚强而勇敢的女性，是应该用自己的力量去冲破那些主观意识和客观势力的破旧范例，为自己筑起一条新的大路来"。用文学，以"生活与内心表现得深刻与明白"呈现真正的女性生活状态，真正达到"为妇女发声"的目的。④

（五）从依附到独立，《女声》所面临的经营困境

战争时期，社会混乱，日伪政府对于经济调控的不力，导致物价飞涨。身处日常生活附属领域的文化消费，受波及极大。定价作为刊物市场运营的表征之一，可为一觑。

---

① 芳君：《从关于女性的文艺讲到妇女》，《女声》1943年第12期。
② 芳君：《中国的女圣人曹大家》，《女声》1942年第2期。
③ 芳君：《潘金莲与"武松杀嫂"》，《女声》1944年第11期。
④ 芳君：《从关于女性的文艺讲到妇女》，《女声》1943年第12期。

表 5-1　　　　　　　　《女声》定价变化

卷期	第1卷第1期	第1卷第8期	第1卷第12期	第2卷第3期	第2卷第4期	第2卷第9期	第2卷第10期
年月	1942.5	1942.12	1943.4	1943.7	1943.8	1944.1	1944.2
定价	1元5角	2元	3元	5元	6元	10元	15元
卷期	第3卷第1期	第3卷第8期	第3卷第9期	第3卷第11期	第4卷第1期	第4卷第2期	
年月	1944.5	1944.12	1945.1	1945.3	1945.6	1945.7	
定价	20元	50元	70元	150元	1000元	2000元	

注：定价整理自《女声》第1卷第1期至第4卷第2期版权页。

从上表可见，在日伪统治下《女声》价格变动异常频繁、上涨速度极快。《女声》价格变化的频繁程度以及上涨幅度，实为报刊有史以来所罕见的。《女声》创办初期1942—1943年，价格基本维持在1—2元。之所以相对稳定，与《女声》的背景不无关系。《女声》在创刊初期，依托太平印刷出版公司的发行网络与印刷设备，并由日本军方保障纸张以及少量的商业广告，基本可维持正常运营。1943年起，上述便利提供的资源，已完全不足以应付材料人工费用的涨幅，为安抚读者，编者于"余声"栏目反复致歉读者，表达因纸贵而调价的无奈，如第2卷第2期："因为纸贵的关系，我们觉得出一个刊物很不容易的。然而为着爱护这件工作，总要努力下去。因此我们常常考虑到定价的问题。"再如第2卷第9期，编者又说道："知道读者的负担沉重，不愿再把一本刊物的负担多加一点在读者身上，本刊的卖价一直都是低得很。现在因纸张的昂贵，照原价再加数元，每期价为十元……"在当时，《女声》的定价确实属于偏低的，《女声》1943年12月的定价为6元，1944年1月的售价为10元，而同期上海杂志《天地》的定价已分别达10元和12元。

1944年，日军在太平洋战争中败局已现，太平印刷出版公司的多份刊物停刊，《女声》独立，与公司的关系仅剩下印刷一项，这就意味着《女声》必须自负盈亏。面对飞涨的物价，《女声》只得抬价数倍以维持运营。第3卷第7期零售价每册40元，佐藤俊子编辑的最后一期第 3 卷第 12 期零售价每册已涨到 150 元。1945 年关露时期的第 4 卷第 1 期更是飞涨到 1000 元，第 2 期 2000 元，令人咋舌。由此亦可窥见，沦陷时期因日军金融政策的失败致使上海生活无比艰困，《女声》为求独立生存也付出了巨大努力。

《女声》以日本军方背景创刊，历经独立的抗争以及共产党员关露的接管，逐步脱离了日本军方，在很长的历史时段内被视为日伪杂志。① 若抛开政治背景，仅从妇女报刊的角度来看，《女声》确实担负着以笔杆启蒙社会、批评社会的职责，替失语的女性喊出心声，培育新知识女性自主发声的意识和观念。在战争这一特殊时期，两位主编佐藤俊子和关露，分属交战两国，却开辟出了一个中日两国女性的跨国协商话语空间，共同建构着想象的共同体和历史记忆，其所发挥的精神引领被读者视为"女界的至宝""自由解放的先导者""新女性的福音"②。《女声》为女性从家庭走向社会，从传统走向现代，从国家主义走向世界主义提供了平台和舆论环境，为女性主体寻求生活意义和现代启蒙提供养料，让女性真正成为"一个有独立意志和独立人格的人"。在这一点上，《女声》确实在当时日军统治下"畸形万恶深渊的社会"里为妇女的实际生存以及妇女解放运动做出了自己的贡献。但是，《女声》所诞育而出的战争土壤和文化基础是罪恶的，是以两国民众的生命为代价的，这是必须也应该受到谴责的。

第三节　解放战争时期的上海妇女报刊

一　解放战争时期上海妇女报刊的概况

1945 年 8 月，抗日战争结束，但是由于国内战事不断，政府对金融的控制不力，上海人民的生活并没有多少好转，物价犹如脱缰的野

---

① 王伊蔚：《忆〈女声〉杂志》，上海市文史馆文史资料工作委员会编：《上海地方史资料》五，上海人民出版社 1986 年版，第 100 页。
② 《信箱》，《女声》1943 年第 8 期。

马不断上涨，各种对政府不满的声音在许多报刊流传。政府为了加强对社会舆论的控制，对各家报刊采取极为严厉的监管措施。国民党上海市政府不仅规定出版报纸、杂志必须申报批准，而且多次查封进步报刊，甚至拘捕从业人员。据不完全统计，在20世纪40年代后半期，国民党上海当局先后颁布政令封禁了一百多种报刊。[1]"中国前途灿烂，希望无穷"的期待瞬间即逝。解放战争，将上海出版业拖入风雨飘摇的惨境，胜利之后一度再现的生机几乎完全被扼杀。随着战事的蔓延与恶化，新闻出版业奄奄一息，濒临绝境。到1949年，上海新闻出版业"从整体上说，已到了山穷水尽、命若游丝的地步"[2]。

在这种情形下，上海多数妇女报刊也难逃创刊不久即停刊的命运，如《上海妇女》（月刊）于1945年10月创刊，次月停刊；《少女》（月刊）于1946年6月创刊，次月停刊；《前进妇女》（月刊）、《新女性》（月刊）、《女人》（月刊）、《民星》（月刊）等一期即停。发行时间较长的，多为基督教妇女报刊。如上海基督教女青年会编辑并发行的系列妇女报刊，《女光》（双月刊，1948.11—1949.12）、《女青》（1948.1—1949.9）以及徐学海主编《妇女》（月刊，1945.10—1949.7）。其中《妇女》发行时间最长影响最大，共4卷、52期。该刊作为基督教会刊物，旨在引领青年妇女对女青年会有更多的认识和了解，提出和检讨在缔建新的民主中国的过程中妇女所应该迫切了解和担负的责任，使妇女可以更迅速地获得解放。因此，载文主要发表有关妇女问题的论述，阐述妇女在生活、学习、社会建设中的作用和责任，也刊登有关恋爱、家庭、妇幼生活及情感、儿童教育等方面的文章。值得一提的是，该刊辟有"一月妇女"栏目，刊登了《一月妇女：川岛芳子死了吗?》《一月妇女：一个女孩的自杀》等报道女性新闻的文章，为掌握当时的

---

[1] 陈育生：《年轮——四十年代后半期的上海文学》，上海人民出版社2002年版，第3页。

[2] 周武：《从全国性到地方化：1945年至1956年上海出版业的变迁》，《史林》2006年第6期。

女性心理和生活状态提供了丰富的妇女史资料。

二 上海历时最长、发行量最大的妇女报刊——《女铎》

《女铎》（*The Woman's Messenger*）是中国首份基督教妇女报刊，"中国第一份由书局出版的中文妇女刊物"[①]，同时也是近代中国发行时间最长、发行量最大的妇女报刊。《女铎》创刊于1912年4月，终刊于1951年。以年为卷，月出一期，每期50页左右，1930年后一度增至150页左右。该刊先后由亮乐月、季理斐、刘美丽、薄玉珍担任主编。由广学会自主发行40年，行销百余万册，曾于1947年创造每期3000份的销量。[②] 在40年的发行过程中更名三次，初为《女铎报》，1926年更名为《女铎》，题注"家庭月刊"，1934年更名为《女铎月刊》至终刊，为便于研究论述，本书统一称作《女铎》。

（一）广学会与《女铎》创办

广学会（The Society for the Diffusion of Christian and General Knowledge Among the Chinese，1892）前身为同文书会（1887年创立）。广学会在近40年的时间内先后编译出版了3.6亿余页内容，涵盖十几个方面两千多种书籍，以及十几种中文报刊，其中就有《女铎》。[③] 虽然，在广学会的出版物中，报刊数量并不多，但颇受重视。身兼广学会总干事以及编辑活动主持者的李提摩太认为："报刊给我们西方国家带来了革命，我们要将这场革命

图5-6 《女铎报》创刊号

[①] ［美］何凯立：《基督教在华出版事业（1912—1949）》，陈建明、王再兴译，四川大学出版社2004年版，第257页。

[②] 《广学会年报》，1947年。

[③] 参见方汉奇《中国近代报刊史》上，山西教育出版社1991年版，第23页。

继续进行下去。"① 1887 年广学会曾规划创办妇女报刊，但碍于中国社会女性受教育人数少，阅读能力弱，以及广学会本身人员配置不稳定，该计划就暂时搁置了。辛亥革命前后，妇女解放潮流兴起，女校数量增加，知识女性的数量开始提升，妇女报刊迎来了首次创办高潮。在此境况下，广学会创办了其在中国的首份基督教妇女报刊《女铎》（The Woman's Messenger），由当时汇文女校校长亮乐月（Laura White）女士任主编。

《女铎》创办之初的宗旨"破除女界积习，增进女界智识"与民初商业性妇女报刊大体一致，但撇清商业关系，称"与寻常牟利者不同"②。同时，主编亮乐月为该刊宗旨背书，认为该刊的作用旨在"教育妇女们起来救中国"③。但实际该刊以教化女性皈依基督教为使命。在基督教会看来，中国妇女对于他们在华传教具有重要作用，"妇女传道，视男子尤为得力……信仰执着，具有强烈的宗教热情"④。

（二）《女铎》复刊：主张世界大同，取消国家主义

《女铎》复刊两次。首次是在 1944 年的成都，因太平洋战争爆发，《女铎》被迫休刊，在全面抗战时期广学会职工委员会主席、妇女儿童文字委员会干事加拿大传教士薄玉珍（Margaret H. Brown）的筹划下，1944 年 7 月 1 日《女铎》复刊。第二次是 1946 年 2 月在上海的复刊。

抗日战争胜利后，成都的广学会迁回上海，为加强与国民党当局的联系，邀请国民政府行政院院长张群任广学会名誉会长、朱经

---

① 《广学会年报》1888 年，转引自［美］何凯立《基督教在华出版事业（1912—1949）》，陈建明、王再兴译，四川大学出版社 2004 年版，第 88—89 页。
② 《女铎报编辑大意》，《女铎》1912 年第 2 期。
③ Annual Reports, 1919 - 1920, Christian Literature Society of China (shanghai), pp. 13 - 14.
④ 连警斋：《郭昱德牧师行传全集》，广学会 1940 年版，第 333—334 页。

农任副会长。① 《女铎》（第 31 卷第 1 期）在上海复刊时，封面题词者为"蒋宋美龄"（如图 5-7）。值得注意的是，早在 1937 年宋美龄就已为该刊题过词。广学会对宋美龄及其政治立场是推崇和拥护的。1946 年，迁回上海的《女铎》于复刊号发表社评：

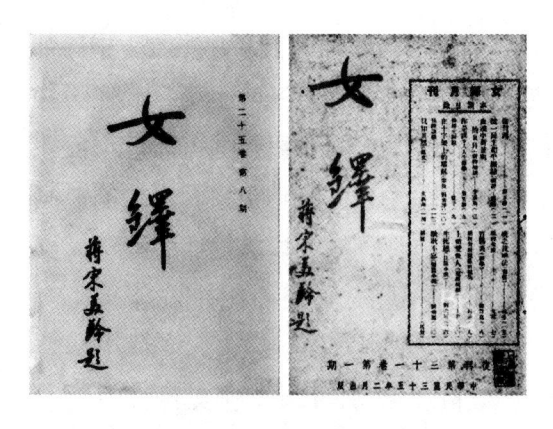

图 5-7　宋美龄为《女铎》题词封面，左 1937 年，右 1946 年。

"八年抗战，我国各地的同胞，历经了千辛万苦，牺牲了无数的生命财产……得蒋主席以坚决不移，果敢勇武的精神，领导了全国忠勇的将士，不屈不挠的人民，前仆后继，再接再厉，卒获得光荣的胜利与世界的和平……"② 在此后不断报道有关蒋介石夫妇的新闻，如"（蒋）主席夫妇磁婚官邸举行晚宴""蒋夫人投友党票"等。③

（三）主编与内容更替以"合阅者心理"

纵观《女铎》发展历程和主要栏目内容，基本随主编、时局和布道方针变动，日趋本土化和世俗化。"《女铎》的内容出版以来历年改良，以期合阅者心理，顺世界潮流。"④

初创时，汇文女校校长亮乐月已在中国教会学校任教多年，"对于我国风土人情日益熟悉，尤其对于中国女子之思想习惯尤为了解"⑤。因而，创刊之初，设图画、论说、家政、教育、学术、宗

---

① 叶再生编：《出版史研究》第 6 辑，中国书籍出版社 1998 年版，第 191 页。
② 《统一民主和平团结》，《女铎》1946 年第 1 期。
③ 《妇女新闻剪辑》，《女铎》1948 年第 1 期。
④ 上海市档案馆编：《上海档案史料研究》第 1 辑，上海三联书店 2006 年版，第 117 页。
⑤ 上海市档案馆编：《上海档案史料研究》第 1 辑，上海三联书店 2006 年版，第 115 页。

教、小说、杂俎、传记、课艺、词苑、近闻、笑林、游戏、画谜等栏目，与当时中国本土的视妇女报刊为女性教科书类似。除了这些基本栏目，早期《女铎》篇末都有一篇英文短文，同时还附有英文目录。1917年"文学革命"呼声渐起，《女铎》顺应局势对栏目用词进行调整，改学术为学理、宗教为道域、小说为说部、课艺为校课、取消画谜，增加西艺和余兴。同众多基督教报刊一样，早期的《女铎》立足于家庭，致力于将中国家庭塑造成基督教家庭。

第二任主编为季理斐夫人（Mrs. E. B. Mac Gillivray, 1862 – 1931），李冠芳（中国人，获波士顿大学双硕士学位）、朱懿姝（南京汇文女子大学堂毕业生）为其助手。在此期间，《女铎》随时局变动更换栏目为：社论、家政、说部、道域、服务、坤范、教材、杂俎、余兴、通讯、时事、西艺等，每期还发表手工制作两页、歌谱一则。值得注意的是，1930年起的"五年布道奋进运动"期间，"家政"被列为首栏，同时删除游戏栏目，以配合中国家庭基督教化。刊物篇幅上由原来的40多页激增至150多页。内容上整体较此前略具锋芒，积极讨论社会问题，绍介不同意识形态国家妇女地位的变化，鼓动和激励妇女走向家门投入社会参与工作；对妇女解放以及"恋爱、结婚、生活"问题逐渐增多，一度发起征文，探讨"女子独身"现象；设"妇女信箱"回答读者问题，启迪女性改变自身命运。编者李冠芳因具有明显的抗日倾向，于1937年被当局迫害致死。《女铎》随后在刊物上声明，"政治不是本刊关心的主要对象，因为我们仍然认为女性最好的工作领域到底还是应该在治家、哺育孩子和宗教事务方面"[1]。

第三任主编为亮乐月的学生刘美丽（1934年11月起至1942年）。这个时期是国内政治最为动荡的时期，《女铎》积极保持与

---

[1] *Annual Reports*, *1926 – 1927*, Christian Literature Society of China (Shanghai), p. 10.

政府的合作关系，舆论导向与国内政治倾向保持一致。1937年1月《女铎》邀宋美龄为封面题词，使《女铎》在日军侵占上海时期得以维持。但"八一三"事变之后，大部分报刊停办，《女铎》也受到影响，1942年5月至1943年3月，被迫与《明灯》《道声》合刊，共出4期，刊期不固定。广学会为此在致读者的函中特加说明。1943年8月起，《女铎》因战事和政治环境被迫休刊（后文详述）。另外，值得一提的是，刘美丽时期在版式方面做了较大的改变。《女铎》初为32开本，1935年6月改为16开本，此后一直沿用。

第四任主编为薄玉珍（自1944年7月1日至终刊），实际由上海广学会职员、上海新诗社成员黄淑芬担任编辑工作。复刊后的《女铎》在栏目上调整为：论说、婚恋观、外国妇女儿童、问题解答、家政、母子关系、宗教、文艺。内容题材范围也有所扩展，坚持妇女于家庭的重要意义之外，尝试让妇女了解当前政治与社会形势，以己所能为国家做出贡献，宗教所占比例非常小。这一时期还出现了一些反映社会状况的名家的作品，例如顾颉刚《我们要重新建立新的贞操观》便是随新婚制出现而对女性贞节观的再次讨论，强调女性在婚姻角色上的两性平等为女性挣脱家庭、婚姻对女性角色束缚提供了理论依据。再如冰心《妇女为什么要从军》便是在战争时期呼吁女性投身战场，强调男女关系平等且独立。

1946年2月，《女铎》随广学会迁回上海复刊，改双月刊为月刊，除了宗教内容以外，世俗内容再度偏向家庭，如传授基本的家庭实用科学知识和常识，包括幼儿启蒙，儿童科学，医学常识，家政新知等家庭生活常识。栏目分为：社评、家庭常识、婚姻家庭问题、儿童教育、诗歌、随感、论著、短篇小说、长篇小说、妇女新闻剪辑、读者（妇女）信箱等。值得注意的是，1949年，《女铎》因时局关系，再次合刊，第5、6期合刊、第7、8期合刊。第9期刊出时恰逢中华人民共和国成立，《女铎》

延期出版以重新调整政治立场,由宗汉发表社评《庆祝新中国的诞生》,同时在妇女新闻剪辑栏目中发表了 7 篇关于庆祝中华人民共和国开国纪念的文章,此后的妇女新闻中只见宋庆龄而不见宋美龄。

(四)历时最长　总销量最多

《女铎》是近代上海妇女报刊中历时最久、总销量最多的一份妇女报刊。《女铎》的发行范围不局限于上海本埠,每期销量均在千份以上。据《广学会第 53 次年报》统计:"1917 年每期的发行量约 1000 份,1925 年为 1400 份,抗战时期也维持在 1382 份左右。"① 《女铎》的发行销售与本土妇女报刊一致。② 在 40 年的发行历程中,因时局动荡或战争,《女铎》至少经历了三段艰难时期。第一次发生在 1927 年夏天,因时局不稳定,又正值学校放假,各处邮件不通,该刊的需求迅速下降,《女铎》7、8 两月停止刊发。次年起至 1934 年,又将 6、7 月以及 8、9 月作合刊处理,年刊发 10 册,但页数有所增加。第二次发生在 1937 年,八一三事变后,上海处于战争状态,上海的出版社迁往外地,过半的期刊都停刊了。同年《女铎》的发行量低至 590 份,广学会为了维持运营被迫在 1937 年 10 月、11 月与广学会同社刊物《明灯》《道声》合刊,12 月虽恢复原刊,但不设栏目,篇幅仅为原来的 1/3,次年才恢复正常。或许因战事激烈,战时刊物极少,《女铎》作为仅存的几种仍在发行的刊物,发行量一年内不降反升了 65%。③ 第三次发生在 1942 年,因太平洋战争爆发,日军侵占上海公共租界,影

---

① *Annual Report 1918*, Christian Literature Society for China (Shanghai), p. 12; *Annual Report 1925 – 1926*, Christian Literature Society for China (Shanghai), p. 38;《广学会第 53 次年报》,上海档案馆藏,U131 - 0 - 81 - 1。

② 陈建明:《近代基督教在华西地区文字事工研究》,博士学位论文,四川大学,2006 年。

③ 上海市档案馆编:《上海档案史料研究》第 1 辑,上海三联书店 2006 年版,第 116 页。

响了纸张、印刷和运输,《女铎》被迫再次合刊,不定期出版了 4 期后,终因环境恶劣于 1943 年 8 月于上海休刊,迁往四川成都,如此出版了两年。抗日战争胜利后,1946 年 2 月《女铎》在上海复刊,1947 年一度达到每期 3000 份的销量,可谓是《女铎》历史的最高纪录。①

虽然《女铎》的整体发行量较高,但不以营利为目的,加之大量免费派送,基本也是入不敷出。据广学会年报:1914 年《女铎》广告收入为 171.25 元,订阅收入为 1067.46 元,印刷支出为 1133.28 元,邮费支出为 141.88 元。1924 年,未见广告收入,订阅收入为 944.69 元,印刷支出为 1231.66 元。② 尚未计入编辑人员工资、水电费等支出,《女铎》已经亏损了,之后每年几乎在亏损状态。所幸,《女铎》由广学会自办编辑发行,诸多女校固定购买,同时接受海外基督教会的资助,并与当时的中国政府有着深度合作,如此才能将生命周期维持至 1951 年,行销 40 年之久。

《女铎》以家庭月刊的定位出现,主要针对具备一定文化的中上层女青年。相较于上海近代妇女报刊,具有发行量大、办报周期长和分工明确的特点。虽然《女铎》是一份宗教性质的妇女报刊,但作为近现代上海妇女报刊组成,尤其是近代上海出版时间最长的妇女杂志,在妇女观念启蒙、模范形象树立、社会网络建构以及妇女自我解放和社会参与意识的唤醒等方面具有共性,影响了近现代一大批知识女性的思想和行动。

三 唯一发行至新中国成立后的商业性妇女报刊——《家》

《家》创刊于 1946 年 1 月,1950 年 7 月停刊。该刊初为月刊,

---

① 《广学会年报》,1947 年。
② Annual Report, 1914, Christian Literature Society for China (Shanghai),上海档案馆藏,U131-0-74-2。

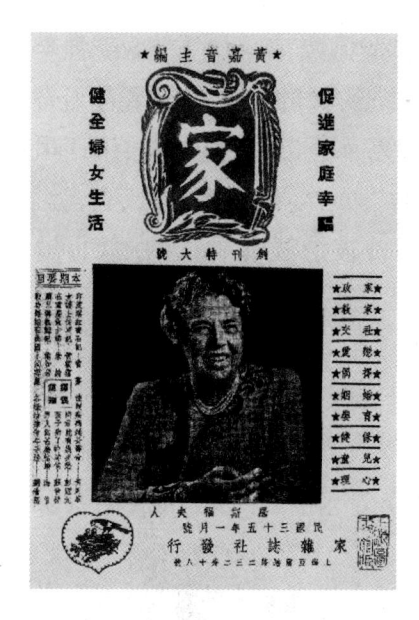

图5-8 《家》创刊号封面

37期起改为半月刊，每卷12期，45页左右，专刊为56页。该刊以"促进家庭幸福，健全妇女生活"为宗旨，以知识女性和中上层家庭妇女为主要读者，聚集了大量专业性的作者，集合了当时一批留美归来的博士、硕士以及教会大学的毕业生。该刊较为客观地展现了当时上海都市妇女生活，尤其在新中国成立前后的转型，不仅满足了知识界妇女的理论要求，同时也契合其家庭生活的实际需求，成为唯一一份从解放战争持续发行到中华人民共和国成立之后的妇女报刊。

（一）黄嘉音与《家》的创刊

抗战胜利后，大量报刊和报人迁回上海这个"战前文化出版中心"，"以图更大的发展"①。黄嘉音也在其列。黄嘉音，福建人，上海圣约翰大学历史系毕业生，在校期间兼修心理和新闻专业，是当时校园刊物《约翰声》的主编、学生自治会的"领袖"。圣约翰在当时表现出了上海都市文化的种种症候，可谓是海派文化与校园文化高度叠合、相互照应的微观环境。一份来自1931年圣约翰的问卷调查显示：在校学生"最大之希望"是"学校注册、男女同学、出入自由"；"谈话资料"是"恋爱问题、国家大事、运动胜负、立案问题"等，"给予的印象"则是"金钱魔力的扩大、物质文明的需要、非驴非马的学问、虚伪欺骗的手段、光与真理之精神"②。圣约翰对于黄嘉音而言，是真正进入摩登都市前的实验场所，他曾在

---

① 《编者的话》，《光》1945年第11期。
② 恭：《一般普通心理的调查》，《约翰年刊》1931年第17卷，第231—232页。

《圣约翰中学 1933 年纪念刊》中提出,学生"不要坐在车上受社会推进,应当站在地上去推进社会!"① 在圣约翰的种种奠定了黄嘉音之后的立场和选择。1936 年他与哥哥黄嘉德,以及林语堂共组西风社,所出版的《西风》系列刊物是当时"西洋杂志文"的代表,影响广泛。1945 年抗战胜利后,抗战期间曾被迫迁往重庆的《西风》回迁到上海。1946 年 1 月,借着《西风》强劲的复起势头,黄嘉音与妻子朱绮(金陵女子文理学院毕业生)一起创办了《家》月刊,任主编兼发行人,以《家的诞生》代发刊词:

> 在目前,家还是构成社会,国家,民族,世界的基本单位。我们虽然不相信单单"齐家",就马上可以使国治而天下平,因为国家的治乱天下的太平与否,原因是相当复杂的,"齐家"并不是治国平天下的万应灵丹。可是反过来说,我们也相信有一个快乐的家,是可以大有助于国家的富强和天下的太平的。因为国政与天下根本都是由"家"里出来的人在做的。要是负担天下重任的,是一些从幸福的家庭中出来的人,那么我们敢相信,他们的工作情绪和工作效率,一定会好得多的。我们觉得今日的中国读者会有这样的一种需要,所以才办"家"。我们希望"家"能成为每一个家每一个做父母的人的良伴……我们希望从家里走出来的人,都能有比较进步、开明与民主的头脑。我们相信从民主的家庭中出来的人,一定能成为民主世界优良的公民。因此我们觉得在今日的中国,改良家庭与促进教育是非常重要的。②

该刊以"促进家庭幸福,健全妇女生活"为宗旨,以中国传统的"齐家治国平天下"的逻辑为起点,认为人都是从家里出来的,

---

① 《级箴》,《圣约翰中学 1933 年纪念刊》,第 58 页。
② 黄嘉音:《家的诞生》,《家》1946 年第 1 期。

家好国才好，这种观点基本上与民初《妇女时报》所持的观点是一脉相承的。所不同的在于，该刊致力于在"心理学""家庭教育""家庭制度""社交、恋爱、择偶、婚姻、与性的教育"等方面为"中国的青年"做出贡献，① 所持的性、性别等观念更开放。并且该刊增加的心理的维度，大大地延续并扩展了《西风》建构起来的性、性别与心理科学文化的空间。

（二）风格与内容的确立与新中国成立后的转变

1. 美国色彩和轻松闲适风格的确立与呈现

战后上海的文化消费领域，具有浓重的美国色彩。在上海的街头报摊上常见的美国杂志近20种，畅销的美国杂志如《生活》《卡洛奈脱》《周六晚邮报》《柯里尔》《自由》《纽约客》《时代》等大有市场。② 黄嘉音主办的《光》杂志，也以美国自由女神像为封面。当时的中上阶层甚至以看美国电影为炫耀资本。③ 可以说，在当时的上海美国文化消费是时尚之最。《家》杂志早期自然也就迎合了读者的这种需要，不仅在创刊号上以罗斯福夫人照片作为封面，还聚集了一批留美归来的博士、硕士以及教会大学的毕业生，如爱恒女士（美国留学生）、马珠觉芳（美国硕士）、李欧丽阁（美国女子嫁于中国人，研究心理卫生）、梁静怡（美国留学归国女生，研究营养学）、朱濂（教会大学女生，酷爱光和热，真理和正义，爱好文艺诗词等艺术）、华蓝（圣约翰大学英文系毕业生，毕业后先后任教于四个学校的英文，后在母校圣玛利亚执教）等。

《家》的编辑方针和内容呈现出美国色彩和轻松闲适的风格。在创刊号上，黄嘉音就已经指出："我们中国五千年的悠久历史，文化和传统，由于欧美新思潮的侵入，已经发生了极大的激变。中国的思想，文化，生活，习惯，制度，正在新旧冲突和交替中，有许多

---

① 黄嘉音：《家的诞生》，《家》1946年第1期。
② 天然：《读美国杂志》，《妇女》1947年第1卷第11期。
③ 汪朝光：《战后上海美国电影市场研究》，《近代史研究》2001年第1期。

人正彷徨在中西的歧途上，不知何所适从。"① 而他所要采用的"西洋杂志文"的形式，即以美国畅销的《妇女家庭杂志》（*Women Home*）、《妇女家庭良伴》（*Women Home Companion*）和《好家事杂志》（*Good Housekeeping*）为蓝本，增加本土的内容，取长补短，在他看来：

> 我们觉得东方与西方的文物制度，各有各的优点，也各有各的弱点。我们不应不分皂白地全盘放弃，也不该不辨是非的全部接受。我们应该走的路，是舍弃弱点而保留优点采纳优点。这是唯一合理的路线，这是向前进步的不二法门。②

他在兼任《申报·自由谈》时，对于西洋杂志文的优势"言必有物""格调活泼"等做了补充。③ 因而，我们可以看到，《家》杂志的总体风格轻松而活泼，涵盖了涉及家内的方方面面的问题，诚如《家》在创刊号上所公布的全年总目录，依次涉及：社论、家政、家教、家庭、家计、社交、社会、恋爱、择偶、婚姻、育婴、生育、生理、心理、教育、性教育、医学、儿童、职业妇女、通讯·特稿、人物·访问、常识·测验、自述·追忆、科学·发明、女红·烹饪、卫生·修养、风俗、园艺、建筑、思想、健康、饮食、生活、营养、报道、疾病、统计、布置、奇遇、好癖·游戏、艺术、杂感、征文、创作、美容、名著连载、人生信箱等。其中为封面所标出的栏目为：家政、家教、社交、恋爱、择偶、婚姻、育婴、保健、儿童、心理，这些构成了《家》杂志的内容主体。这些栏目的特色在于，除了刊登一定量的关于美国家庭的译著，如《美国人的家》《我家的美国姨娘：留美追忆》《旧金山有一个家：记圣玛利亚总会》

---

① 黄嘉音：《家的诞生》，《家》1946 年第 1 期。
② 黄嘉音：《家杂志诞生周岁》，《家》1947 年第 12 期。
③ 黄嘉音：《谈甚么》，《申报·自由谈》1940 年 1 月 6 日。

等,就是对于性、心理与儿童的关注。这与战后的生存环境相关,"打了八年仗,沦陷区的文坛,在后几年中,也还不寂寞。我说不寂寞,是指作品中有着较正确的意识形态的,并非指充斥市场的那些桃色黄色以及冒出卖国气味的刊物。相反,那时所流行的这类东西,似乎还不及现在的多。这是良心话"[①]。在这种环境下,《家》呈现关于性的教育、生理、心理的相关内容是对此现象风气的有力驳斥,为大众建立正确而健康的生活观念。如黄嘉音在《家杂志诞生周岁》中所说:"一般青年缺乏组织家庭的常识,缺乏做人的常识,缺乏保健、卫生、医药的常识,以致成为一个幼稚落后的国家,衰弱的国家,混乱的国家……家希望在这一方面,能够有所贡献。"[②]《家》邀请上海性病防治所所长郁维医师撰写《怎样防治性病》《救治不孕新药》,刊登美国医学界的新发现《体温计救治不孕》,刊登妇产科专家刘本立医师及其夫人的作品《月经不调的幕后》《疾诊记》,心理学专家刘沦慈《心理影响性健康》以及毛文贤《无痛生产术》、吟慈《母乳第一》等。《家》尤其重视儿童的养育和心理,"自从新的心理学出现以来,家庭教育已经走上科学化的路了。一个婴孩从出世到成年,他的心理历程,智力发育,情绪成熟,生理发育,在科学家的眼中,已经了如指掌。只要我们肯虚心研究,肯刻苦学习,我们要认识自己,要了解别人,并不是困难的事"[③]。《家》杂志中,刊登了一定量关于儿童心理以及育儿观念与实际应用的文章。如南京金陵大学社会福利行政组《顽童的心理分析与治疗》、杨同芳《消除儿童的恐惧》、罗书肆《恐惧的分析》、林保《不要错怪青春少年》、吟慈《第一号儿童问题》等。作为祖国的下一代,经历了战争的恐惧,如何让他们以健全的心智去面对显得尤为重要。

---

① 吴小如:《读张爱玲传奇》,陈子善编:《张爱玲的风气——1949年前张爱玲评说》,山东画报出版社2004年版,第56页。
② 黄嘉音:《家杂志诞生周岁》,《家》1947年第12期。
③ 黄嘉音:《家杂志诞生周岁》,《家》1947年第1期。

2. 中华人民共和国成立后"家的新生"

《家》杂志,是唯一从解放战争持续发行到中华人民共和国成立的妇女报刊。新中国开国大典当月,《家》杂志封面改用"新国旗",庆祝中国的新生以及"家"的新生:

> 在这建国的大喜日子里,我们愿意以家杂志的保姆的资格,来检讨过去,瞻望未来,使家杂志也能够走上新生之路。
>
> 感谢人民解放军的解放上海,也感谢共产党和人民政府的为人民服务的精神,因为在这四个多月中,我们所受到的教育,我们在思想上所发生的改变和所得到的益处,实在是超过我们过去所受的十几年学校教育总和的。我们为国家民族的光明前途而兴奋,我们为一个即将来到的更好的社会制度和新世界而兴奋。我们自己是因解放而新生了。我们也希望把这新生带给家杂志,带给所有的亲爱的家杂志的读者们。①

次月,即 1949 年 11 月,《家》月刊在"家常话"(编者语)中明确表明宗旨的变更:

> 解放以后的家,不再是以前小圈子的"家"了。我们不单管家事,也要管国事,谈世界大事了。②

从这时起,《家》月刊一改崇美面貌,转而推崇苏联,并于 11 月号刊登了与列宁及俄国十月革命纪念有关的苏联短篇小说《这里没有孤儿》,表达"社会主义的苏维埃联邦,可说是世界上唯一真正'没有孤儿'的幸福国家了"。还刊登了苏联战斗英雄参与世界和平大会后的观感《真理没有国界》等。此后不断有新时代的文章刊出,

---

① 《家的新生》,《家》1949 年第 8 期。
② 《家常话》,《家》1949 年第 9 期。

如上海女青年讲演录《新民主主义社会是怎样的》《解放后的家庭妇女》《人民大众的妇婴卫生》《建立新民主家庭》及连载《我的革命生活——千山万水寻找抗日新四军》《人民大众的妇婴卫生》等，体现编者为"新民主主义的，即民族的，科学的，大众的文化服务"，努力使得《家》成为"一本真正人民的刊物"的真诚意愿。

（三）知识型读者与专家型作者

《家》的读者多为青年妇女，其中以具备阅读能力的家庭妇女为主。家在《创刊号》上就曾提到该刊旨在"促进教育"，为"中国的青年"做出贡献。之后，也曾披露过读者的状况，其中比较有代表性的，如下：

> 谷野女士——我有一个很好的家庭环境，也更有一个良好的求学机会。可是为了我与我过去的情人——现在的丈夫两人感情的驱使，终于放弃了尚有一半未完的大学阶段……只是，我太笨，什么家事也不会理，一切仰助于他……当我孤独时，我更爱看《西风》《家》这些杂志……我们整天生活在快乐的春天里。①
>
> 漢野女士——高中尚未念毕我辍了学，做过小学教师，机关小职员。结婚生子后，开始做生疏的家事，但每于繁杂过忙时，暗自艾（哀）怨颇多，后累阅《家》杂志后，觉得女人若能把自己家庭理置适当，为丈夫孩子多谋舒适，未始不是一件快事。直到去年春天，大孩子四岁，小孩子两岁，最小的夭折了，我始能从屎尿堆里钻出来，偷空提笔写点浅陋的稿子。②

从中可见，《家》的女读者，大多是具备了一定的知识文化水平，但在家事的料理能力方面都是有欠缺的，所以，《家》杂志面对

---

① 《家中人》，《家》1948 年第 7 期。
② 《家中人》，《家》1949 年第 3 期。

读者的这一情况，做出了两大调整，其一，组织专家写稿，提供专业可靠的家庭知识，"按期请各方面的专家，替家写通俗的文字，使读者们能从最可靠的来源，获得有益和正确的家庭知识"；其二，填补家政内容，在可能的情况下聘请专家按期写稿，"将过去我们在家政、女红、美容、健康、育婴这几个方面，所发表的材料比较少，我们今将多注意，并设法请专家按期撰稿"。当然，还包括增加插图和照片以及更换彩色封面，以增兴趣。

因此，我们可以看到《家》在第二年出版后，在此前的留美博士、硕士、教会大学毕业生的作者基础上，聘请了诸多方面专家，如：史普克博士（Benjamin Spock, M. D. 是美国纽约成名的小儿科专家）、王岳博士（擅长研究化学、农学、微生物学）、何清濡博士（擅长儿童行为心理问题研究）、杨大戈先生（儿童教育工作者）、杨懿德女士（问题儿童的沟通教育工作）、黄坚厚先生（中央大学毕业，心理学家）、唐自杰先生（重庆心理卫生协会总干事）、汪家正先生（毕业于中央大学后在商务印书馆任职、教育界执教，目前在斯德哥尔摩大学研究教育与心理）、刘本立先生（妇产科专家）、詹子犹（牙科医师）、王卫夫先生（厦门机电大学电机系任教）、唐现之先生（广西省立桂林图书馆馆长）、杨梅先生（上海《中央日报》和《东南日报》的驻台湾记者）、励天予先生（曾在上海儿童福利促进会工作，现在美国哥伦比亚大学纽约社会工作研究院学习深造）。

这些专家的加盟，让《家》构筑起了专业性的知识堡垒，并发挥了重要的影响，不仅吸引了更多的作者前来投稿，如雨韭先生（省立师范大学二年级学生）、李佩芸女士（中西女学和金女大外文系肄业生）、张丙昆先生（湖北人）、张蕾女士（北平人）、刚如女士（女大学生）等。同时也收获了大量读者的来函夸奖"我把《家》当作我底家，像是沙漠中发现了绿洲"，"我相信《家》能带给我无限幸福和甜蜜"①。从中可见，《家》在当时的确发生了较大

---

① 《家中人》，《家》1948 年第 2 期。

的影响力。

(四) 运营的困境与新生

《家》的发行销售主要仰赖《家》杂志社。该社是黄嘉音于1946年1月28日创刊《家》时一并设立的,初位于上海亚尔培路232弄18号,1947年后被迫搬入上海陕西南路232弄18号,实际就是里弄的三层街面房子。《家》杂志社的运营主要采用的是书刊互养的方式,可以新中国成立为界分为前后两个阶段,前一阶段基本是借刊出书,后一阶段才真正实现了书刊互养。

解放战争时期,《家》杂志的运营情况不理想。第一,国内政局未定,物价腾贵,民生艰困,出版事业所遭遇的阻碍与困难,并不少于全面抗战时期。据《西风》描述,当时上海的纸价以"平均每二十天激涨一倍的速度"增长,印刷费以"每半个月按生活指数涨一次"的速度飞涨。因而,黄嘉音对于《家》的经营用"苦撑"两字作描述:"《家》虽苦撑下来,但因上海印刷费、纸价和制版费大涨,'不得已'将定价'略为提高'。"① 至于定价究竟是多少,《家》杂志从未标出,只在第3期订户优惠广告中提及"每期出版照上海定价九折","自由定户每户预付定费五千元"②。另从《家》版权页上的广告基础价格18万元一面,封面封底更是高达30万元一面来看,不会低于《女声》最后一期的2000元定价。第二,战时交通受阻,发行不顺利。《家》虽由西风社总经销,重庆西风社特约经销,泉州新南书社、青岛祥记行经销。但在战时环境下,交通不受阻是极难的。1947年《家》曾试图将月刊改为半月刊,在万事俱备的状况下,因发行问题不敢贸然实行:"外埠书局因为交通关系,书款往往不能按期汇到。如果在目前就出半月刊的话,书款恐易拖欠,而这是目下出版界的大忌。"③ 这种大忌,实际就是杂志寄出后,书

---

① 《家常话》,《家》1947年第2期。
② 广告页,《家》1946年第3期。
③ 《家常话》,《家》1947年第11期。

款收到时，书款的钱"往往连一半的纸张都买不到了"。在这种状况下，《家》一则采取对"各地同行暂不放账，以维寿命"。二则加入上海出版界的联合行动，吁请政府批准成立杂志界工会，要求当局维护普遍公平，给予民营杂志官价纸配给。① 第三，上海尚处解放战争，国民党政府致力于"扼杀全国的出版事业，消灭全国的文化交流"②。1948年7月，政府发布邮件资费"新标准"，普通信件的航空费增加了3倍，新闻纸类的航空邮资则增加了6倍。按此规定，《家》这样全国发行的杂志，将"沦为地方性的杂志，发行数量被迫减低，业务收入被迫减少，终因不能维持而一一消灭"③。在这种境况下，《家》杂志社维持杂志尚有一定的难度，图书出版更是有限，所出的图书以易销的大众普及类读物为主，如《婴儿的日常生活》《胎儿的故事》《心理卫生十二讲》《汤与饮料》《医生对新娘的一夕谈》等。

1949年新中国成立后，国家出版总署对私营出版业采取"放任态度"，私营出版业绝处逢生。在1951年9月至1952年8月间相继成立100多家，全市私营出版社达319家之多，且无论是店数、资金、从业人员和销售量，上海私营出版业都开始在全国占据绝对优势，尤其销售额占全国的66.55%。④《家》杂志社更名为《家》出版社，并经上海市军管会登记后也顺势迎来了新生。《家》杂志不仅没有中断，出刊与销售都相对顺畅。《家》月刊合订本第1集推出了第3版，第2集也迎来了再版。同时，《家》出版社"妇幼丛书"不断出新再版，其中《实用避孕法》出至7版，《孕妇保养法》5

---

① 《上海杂志业联合宣言》，《家》1948年第2期。
② 《上海杂志界的抗议——为航邮加价、苛待杂志、无法发行、抗议宣言》，《工商新闻》1948年第89期。
③ 周武：《从全国性到地方化：1945年至1956年上海出版业的变迁》，《史林》2006年第6期。
④ 参见中国出版科学研究所、中央档案馆编《中华人民共和国出版史料》第4卷，中国书籍出版社1998年版，第450页。周武：《从全国性到地方化：1945年至1956年上海出版业的变迁》，《史林》2006年第6期。

版,《怎样教导子女》《实用育婴问答》《女性生理与病态》《小儿疾病常识》4版,另有《医生对新娘一夕谈》等13种3版,《黑孩子》等21种2版。① 尤其值得一提的是,"妇幼丛书"被中央人民政府卫生部、上海市卫生局、全国民主妇联等,向有关机关推荐,并被上海民主妇联托儿所训练班、儿童医院、上海市护士学校等24家知名医疗机构、社会团体、教育机构作为儿童保育、营养学专业的教材和主要参考书。② 其中,《斗争中的妇女》成为私营出版机构唯一上榜1951年《人民日报》推荐的31种妇女读物。《家》出版社真正迎来了辉煌时期。不过,好景不长,1957年后黄嘉音连同其妻子朱绮都被打成右派,《家》出版社及其旗下的图书、杂志等出版物皆停止出版。

解放战争时期的上海,国民党政府为了控制舆论,采取了极为严厉的管制措施。《家》为了规避政治风险,顺应战后美式轻松格调以中国传统的"齐家治国平天下"的逻辑起点,在普及妇女知识之余,致力于关注家庭中妇女的生活和实践,以"促进家庭幸福,健全妇女生活"为宗旨。该刊凭借自身精准的市场定位和立场,成为少数几份延续至新中国成立的妇女报刊。在新中国成立后,该刊以"检讨"的姿态,突破过去的家庭小圈子,开始谈论国事和世界大事,让妇女为国家服务,提升了妇女的能力和观念,使得《家》成为"一本真正的人民刊物"。

小　结

1937年后,抗日战争、解放战争接踵而至,战争阴影笼罩下的上海新闻出版界面临前所未有的困局。无论是日伪政府或国民党当

---

① 黄嘉音:《心理治疗三百例》,家出版社1951年版,第6页。
② 黄嘉音:《心理治疗三百例》,家出版社1951年版,第1页。

局皆加强了新闻舆论的管控,迫使报刊出版界大量报人、知识分子逃离或保持缄默。孤岛时期,报刊"销声匿迹,停刊的停刊,迁移出版的迁移出版"①。解放战争时期,国民党当局先后颁布政令封禁一百多种报纸杂志。② 至1949年,上海新闻出版业"从整体上说,已到了山穷水尽、命若游丝的地步"③。作为上海报刊出版业组成部分的上海妇女报刊也难逃厄运。据本书不完全统计,1937年抗日战争爆发至1949年新中国成立前,上海妇女报刊约35种,刊行时间普遍较短,创刊即停刊的占40%,刊行时间未及半年的占25%,刊行时间超过2年的占17.14%。出版高峰为1938—1940年,以及1946年两个时段。

  从宗旨内容上看,抗日战争时期的妇女报刊,集中于讨论妇女自身与家庭治理。如"同类刊物中读者最多"④的《上海妇女》,以"作孤岛妇女喉舌""教育妇女群众"为己任,涉及妇女自身的问题,妇女治家处世应有的知识,各阶层妇女生活的实情以及女青年们的文艺或学术作品,等等。再如《中国妇女》旨在"讨论妇女问题,促进妇女文化,启示妇女正当的途径",刊载的内容涉及妇女与家庭问题的理论与写实、国内外妇女动态的记述与照片、女作家的创作和译述等。这与日伪政府统治下的新闻出版钳制政策以及出版观念直接关联。1938年后,日伪政府意图通过制造文学繁荣的假象来削弱中华民族抗日的决心,其中女性文化、家庭知识等私人化内容与政治疏离,为当局所接受。关于妇女问题的探讨顺势以妇女报刊的形式复苏。至1942年日军全面占领上海后,妇女报刊全面噤声,唯独日本军方主办的《女声》(1942)获得刊行许可。该刊以"贡献出许多的不同的声

---

  ① 董竹君:《我的一个世纪》,生活·读书·新知三联书店2013年版,第309页。
  ② 陈育生:《年轮——四十年代后半期的上海文学》,上海人民出版社2002年版,第3页。
  ③ 周武:《从全国性到地方化:1945年至1956年上海出版业的变迁》,《史林》2006年第6期。
  ④ 杨真:《一年来的上海出版界》,《译报周刊》1939年第12、13期合刊。

音，使我国妇女界得到真正的崇高地位"为宗旨，发行量一度高达1万份。解放战争时期的妇女报刊，因办刊主体不同，宗旨面向较为丰富。民营出版商所办的商业性妇女报刊《家》以"促进家庭幸福，健全妇女生活"为宗旨。基督教资助创办的刊物中，既有宣扬"基督爱的精神超越了区域及种族的界限，在沦陷区置生死于度外呼喊反抗恶行暴势"的《女铎》，偏重国际时事的论述与分析的《新声》，也有《女光》《女青》《妇女》等旨在使青年妇女对女青年会有更多的认识和了解，提出和检讨在缔建新的民主中国的过程中妇女所应该迫切了解和担负的责任，使妇女可以更迅速地获得解放。各自展现了战后上海不同阶层妇女的生活风貌。

从编辑性别和身份上看，抗日战争时期妇女报刊的创办人、主编或编辑群，基本上由具有办刊或记者经验的党派和军部背景的女性担任。如《上海妇女》的发起人主编蒋逸霄（《大公报》的女记者）、副主编姜平皆为中共党员。《女声》主编佐藤俊子为日本女文学家、报人，受日本军部委派。《女声》的第二任主编关露此前任《上海妇女》编辑，是中共地下党员。女性作为妇女报刊中坚力量的出现，一方面是由于男性的缺席。上海沦陷，抗日救亡的声音被日军严厉压制，"有些报纸本身便不能在孤岛立足；有的报纸幸而残存，亦仅是广告主义"，当时上海的日报仅剩《新闻报》和《申报》，大量以报业为生的男性报人文人只能离开或保持缄默，以女性为主编宣扬女性文化更容易通过当局审查。另一方面，因女子受教育程度提高，上海沦陷的两三年内相继涌现出三十多位年轻的女性作家，许多女性已经成长为能够独当一面的主编人才。解放战争时期妇女报刊的主编复由专业报人担任。如《家》的主编黄嘉音原为《西风》主编，《女铎》的主编由广学会职工委员会主席、妇女儿童文字委员会干事加拿大传教士薄玉珍担任。他们大多因抗日战争的胜利随国民党军队回迁上海，以图更大发展。

从经营状况看，抗日战争时期物价失控，纸张等原料难求，交通受阻行销受困，报刊经营极困难。依靠进步商人董竹君独资支撑的《上海妇女》在周年纪念时称:"战时交通阻梗,外埠的销路并不很多,单靠上海的读者,每期售得的钱是有限的。要希望读者购买的钱来维持刊物的生命,在这时期简直是一个缥缈的梦想。"① 为此《上海妇女》试图通过自办寄售、代办发行两种方式来提高销量维持运营,但事与愿违。依靠日本军方供给的《女声》,虽得纸张便利,但商业广告的收入、发行销量皆已完全不足以应付纸张价格的涨幅。《女声》只得抬价维持运营,以致定价几何级数增长,第3卷第7期零售价每册40元,第3卷第12期每册150元,至第4卷第1期飞涨到1000元,第4卷第2期高达2000元。由此亦可窥见沦陷时期殖民统治下金融政策的失败。解放战争时期,国内政局未定,物价腾贵,民生艰困,新闻出版业遭遇的阻碍与困难并不亚于抗日战争时期。据《西风》描述,当时上海的纸价以"平均每二十天激涨一倍的速度"增长,印刷费以"每半个月按生活指数涨一次"的速度飞涨。从当时刊行的妇女报刊《家》的版权页广告价可得一窥,其基础价格为18万元一面,封面封底高达30万元一面。发行则更为艰困,以《家》为例,一则采取对"各地同行暂不放账,以维寿命"。二则加入上海新闻出版界的联合行动,吁请政府批准成立杂志界工会,要求当局维护普遍公平,给予民营杂志官价纸配给。② 但国民党政府致力于"扼杀全国的出版事业,消灭全国的文化交流"③。1948年7月,政府发布邮件资费"新标准",普通信件的航空费增加了3倍,新闻纸类的航空邮资增加了6倍。按此规定,《家》这样全国发行的杂志,终会"沦为地方性的杂志,发行数量被迫减低,业务收入被迫减少,因不能维持而一一消灭"④。1949年新中国成立

---

① 蒋逸霄:《本刊出版一周年》,《上海妇女》1939年第12期。
② 《上海杂志业联合宣言》,《家》1948年第26期。
③ 《上海杂志界的抗议——为航邮加价、苛待杂志、无法发行、抗议宣言》,《工商新闻(南京)》1948年第27期。
④ 周武:《从全国性到地方化:1945年至1956年上海出版业的变迁》,《史林》2006年第6期。

后，国家出版总署对民营出版业采取"放任态度"，民营出版业绝处逢生。1951年9月至1952年8月间相继成立100多家，全市民营出版社达319家之多，且无论是店数、资金、从业人员和销售量，上海民营出版业都在全国占据绝对优势，尤其销售额占全国的66.55%。①

从社会影响看，上海沦陷后，抗日救亡的声音被日军严厉压制，日伪政府为粉饰太平营造文化繁荣假象，允许探讨妇女问题。女性知识分子在此最艰难的时期主动承担主编之职，依靠《上海妇女》《女声》等平台作战时妇女生活的指路明灯，让妇女得以慰藉，并发出女性独立自主的响亮呼声。解放战争时期，社会秩序复又陷入失控状态。以《家》为代表的妇女报刊致力于"治家"图强，"一般青年缺乏组织家庭的常识，缺乏做人的常识，缺乏保健、卫生、医药的常识，以致成为一个幼稚落后的国家，衰弱的国家，混乱的国家"②。这也是在战时条件极为艰困的时期，妇女报刊不断坚持，关注女性生存实际，忠实地记录了战时上海的社会状况以及生活状态，为历史叙述提供了宝贵史料。

---

① 参见中国出版科学研究所、中央档案馆编《中华人民共和国出版史料》第4卷，中国书籍出版社1998年版，第450页。周武：《从全国性到地方化：1945年至1956年上海出版业的变迁》，《史林》2006年第6期。
② 黄嘉音：《家杂志诞生周岁》，《家》1947年第12期。

结　　论

　　世界范围内早期妇女报刊的出现，是作为弱势群体的女性争取政治权利之用。中国妇女报刊的出现，则是作为女性普识之用以助国家政治经济和文明需要。从源头来看，两者分属对内对外两种不同立场。近现代上海，长期作为沟通中国与外部世界的桥梁，以包容开放的姿态保持与外部世界的共时性。这种特性造就了在上海诞育并发展的妇女报刊同步于世界格局的迭变与中国社会文化的更替，呈现出独特的发展轨迹和规律，引领全国妇女报刊的发展。

一　近现代上海妇女报刊的发展轨迹

　　19世纪末，妇女报刊作为一个概念进入中国。而后，在上海诞生并发展。从一个概念，到实体的产生，再到后续的发展，妇女报刊历经形成、生长、发展，可能不断完善，也可能走向衰亡。追踪、观察、多维度反思这一过程，并不止于辨前后承续、结构变化，而是意识到物质文本与现实环境的互动。通过回溯，我们会发现妇女报刊的发展，是时代话语催化下的产物，走向一个与地方社会态度取向、资源支持等因素互动而不断转变的过程。其过程由涉及多方面、起讫不一、内容性质不一的多种演变进程交错汇聚而成。这样的动态过程就像转动的链条，是由不同的环节、阶段连续构成，不追寻环节就看不清发展轨迹。

（一）清末时期：作为妇女启智的"教科书"

清末时期，西方文明等级观成为"世界的通论"①。"妇女地位作为衡量社会文明程度的标尺"②，已成为西方文明论的内在组成部分，经由传教、译介而传播至中国。"欲新中国，必先新女子；欲强中国，必先强女子；欲文明中国，必先文明女子；欲普救中国，必先普救我女子。"③ 如此，报刊成为开蒙启智的工具之一："阅报愈多者，其人愈智；报馆愈多者，其国愈强。"④ 妇女报刊随之成为妇女开阔眼界、启蒙开智的"教科书"。

在戊戌时期的维新派和辛亥时期的资产阶级革命派掀起的两次办报高潮中，社会活动家积极创办妇女报刊。如维新派女眷组成的《女学报》编辑群、中国教育会成员组成的《女子世界》编作群等。他们以救亡图存的爱国热情、改良社会的政治诉求聚集到上海，依托上海宽松的办报环境，以报刊为媒宣传兴女学、废缠足，以此"重铸女魂"，增强国民之母的智识和体格，改变"天下积弱"的状况。妇女报刊随之以教科书的形式出现，如《女学报》以女学为纲，"向意雅三俗七，用官话演说一切女学"，再如《女子世界》以"文学美术之发育实开通暗昧病"。表现在内容上即以中国女德为核心主干，嫁接西方女性的实用知识和常识，如科学、教育、卫生、实业等。希冀以此将女性教成《女界钟》所描述的："思想发达，具有男性之人"，"体质强壮，诞育健儿之人"，"改造风气，女性先觉之人"，以及"德性纯粹，模范国民之人"。这种过于理想化的改造标准和模式，很快就因妇女报刊的停刊而破产了。诚如秋瑾所言：妇

---

① ［日］福泽谕吉：《文明论概略》，北京编译社译，商务印书馆2014年版，第9页。
② 宋少鹏：《"西洋镜"里的中国女性》，《世界秩序与文明等级——全球史研究的新路径》，刘禾主编，生活·读书·新知三联书店2016年版，第296—297页。
③ 金天翮：《〈女子世界〉发刊词》，《女子世界》1904年第1期。
④ 梁启超：《论报馆有益于国事》，《时务报》（创刊号）1896年8月9日。

女"僻处深闺，不能知道外事，又没有书报，足以开化智识思想的。就是有个《女学报》，只出了三四期，就因事停止了……近日女界之报，已寥寥如晨星"①。至1907年清政府宣布女学合法后，识字女性人数迅速增加。在留日女学生群体对革命意识观念的传播和影响下，对于女学的倡导慢慢兼顾对女性参政权的呼唤，并于辛亥革命爆发时达到鼎盛。据笔者统计，从1911年辛亥革命后到1912年年底，一年之内上海新创办的妇女报刊达数十种（相当于前10年的总量）积极倡言妇女参政。但1912年民国成立，《中华民国临时约法》并未赋予妇女平等的参政权，由此造成了民初妇女报刊发展方向的变更。

清末的上海妇女报刊虽诞生于上海的商业环境之中，但办刊人以社会活动家为主，妇女报刊只是他们启智妇女挽救国族的方式和手段，绝非经营或生财的对象。他们本身也不具备资本主义的经营观念。如《女学报》《中国女报》等皆是依赖资助维持，《女子世界》盲目扩大影响设30余家代派处，终为其所累，在不断催讨欠款的过程中资金链断裂，被迫停刊。

在国族救亡的语境下，知识精英试图重塑一种共同体，让中国女性一齐融入全球性的社会达尔文主义的民族主义话语系统之中。在此过程中，妇女报刊成为重构过去传递观念以制造共同体的"教科书"。

（二）民初时期：逐渐成为一门生意

兴起于戊戌维新的"男女同校"制度在一定程度上暗示着男女平权似乎成为共识。但"男女平权"并未作为原则写入具宪法性质的《临时约法》，女性未获得选举权。1913年后，涉及女性权益的政令突变，女权运动的社会空间日益逼仄。面对理想与现实的巨大

---

① 秋瑾：《致陈志群书（其三）》，《秋瑾全集笺注》，吉林文史出版社2003年版，第446页。

落差，民初的上海妇女报刊呈现出迥然不同于清末的发展轨迹：以争取参政权为目的经由团体平台发声的妇女报刊齐齐停刊；以妇女生活、教育教养为主旨经由民营出版商经营的商业性妇女报刊逐渐走俏。

癸丑报灾后，袁世凯政府的新闻规制和社会控制力度加强，不仅压制言论自由，同时彻底阻断妇女与政治的关联："女子则勉为贤妻良母，以竞争于家政。至女子，更舍家政而谈国政，徒事纷扰，无补治安。"① 在此基调之下，由妇女（运动）团体创办的妇女报刊集体停刊，包括以天赋人权为由，致力于联动西方妇女，以万国女子参政会中国编辑部的身份创办的《万国女子参政会旬刊》《万国女子参政会月刊》。而其所称：不办报"吾女界终无与男子知识平等之日矣，即吾女界终无与男子权力平等之日矣"②。

商业性妇女报刊虽处于探索期，但出版商的经营观念和意识已相当成熟。这类妇女报刊不再止于发挥"启智妇女"的社会价值，开始追求其经济价值。首开此先河的是《时报》馆的《妇女时报》，并且建立了一套基本模式：由具影响力的男性报人或文人任主编并依托其学缘、业缘、地缘网络组织作者队伍，以中上阶层知识女性为对象，以女性图文符码为卖点（知名画家的仕女图和女性执笔文章），内容实际篇幅以最受女学生喜爱的小说为主体，并设女学、家政、论说等，板块趋时而变，依靠广告和发行收入维持。《妇女时报》依托《时报》馆遍及海内外成熟的发行渠道，30余处分销所，"每期发行数能至六七千之多"③，这是清末妇女报刊所无法比拟的。这套模式不仅让《妇女时报》独领风骚，甚至成为癸丑报灾后，除了基督教妇女报刊外，唯一一份未停刊的妇女报刊。

随之跟风效仿而出的可分为两类：文艺型和综合型。（1）文艺

---

① 《袁世凯颁布教育宗旨令》，《中华民国史档案资料汇编》，中国第二历史档案馆编，江苏古籍出版社1991年版。
② 张汉英：《本报宣言》，《万国女子参政会旬刊》1913年第1期。
③ 《编辑室谈话》，《妇女时报》1912年第6期。

型,在《妇女时报》模式的基础上对内容做了聚焦,仅保留小说、诗词部分,并且极尽标榜"闺秀"主笔(实际多由男性执笔),封面及刊名打着淫秽擦边球,如《眉语》及其封面的裸体美人画、《香艳杂志》及其闺房躺卧姿态等。这类女刊很容易引发读者的猎奇心理,在创造再版、脱销以及行销海内外的神话的同时,也引来通俗教育会的一纸禁令,"经本会查得有《眉语》一种……抉破道德藩篱、损害社会风纪……在各种杂志中实为流弊最大。查是项杂志现正继续出版,亟应设法查禁……严禁发售,并责令停止出版,似于风俗人心,不无裨益"①。(2)综合型,基本复制了《妇女时报》的模式,并且办刊方针、旨趣、编排形式都非常相似。差异在于由书局而非报社创办,初创期不另聘主编,而是由社员兼任。譬如,商务印书馆办《妇女杂志》时由同馆《小说月报》主编王蕴章兼任,中华书局办《中华妇女界》自始至终未标主编名,借教科书资源收获了不少女学生的作品。这两家书局所办女刊,既可视为跟风,也是白热化竞争的结果。晚起的中华书局为了与商务印书馆全面竞争,针对性地办了大量的刊物,其中最出名的即是"中华八大杂志"——《大中华》《中华小说界》《中华童子界》《中华学生界》《中华妇女界》《中华儿童画报》《中华实业界》等,而商务印书馆也因中华书局办期刊而增加期刊种类。

　　不论是《妇女时报》还是后来衍生出的文艺型、综合型,当妇女报刊加入到商业性报刊的行列时,已然成为生意。但生意之间也有不同,作为首份商业性妇女报刊,《妇女时报》依然留存着清末女刊启智的使命和传统,书写着此前被遮蔽的女性生存状态,让属于私领域的庸常而琐碎的妇女生活进入了公领域,为读者提供的只是模仿对象和突围空间。文艺型则是依靠"女体"及其隐喻,做起了消费女性的生意。凸显了民初男性主体的文化权利和消费地位,以

---

① 《通俗教育研究会第二次报告书》(1916年),《文牍二》,通俗教育研究会1917年版,第37页。

及文化中对女性的某种定型。不可否认的是，文艺型的存在，带出了一种陌生的慢节奏与副旋律，无助于主流立论构筑的片段知识、专注于细枝末节的自我耽溺，以及一股无关国计民生的热情。综合型，虽说是商业竞争的产物，但依靠商务印书馆强大的资本人力和资源创办的《妇女杂志》成为近现代妇女报刊史上无法忽略的标志性女刊。

民初时期，多重因素影响下，妇女报刊完成了从"教科书"到生意的转变。于刊物本身而言，转变的发生是与资本联姻了，真正进入了报刊的市场之中。但于女性群体而言，转变的发生是完成了空间的突围。在多数妇女仍被束缚于闺阁的现实下，囿于教科书范畴的女刊依然限于妇女政治（运动）团体中，将女性圈禁在闺彦浅识的认知中；作为一门"生意"的女刊则聚集了当时最受欢迎的职业报人和文人，自觉或不自觉地帮助女性打开了闺阁之门，让她们参与和介入到公共空间的信息传播活动中，让女性也可以创作的观念作为一种常识构建了起来。

（三）五四时期：作为"新女性"的指导手册

巴黎和会上中国政府外交的失败，显示了清末民初的国家制度设计和建设并未提升本国的国际地位。同时第一次世界大战以及俄国十月革命的发生，让知识分子看到了此前崇拜的西方资本主义国家内部因财富、阶级不平等造成的纠纷和冲突。对国内外政体失望后，无政府主义一度引领舆论。他们认为，历史上，脑力劳动和体力劳动的分离是社会发生不平等和导致个人贫困的根源，必须创造不同于以往的社会构造形式，才能促成大众生活的根本改变。他们试图通过平民教育的手段实现脑力劳动与体力劳动的结合。① 虽然，他们的这种判断从结果看是失败的。但平民切实成为舆论关注的对象，而聚焦于中上层贤妻良母天职表述的商业性

---

① 杨念群：《五四的另一面》，上海人民出版社2019年版。

妇女报刊被批判得体无完肤。"新"即要成为意识形态的规范力量,"新女性""新妇女"等成长为带有时代政治文化印记的女性身份角色。五四时期,商业性妇女报刊和非商业性妇女报刊意识高度统一,皆将平民女性纳入读者范围,"'解放''改造'两种呼声渐唱渐高"①。

妇女报刊的创办主体从此前的知识男性、精英女性、民营出版商扩展至电影拓荒人(《解放画报》电影人群体)、女校教师(《新女性》务本女校教师)、党派组织(《新妇女》共产党人群体)等,身份日趋多元。这些结群办(编)刊者因同业、同好而相遇相知并以自身的笔力影响于文化界,他们对于文化再造的要求最为迫切,对社会革新的话题最为敏感,在当时重要的妇女问题上投以高度的热情,表现为积极为女性代言,以男性的身份参与妇女报刊,为女性指明方向。相较于中国传统社会的血缘、地缘等群体认同方式,基于同业或同好的人际关系,在利益一致的前提下,显现出更强烈的自发性、一致性和持久性。

创办主体的多样化,带来了妇女报刊数量的激增,也造成了形式上的变革。其一,中国首份妇女画报《解放画报》诞生。该刊基于平民女性的无识和女性对于趣味的要求尝试妇女报刊的视觉化革新。但与早期画报形式不同,尚不能以现代画报"以刊载摄影图片、绘画为主要内容的期刊"②来界定。但坐标于女性出版场域革新的《解放画报》,以妇女画报的形态初步建立起一种现代性的图文双轨叙事模式,以其镜像性表达和视觉化呈现缝合起前现代与现代叠合点上复杂的文化性别逻辑,记录旧妇女—新女性转化节点上的历史经验和生活实况,并将电影及其相关内容作为妇女报刊的重要组成部分,奠定了十年相对稳定时期内妇女画报出现的基础和出版范式。其二,妇女报刊复又与学会、学校构建而

---

① 《解放画报征文》,《申报》1920年2月29日。
② 《中国大百科全书·新闻出版》,中国大百科全书出版社1990年版,第149页。

成"三位一体"传播模式。如中国共产党创办的《妇女声》、平民女校和中华女界联合会，将中国共产党致力于平民妇女解放的声音进一步扩大。

五四时期以妇女解放、妇女运动为主旨的妇女报刊在社会上产生了较大的影响。不仅表现在舆论的热烈讨论，同时也表现在数量的激增。但刊行时间普遍较短。一方面，民初所建立的商业性运营模式，仅适用于资本实力雄厚的出版机构，如商务印书馆（《妇女杂志》）等，新办民营出版机构如新民图书馆（《解放画报》）仍受困于股东撤资的风险之中。另一方面，大量依靠集资的非商业性妇女报刊基本由男性代言主导，对女性的吸引力弱。透过五四时期上海妇女报刊的传播方式和效果可以发现，对于女性公众的真实影响而言，激进的、理论性的内容传播效果有限。此后，随女性整体教育程度提高，潜在女性读者人数增加，上海妇女报刊为谋求女性的关注，必然会转向切合女性需要的方向发展。

（四）十年相对稳定时期：力图成为"完全的妇女刊物"

十年相对稳定时期内，上海都市化进程加快，政治结构、经济类型、思想文化、社会风尚、价值观念等各方面均获得了不同程度的变更。上海报刊出版迈入"黄金十年"，报纸杂志如雨后春笋，专营杂志的上海杂志书店也应运而生。在此出版高潮中，社会对于"完全的妇女刊物"[①]呼声日渐强烈，上海妇女报刊迎来了繁盛期，新出版的妇女报刊约39种（接近于此前出版的妇女报刊总量），形态多元，性别意识强烈。

知识女性接替男性任妇女报刊主编之职。五四唤醒了女性作为独立人的意识，也赋予女性高等教育的资格。至十年相对稳定时期，社会普遍认同妇女报刊应由女性主持才名实相符。不论是商业性或是非商业性妇女报刊，创刊之初皆是以女性的名义创办。如陈珍玲

---

① 《妇女：写在二周年百期纪念特刊》，《玲珑》1933年第20期。

之于《玲珑》，黄心勉之于《女子月刊》等。但商业性和非商业性妇女报刊一旦经历改版革新或主编更替，女性或沦为挂名主编，或为男性所替代。这是资本、政党、宗教组织等对位居舆论场内报刊话语权争夺的反映。当然，不同背景的办刊人也一起创造出形态多元的妇女报刊。

  商业性妇女报刊，办刊宗旨与政治疏离，在都市文化的浸润下形态旨趣丰富，各自以文化商品性、日常生活政治、时尚现代性为方针，以图文并茂的时尚叙事的方式，刻画现代都市社会中摩登女性的生活方式和多元的生存状态。既有复归"软性读物"的《妇女杂志》、侧重文学和社会想象的《紫罗兰》，引领女性摆脱传统束缚的《玲珑》、建构都市摩登女性生活方式的《妇人画报》等。非商业性妇女报刊，办刊主体政治立场各异，除了传播相应的党派、宗教思想，在提倡妇女独立进步、反抗现存社会制度对妇女的不公，追求妇女平等和解放等方面较为一致。如沈兹九的《妇女生活》致力于教导"女性作人"[①]，黄心勉的《女子月刊》致力于"从言论上唤醒同胞，智识上开发同性"[②]，王伊蔚的《女声》致力于"发展成为妇女文化事业的新武器"成为"社会之声"[③]，等等。

  值得注意的是，多元形态妇女报刊的集体呈现在一定程度上也反映了当时对于有限读者的激烈争夺。一方面，读者的购买力决定了读者的人数。在十年相对稳定时期内，对于中下阶层的妇女而言，教育或者文化消费仍属奢侈。那么关注中下层妇女生活的非商业性妇女报刊的购买者和关注摩登时尚生活的商业性妇女画报的购买者实际是重合的。这就造成了妇女报刊间的激烈竞争和针锋相对（如《女子月刊》和《妇人画报》的对垒）。另一方面，经营能力的强弱

---

① 《发刊辞》，《妇女生活》1935年第1期。
② 黄心勉：《女子书店的第一年》，《女子月刊》1933年第2期。
③ 伊蔚：《今后的女声》，《女声》1934年第1期。

在一定程度上决定了刊物的销量。商业性妇女报刊在民初经营方式的基础上，增加了现代化的促销方式，减少了进口商品广告的投放量，基本能维持较为可观的盈利。刊物促销和广告减投看似彼此矛盾，实质皆与20世纪30年代经济危机大环境下国货自救和口碑维持策略相关。非商业性妇女报刊试图参照商业性妇女报刊的经营方式，自建出版机构和发行网络，但因缺少经营经验，入不敷出状况屡见不鲜，基本仍靠资助维持。

从社会影响看，商业性妇女报刊与非商业性妇女报刊依托其发行量各自在阅读对象中产生了较大的影响。非商业性妇女报刊以其强烈的社会责任意识和政治意识，关注妇女的前途和命运，影响深远。商业性妇女报刊以新技术展现的都市摩登女性风尚，可视为当代时尚刊物的蓝本。在抗日战争爆发前，不论商业性或非商业性妇女报刊皆以自身影响力积极动员妇女投入抗日救亡，发出了独特而响亮的女性抗日之声。

（五）战争时期的妇女报刊：在伪装、妥协中实现与女性的连接

战争时期的上海，政治、经济、社会陷入前所未有的混乱，物价飞涨，民生艰困，上海妇女报刊遭遇前所未有的艰难。虽然上海妇女报刊分别在孤岛时期以及抗日战争胜利之初出现过两次办刊热潮，但大多如昙花一现，仅剩的几份妇女报刊只能在报刊经营极困难——纸张等原料难求，交通受阻，发行销售受困的境况中依靠资助和售卖书刊苦撑。

1937年抗日战争爆发后，国民党撤离，上海沦为孤岛，与此同时日军迅速发起了一系列的政治、新闻钳制政策，妇女解放运动与妇女报刊发展皆陷入困境。1938年后日伪政府为粉饰太平，允许不涉及政治的妇女议题被讨论，一度出现了20份妇女报刊，但出版发行时间普遍较短，45%的妇女报刊1期即停，发行超过1年的仅20%，4份。其中，由上海孤岛出版社发行、中共地下党蒋逸霄等主编、进步企业家董竹君独资支撑的《上海妇女》历时最久，该刊旨在"作孤岛妇女喉舌",但言论格外审慎,绝口不谈"政治与主义",版面编排风格较为严肃,栏目设有时评、问答、文艺三类,报道各阶层妇女生活的实况,帮助妇女解决生活的实际困难。1941年12月太平洋战争爆发,最后的"孤岛"也消失了。日军进驻上海租界并占领英美资产,包括新闻出版印刷机构。在严酷的政治环境下,进步作家和文化人或纷纷内迁或封笔,上海呈现出版荒和作家荒,出版界一片萧条,知识女性们再次肩负起妇女报刊的主持重担。1942年,具有日本军方背景的商业性妇女报刊《女声》作为上海唯一获得出版许可的妇女报刊,分别由日本女作家佐藤俊子和中共地下党员关露任主编,以"贡献出许多的不同的声音,使我国妇女界得到真正的崇高地位"为宗旨,版面栏目编排以轻松风趣、浅显悠闲为标准,发行量一度高达1万份。客观而言,《女声》在日军统治下"畸形万恶深渊的社会"里扶持了弱势女性,为女性的实际生存做出了自己的贡献。

  1945年抗日战争胜利后,上海报刊出版业出现过短暂的希望,仅上海妇女报刊界就出现了16种报刊。但解放战争的开始,上海报刊出版业整体凋敝,命悬一线,上海妇女报刊也难逃厄运,50%的妇女报刊仅出版1期,12.5%的妇女报刊次月即停刊,剩下37.5%的报刊中,仅4份报刊出版超过3个月,包括基督教妇女报刊《妇女》《女铎》(复刊)、商业性妇女报刊《新声》以及《家》。其中以黄嘉音偕妻子朱绮创办的《家》发行时间最久。该刊前期顺应都市的崇美文化气息,与政治疏离,以"促进家庭幸福,健全妇女生活"为宗旨涵盖了妇女家庭生活方方面面的内容,版面编排较为活泼,凸显美国色彩和轻松闲适风格,较为客观地展现了当时上海都市妇女生活;新中国成立后该刊迅速转型,致力于成为"一本真正人民的刊物",使其不仅满足了知识界妇女的理论要求,同时也契合其家庭生活的实际需求,成为唯一一份从解放战争持续发行到中华人民共和国成立之后的妇女报刊。

二 近现代上海妇女报刊的发展特点

上海是近现代妇女报刊的诞生地，同时也是妇女报刊数量规模最大、报刊形态更新最快，率先实行商业性运营的城市。上海编辑出版的妇女报刊，浸润于上海独特的意识形态、价值观念、生活方式以及开放的报业整体环境之内显现出独特而丰沛的面貌。

（一）以女性之名，领风气之先

女性于公共场域中出现，并不始于清末民初，但以群体形式出现在报刊场域中，却是始于清末民初的民族救亡声浪之下。报刊场域中女性的呈现可分为两类，其一，女性作为被报道的对象；其二，女性主持报刊。不论哪一种，都是报刊场域中的"新鲜事"，尤其是后者。当"女性之名"叠加在报刊之上，逐渐生成一幅全新的场景。

在此场景中，不同性别、社会身份、政治立场、宗教派别的人士，为着各自的目的，创办了各种形态的妇女报刊。可以说，近现代上海妇女报刊的多样性和覆盖面并不亚于大众报刊，且各类主体创办的妇女报刊多具开创性。如社会革命家中秋瑾所办准机关报《中国女报》、汤国梨等百位女性所办神州女界协济社机关报《神州女报》、政治活动家中狄葆贤所办中国首份商业性妇女报刊《妇女时报》、民营出版商中林泽苍所办中国首份时尚妇女报刊《玲珑》、编辑王伊蔚所办《女声》、沈兹九所办《妇女生活》、电影人中郑正秋所办中国首份妇女画报《解放画报》、传统文人中许啸天所办中国首份女性小说期刊《眉语》、教师学生群体中姚名达和黄心勉所办中国"纯女性"报刊《女子月刊》、《大公报》女记者蒋逸霄所办的《上海妇女》等等。各种形态的报刊在呈现各自立场的同时，也融入了城市的整体环境之中。诚如迈克尔·舒德森所言："报纸插图和大标题之所以增加，不仅是为了迎合移民工人阶级的新特性，也是为了迎合中产阶级新的生活方式……报纸不但从壮丽的城市生活体验中获益匪浅，而且自身也造就了这种体验。"① 上海妇女报刊在与城市的交往中不断演进。

第一，从综合性到专业性。上海妇女报刊诞生之初多为综合性妇女报刊，即关系妇女问题、教育、生活、育儿、文艺、音乐、体操等与妇女有关的一切内容。1914年前后时值癸丑报灾，出版界人心惶惶。规避政治风险，迎合上海都市生活与市民文化的消闲刊物开始走俏，小说期刊出版蔚然成风，文艺性妇女报刊随之涌现，其中以《眉语》创刊最早，可视为中国首份女性小说期刊。值得一提的是，《眉语》凭借"女性"图文符码和商业逻辑，一经问世，便大受欢迎，未及一月，创刊号就已脱销，创刊号与第2期重印不断，达五版之多，重印近万册。但从标榜的"闺秀说部"到为商业利益让渡到"消费女性"。这个结果在将刊物导向"女体"隐喻的同时，也就注定了为当局和社会道德所不容被迫停刊的结局。但《眉语》本身在报刊史上做了一次有益的尝试，建立起了女性可以创作小说的观念，并作为一种常识构建起来，奠基了五四后女性小说创作时代的来临。

第二，从文字型到画报型。"随着世界的进步，很多事情无法用语言来形容，必须要藉由图画。"② 20世纪二三十年代上海的都市环境、生存体验以及视觉化传播和消费方式，使得女性对于妇女报刊有了新的要求，并落实在富有都市现代性的表现和视觉变革的妇女画报上，妇女画报集中涌现。其中以创刊于五四初期的《解放画报》（1920—1921）为最早，该刊以平民妇女为主要阅读对象，开创性地采用图像文字并置的双向独立叙事风格。虽然，《解放画报》与早期画报形式不同，尚不能以现代画报"以刊载摄影图片、绘画为主要

---

① ［美］迈克尔·舒德森：《发掘新闻：美国报业的社会史》，陈昌凤、常江译，北京大学出版社2009年版，第92—94页。

② 戈公振：《导言》，《图画周刊》1920年第1期。

内容的期刊"① 来界定，但从后来妇女画报所效仿的程度看，可视为中国首份妇女画报。甚至可以说，《解放画报》以妇女画报的形态初步建立起的现代性的图文双轨叙事模式，以其镜像性表达和视觉化呈现缝合起前现代与现代叠合点上复杂的文化性别逻辑，记录旧妇女—新女性转化节点上的历史经验和生活实况，奠定了十年相对稳定时期妇女画报出现的基础和出版范式。

第三，向时尚型妇女画报转变。画报型妇女报刊的出现代表着妇女报刊从综合性内容叙述走向女性时尚文化，集中涌现于十年相对稳定时期。其中，以《玲珑》（1931—1937.8）创刊最早，可视为中国首份妇女时尚画报。该刊创办之时，都市摩登的消费方式以及整个社会环境的变化，使得女性的自我意识更为张扬。《玲珑》的封面和内页中，有近千余名女性以自己的形象，向读者和社会表明自己摩登女性的认同感。《玲珑》以精巧的编排、趋时摩登的图文内容，富有策略的营销方式以及略带西化的编辑方针，销量极广，"女学生人手一册"②。《玲珑》的出现，让女性以强健的体魄以及服饰、妆容等外在物，突破政治、男性等强权意识和种性常规对于女性的绝对把控，宣扬女性自由、自主、自我意识的解放。

从某种程度上说，妇女报刊形态的不断革新，一方面反映着都市女性对于报刊需求的不断变化，表明妇女报刊细分市场的逐渐成形；另一方面，展现了上海独特地域环境和海派文化浸润下近代中国女性意识在都市区域媒体群上展现的独特风采和魅力。

（二）女性编撰者的身影，若隐若现

女性，是一种生理属性，也是一种社会属性。在近现代中国的语境中，女性的生理属性使其在以国族救亡为前提被赋权、自我赋权的过程中表现得尤为复杂。这种复杂性也体现在妇女报刊中女性

---

① 《中国大百科全书·新闻出版》，中国大百科全书出版社1990年版，第149页。
② 张爱玲：《流言》，花城出版社1997年版，第70页。

编撰者的能见度上。

在女性教育以闺阁教育为主的清末时期，能作为女主笔或编辑的甚少。作为首份妇女报刊，《女学报》开创了女性主笔报刊的先河，引发了广泛的影响，主编直呼："女主笔岂不是中国古来所未有的呢，我们现在竟直认不讳，亦畅快极了。"① 但后续乏力，稿源少的难题显现。当时的知识女性大致可分为三类：第一类为绅宦家闺秀，通才不少，门深似海，著作不易得；第二类为商贾家闺秀，新学、格物非其所学；第三类则是西学书院出身，"风气初开，不对脾胃"。因而《女学报》常言：虽办在上海"人才荟萃之区"，女主笔"亦不能取之不尽，用之不竭"②。而后出现的《女报》《中国女报》无一不是几期即终，难以为继。

事实上，这种开局困境——妇女报刊难见女性编撰者，在民初、五四妇女运动兴盛时也不罕见。从民初至五四，女性群体受学堂教育的规模和程度远高于清末。即使因经济门槛过高而无法进入新式女学堂求学的女性，也会选择家庭作坊式的女学堂求学（仅厅堂用于教学，其他房间供办学人家眷以及外地求学女生住宿）。在此境况下，可供稿女性的人数规模实质远高于清末。但女性的身影依然若隐若现。民初的妇女报刊依然遭遇女性稿源短缺的问题，譬如"《妇女时报》里，真正由妇女写作的，恐怕不到十分之二三"③。至五四，复现了女性主持妇女报刊，并出现了政党女刊由女性发声、为女性发声的制度。但五四时期对于女性问题探讨的广度遍及各类出版物，以致男性代言的声浪盖过了女性。《妇女杂志》《解放画报》等名噪一时的妇女报刊皆由男性主持。甚至，出现了关于妇女无完全发表意见的论述，"想办一个完全的妇女刊物，想一般想说而没有

---

① 潘璇：《论女学报的难处和中外女子相助的理法》，原载《女学报》1898 年第 3 期。中华全国妇女联合会妇女运动历史研究室编：《中国近代妇女运动历史资料（1840—1918）》，中国妇女出版社 1991 年版，第 138—140 页。

② 潘璇：《论女学报的难处和中外女子相助的理法》，《女学报》1898 年第 3 期。

③ 包天笑：《钏影楼回忆录》，中国大百科全书出版社 2009 年版，第 322、360 页。

机会的妇女，得到一个完全发表意见的地方"①。

女性编撰者的公众能见度显著提升，以主编的实践书写社会，当属战争时期。1937年，国民党驻沪军队整体撤离，上海沦为孤岛。租界方为维护其在华利益与日军有一定的合作，包括默许和协助日军解决租界内抗日新闻宣传活动，由此造成抗日报刊面临断崖式下降，文人报人或撤离至大后方或保持缄默。依靠黄赌毒生意支撑的市场环境下，留守知识阶层的生活远不及茶房、倒粪夫，② 大量底层女性为求生存只能出卖身体，③ 能够流通的报刊多是无关宏旨，甚至打着色情擦边球。女性文化天然的私域特征使得以女性为谈论对象的报刊得到一丝出版空间，也容易通过当局审查。女性报人文人，也因性别的关系更容易隐蔽。在上海沦陷的两三年内相继涌现三十多位年轻的女性作家，其中不乏独当一面的主编人才，如蒋逸霄、关露等。前者集合几位地下党员隐蔽于孤岛复杂的关系网络中，"报道着时代影响到各阶层妇女生活的实情，暴露出一般被扔到黑暗角落里的妇女们的惨痛"④，后者以潜伏的形式与日籍女主编合作，开辟出了一个中日两国女性的跨国协商话语空间，一定程度上记录了日伪统治下上海妇女的生活实况。

总体而言，随着女性受教育程度的提高，知识女性逐步具备与男性对等的文化水平，其能见度在不断提升。但此过程中，存在因众声喧哗而不显现的情况。当喧哗不再，女性以担任妇女报刊主编的实践，发挥出文化生产者的特殊权力——她们"（个体与群体）凭借各种文化的、社会的、符号的资源维持或改进其在社会秩序中的地位"⑤ 显示女性的意识觉醒，让妇女报刊发出女性独特的声音。

---

① 《写在二周年百年纪念特刊》，《玲珑》1933年第20期。
② 《上海生活（1937—1941）》，上海社会科学院出版社2006年版，第23页。
③ 钱谷成：《谈按摩女郎》，《上海妇女》1938年第5期。
④ 《发刊词》，《上海妇女》1938年第1期。
⑤ Pierre Bourdieu; Matthew Adamson. In other Words: Essays toward a Reflexive Sociology. Stanford: Stanford University Press, 1990c. p. 146.

由此也改变了报刊原本由男性为主体主持妇女报刊的结构，让女性与妇女报刊的互动形成了新结构。女性依靠自己的行动冲击了报刊原本性别失调、不平等的报刊性别结构，用事实改变了社会惯习和偏见，让女性得以借由妇女报刊打通自然世界与社会世界的通道，敦促更多的人从女性视角看待问题，逐步改变性别不平等的结构性制度环境，为妇女解放事业贡献出力量，也让更多的人投身于妇女报刊业，推动妇女报刊事业的进一步发展。

（三）风起云涌，旋生即灭

近现代上海妇女报刊诞生于清末救亡图存的声浪之中，繁盛于十年相对稳定时期。每个时期创刊数量并不多，但在一个女性多是文盲的社会中，数据所表征的女刊绵延不绝出版，给当时社会生活文化带来了一定的冲击。本书将近现代上海妇女报刊各发展时期中出版高峰年的创刊数量与刊行过半年的刊物数量做一数据对比发现：上海妇女报刊呈现出"风起云涌，旋生即灭"的景象（如图1）。

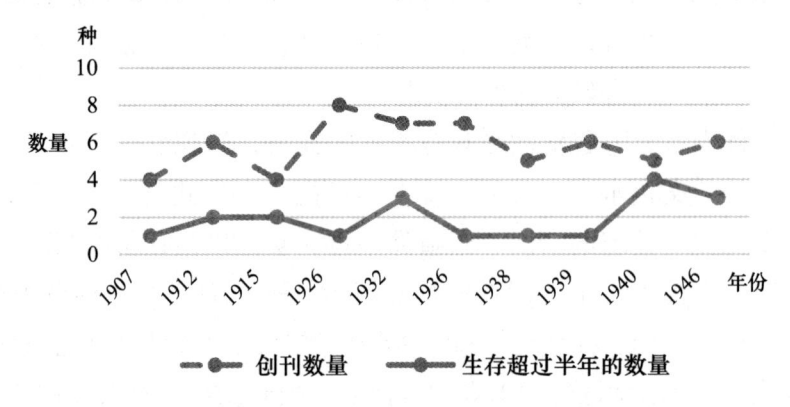

图1　近现代上海妇女报刊出版高峰年创刊数量与刊行过半年数量对比

从上图看，创刊数量曲线与生存过半年数量曲线的起伏走向大体一致。偶有趋近相交（1915、1940）或离散（1926、1936）的状态，涉及数量并不大。这一形态与当时上海报刊界的状态较为一致——整体看似绵延不绝，但个体生存长久者较少。报人包天笑在回忆录里也如是记述："那时上海杂志，真是风起云涌，很多短命的，才露头角，便即夭逝。"① 这一景象的出现是多重因素共同造就的，其中起关键作用的是创刊初衷和利润环境。

为志向创刊，无利难维续。妇女报刊在中国的早期出现是作为"去塞通智"②的媒介，具有很强的文人政治属性。这一属性几乎延续了近现代妇女报刊发展的整个历程。但这一属性很容易受政局更替的影响，被迫停刊或被封禁。譬如，清末女权运动兴盛，女权参政团体（个人）群起办刊，意图以此争取妇女参政权。1914年后民国政府多令齐下，在《报纸条例》《检阅报纸现行办法》等政令规制下，涉政妇女报刊集体停刊。战争时期，积极宣传抗日救亡的妇女报刊，在各类宣传纲要、审查制度下，休刊、停刊屡见不鲜。同时，这一属性本身并不受女性群体的普遍欢迎，难以像大众报刊一样将其转化为商业利润。尤其，精英式的说教，多基于过去的或宏大的伦理道德，容易脱离女性生存现实，不能引发粗通文字的女性群体的兴趣或共鸣，行销艰难。《新女性》曾公开发表《废刊词》将停办原因归于"浮泛的空谈""味同嚼蜡"③。有志于创刊的精英文人们，大多将妇女报刊作为实现政治诉求或目的的手段而非纯粹经营的对象。被烙上政治属性的妇女报刊，很难脱离对资本的依赖。由此，不论政局变动或资本用尽，这类女刊都逃不过停刊的命运。

为利益创刊，利消则刊停。清末以前，专为女性书写的报刊书籍较少，常被枚举的不外乎《女诫》《女四书》《女范》《闺范》等。兴女学之后，女性的习作开始出现在家刻、坊刻诗集以外的报刊之上。至民初，女性的文字具有较大的市场价值，并逐渐成为卖点。不论是出于猎奇窥探欲，抑或是女性的真实阅读需求，上海出

---

① 包天笑：《钏影楼回忆录》，中国大百科全书出版社2009年版，第358页。
② 梁启超：《论报馆有益于国事》，《时务报》（创刊号）1896年8月9日。
③ 《废刊词》，《新女性》1929年第12期。

版的女刊在国内行销畅达，一度销往海外。"有利可图"时必然群起逐利，各使手段。譬如，《妇女时报》由包天笑一人主编，真正由女性撰写的稿件仅"不到十分之二三"①，但《时报》所登广告依然以大肆宣传"本报除聘请通人名媛分司编辑、撰述之任外，更募集四方闺媛之心得"②。再如，民初袁世凯政府下《尊孔祀孔令》并颁布《褒扬条例》重新褒奖节妇烈女，通俗教育会严查"抉破道德藩篱、损害社会风纪"的报刊，市场上依旧存在打着色情擦边球的畅销女刊。若被查处，收到传票，依情节严重程度不同，向会审公堂缴纳不同数额的罚款即可。③ 虽然，这种以"经济逻辑打碎检查的政治逻辑"④的情况并不少见，但能够长期生存下来的，终究还是少数。有些尚能存留一段时间的，又会因"无利可图"而主动停刊，"从前女子月刊，如《妇女杂志》《新女性》，已经老去，在书贾以为无利可图，便停了它，再出别的"⑤。如此这般寻利而出，旋生即灭也就成为常态。

当然，志向与利益本身并不冲突，杂糅也是一种常态。商业报刊会因政治议题有利可图而大肆登载。政党报刊也会伪装成商业报刊以便流通。譬如，五四时期，报刊出版界铺天盖地讨论女性问题，出版物几乎"无地无之"⑥。具体到上海，在商业化的日报界出现了一批妇女副刊，在刊界聚合了不同派别、不同立场、不同身份人士创办的女刊，包括商业出版机构、新生政党、女校师生等。报刊市场过度饱和，自然会遵循优胜劣汰的法则。再如，至抗日战争中期，日伪政府一方面严格控制"反动"的出版物在沦陷区流通，另一方

---

① 包天笑：《钏影楼回忆录》，中国大百科全书出版社2009年版，第360页。
② 《发刊〈妇女时报〉征文》，原载于王燕辑《晚清小说期刊辑存》第46册，国家图书馆出版社2015年版，第183页。
③ 包天笑：《钏影楼回忆录》，中国大百科全书出版社2009年版，第504—505页。
④ ［法］雷吉斯·德布雷：《普通媒介学教程》，陈卫星、王杨译，清华大学出版社2014年版。
⑤ 《读者的责难》；《女子月刊》1934年第4期。
⑥ 陈东原：《中国妇女生活史》，台湾商务印书馆1990年版，第385页。

面则对消闲、黄色、软化人斗志的报刊不加干涉，反而有意放纵，试图从精神上弱化乃至放弃对日的抵抗。① 时人也回忆，当时能够在报摊上销售的女刊大多是风花雪月乃至桃色一类。② 在这种风气之下许多抗日女刊也以家政议题为外衣进行伪装，连接女性，传递思想。

三　近现代上海妇女报刊的发展规律

女报于上海兴起发展，是国家建设的一部分，也是一种地方化的现象和结果。上海妇女报刊嵌入上海报刊出版的发展历史，固然会与报刊的发展规律存在重合之处。但作为专为女性编辑出版的报刊，妇女报刊依然存在自身发展的规律。

（一）取决于知识女性群体的规模

阅读是识字的女性才会发生的要求，阅报未必。阅报，尤其是阅读妇女报刊，在女性群体中成为一种风尚，与妇女报刊被赋予的多重功能以及女性知识群体的存在和规模密不可分。

妇女报刊初现，是作为倡女学的媒介。在清末的主流话语中，女性是无知无识的群体，是国族"积弱"之源，"天下积弱之本，必自妇人不学始"③，增进女性（国民之母）的智识等同于优化国族后代。但当时以女学生为代表的知识女性数量极少。据不完全统计，1901—1905 年注册的女学生，仅 105 名。从设想在上海创办妇女报刊的李提摩太到梁启超，无一例外地将妇女报刊作为启智女性的媒介。至 1898 年，在梁启超等维新派知识分子的支持下，女学堂、女学会以及《女学报》以三位一体的形式出现。其中，《女学报》作

---

① 张玉成：《汪伪时期日伪奴化教育研究》，山东人民出版社 2007 年版，第 189 页。
② 《萧条冷落的孤岛出版界（特稿）》，《迅报》1938 年 12 月 28 日。
③ 梁启超：《学校总论》，《变法通义》，华夏出版社 2002 年版，第 32 页。

为中国第一份妇女报刊,以"开通女学风气"为宗旨,其主要的功能之一就是作为女学堂的教科书,用以提高女性的认知。1906年,慈禧太后面谕学部实行女学,正式宣告女学开禁、取得官方合法化身份,并以《女子小学堂章程》《女子师范学堂章程》等官方制度形式将女学正式纳入学制系统。至1907年,全国登记在册的女校达到420所,计14658名注册的女生,① 较1905年已是百倍之多,但女学生阅读女报的风气并未开,女报本身的数量也不多。据《(新)女子世界》中《女报界新调查》的统计,当时仅8种女刊,其中上海4种,东京2种,北京2种。② 东京的重女权,北京、上海的以倡女学为主基调。如陈撷芬的《女报》旨在"感发天下女子向学之心"③;再如中国教育学会成员丁初我、竹庄等在《女子世界》中反复强调女学优先,"夫惟有自治之学识之道德之女子而后可以言女权"④。

至民国初年,女学风气已大开,妇女报刊从倡女学的宣传媒介转为面向女学生的平台。民国成立,政府颁布《壬子癸丑学制》从制度上再次确立女子教育的官方地位。在女学教育领域,兴起了入学热潮。当时"外县如松江、苏州、无锡、常熟、嘉兴等地,到上海来就读的女学生极多。至于本地通学而走读的也不少"⑤。这部分求学的女学生未必全会购买妇女报刊,但对妇女报刊的需求是存在的。从以下几方面可为一觑。其一,妇女报刊上所列时人家庭收支表中含有"报资"的类目,并辅以记述家中女儿入新式女学堂受教十年内"购置日报一份,杂志二份"⑥ 未曾间断等。其二,民初所办妇女报刊无一例外都以女学生为拟想读者对象之一,且配备相应

---

① [美]季家珍:《历史宝筏——过去、西方与中国妇女问题》,杨可译,江苏人民出版社2011年版,第84页。
② 《特别调查》,《女子世界》第2卷第6期。
③ 转引自夏晓虹《晚清两份〈女学报〉的前世今生》,《现代中文学刊》2012年第1期。
④ 竹庄:《女权说》,《女子世界》1904年第5期。
⑤ 包天笑:《钏影楼回忆录》,中国大百科全书出版社2009年版,第322页。
⑥ 素霞:《余家十年来之状况》,《妇女时报》1917年第21期。

辅助女学栏目，如《妇女杂志》的文艺、成绩、特别记事等多登载女学生作品。以教科书起家的中华书局所办的《中华妇女界》在成绩一栏中全部刊载女学生的习作，特别记事栏目也多为女校事迹。由此所带来的影响是多方面的，其中之一是女读者兼女作家的产生。譬如《妇女时报》的汪杰梁、赵尚达等等。它预示着，报刊内容的生产具有了性别缝隙，经由男性集中包揽，扩散至女性。

至20世纪二三十年代，女性被排除于高等教育系统之外的历史终结，上海高等学校的女生数量迅速增加。沪江大学、圣约翰大学、交通大学、同济大学等实行男女同校。据统计，1933年上海高等学校女生人数为1764人，占学生人数的14.5%。[1] 随着女性受教育程度的提高，女性读者数量的人数相应增加。从妇女报刊的销量中可见一斑，据《女子月刊》披露"至少有二万读者"[2]。相较于民国元年《妇女时报》最高销量"六七千之多"[3] 已是翻了几倍。随女性读者规模的扩大，妇女报刊的创刊数量也相应增加，1919—1937年8月间，上海新出版的妇女报刊约75种，是1898—1918年上海妇女报刊总和的近4倍。

值得关注的是，受教育女性的内部分化，也造成了妇女报刊的类型分化。在女报人沈兹九看来：当时的妇女报刊"有的教妇女怎样点红唇，媚丈夫；有的教妇女怎样做布丁，吃大菜；有的叫妇女赶快回家，做贤妻良母。总之，不是教妇女怎样做玩物，就是教妇女专做灶下婢、守家奴，甚至永远服从，永远做奴隶。自然，其中也有真正能为妇女谋利益、替妇女说话的；可是这样的刊物，现在只嫌其少，不会嫌多"[4]。沈兹九作为女性文化生产者，对于女性文

---

[1] 上海妇女志编纂委员会编：《上海妇女志》，上海社会科学院出版社2000年版，第465—466页。

[2] 《女子月刊启示》1933年第9期，版权页阴面。

[3] 在《妇女时报》第6期编辑室中言"本报出版以来荷蒙海内淑媛名闺奖借不遗余力，故每期发行数能至六七千之多"。第9期披露"本志蒙海内外闺彦提倡，销数达六千以外"。

[4] 《编辑室》，《妇女生活》1935年第1期。

化有自身的理解。这种理解在很大程度上是建立在对此前存在的妇女报刊的实践认知之上。换句话说，沈兹九认同的是妇女报刊的历史合法性，即妇女报刊作为推助国族救亡的媒介。如此，"点红唇、吃大菜"类妇女报刊无疑是诱导女性受"物质麻醉"，难以实现女性对国家的贡献，也就不能"真正能为妇女谋利益、替妇女说话的"。但物质需求也是妇女生活现实需求的一部分，诚如《妇人画报》主编郭建英对革新所作的说明："《妇人画报》的革新，只不过希望要解决一般时代的女性对于这方面的要求。我们绝没有什么大的志愿来改革今代中国妇女的思想或她们社会上的地位。更没有什么大不了的计划来促醒中国女性对于全世界政治，经济或社会方面的兴味。"① 在五四运动衰退，妇女解放运动悄然的社会环境下，物质享乐复又成为阶层身份的证明。诚如马克斯·韦伯指出："任何等级的适合都是靠惯例即生活方式的规则维持其制度的，因此在经济上制造着不合理的消费条件。"②

当报刊本身的两重性叠加女性所属阶层的不同以及知识女性内部的分层，造成以其为对象的妇女报刊主旨各异、形态各异。并且，在变化的过程中，妇女报刊本身也不仅仅是一种阅读材料，而成为一种符号。诚如布尔迪厄所论，任何一个社会场域都有着隶属于自己的正统文化，它是区分场域内各行动者处于有利或不利地位的基本原则、是一种分类标准。而这种标准必然受所属阶级、阶层以及家庭等多重文化因素的制约，即文化资本的制约。③

（二）发展拐点由话语强势群体促成

妇女问题，在近代中国首先是作为国族变革的议题而非性别议题。妇女报刊亦然。作为妇女身心重置的手段之一以符合和满足文

---

① 郭剑英：《革新宣言》，《妇人画报》1934 年第 14 期。
② ［德］马克斯·韦伯：《经济与社会》上卷，商务印书馆 1997 年版，第 339 页。
③ ［法］皮埃尔·布尔迪厄：《区分：判断力的社会批判》下，刘晖译，商务印书馆 2016 年版，第 737—745 页。

明国家的群体性想象，妇女报刊是在国家政治经济的框架之下发展的。如此，造就了妇女报刊以女性为主要读者对象，却不以女性为唯一办刊性别。从办刊主体的性别看，男性占比高于女性。且其发展历史的拐点多由男性群体参与并促成。

1. 维新派促成妇女报刊的诞生

1896年梁启超于《论报馆有益于国事》首次提出了创办"妇女报"的倡议。1897年《试办不缠足会简明章程》中借缠足的探讨，再次重申前次倡议，并将女学堂一并纳入考虑。1898年4月中国女学堂开塾，同年7月中国首份妇女报刊《女学报》发刊，集合潘璇、薛绍徽、裘毓芳（梅侣）、康同薇（文闲）、李惠仙（端惠）等女性创办。该刊同时作为中国女学堂的校刊、中国女学会会刊。中国女学堂、中国女学会以及《女学报》得以创立皆离不开背后支持者——维新派。

一则，中国女学堂由维新派创设。中国女学堂的创办人经元善曾在《女学集说附》中记述道：梁启超在《时务报》第23册、第25册刊登女学论，"有未经人道之处，读者咸服其精详，沪上女学之设，导源实肇于此"①。同年，维新派梁启超、郑观应等为求女学堂"名实相副"，执笔订立《上海新设女学堂章程》"堂中一切捐助创始及提调、教习，皆用妇女为之"②。顺势成立"上海桂墅里女学会"即中国女学会以此管理学堂事务。

二则，中国女学会的成员多是维新派女眷。据光绪二十四年四月二十八日刊登的《宪示照登》③、《中国女学会致侯官薛女史邵徽》（《知新报》第59册，1898年7月）以及《创设女学堂启附章程》中所录女学会成员的姓名可以发现，维新派女眷是中国女学会的主

---

① 经元善：《女学集说附》，朱浒编：《中国近代思想家文库经元善卷》，中国人民大学出版社2014年版，第102页。
② 《上海新设女学堂章程》，《时务报》1897年12月4日。
③ 中华全国妇女联合会妇女运动历史研究室编：《中国妇女运动历史资料1840—1918》，中国妇女出版社1991年版，第119—120页。

要组成人员,如赖妈懿(陈季同的夫人)、魏瑛(经元善的夫人)、吴弱男(吴宝初的女儿)、李闰(谭嗣同的夫人)、卢素秋(麦孟华的夫人)、康同薇(康有为的女儿)、黄谨娱(康广仁的夫人)等等。

三则,《女学报》与维新派关系紧密,一损俱损。1898 年 9 月慈禧发动政变打击维新派,《女学报》为躲避灾难,在第 8 期报刊主笔中删除康同薇(康有为女儿)等与维新派直接关联的名字,同时取消维新派组织"泥城桥不缠足会"作为代销处。

在救亡图存的时代背景下,维新派主张以报刊启智救国,女性作为智识欠缺的国民理应由文辞浅显的妇女报刊来启智,由此妇女报刊参与到了报刊发展的历史之中。报刊成为梁启超等维新派知识分子开女智的重要途径,此后也成为中国近现代历史上知识分子对妇女报刊的一种普遍且无甚异议的共识。

2. 鸳鸯蝴蝶派与妇女报刊的商业化

民国初肇,时局动荡,社会转型,政府对新闻出版业的压制,难以抑制市民对于文化的消费,尤其是情感小说。"20 世纪早期的通俗市民小说毫不羞赧地为了迎合日益庞大的商业市场而对孝等德行加以情绪化地大肆渲染。"① 作为这类小说的主创者鸳鸯蝴蝶派在上海的男女读者人数"达到四十万至一百万之间"②。民初上海的三大报刊——《新闻报》《时报》《申报》——的文学副刊基本控制在鸳鸯蝴蝶派手中,妇女报刊也不例外。

《妇女杂志》的首任主编鸳鸯蝴蝶派作家王蕴章曾在针对妇女报刊提出的办刊思想中记录了民初妇女报刊以及女性喜好小说的基本境况:"鄙意当使女报普及于一般之家庭妇女,而多载浅明有味之材

---

① [美] 林郁沁:《施剑翘复仇案——民国时期公众同情的兴起与影响》,陈湘静译,江苏人民出版社 2011 年版,第 17 页。

② Perry Link, "Tradition Style Popular Urban Fiction in the Teens and Twenties", Merle Goldman, *Modern Chinese Literature in the May Forth Era*, Harvard University Press, 1977, p. 328.

料，俾读者视之，等于一种之小说杂志。"① 另外，女学教习张芳芸对女学生耽于阅读小说的批判："盖女子粗通文义，最嗜稗官，此殆天性使然……浙江图书馆中每日来阅书者，人数寥寥，间有女子，则恒以新小说等为消遣品。"②

鸳鸯蝴蝶派经由传统文人转型而来，他们作为商业社会的雇佣者，致力于为酬劳和读者要求服务，始终迎合读者眼光来审视和调整创作。当"泛滥的情感在20世纪早期中国市民消费文化中大行其道"③时，鸳鸯蝴蝶派的情感小说正好契合读者的心理诉求和现实需要。因此，民初的商业性妇女报刊如《妇女时报》《妇女杂志》《眉语》等的主编或作者如包天笑、王蕴章、陈蝶仙、王均卿、许啸天、周瘦鹃、陈冷血等都是活跃于当时的鸳鸯蝴蝶派代表。这种同人性质，也有效地保证这些职业编辑作者的团结，以一种合力来争取外部的合法性，顺势也推动了妇女报刊的商业化发展。

3. 影像爱好者与妇女画报的诞生与发展

妇女画报作为妇女报刊的一种新的形态的诞生并发展，既与印刷、摄像、摄影等技术的发展以及都市空间的视觉现代化追求有关，同时与影像爱好者对妇女报刊的关注和革新密切联系。中国首份妇女画报《解放画报》、中国首份时尚画报《玲珑》的创办人等皆是影像爱好者。

影像是视听语言诉诸"看"的部分。在20世纪初，教育不甚普遍，识字人数少的情况下，照片、戏剧、电影等较文字的传播更为直接，且浅显易懂。诚如《解放画报》的创办人郑正秋所论，新剧或电影的手段可以"补家庭教育暨学校教育之不及"④。五四运动发

---

① 西神：《通信问答》，《妇女杂志》1917年第7期。
② 《发刊词》，《妇女杂志》1915年第1期。
③ [美] 林郁沁：《施剑翘复仇案——民国时期公众同情的兴起与影响》，陈湘静译，江苏人民出版社2011年版，第17页。
④ 郑正秋：《如何走上前进之路》，载丁亚平主编《百年中国电影理论文选》，文化艺术出版社2003年版，第153页。

生后，他基于自身记者、戏剧评论家、画报主编等多重职业体验意识到，报刊等出版物作为上海都市社会中传播最广的形式，在"涤荡社会旧染之污"，孕育新的思想、聚集集体意识、催生社会行动上，具有无可置疑的号召力。在妇女问题成为舆论核心议题时，他萌生了为女性办刊的想法，邀同为戏剧爱好者、剧评人的周剑云（后为电影公司股东）任主编，以画报的形式辅助女性解放和改造，"文言固不如白话浅显易解，文字又不如图画通俗有味……常见凡有插画的书报，无论什么人都拿到手里，总是先看图画"。于是有了《解放画报》之创办。①

《玲珑》的创办人林泽苍毕业于圣约翰大学经济系。在圣约翰期间创办了三和出版公司（《玲珑》出版兼总发行所）。虽是金融出身，但他就读的圣约翰大学，在当时几乎是上海摩登都市的微缩版。他本人也是摄影爱好者。1925 年毕业后，相继创办上海摄影学会和《摄影画报》等。1931 年，林泽苍凭借自身对于出版市场的敏锐，观测到"上海关于妇女的刊物有如凤毛麟角"②。于是便有了《玲珑》的诞生。

由此可见，妇女报刊的发展拐点由男性参与并促成，与其职业生活体验、出版眼光和革新意识是密不可分的。在近现代的妇女报刊出版活动中男性或主编或辅助。不论基于何种目的，他们推动了妇女报刊的发展，重新定位女性的社会地位，解决妇女问题，引导女性生活，为妇女解放注入了一股强有力的助推剂。

（三）徘徊在"主张"与"生意"之间

上海妇女报刊的发轫得益于国人办报办刊高潮以及妇女（女权）运动的兴起。上海妇女报刊与妇女解放运动存在着先天性的关联。但妇女报刊进入报刊市场，依然离不开资本力量的推动。因此，上

---

① 《新民图书馆宣言》，《申报》1919 年 5 月 4 日，广告。
② 《写在二周年百期纪念特刊》，《玲珑》1933 年第 20 期。

海妇女报刊的发展,始终徘徊在主张与生意之间,并且,伴随着每一次办刊高潮,形成了附加或进化,呈现出螺旋式的发展路径。

1. 妇女解放运动兴,非商业性妇女报刊兴

非商业性妇女报刊,不以营利为目的,其宗旨和目的在于宣传个人或组织的"主张",包括但不限于政治观点和意志理念,强调的是妇女报刊的媒介属性。近现代妇女解放运动旨在实现两性在教育、文化、经济、政治、社会等方面的权利平等。可以说,妇女解放运动为非商业性妇女报刊的发展提供了契机。近现代时期,妇女解放运动的兴盛与非商业性妇女报刊的蓬勃对应且正相关,大体可分为清末民初(至癸丑报灾前)、五四时期以及抗日战争初期三个时段。

戊戌变法时期,维新派知识分子扶持知识女性以上海妇女报刊为平台,禁缠足、兴女学,揭开近代妇女解放运动的序幕。辛亥革命时期,资产阶级革命派自觉肩负妇女解放运动的重任,将妇女解放与民族民主革命相联系,依托妇女报刊唤醒女性的革命意识,鼓励女性投身革命。在民国建立后至癸丑报灾之前,政治与政策助力言论与出版自由。上海妇女报刊与随妇女参政运动迎来了创刊高潮。据本书统计,自清末上海首份妇女报刊《女学报》出现至癸丑报灾前,上海共创办妇女报刊21种,商业性妇女报刊仅1种(《妇女时报》),其余皆为非商业性妇女报刊。报刊创办高潮中,在男性知识分子的支持下,大量知识女性投身于妇女报刊事业,将争取政治承认的斗争等同于争取有自己报刊的斗争,将报刊作为妇女解放的平台,反压迫、争权力的工具,以维持弱势女性群体间的交往和互动。

五四运动的爆发,将袁世凯复辟帝制、军阀政府尊孔思想等代表的封建专制制度和文化彻底置于对立面,对于社会、思想、文化革新的渴望迅速地成为一种意识形态上的规范力量,沉寂了数年的妇女参政运动全面复兴,上海妇女报刊复又作为舆论宣传的主要媒介工具,非商业性妇女报刊大量出版。据本书统计,1919—1927年间上海新办妇女报刊约24种,非商业性占绝大多数,商业性妇女报

刊约 4 种。① 不论上述报刊采用何种形式、何种立场，都围绕妇女解放运动，以塑造新女性为内容，为女性的教育平等、经济独立、人格自主贡献了力量。

1937 年抗日战争爆发，上海一度成为抗战宣传中心，"日刊、周刊、旬刊、半月刊，约略估计，至少有几打"②。其中，也包括妇女报刊。除了当时成立的上海战时妇女社、上海战时联合旬刊社等应时而现的抗战机构编辑出版《战时妇女》《妇女生活》等妇女报刊宣传抗日外，上海的高校以及民营出版机构也号召妇女投身抗日，如复旦大学组织出版《女兵》，三和出版公司的摩登画报《玲珑》刊登宋美龄的《国民牺牲精神与女界责任》响应政府号召鼓动妇女"牺牲自己的一切来救国"③。妇女将谋求自身解放融入民族救亡的潮流中，积极投身抗日救亡，其举措包括："救护伤员、宣传防毒防空常识、汇集银钱药物到前方去慰劳将士，劝告无知的人民勿听信汉奸的谣言，救济战地被困的妇孺，宣传抗战的理由与敌人侵略的暴行，组织剧团到农村去唤醒乡民……她们有钱的出钱，有力的出力。"④

2. 妇女解放运动沉寂，商业性妇女报刊兴

商业性妇女报刊，以盈利为目的，与政治较为疏离，其宗旨和内容随时代和读者需求而变。在近现代上海妇女解放运动相对沉寂的时期内，上海妇女报刊主要以商业性妇女报刊的形式出现。

民国初年癸丑报灾至五四运动前，非商业性妇女报刊几乎噤声，唯有商业性妇女报刊《妇女时报》以及基督教妇女报刊《女铎》维持发行。目前虽缺乏史料直接证明非商业性妇女报刊因参政话语等而被迫停刊，但依照其停刊的时间来判断或多或少与报灾有关。另

---

① 1919—1927 年上海妇女报刊存世不全，有些妇女报刊仅知其名，而不能见其貌，所以只能依靠刊名以及相关辅助资料进行判断，存在一定的误差。

② 《发刊词》，《上海妇女》1938 年第 1 期。

③ 宋美龄：《国民牺牲精神与女界责任》，《玲珑》1935 年第 5 卷第 29 期。

④ 《全国妇女起来吧》，《玲珑》1937 年第 7 卷第 29 期。

外，1914—1918年间，袁世凯政府的独裁统治日益加强，不仅出台一系列压制言论自由的政策法规，同时对于女性的社会参与也明令规定："至女子，更舍家政而谈国政，徒事纷扰，无补治安。"[①] 以此阻断女性与政治的关联。恰逢此时，经由女校开蒙的知识女性逐步成长为阅读群体。[②] 报业与民营资本联姻，资本实力壮大。[③] 应时需，位居政治夹缝中生存的民营报刊与女性结盟。1914—1918年上海新创办的妇女报刊无一不具有商业性。这些商业性妇女报刊受制于政策，可分为专业性（文艺）以及综合性两类。但这些妇女报刊基本延续《妇女时报》的办刊理念和模式，同质化程度较高。1916年后国内军阀混战导致纸张等系列原料价格不断走高，商业性妇女报刊难以维持，相继因"费绌"而脱刊、停刊。

1927年后，妇女解放运动进入落潮期。"四一二"政变后，上海归属南京国民政府管理，中国共产党领导的妇女解放运动被严厉限制。虽然，此时的上海，因都市化进程加快，社会对出版物的需求加大，新闻出版业迎来了黄金十年，妇女报刊也顺势大力发展。但国民党当局发布了大量的新闻规制政策，非商业性妇女报刊因资金难筹和政治围剿，办刊经营艰难。而商业性妇女报刊因与政治疏离，资金实力相对雄厚，而逐渐成为上海妇女报刊市场主体。

抗日战争时期和解放战争时期，上海的政治生态急剧恶化，物质极为匮乏，经济萧条，妇女解放运动不论在日伪政府或者国民党政府统治下都处于禁列。1938年后，不涉及"政治与主义"的女性议题一度被允许，至1945年抗日战争胜利前上海出现过21种妇女报刊，仅5种发行时间超过1年。至解放战争爆发至新中国成立前，上海的报刊

---

① 《袁世凯颁布教育宗旨令》，中国第二历史档案馆编：《中华民国史档案资料汇编》，江苏古籍出版社1991年版。

② "盖女子粗通文义，最嗜稗官，此殆天性使然……间有女子，则恒以新小说为消遣品。"《发刊词》，《妇女杂志》1915年第1期。

③ "民初上海民营报刊，在经济上占据了上海报业传媒市场的大半壁江山。"参见陈昌凤《中国新闻传播史：传媒社会学视角》，清华大学出版社2009年版，第173页。

出版业濒临绝境，上海妇女报刊也难逃厄运，10种妇女报刊中仅4种报刊出版超过3个月。战时上海政治话语空间狭小，上海妇女报刊与妇女解放运动的联系被切断，上海妇女报刊多数以商业性妇女报刊的面目出现，借助宗教和民营资本力量维持，但战时通货膨胀致运营资金严重匮乏，上海商业性妇女报刊也是命悬一线。

3. 发展中的分歧与缠绕

经由上述，我们会发现一种有趣地缠绕着的分歧：一种崇尚"主张"，强调正统理想，多以"天下兴亡，匹妇有责"将女学、母职封装在救亡图存的国族复兴理想蓝图里；另一种偏向"生意"，将女性的私域作为卖点，向女性兜售情感、时尚、实际生存技能等。这种缠绕着的分歧几乎出现在每一份女刊上，只是比例和结构不同。非商业性女刊，"主张"的比例高，结构方面偏重论说、新闻、文艺（诗词、传记、小说）等。商业性女刊，"生意"的比例高，结构方面偏重文艺、家政、手工等内容。

这种缠绕的出现，是历史语境下重塑女性的反映——生物学和文化意义双轨推进。其出现之初，处于晚清国族主义、女权主义等多重话语构建的历史语境之中，而这些话语本身的边界和意义处于争议之中，无法给予以群体形式初入外空间的女性一套可以遵循的"得体"模式，甚至不得不在传统中寻求转换性创造。譬如正统理想中将对男性的要求套用到女性身上。《女子世界》主编金一在其女权论著《女界钟》中指出要将女性教成"思想发达，具有男性之人"，"体质强壮，诞育健儿之人""改造风气，女性先觉之人"以及"德性纯粹，模范国民之人"。再如精英女性也自觉参与到了这一主流话语的建构之中，如对传统才女文化的批判："充斥于闺房，春花秋月之词，缤纷于词赋楮墨，不知国家为何物，兴亡为何事，土地日削，置若罔闻。"[①] 我们会发现，在早期的妇女报刊中，所要解决的问题并非单纯地兴女学，而是如何将国族意识灌入母职女责的概念之中。

---

① 何香凝：《敬告我同胞姊妹》，《江苏》1903年第4期。

在市场和资本进入之后，推动了妇女报刊更广泛地传递，传统性别秩序松动成为可能，"女性作为一种社会组织范畴出现"①，女性的实际需求受到关注。上海因商而兴，没有传统严格的等级制度，自然也没有乡村社会的稳定性以及预设的身份、社会关系等。建基于传统儒家制度的知识体系无法回应城市的这种复杂性和流动性，自然也失去了其原来的权威性，对于女性生活的规训也因此松动而重新回到女性生活的实际需求之中。譬如，缫丝的女学生，栏目中的歌谱时尚的穿着与家务新知等等。但资本的进入，并没有阻断正统理想与私域叙事间的缠绕和拉扯。五四时期激进的知识分子，通过攻击家庭——社会等级制度在生产的场所，将女性从家庭中剥离出来，直接纳入新国民的叙事之中。从某种程度上说，是对清末正统理想的再更新。而战时特殊的境况，又让崇尚"主张"与偏重"生意"的妇女报刊再度异频同现、相互撕扯。

妇女报刊是符号，也是商品。徘徊于"主张"和"生意"之间的妇女报刊将原本隐匿的复杂的社会世界及其意义变化呈现了出来。在正统理想的另一面，女性的个体声音和琐碎日常是如何进入公共的场域中，她们如何以其身体性与感觉性、感知与想象、思维与实践，进入彼此的相互联系之中，打破边界，构造复式的女性话语空间。

四 近现代上海妇女报刊的历史贡献

历史本身复杂，并非线性的，断裂是一种常态。当我们聚焦于断裂之处——时间的缝隙和空间的夹缝中，我们会发现更多细节更趋完整的历史。妇女报刊之于报刊史也是一样，其以散点化的状态

---

① ［美］高彦颐：《闺塾师：明末清初江南的才女文化》，李志生译，江苏人民出版社2022年版，第45页。

在历史的夹缝中发出点点微光。但通过这点点微光,并以其为主体重看近现代上海报刊史时,我们会发现报刊史的另一面,以及一种进入后来人头脑中的概念——妇女报刊。

(一) 从缺席到在场:作为女性的话语空间的妇女报刊

"女性的位置不是一个隔离的生存空间或存在领地,而是居于社会整体存在中的一个位置。"① 将男女归于相互隔绝的空间,通常反映的是父权制的愿望,而不是真实的社会现实。对女性话语空间的发现,并不旨在与男性争夺话语权,或强调作为一个特殊空间,更多的是复原和呈现,以妇女报刊为表征的女性的话语空间在社会空间之中有一席之地。

"内言不出,外言不入"帝制中国的典章制度《礼记·内则》将"言"以空间划分为内与外,并禁止其流动。这成了帝制时期内外空间言论界限的某种例证,甚至逐渐演化为一种社会习俗和性别律法,构筑起内外言间的高墙。譬如,"中国妇德,向守内言不出之戒,又不欲以才炫世"②。

至明清时期,坊刻的发达和女性的参与,渐渐使得支撑内外的秩序处于"紧张的十字路口"。晚明女性以作者兼读者的身份出现在外领域,她们运用读和写的创造性行动,通融于家庭与公共界限及想象与现实的细线之间。③"盛清时代的妇女只以诗词来讲话,也没有任何组织会设法让她们的话受到读者的关注。那些盛清时期中国的市民文化提供的笔墨纸张和印书的雕版将单个妇女的词句和思想传递到最广泛的潜在的读者之中——这些受过传统榜样训练的读者

---

① John Kelly: *Women, History and Theory: The Essays of Joan Kelly*, University of Chicago Press, 1984, p.57.

② 李舜华:《"女性"与"小说"与"近代化":对明以来迄晚清民初性别书写的重新思考》,《明清小说研究》2001年第3期。

③ [美]高彦颐:《闺塾师:明末清初江南的才女文化》,李志生译,江苏人民出版社2022年版,第42、47页。

会仔细阅读妇女的话。"① 得益于笔墨纸张和雕版印书构筑的新空间，女性的诗词得以通过闺阁高墙而传播。但，物质性媒介帮助女性穿越之"言"，也是需要一定文化资本才能习得的诗词。"能诗者不知凡几"② 在一个大多数人都是文盲的社会中，会作诗词的女性，以及能阅读的女性数量都是少量的。

至1898年《女学报》问世后，女主笔之一潘璿以破旧立新的姿态直言，经由白话女刊将封堵内言、外言的墙体打通："从来没有我们本地女子，设立报的……这堵旧围墙，竟冲破打通了，堂堂皇皇地讲论女学。女主笔岂不是中国古来所未有的呢，我们现在竟直认不讳，亦畅快极了。"③《女学报》所以能称打通旧内外言高墙，因其分有论说、新闻、征文、告白四个栏目，囊括女学、家政、婚姻以及性别平等诸多"内言"方面。即，《女学报》将此前不能与外人道的"内言"以及不能与内人道的"外言"统合在了一份刊物上，可随意撷取。以《女学报》打破内外言界限的做法为基调，后续妇女报刊的复制、接续和发展，实质生产出了一个属于女性的话语空间。

从缺席到在场，这一被生产出来的空间，记录着女性社会生活的同时性与共时性状态，也记录着历时性秩序和女性意识生产的历史过程。当然，可以肯定的是，在女性教育并不普及的状态下，女性空间的存在意义，不在于可量化的价值，譬如增进了多少女性智识。而是，其给当时的社会生活带来的冲击，以及所传递的意义——"她们的旅程，是一趟寻求个人救赎与国族救赎的豪情旅程。"④ 经由她们的政治参与、两性憧憬和自我实现，我们发现了属

---

① 曼素恩：《缀珍录：18世纪及其前后的中国妇女》，江苏人民出版社2022年版，第294页。

② 李舜华：《"女性"与"小说"与"近代化"：对明以来迄晚清民初性别书写的重新思考》，《明清小说研究》2001年第3期。

③ 潘璿：《论女学报的难处和中外女子相助的理法》，《女学报》1898年第3期。

④ "The Female Body and Nationalist Discourse," in Inderpal Grewal and Caren Kaplan eds., *Scattered Hegemonies, Postmodernity and Transnational Feminist Practices*, ed. Minneapolis, MN: University of Minnesota Press, 1994, pp. 37–62.

于女性的存在于历史主流声音之外的空间。

（二）从"解放"到自主：重新认识妇女报刊中的女性主体性

历史本身复杂，发生过程中并没有主角。惯常的妇女解放论述，很容易束缚我们对于历史真实的想象。在箴言式的论断——中国女性的历史是一部被奴役的历史，①辅以"三从四德"等伦理准则的佐证下，妇女史书写无不带有女性受害形象。这种根深蒂固不可避免地传递着中国性别体系建立在强制和蛮横压迫的基础之上。②但，任何一种性别体系得以长期延续，必然不是简单的二元对立可以作为结论的，其中存在着性别权力的变化，理想准则与生活实际的缝隙等多重复杂性。对这种复杂性和缝隙的发现并呈现，还原的是女性真实的历史存在。

1. 性别中的"解放"与自主

因女性被奴役而反对奴役、寻求解放，是妇女报刊的发展中类合法性的办刊缘由。如清末时期《神州女报》"壬癸之交，中国女界，晦盲否塞，时则有放一线光明，为朝阳之鸣凤者，曰陈女士之女学报。"③五四时期《解放画报》主编周剑云所言，"我以为妇女解放，有两扼要语，就是'与男子受同等教育，以谋经济独立'"④。十年相对稳定时期间《玲珑》创办人林泽苍直言："上海关于妇女的刊物有如凤毛麟角，所以便想办一个完全的妇女刊物，想一般想说而没有机会的妇女，得到一个发表意见的地方。"⑤至孤岛期间则更甚，被压迫的封建女性形象，成了受屈辱的一个缩影，被赋予强

---

① 陈东原：《中国妇女生活史》，台湾商务印书馆1990年版。
② ［美］高彦颐：《闺塾师：明末清初江南的才女文化》，李志生译，江苏人民出版社2022年版，第9页。
③ 《神州女报发刊辞》，《神州女报》1907年第1卷第1期。中华全国妇女联合会妇女运动历史研究室编：《中国近代妇女运动历史资料（1840—1918）》，中国妇女出版社1991年版，第292—294页。
④ 《周剑云答复〈女子解放与服装的讨论〉》，《解放画报》1920年第6期。
⑤ 《写在二周年百年纪念特刊》，《玲珑》1933年第20期。

烈的民族主义情绪，"沦陷区内，妇女在各方面受祸最惨最烈，尚有几分言论自由的上海租界，她亦遭到摒弃"①。经由这些常见的缘由阐述，我们会认为妇女报刊所以能改善女性生存状态是因为：赋予女性主体性，赋予其话语空间。换言之，女性的权力是被赋予的，如此才让更多被遮盖、被束缚、被掩埋的女性解除枷锁，得以"浮出历史地表"。但，却有意或无意中加深了封建的、父权的、压迫的"中国传统"。杜赞奇甚至认为，近代中国国族主义与传统父权制相结合，形成了一种国族父权制（nationalist patriarchy），女性则被封装在"为了国家而被解放，被国家解放；她们具化国家，而不是作为主动的行为者去塑造它"②。这并非历史真实，而是"意识形态与政治传统罕见合流的结果"③。

　　事实上，女性并不"沉默"也不被动，女性本身也是动因。譬如，清末女报风气未兴，出现了以一人之力主持报刊的陈撷芬。其所办《女报》，附在《苏报》馆内，随《苏报》附送，不取分文，"为感发天下女子向学之心"④。再如秋瑾，为使粗通文辞的女性能看懂报章，即使财力未充，也办白话女报，"奔走呼号于我同胞诸姊妹，于是而有《中国女报》之设"⑤。在《中国女报》因多重因素停刊后，秋瑾所在的留日女学生群体依然活跃于"集团体—办报刊—救女性—救国"的道路上。据统计，清末赴日女留学生虽占中国留日学生的1%，但却成为女性办刊的中坚力量，陆续发起6个组织，出版7份报刊。《中国女报》也是这一群体为女权奋进的意识和观念的体现。我们当然可以认为，这些女性凤毛麟

---

① 碧瑶：《一年来上海妇女读物总检讨》，《上海妇女》1939年第6期。
② Prasenjit Duara, "The Regime of Authenticity: Timelessness, Gender, and National History in Modern China," *History and Theory*, Vol. 37, No. 3 (1998): 298.
③ ［美］高彦颐：《闺塾师：明末清初江南的才女文化》，李志生译，江苏人民出版社2022年版，第4页。
④ 转引自夏晓虹《晚清两份〈女学报〉的前世今生》，《现代中文学刊》2012年第1期。
⑤ 《发刊辞》，《中国女报》1907年第1期。

角，但她们的个体行为并不限于点对点影响，而是点对面。她们记录并传播的女性群体并不在少数。譬如《女报告白》中所呈列的："各省各国妇女，无论现在、已故，如有奇才绩学，苦志异形者，凡其亲族知友，均可代为阐扬，或作为传赞，或付之歌咏，或仅叙事实，由本报润色，均无不可。"① 相较于口头传播，印刷技术实现了远距离长时间迁移。使得这种迁移发生的正是女性的主体性。不仅让妇女报刊大量可见，也让女性生活可见。这种可见和流动，打破了物理闺阁的空间限制，开辟了属于女性的文化和社会空间。再如，孤岛期间的上海，日军及其扶持的伪政权不断发布检查密令，查禁、捣毁报社，暗杀、威胁记者报人，大量报人文人后撤内地。艰难生存下来的《上海妇女》组织起女性编委，其中既有中共地下党员，也有不少与党有密切关系，身份一经曝光异常危险。但，这群女性依然选择以伪装的形式坚持，如主编蒋逸霄（前《大公报》女记者）所言："万一被乱石碎砖，或荆棘野草绊住了脚而不幸摔倒了，要爬起来更勇敢的向前走。假如实在被障碍得走不通，那末只有放弃旧道路再寻新途径。"② 相似的例子，在妇女报刊发展史上存在很多。

    我们可以发现，将女性作为主体视角，观察其于体系内的演练和资源调配时，其灵活地经营着自身话语空间——并不直接挑战或攻击由统治权力意识形态所规定的准则，而是迂回地表达观点以吻合准则。这种表达往往掩盖在复杂的通融过程以及女性色彩斑斓的生活实际之中，而她们的表达行为使其在公众领域的能见度提高。

    2. 超性别复杂博弈

    自然性别是一种区分的基础，但在报刊所构筑的话语空间中，

---

① 转引自夏晓虹《晚清两份〈女学报〉的前世今生》，《现代中文学刊》2012年第1期。

② 蒋逸霄：《本刊出版一周年》，《上海妇女》1939年第12期。

并不以自然性别作为区隔的唯一标准。从国族救亡、废缠足、兴女学、两性平权到性解放、独立自主，掌握话语权的女性依托这些现代标签，不断建立价值阶序，形成新的等级分层。在这类界定中，认同上述标签并活跃于公共空间中的女性，相较困守家中不识字、只关注家长里短的女性，以及追求摩登奢靡生活的女性处于更高的位阶。这种同性之间的位阶排序，不仅存在于中国女性之间，还存在于异国女性比较之中。前者如秋瑾在《中国女报》中称，"中国女界""无是非，无闻见，无一切人间世应有之思想、行为，等等"①。后者如日本女作家佐藤俊子称其办《女声》是为解救中国妇女"中国的妇女痛苦得很。因为她们的知识太浅。我们应该多多帮助她们"②。

除此以外，还存在不同政治立场、资本、性别话语权力间的让渡与博弈。以创刊于1933年拥有近两万读者的《女子月刊》为例。该刊立志于不党不群"从言论上唤醒同胞，从智识上开发同性"③却在几易主编的过程中博弈不止，是近现代妇女报刊中主编更替最多的。创办人黄心勉因病过世后，由任职于校对、编辑岗位的陈爱升任主编。但陈爱担任主编短短一年便离开了。陈爱在给赵清阁的信件中说，之所以离开，是因为黄心勉死后，自己只是挂名，"全盘稿件都是由姚（名达，黄心勉丈夫）搞的"④。而后由复旦大学高才生封禾子接任，实质由阿英负责，"阿英同志是执行当时在上海的党组织的指示，占领刊物这个阵地"⑤。在刊物一度失去了原初的立场的时候，姚名达正式接任主编，并以一篇《让我说》表达万难境况。

---

① 《发刊辞》，《中国女报》第1期，1907年1月14日。
② 佐藤俊子：《知識層の婦人に望む 日支婦人の真の親和》，《婦人公論》1939年3月号，第282—283页。
③ 黄心勉：《女子书店的第一年》，《女子月刊》1933年第2期。
④ 赵清阁编：《沧海往事 中国著名作家书信集锦》，上海文艺出版社2006年版，第196页。
⑤ 凤子：《回忆阿英同志》，《阿英纪念文集》，晓光主编，中国戏剧出版社2000年版，第127页。

这种不断变化的过程所反映出的不是单纯的反抗或沉默，而是充满争执和妥协，在理想化理念和现实实践中围绕立场、资本、性别等不断徘徊博弈的一种极为复杂的关系。

综上，历史的偏见，常来源于非历史的偏见，包括混淆了类合法性规定和经历过的现实，模糊了性别动力以及社会关系。纠偏，不仅需要回归到历史真实中，还需要用双重焦点——女性主体视角和历史实际视角反复对照。打破一种机械化的角度，即在解放的指标下考察女性地位的上升或下降。还要考虑另一层面的问题，即女性如何让妇女报刊存在于近现代。这并非性别或知识权力的让渡或者转换，以及女性资本、消费女性等可以简单阐释的，而是要考察包括情感变化等在内的流动性变化，审视沉默但却发挥实际作用的话语实践，以及女性自我如何经由报刊与时代互动，才能理解相互渗透、合流的复杂性，以及复杂多面的主体性。

（三）从延伸到回归：作为媒介的上海妇女报刊

世界在知识以前，知识常常言说世界。女性与妇女报刊的关系也是一样。女性的存在远远早于妇女报刊。那么，倘若妇女报刊只是对女性生活的复制，妇女报刊为何要存在？尤其，在妇女报刊言说女性之前，大众报刊上有女性的身影，女性也阅读大众报刊。如此，问题又回归到了妇女报刊为何要在上海被创造出来？

1. 延伸：传播知识的媒介

妇女报刊出现之初，女性在实际生活中确实并不需要它。但这并不妨碍妇女报刊以"教科书"的角色在女性群体之间流动。这种流动的发生，并不一定是出于女性群体本身求知求识的愿望，更大程度上是国族救亡语境下的"被需要""僻处深闺，不能知道外事，又没有书报，足以开化智识思想"[①]。在近现代时期，国族救亡已经成为一种背景性话语刻印在各类报刊的底版上。而上海恰好就是这一底版的生

---

① 秋瑾：《敬告姊妹们》，《秋瑾全集笺注》，吉林文史出版社2003年版，第377页。

产地。而后,从"教科书"过渡到"新生活方式的指导手册"的过程中,妇女报刊始终难以避免地以训导者的姿态教育女性——如何以国族需要的方式去生活,去"成为妇女"。这一"成为"已然超越了自然生理属性,而具有了文化和政治意义。恰如,本来生存于陆地上的妇女被突然置于海洋之中,而其存活下去需要类似于舟楫的媒介。当然,可以作为舟楫的媒介并不限于妇女报刊。只是,相较于价格高昂的女学堂以及晦涩难懂的大众报刊图书,文辞浅显且囊括时尚潮流、家务新知的妇女报刊可以视为一种平替。

同时,知识的传播,不仅是知识本身的流动,也包括知识载体及其携带的"地方"的流动。在从上海传递到全国的过程中,妇女报刊自觉或不自觉地传递着"地方"。譬如,不论是出于广告的目的或者畅销的喜不自禁,发行量大的妇女报刊都会在内页刊载分销所。最早的商业性妇女报刊《妇女时报》于刊内罗列30余处分销所。这一分销所的罗列,在一定程度上划分着上海与其他地方。再如,妇女报刊还会出现在上海以外地区的报刊之中,以一种他者的视角区分着"地方"。《湘报副刊》载:"民国十一年一年内,我们还可以看见妇女运动的遗迹。如《妇女声》在湖南能销行到几千份。"[①] 套用《对空言说》中杜威的名言,"地方""不仅因传输(transmission)和传播(communication)而存在,更确切地说,它就存在于传输与传播中"。

经由本地向他乡传递的过程中,"地方"除了显现在妇女报刊的出版地址,还呈现在内容之上。譬如,《玲珑》的封面和内页中有近千余名女性以自己的身体呈现着都市的摩登。这在内地是罕见的。毕竟登于书报相当于"贡万人观瞻",一般守旧人家或待字闺中的"不肯以色相示人"[②]。在流通的过程,这种呈现成为区别于当地的

[①] 周毓明:《湖南妇女运动之过去与将来》,《湘报副刊:湖南学生联合周刊》1924年第8期。

[②] 包天笑:《钏影楼回忆录》,中国大百科全书出版社2009年版,第360页。

"地方",也成了意识到"地方"存在的方式。而意识到"地方"一方面可以帮助他乡的人们去界定某个事物与物品提供背景,另一方面,也会给予当地人源于地方的认同。这种地方的意识,在很大程度上强化了上海作为近现代妇女报刊中心城市,领全国妇女报刊之先的观念。

2. 回归:连接女性的媒介

在象征层面,妇女报刊的出现,是言说女性——对女性的重新发现,也是女性获得话语权的体现。在实际层面,妇女报刊的流通,才是其得以存续的根本。这种流通的发生,在物理层面上以连接女性为目的——既有作为宣传媒介的派发,也有作为商品的购买;在精神层面上,以影响女性为目的——既有国族宏大叙事,也有女性私欲叙事。不论是前者还是后者,妇女报刊都成了专为连接女性群体的媒介。如此,不论诞生并发展于上海的妇女报刊是社会达尔文主义之下的产物,还是女性群体自主的发声平台,都回归到了:妇女报刊是一种连接女性的媒介。

连接女性,并不只是物理层面上的接触,而是连接以物理状态发生非物理的效果的女性意识。从这个角度而言,女性的身体也成了一种媒介。当我们将作为媒介的女性身体与连接女性意识的媒介——妇女报刊并置时,我们实质与悠远的传统再次对接起来,回归到了自然状态下,人作为媒介与物作为媒介之间的关系之上。这种关系的强调,让我们以一种新的通道去看待妇女报刊,即一种观念如何以媒介化成为一种力量。这种力量让人相信,让人去将其"兑现成物质性"[①]。而这种"物质"的积累,不仅是量变到质变的基础,让其得以延续发展的根基;也是让女性回归到了本来的历史之中的中介。毕竟,报刊构筑的现实并非真实现实,妇女报刊的存在本身可以填补构筑现实中的性别失衡。

---

① [法]雷吉斯·德布雷:《普通媒介学教程》,陈卫星、王杨译,清华大学出版社 2014 年版,第 29 页。

从这个角度而言，对近现代上海妇女报刊的历史贡献的发掘，并非在于"根据现在的需要收集业已扩散的历史，或者从历史中寻找有利于己的东西"①，而是去发现历史的多重面向，让历史回归到本来的复杂性之中。

---

① ［美］杜赞奇：《从民族国家拯救历史：民族主义话语与中国现代史研究》，王宪明、高继美译，江苏人民出版社2009年版，第2页。

附 录

近现代上海妇女报刊一览表
(1898—1949)

报刊名称	刊行时间	刊期	创办者或主编，编辑部
女学报	1898.8—1899.10	旬刊	中国女学会
女报（女学报）	1902.12—1903.2	月刊	陈撷芬
女子世界	1904.2—1907.12	月刊	丁初我、秋瑾等，上海小说林
女岳花	1904		王妙如
女界月刊	1906.7	月刊	曾孟朴
新女子世界	1907.6	月刊	陈勤（秋瑾与陈志群合称）
中国女报	1907.2—1907.4	月刊	秋瑾
神州女报	1907.12—1908.12	月刊	陈志群
天足会报	1907.12—1908	季刊	沈仲礼（上海天足会）
女报	1909.1—1909.12	月刊	陈志群、谢震
女学生杂志	1909	月刊	杨白民
女学生	1910.3—1912.3	年刊	尹锐志，上海城东女学社
妇女时报	1911.6—1917.5	不定期	狄葆贤，上海有正书局
女铎	1912.4—1951.2	月刊	［美］乐亮月、李冠芳、刘美丽、广学会
女权	1912.5		张亚昭
中华女报	1912.9	周刊	汤云秋
神州女报	1912.11—1913.7	周报	张汉昭、汤国梨、谈社英、杨季威，上海神州女界协济会

续表

报刊名称	刊行时间	刊期	创办者或主编，编辑部
民国女报	1912.12	半月刊	刘舜英，上海女子参政会
女权月报	1912.12		文典、乐勤、滋生、冷亚
万国女子参政会月刊	1913.3—1913.6	月刊	上海万国女子参政会
万国女子参政会旬报	1913.4—1913.6	旬刊	张汉英、陈德晖
眉语	1914—1916.3	月刊	高剑华
女子世界	1914.2—1915.7	月刊	天虚我生（陈蝶仙）
香艳杂志	1914—1915	月刊	王文濡，上海中华图书馆
妇女杂志	1915.1—1931.12	月刊	王蕴章、胡彬夏、章锡琛等
中华妇女界	1915.1—1916.6	月刊	中华书局
女子杂志	1915.1	月刊	上海女子杂志社编辑，广益书局
家庭杂志	1915—	月刊	上海家庭杂志社
女青年报	1916.12—	季刊	上海基督教妇女青年总会
新妇女	1920.1—1921.5	半月刊	上海新妇女杂志社
解放画报	1920.5—1921.10	月刊	新民图书馆
妇女趣闻丛报	1921.4	丛报	上海华文图书馆
妇女声	1921.12—1922.6	半月刊	李达
女青年（月刊）	1922.1—1937.7	月刊	上海基督教女青年会全国协会、张采苹、蔡葵
女国民（月刊）	1923.2	月刊	上海女子参政会
节制（季刊、月刊）	1922.2—1931.1	季刊、月刊	上海中华妇女节制协会、刘王立明
妇女合作专号	1924.1	专号	复旦大学平民社
女子日报	1925.8		梁孟
女人周报	1925.11—1926.12		王鸿义、叶国英等
中国妇女	1925.12—1926.12	旬刊	杨之华、贺敬挥
紫罗兰	1925.12—1930.6	月刊	大东书局，周瘦鹃
新女性	1926.1—1929.12	月刊	章锡琛
民星（原名女星）	1926.3	月刊	上海广学会，薄玉珍
女人	1926.5—1926.9	半月刊	上海小型出版社编行
光明	1926.6—1926.8	半月刊	中国济难会
女子日报	1926.9		刘王立明

续表

报刊名称	刊行时间	刊期	创办者或主编，编辑部
女伴	1926.10—1927.4	半月刊	女伴半月刊社
闺友	1926.10—	周刊	闺友周刊社
婚姻	1926.12—1927.1	半月刊	婚姻半月刊社
花木兰	1927		花木兰杂志社
新女权	1927	三日刊	沈玠良、蒋墨娱、高晴云
现代妇女	1927.10	月刊	现代妇女社
妇女运动	1927.7	旬刊	国民革命军第二路军总指挥部妇委会，谈社英
女光	1928.1—1930	周刊	黄一鹤
妇女战线	1928.3—1928.5	月刊	上海妇女战线月刊社
今代妇女	1928.6—1931.7	月刊	今代妇女社
现代女性	1928.7		上海现代书局
上海妇女	1928.8		上海特别市妇女协会
女朋友们	1929.1		女朋友杂志社
妇女共鸣	1929.3—1944.12	（半）月刊	陈逸云、谈社英、王孝英
女作家杂志	1929.9	季刊	张若谷
中华基督教女青年会会务鸟瞰	1930.5—1937.3	月刊	中华基督教女青年会
玲珑	1931.3	月刊	玲珑图画月刊社
女学生	1931.10—1931.11	月刊	上海女学生社
女星（月刊）	1932.1—1941.5	月刊	上海广学会
德音	1932.4		上海私立崇德女子中学
妇女生活与甜心	1932.6—1933.6	三月刊	陆浩荡、胡考
妇女之光	1932.2	周刊	上海妇女之光社
女声	1932.10—1948.1	（半）月刊	刘王立明、王伊蔚
妇女月报	1932.10—1932.11	月刊	上海妇女月报社
女朋友（画报）	1932.11—1933		胡考
摩登周报（画报）	1933.1		胡憨珠、郎静山
女子月刊	1933.3—1937.7	月刊	黄心勉、封禾子、高雪辉

续表

报刊名称	刊行时间	刊期	创办者或主编，编辑部
现代妇女	1933.4	月刊	上海现代妇女社
妇人画报	1933.4—1937.7	半月刊、月刊	上海妇人画报社
现代女性	1934.7	月刊	上海今日学艺社
中华妇女节制会年刊	1935.1	年刊	凌集熙
妇女月报	1935.3—1936.6	月刊	上海妇女教育馆
新女性	1935.5—1937.5	半年刊	上海民立女子中学学生自治会
女神	1935.5	月刊	严次平
妇女生活	1935.7—1941.1	（半）月刊	沈兹九
妇女大众	1935.11		妇女大众社
上海妇女教育馆专刊	1936.4		上海妇女教育馆
伊斯兰妇女杂志	1936.5		伊斯兰妇女杂志
女性特写	1936.5—1936.7	月刊	中国图书杂志公司特写出版社
舞园	1936.7—1937.7		舞园杂志社
妇女文化	1936.8	月刊	上海妇女文化社
新妇性	1936.9	半月刊	上海友安舞市联合出版社
电影与妇女	1936.11	周刊	电影与妇女周刊社
妇女知识	1937.1—1937.5	半月刊、月刊	妇女知识杂志社
女学生	1937.1		上海女学生杂志社
主妇之友	1937.4—1937.8	月刊	上海主妇之友社
战时妇女	1937.9—1937.11	周刊	上海战时妇女社
妇女生活	1937.9—1937.10	旬刊	上海战时联合旬刊社
女兵	1937.10	旬刊	复旦大学
妇女家庭	1938.1	半月刊	妇女与家庭杂志社
上海妇女	1938.4—1940.6	（半）月刊	蒋逸霄、姜平
妇女	1938.5—1938.9	半月刊	妇女半月刊社
孤岛妇女	1938.6—1939.2	双月刊	孤岛妇女社

续表

报刊名称	刊行时间	刊期	创办者或主编，编辑部
海关妇联年刊	1938	年刊	海关妇联
舞场特写	1939.1—1939.9		虹影、白微
中国妇女	1939.2—1941.12	月刊	朱素萼、濮大江
职业妇女	1939.3		杜君慧
妇女文献	1939.4		上海文献社
舞声电	1939.6		龚月雯
家庭与妇女	1939.9—1941.1	半月刊	王培真、龚月雯、丁禾菲
慈俭妇女	1940.1—1942.2	月刊	中国妇女慈俭会
上海女青年	1940.3—1940.5	月刊	上海基督教女青年会
妇女界	1940.3—1941.12	半月刊	上海五洲市报社
大地女儿	1940.7—1941.7	月刊	王丹
新女性	1940.11—1941.1	月刊	上海新女性杂志社
中国女医	1941		中国女医杂志社
妇女周报	1941.7	周刊	妇女周报社
妇婴卫生	1941.11		妇婴卫生杂志社
女声	1942.5—1946.1	月刊	[日] 佐藤俊子、关露
时代妇女	1942.12	月刊	中国图书杂志公司
紫罗兰	1943.4—1944	月刊	周瘦鹃
上海妇女	1945.10—1945.11	月刊	上海妇女月刊社、濮大江
前进妇女	1945.10—1945.12	月刊	上海前进妇女月刊社
家	1946.1—1950.7	月刊	上海家杂志社、黄嘉音
妇婴卫生	1946—	月刊	上海大德出版社、杨元吉
今日妇女	1946.4—1946.11	月刊	上海今日妇女月刊社、俞明昭
新女型	1946.5		上海新女型图画杂志社
少女	1946.6—	月刊	上海第一编辑公司、陈蝶衣、韦茵
伉俪	1946.6—1948.10	月刊	伉俪月刊社、吴好好
女青年	1948.1—1949.8	月刊	上海中华基督教女青年会全国协会
新民主妇女	1949.6—1949.8	月刊	上海新民主妇女委员会

参考文献

（一）史料汇编、史志、日记、回忆录等

阿英：《晚清文艺报刊述略》，古典文学出版社1958年版。

包天笑：《钏影楼回忆录续编》，大华出版社1973年版。

包天笑：《钏影楼回忆录》，中国大百科全书出版社2009年版。

陈东原：《中国妇女生活史》，台湾商务印书馆1990年版。

陈元晖主编：《中国近代教育史资料汇编——学制演变》，上海教育出版社2007年版。

程谪凡：《中国现代女子教育史》，中华书局有限公司1936年版。

狄葆贤：《平等阁笔记》，凤凰出版社2015年版。

丁守和：《辛亥革命时期期刊介绍》，人民出版社1982年版。

丁文江：《梁启超年谱长编》，上海人民出版社1983年版。

段本洛等：《苏州手工业史》，江苏古籍出版社1986年版。

方汉奇：《中国近代报刊史》，山西教育出版社1991年版。

方汉奇：《中国新闻事业通史》，中国人民大学出版社1999年版。

戈公振：《中国报学史》，岳麓书社2011年版。

郭孝义：《上海近代史》，华东师范大学出版社1990年版。

胡道静：《报坛逸话》，世界书局1940年版。

胡道静：《上海的定期刊物》，全国图书馆文献微缩中心2009年版。

胡道静：《上海的日报》，全国图书馆文献微缩中心2009年版。

胡道静：《上海新闻事业之史的发展》，全国图书馆文献微缩中心2009年版。

胡道静：《新闻史上的新时代》，中国传媒大学出版社2018年版。
胡太春：《中国报业经营管理史》，山西教育出版社1998年版。
黄瑚：《中国新闻事业发展史》，复旦大学出版社2009年版。
计荣：《中国妇女运动史》，湖南出版社1992年版。
姜纬堂等主编：《北京妇女报刊考（1905—1949）》，光明日报出版社1990年版。
梁启超：《变法通议》华夏出版社2002年版。
梁启超：《饮冰室合集》，中华书局1989年版。
刘巨才：《中国近代妇女运动史》，中国妇女出版社1989年版。
马光仁：《上海新闻史》，复旦大学出版社2014年版。
庞荣棣：《现代报业巨子：史量才》，上海教育出版社1999年版。
《上海妇女志》编纂委员会编：《上海妇女志》，上海社会科学院出版社2000年版。
上海图书馆编：《中国近代期刊篇目汇录》，上海人民出版社1983年版。
宋应离主编：《中国期刊发展史》，河南大学出版社2000年版。
宋原放主编：《中国出版史料》，山东教育出版社2006年版。
谈社英：《中国妇女运动通史》，全国图书馆文献缩微中心2001年版。
汤志钧主编：《近代上海大事记》，上海辞书出版社1989年版。
王长林等编：《中国近现代女性期刊汇编》，线装书局2006年版。
吴永贵：《民国出版史》，福建人民出版社2011年版。
熊月之主编：《上海通史》，上海人民出版社1999年版。
杨光辉等编：《中国近代报刊发展概况》，新华出版社1986年版。
叶再生：《中国近代现代出版通史》，华文出版社2002年版。
张静庐辑注：《中国近现代出版史料》，上海书店出版社2011年版。
张静庐：《在出版界二十年》，江苏教育出版社2005年版。
张树栋等：《中华印刷通史》，印刷工业出版社1999年版。
郑逸梅：《书报话旧》，学林出版社1983年版。

郑永福：《中国妇女史·民国卷》，杭州出版社 2010 年版。

中华全国妇女联合会编妇女运动历史研究室编：《中国妇女运动历史资料（1840—1918）》，中国妇女出版社 1991 年版。

中华全国妇女联合会编妇女运动历史研究室编：《中国妇女运动历史资料（1921—1927）》，人民出版社 1986 年版。

中华全国妇女联合会编妇女运动历史研究室编：《中国妇女运动历史资料（1945.10—1949.9）》，中国妇女出版社 1991 年版。

中央档案馆等编：《汪伪政权》，中华书局 2004 年版。

［新加坡］卓南生：《中国近代报业发展史》，中国社会科学出版社 2002 年版。

（二）专著

崔波：《清末民初媒介空间演化论》，北京大学出版社 2012 年版。

邓小南等主编：《中国妇女史读本》，北京大学出版社 2011 年版。

邓正来等编：《国家与市民社会：一种社会理论的研究路径》，中央编译出版社 1999 年版。

杜芳琴等：《中国历史中的妇女与性别》，天津人民出版社 2004 年版。

杜芳琴：《妇女学和妇女史的本土探索——社会性别视角和跨学科视野》，天津人民出版社 2002 年版。

恩格斯：《家庭、私有制和国家的起源》，人民出版社 1999 年版。

方汉奇：《报史与报人》，新华出版社 1991 年版。

方晓红：《报刊·市场·小说：晚清报刊与晚清小说发展关系研究》，南京师范大学出版社 2000 年版。

费孝通：《乡土中国》，人民出版社 2008 年版。

顾长声：《传教士与近代中国》，上海人民出版社 1981 年版。

郭汉民：《晚清社会思潮研究》，中国社会科学出版社 2003 年版。

蒋美华：《20 世纪中国女性角色变迁》，天津人民出版社 2008 年版。

金天翮：《女界钟》，上海古籍出版社 2003 年版。

乐正：《近代上海人社会心态：1860—1910》，上海人民出版社 1991

年版。

李家驹：《商务印书馆与近代知识文化的传播》，商务印书馆 2005 年版。

李峻：《日伪统治上海实态研究：1937—1945》，中央编译出版社 2004 年版。

李仁渊：《晚清的新式传播媒体与知识分子：以报刊出版为中心的讨论》，台北稻乡出版社 2005 年版。

李小江：《性别与中国》，生活·读书·新知三联书店 1994 年版。

李晓红：《女性的声音：民国时期上海知识女性与大众传播》，学林出版社 2008 年版。

李孝悌：《清末的下层社会启蒙运动：1901—1911》，中央研究院近代史研究所 1998 年版。

刘豪兴等：《人的社会化》，上海人民出版社 1993 年版。

刘人锋：《中国妇女报刊史研究》，中国社会科学出版社 2012 年版。

卢汉超：《霓虹灯外：20 世纪初日常生活中的上海》，段炼、吴敏、子羽译，上海古籍出版社 2004 年版。

陆其国：《畸形的繁荣：租界时期的上海》，百家出版社 2001 年版。

罗苏文：《女性与近代中国社会》，上海人民出版社 1996 年版。

彭慕兰：《大分流：欧洲、中国及现代世界经济的发展》史建云译，江苏人民出版社 2003 年版。

秦绍德：《中国近代报刊史论》，复旦大学出版社 1993 年版。

宋素红：《女性媒介：历史与传统》，中国传媒大学出版社 2006 年版。

苏智良主编：《上海：近代新文明形态》，上海辞书出版社 2004 年版。

唐力行主编：《国家、地方、民众的互动与社会变迁》，商务印书馆 2004 年版。

汪晖等：《文化与公共性》，生活·读书·新知三联书店 1998 年版。

王天根：《清末民初报刊与革命舆论的媒介建构》，合肥工业大学出版社 2010 年版。

吴庆宏：《弗吉尼亚·伍尔夫与女权主义》，中国社会科学出版社

2005年版。

武志勇：《中国报刊发行体制变迁研究》，中华书局2013年版。

夏晓虹：《晚清女性与近代中国》，北京大学出版社2004年版。

夏晓虹：《晚清文人妇女观》，作家出版社1995年版。

忻平：《从上海发现历史——现代进程中的上海人及其社会》，上海大学出版社2009年版。

杨剑利：《女性与近代中国社会》，中国社会出版社2007年版。

张仲礼：《近代上海城市研究》，上海文艺出版社2008年版。

［法］加布里埃尔·塔尔德：《传播与社会影响》，何道宽译，中国人民大学出版社2005年版。

［荷］Liesbet van Zoonen等：《女性主义媒介研究》，曹晋、曹茂译，广西师范大学出版社2007年版。

［加拿大］哈罗德·伊尼斯：《传播的偏向》，何道宽译，商务印书馆2000年版。

［加拿大］马歇尔·麦克卢汉：《理解媒介：论人的延伸》，何道宽译，译林出版社2011年版。

［美］R. E. 帕克等：《城市社会学》，宋俊岭、郑也夫译，商务印书馆2012年版。

［美］高彦颐：《闺塾师——明末清初江南的才女文化》，李志生译，江苏人民出版社2022年版。

［美］顾德曼：《家乡、城市和国家——上海的地缘网络与认同1853—1937》，宋钻友译，上海古籍出版社2004年版。

［美］季家珍：《历史宝筏：过去、西方与中国妇女问题》，杨可译，江苏人民出版社2011年版。

［美］简·亨特：《优雅的福音：20世纪初的在华美国女传教士》，李娟译，生活·读书·新知三联书店2014年版。

［美］罗伯特·E. 帕克：《移民报刊及其控制》，陈静静、展江译，中国人民大学出版社2011年版。

［美］罗杰·菲特勒：《媒介形态变化：认识新媒介》，明安香译，

华夏出版社2000年版。

[美] 罗兹·墨菲:《上海——现代中国的钥匙》,上海人民出版社1986年版。

[美] 迈克尔·舒德森:《发掘新闻:美国报业的社会史》,陈昌凤、常江译,北京大学出版社2009年版。

[美] 坦娜希尔:《历史中的性》,童仁译,光明日报出版社1989年版。

[美] 王德威:《被压抑的现代性:晚清小说新论》,宋伟杰译,北京大学出版社2005年版。

[日] 小浜正子:《近代上海的公共性与国家》,葛涛译,上海古籍出版社2003年版。

[日] 须藤瑞代:《中国"女权"概念的变迁:清末民初的人权和社会性别》,姚毅译,社会科学文献出版社2010年版。

[英] 白馥兰:《技术与性别:晚期帝制中国的权力经纬》,江湄、邓京力译,江苏人民出版社2006年版。

索 引

B

白话报刊 3

包天笑 50,71—73,76,78,80—85,87,88,114,115,131,138,147,202,342,345,346,348,353,367

《褒扬条例》 66,76,96,113,346

报刊审查 282

报刊实践 8,156,165,169

编辑策略 209

编辑室 74,80,81,196,212,242,243,283,294,331,349

薄玉珍 306,307,310,325,371

C

陈蝶仙 68,84,99—101,353,371

陈撷芬 36—40,60,61,348,363,370

陈珍玲 195—198,203,258,335

陈志群 37,41,45,50,51,54—58,62,239,330,370

城市化 189,202

D

代派处 47—49,59,330

但杜宇 124,126,133,148,150—152,155,186

党刊 169,170

邓倩文 209,210,212—214,216,217,219,258

狄葆贤 72,78,82,87,88,115,339,370

丁初我 9,41—45,47,57,58,60,62,348,370

丁悚 97,100,124,126,133,150—152,301

东亚新秩序 264,265,267,271

读者俱乐部 80,81

F

反摩登 209

废刊 192,210

封禾子 225,230,231,259,272,365,372

讽刺画　135,137,153,199,301

妇女报刊　1—15,22—26,40—42,
45,47,50,55,57,60—64,66—69,
71—74,76—78,80,81,84,88,89,
91,92,94,95,97,103,105,107—
109,111—118,122—124,130,132,
133,135,138,152,154—156,158,
159,163,173,174,177,178,182,
184—189,191—195,202,203,205,
207,209,223—225,228,229,233,
238—241,245,249,253,254,256—
262,264,266,268,273,284,288,
290—292,295,300,304—307,309,
311—313,318,323—345,347—370

妇女参政　22,23,75,76,113,117,
142,330,345,355

妇女地位　19,20,23,140,190,300,
309,328

妇女画报　2,14,117,123—125,132,
155,156,186,193,194,207,209,
218,334,336,339—341,353

妇女回家　203,211,212,242,247,
249

妇女解放　6—8,15,25,35,40,66,
108,112,119,122,123,131,137,
140,142—145,158,161,162,174—
176,178,179,184,185,187,190,
192,193,209,241,244—246,260,
273,296,304,307,309,335,337,
344,354—358,362

妇女抗战　290

《妇女评论》　7,121,122,165

《妇女生活》　188,190,196,211,212,
225,241—249,257,258,264,266,
272,277,290,336,339,349,356

《妇女声》　2,117,122,123,156—
173,178,186,335,367

《妇女时报》　2,4,5,10,64,69—89,
94,104,105,108,113—116,133,
138,220,236,315,331,332,339,
342,346,348,349,353,355—357,
367

妇女时尚杂志　195,214

妇女谈话会　80,81

妇女问题　1,8,9,11,22,25,62,70,
87,118,122—124,126,129,130,
132,133,140,142,153,172,174—
176,178—180,182,183,186,187,
190,212,225,230,234,238,241,
243,245,250,252,257,269—271,
293,296,305,324,327,334,340,
348,350,354

《妇女与家庭》　122,184,192

妇女运动　7,20,22,23,28,31—36,
61,64,119,137,157—159,161—
164,166—172,177,184,187,190,
192,232,234,236,245,252,253,
286,293,335,342,351,362,367,
372

《妇女杂志》　1,6,8,9,24,68,81,88,
94,103—111,113—115,117,118,
123,174—178,186,187,193,199,

220,227,231,233,247,257,332,333,335,336,342,346,349,352,353,357

妇女政策　64,66

《妇人画报》　132,188,192—194,209—225,227,235,257—259,336,350

G

高剑华　68,90,92,371

各埠分销处　238

孤岛　261—264,266—269,271,272,274,278,279,282—285,288,290,291,295,296,324,325,337,338,343,347,362,364,373

广学会　2,17,18,24,306—308,310—312,325,370—372

闺秀说部　91—93,95,340

郭剑英　209,213—215,219,220,258,350

国文范作　110,111

H

合刊　47,195,199,200,215,224,258,290,310—312,324

《红玫瑰》　98,122

胡彬夏　105—107,109—111,371

话语强势群体　350

黄嘉音　313—317,321,323,325,327,338,374

黄心勉　190,225—229,231—234,236—239,241,257,258,336,339,365,372

J

基督教妇女报刊　2,74,123,305—307,331,338,356

集体记忆　237,238,241,288

季理斐　306,309

《家》　261,312—323,325—327,338

姜平　266,271,274,275,277,279,325,373

蒋逸霄　244,266,271,274,275,277,278,281,283,285,325,326,337,339,343,364,373

教育平等　22,23,34,122,142,156,158,233,356

阶级　8,16,22—24,40,60,65,67,87,119,123,141,158,159,161,162,172,184,187,192,194,196,256,293,299,329,333,339,340,350,355

《节制》　122,123,250

《解放画报》　2,5,10,117,123—156,158,174,185—187,334,335,339—342,353,354,362

《今代妇女》　194,210,216,223

金光楣　190,229,236,254

金一　41,43—45,47,62,358

进步刊物　249

剧评　124—126,131,146,147,185,302,354

剧谈　131,149

K

刊行许可　291,295,324

抗日救亡　12,245—249,260,282, 325,327,337,345,356

抗战宣传中心　356

L

栏目插画　133

恋爱自由　122,128,143,144,183

《良友》　199,206,208—210,213, 214,216,221—224,252,258

梁令娴　104,107,141

梁启超　18—21,25—29,32,34,61, 72,73,82,87,104,107,118,120, 141,145,231,329,345,347,351, 352

亮乐月　306—309

《玲珑》　8,9,132,188,191—210, 223,225,257—259,335,336,339, 341,343,353,354,356,362,367

刘美丽　306,309,310,370

M

漫画仕女图　133

《眉语》　5,10,68,89—95,113,115, 116,133,332,339,340,353

民营出版业　327

名取洋之助　291,292,294

摩登　9,188—190,193,194,197, 198,201,202,204,205,209,213, 214,217,219,220,222,225,227, 229,235,236,246,257,259,260, 297,313,336,337,341,354,356, 365,367,372

木刻画　252,298

N

娜拉　216,237

男女平等　23,24,30,34,39,123, 130,132,158,171,175

男女平权　43,51,64—66,330

男女同校　65,123,233,330,349

《女报》　2,3,36—41,54,55,60—62, 342,348,363

《女铎》　2,191,261,306—312,325, 338,356

女工运动　157,161,162

《女界钟》　21,43,45,62,329,358

女伶月旦　97,98

《女青年》　123,178,191

《女声》　9,10,188,190,191,193, 225,249—258,260,261,271,273, 290—304,321,324—327,336,338, 339,365

女性的话语空间　360,361

女性经济独立　24,142

女性小说期刊　89,95,339,340

女性主编　111,188,209,213,225, 236,258

《女学报》　1—6,8,9,11,15,24,25,

29—37,39—41,45,50,60—62,124,169,329,330,342,347,351,352,355,361

女学会　25,27—29,33,347,351,370

女学商榷　110

女学堂　25,27—29,33,34,36,38,46,54,70,342,347,348,351,367

女主笔　30,31,342,361

《女子世界》　2—4,8—10,15,21,37,41—52,54—63,68,71,72,75,95,99—103,108,111,115,133,135,152,329,330,348,358

女子书店　225—227,232,237—239,241,257,260,336,365

《女子月刊》　188,190,195,225—241,251,257,258,260,336,339,346,349,365

女子知识杂志　233

P

潘璇　25,29—31,34,35,342,351,361

平民　121,123,128,129,132,155,160,163,164,185,193,235,258,285,333—335,340,371

Q

钱病鹤　124,126,137,148,150—153,186

钱杏邨　124,126,143,148,149,186,231

秋瑾　21,41,45,50—57,59,60,62,109,110,239,245,329,330,339,363,365,366,370

全面抗战时期　261,262,273,307,321

R

热点问题　212,213,246

人体美　135

日本版画　297

S

商务印书馆　2,3,14,19,20,23,36,61,68,88,94,101,103—109,116,118,122,123,174,175,187,190,226,227,231,238,320,328,332,333,335,346,350,362

《上海妇女》　261,263,266,270—287,289—291,305,324—327,337,339,343,356,363,364

上海商业性妇女报刊　64,89,358

上海务本女校　178,179,181,182,186

上海杂志公司　241,248

上海中华女界联合会　163—165,168

社会革命　117,121,142,339

社会主义　118,121,143,162,245,247,253,293,318

社交公开　123,143,175,183

社员入会　238,239

沈兹九　86,114,190,241—248,257,

258,264,272,277,336,339,349,350,373

《生活》 148,248,315

《时报》 4,68,71—74,77,82—85,87,88,114,157,174,181,331,346,352

《时报》副刊 122

时装美人画 78

仕女画 133,298

视觉化 129,132,156,186,193,209,222,257,260,334,340,341

书刊互养 42,238,321

《苏报》 18,37—39,61,363

T

特辑 215,217,218,230,234,243,245,246,266

特刊 160,202,204,237

W

完全的妇女刊物 194,258,335,342,362

王会悟 157,162—165,172,186

王均卿 96—99,102,114,353

王立明 249—251,254,371,372

王伊蔚 190,193,249—258,304,336,339,372

王蕴章 105—109,114,174—176,332,352,353,371

文人办刊 62,238,260

文艺型妇女报刊 64,89,94

五四运动 12,117—120,125,129,174,175,178—180,187,193,288,350,353,355,356

X

西方女杰 118

西洋杂志文 314,316

息楼 72,88

贤妻良母 34,76,86,107,108,112,113,116,119,128,137,175,176,205,210,246,247,249,331,333,349

《香艳杂志》 68,71,95—99,101,102,113—115,133,152,332

向警予 122,157,162,166,168—171,175,186

消闲刊物 89,340

《小说时报》 72,78,83,88

小影 79,80,101

《新妇女》 7,117,122,123,178—186,191,334

新妇女杂志社 179,371

新民图书馆 124—126,147,151,155,186,187,335,354,371

新女性 8,80,117,118,123,127,135—138,142,143,156,185—187,189,192,198,222,228,247,304,305,333,334,341,345,346,356,371,373,374

《(新)女子世界》 41,45,54—56,58,59,239,348

《新青年》 118—120,164,174,177,179,185
新文化运动 118,122,129,173,175,179,180,184,186,187
新贤妻良母主义 243,247,252
兴女学 21,29,33,60,66,75,87,121,329,345,355,358,365
徐畹兰 97,98
徐咏青 78,105,133
许啸天 90—93,339,353
宣传制度 169,173

Y

厌男 203
洋旗报 265,266,275,282
姚名达 225,226,228,231—234,238—241,339,365
有正书局 71,73,74,79,88,115,370
鸳鸯蝴蝶派 5,68,71,73,74,76,77,88,89,93,100,107,109,113—115,147,352,353
月份牌 133,151,152,155
阅报 17,18,26,49,53,67,69,92,329,345,347

Z

早期报刊 17
张萼荪 97—99
章锡琛 8,123,174—178,186,233,247,371
招股筹款 53

郑介诚 124,147,153
郑正秋 124—129,145—147,156,339,353
中国教育会 38,41,42,44,45,329
《中国女报》 2,3,15,22,50—56,59—62,239,330,339,342,363,365
《中华妇女界》 68,71,81,88,94,103—106,111—115,118,141,332,349
中华节制会 249,251,254,256
中华书局 19,62,64—66,68,83,88,99,103,104,106,118,196,238,332,349,371
《中华新报》副刊 122
周剑云 124—126,129,131,132,135,140,141,144—148,185,354,362
周瘦鹃 71,76,77,84,101,102,213,353,371,374
竹庄 44,45,348
专号 122,176,177,214,216,218,371
专家型作者 319
综合型妇女报刊 64,89,94,103,113
租界 15—17,70,188,190,193,226,263—267,269—271,273,275,279,280,282,283,286,287,291,300,311,338,343,363
佐藤俊子 9,271,273,291—296,299,303,304,325,338,365,374

后　　记

　　人的一生，有很多十年。有的十年，略显坎坷。

　　欣慰的是，已然经历过的略显坎坷的十年里，有一个选题变成了一本书。

　　2012年秋冬，我在上海图书馆一楼近代文献馆里，发现了未被研究的《妇女时报》。按规矩，只能在机器上阅读，不得不泡在图书馆里。也是这段时间，爸爸突发疾病住院了。因为医院和图书馆离得不远，两头跑跑，还被妈妈说是在锻炼减肥。然而，在所有人都觉得，住院一段时间就可以回家调理的疾病诱发了并发症。爸爸就这么突然地走了，走在了那年冬至，那个被玛雅人预言是世界末日的一天，火化那天刚好是圣诞节。那几天，好像有很多人跟我说了很多话，记不清了，只记得堂姐跟我说："不要憋着，哭出来吧。"只记得我的硕导陈丽菲教授跟我说："继续学业，去考博士。"陈老师一直待我极好也严格，像妈妈一样，每一次想要放弃，她总说，"蓓蓓，梅花香自苦寒来"。

　　2014年秋，资质平庸的我被师父武志勇教授收留读博。跟师父师母初次见面，除了不停地吃师母给我削的苹果、剥的石榴，记得最清楚的是那句，"孩子，我们有缘分"。现在自己带学生，第一次见面也说"我们有缘分"。刚到华师大的那一年，大多时间都泡在图书馆里，以期把自己继续封在妇女报刊的论文里。似乎，这样就可以不用面对爸爸已经走了的事实。师父大约是知道其中缘故的，对我比较纵容。研究遇到难题克服不了，就跑到师父办公室去，一开门就开始哭，边哭边说，哭完问题也解决了。许多年过去了，经由师父和师弟师妹们代代相传，这个小故事已然变成了师门的经典段子。

2020年秋，入华东政法大学做师资博士后，带教导师范玉吉教授奉行"师傅领进门，修行靠自身"的原则。在相对自由的状态下，一边做研究，一边模仿、摸索如何做个好老师。也正是这一年写了申请，次年拿到了资助得以出书。如今，做老师两年了，不知是受了范老师的影响，还是自身性格使然，喜欢奉行"无用之用，方为大用"，被学生戏称"佛系小姐姐"。我总觉得，人生是一段已知终点的旅程，可以选择的是前往的道路，可能会有泥泞，可能布满荆棘，可能遇见鲜花，但都是风景。做学问也是一样，首先是要自己喜欢。我很幸运，导师们都非常支持我，让我可以按照自己的节奏一步一步慢慢走。虽然，已经成文的书稿不甚满意，还想再做一番修改。但，缺憾才是常态，修改过程中已然感受到做学问的那种"柳暗花明又一村"的惊喜和快乐，足矣。

秋日有落叶，也有丰收。冬日有风雪，也有团聚。春夏秋冬，年复一年。人生的路难知长短，至少每一步都算数。回望过去，历历在目，想要致谢的人很多很多，在此感谢所有帮助过我的师友、亲朋，以及爱我的家人和可爱的女儿。

谨以此书献给我的爸爸。

赵蓓红

癸卯年正月

于华东政法大学玉泊湖畔